中國學術思想 研究輯刊

十三編

林慶彰 主編

第14冊

魏晉樂論與樂賦音樂審美研究

何美諭 著

花木蘭文化出版社

國家圖書館出版品預行編目資料

魏晉樂論與樂賦音樂審美研究／何美諭 著 — 初版 — 新北市：
花木蘭文化出版社，2012〔民101〕
目 2+278 面；19×26 公分
（中國學術思想研究輯刊 十三編：第 14 冊）
ISBN：978-986-254-798-4（精裝）
1. 音樂美學　2. 樂評　3. 魏晉南北朝哲學
030.8　　　　　　　　　　　　　　　　　　101002166

ISBN-978-986-254-798-4

9 789862 547984

中國學術思想研究輯刊
十三編　第十四冊　　　　　　　ISBN：978-986-254-798-4

魏晉樂論與樂賦音樂審美研究

作　　者　何美諭
主　　編　林慶彰
總 編 輯　杜潔祥
出　　版　花木蘭文化出版社
發 行 所　花木蘭文化出版社
發 行 人　高小娟
聯絡地址　新北市永和區中正路五九五號七樓
　　　　　電話：02-2923-1455／傳眞：02-2923-1452
網　　址　http://www.huamulan.tw 信箱 sut81518@gmail.com
印　　刷　普羅文化出版廣告事業
封面設計　劉開工作室
初　　版　2012 年 3 月
定　　價　十三編 26 冊（精裝）新台幣 42,000 元

魏晉樂論與樂賦音樂審美研究

何美諭　著

作者簡介

何美諭，台灣省台中縣人。東海大學中文系、中興大學中文研究所、成功大學中文博士，曾兼任於勤益科技大學。研究領域以魏晉思想為主，曾發表：論《樂記》所闡述之「性」與「樂」的關係、魏晉樂賦中空間與人格的理想論述、阮籍〈樂論〉中儒學玄學化的探討、談「聲」、「音」、「樂」的意涵在中國歷史上的演變——以先秦漢魏為主等單篇論文。在文學創作方面亦有耕耘，曾得過林榮三文學獎小品文獎、礦溪文學獎、懷恩文學獎、府城文學獎。

提　　要

　　本論文以魏晉樂論與樂賦作為研討對象，而以音樂審美為探討目標，通過對文本的解析，致力於以下三個主要工作：第一、企圖證明魏晉的音樂審美並非如前人的研究成果，只呈現一種境界型態的表現。此篇論文則希望藉由樂賦材料的援引，能尋找出境界型態之外的音樂鑑賞。第二、魏晉樂論與樂賦兩者必然呈現不同的音樂審美意識，那兩者將如何各自表述？其所承為何？兩者將呈現如何不同的審美情趣？第三、魏晉樂論與樂賦，在各自表述的情況下，又將如何呈顯魏晉音樂審美的時代性？

　　本論文共分為五章，其內容大要如下：

　　第一章「緒論」，說明魏晉「樂論」與「樂賦」並列探討的用意，並略述魏晉以前至魏晉時代「音樂」概念之發展，以及概述魏晉音樂變遷背景，以作為對於魏晉「樂論」與「樂賦」的先備理解。之後再述及前人對於魏晉音樂研究之成果，並說明從此些成果中，魏晉樂論與樂賦尚可研究之部分以及此論文研究之旨趣。

　　第二章題為「魏晉樂論與樂賦之音樂審美體驗」以審美體驗為切入點，從體驗的情感性以及體驗的超越性來理解魏晉樂論與樂賦的音樂審美體驗。本章共分為兩個部分探討：

　　第一部分題為：「魏晉樂論完成人之復歸的音樂審美體驗」，透過對魏晉樂論音樂審美準則的分析，以進入魏晉樂論所呈顯的音樂審美體驗。阮籍〈樂論〉對於音樂美的認定依人文涉入的深淺，而有價值性的判斷，音樂之美，不在於音樂本身，而在於倫理道德的成就與否，此為儒家的樂教思想。然而在音樂審美的體驗上，卻以自然無欲、心平氣定、論樂須得性為體驗原則，此則援用道家自然觀的思想。嵇康〈聲無哀樂論〉以為音樂美的認定在於音樂本身，於人心、道德無關。而在音樂的審美上，援用莊子主體境界的「天籟」思想，追求心在無待的情況下，循性而動以進入音樂自然之和的音樂審美體驗。阮籍、嵇康在音樂審美的體驗上無論是出於「自然之道」或「心之無待」的音樂審美準則，都是在追求自然人性的復歸，而這樣的復歸有著「同歸老莊」的思想傾向。

　　第二部分題為：「魏晉樂賦感興式的音樂審美體驗」，主要是透過魏晉樂賦的創作型態：結構模式與譬喻徵引之運用，以了解到魏晉樂賦的音樂審美體驗為感興式的審美體驗，並進一步分析出在魏晉樂賦創作程式的結構象徵以及「譬」、「類」取引的想像上，樂賦創作型態與音樂審美之關係。就樂賦的結構模式而言，共分為五個進程，而這五個進程剛好架構出聆聽音樂時循序鑑賞的進路。而樂賦中所呈顯的鑑賞進路帶著一種神話精神以及遊仙色彩，而神話的精神顯然承自「楚辭」，而遊仙色彩則受了當時遊仙思潮的影響。至於譬喻徵引的修辭，呈顯出歷史積澱以及個體直觀兩種的審美方式，魏晉人透過此兩種審美方式，達到精神與音樂融於一體的意境。

第三章題為：「魏晉樂論與樂賦之音樂審美理想」，音樂與人與社會之美相結合的觀念對中國音樂審美理想的影響深遠，因此本章在探討魏晉樂論與樂賦的音樂審美理想時，必以人格理想與社會理想為切入點，如此才能探究出魏晉樂論與樂賦的音樂審美理想的深刻內涵。本章共分為兩個部分探討：

第一部分題為：「魏晉樂論以『和』為依歸的音樂審美理想」，此部分以「樂」、「禮」、「和」為切入點，以了解魏晉時代禮樂關係的改變，以及這樣的改變所突顯魏晉音樂審美理想的時代性所在。阮籍、嵇康所追求的審美理想不再只是「禮樂」所呈現的「人和」之美，而是追求人、樂、天結合的「天和」之美，因此注重主體境界的實踐。阮籍、嵇康援用莊子氣化的觀念，認為與「道」同一的「氣」，是「道」生萬物時下注於萬物個體的精微之質，是萬事萬物縱向橫向的感通基礎。所以人之氣與樂之氣能透過橫向的感通方式，達到人與樂的結合，因此當人樂相應時，也就可以透過「氣」的縱向感通，而與「道」冥合。道、氣在統攝、調節陰陽的歷程中產生一種「和」的全體觀照，使得音樂與人因同根、同構的「氣」而交感共鳴，而呈顯「和」之全體觀照的審美理想境界。此時每一個個體生命都以「天和」的主體境界處於人世間，於是群體的集合奠基於每個個體的諧和上，那社會自然而然也就呈現人人相和的景況，「人和」的理想也隨之實現。

第二部分題為：「魏晉樂賦音樂審美理想中空間與人格的論述」，此部分對於魏晉樂賦的研究旨趣，由「理想」的追求出發，力求從文化背景的角度探索魏晉人對於理想空間以及人格理想的追求。深入探討之後發現，魏晉人對音樂審美的理想，以一種文學的手法，闢造在現實中不存在的「純境」、建構自我放逐的精神堡壘，重建一個自然而然、悠遊自在的理想國度。並且透過對樂器形、神的鑑賞，聯結到魏晉對人格美的追求，依此而溝通了樂與人之間同情共感的可能，建立起樂與人之間異質同構的審美感應機制。於是樂賦中理想空間與人格理想的建構，說明了魏晉人企圖藉由音樂進入到一個完滿境界的想望。

第四章題為：「從文體特徵與比較觀點研討魏晉樂論與樂賦的音樂審美取向」，由於文體的不同，所呈顯出的審美取向必然有不同之處，而「賦體」、「論體」的創作為同一時代，故受時代思潮的影響又必然有相同的審美取向，故本章欲透過對魏晉樂論與樂賦的文體特徵的探討，以釐清兩者在音樂審美取向的異同。此章共分為三個部分：

第一部分題為「魏晉樂論之文體特徵所呈顯之音樂審美型態」，魏晉樂論之文體特徵呈現在清談、玄學、玄論的連成一系。於是當魏晉樂論以玄論的體式展現，魏晉樂論的本身必然含有玄學的思想，並在玄學與美學有所連結的情況下，將玄學接軌到音樂審美，而展現有別於樂賦以賦作體式所表達的審美取向，以及不同於以往的美學觀，其一、平和淡雅的自然之美、其二、超越有限而達無限的無聲之美。在這兩種美的基礎上，我們可以發現，魏晉樂論將音樂之美定論在一種平淡、玄遠的空靈之美。

第二部分題為「魏晉樂賦之文體特徵所呈顯之音樂審美型態」，魏晉樂賦以一個「賦」體的文體特徵，其所呈顯的音樂審美型態，必與其文體的語言風格有著共通的審美意念，而此共通的審美意念可以歸納出兩個取向：一為以「悲」為美下的「樂（快樂）」之美；另一為以「麗」為美下的「清」之美。這兩個審美取向乃是一種矛盾的結合，這種矛盾的結合，在魏晉人的眼中卻再自然不過，而顯其時代特徵。

第三部分題為「從比較觀點評析魏晉樂論與樂賦所呈顯的音樂美學觀」，此節歸納出，樂論與樂賦的相異觀點在於樂與悲的歧異，以及雅與麗的歧異；而樂論與樂賦的共同觀點上則以「自然」為美、以「和」為美。

第五章為結論，總結本論文的論述。魏晉的音樂審美並非歷來學者所討論的狀況，只呈現一種境界型態的表現，從魏晉樂賦來看，魏晉人的音樂審美有著情感豐沛、富於想像、審美多

元的一面。而魏晉「樂論」與「樂賦」確實呈現不同的審美情趣，一從理性出發；一從感性出發，並且由於審美對象的不同，一為「雅樂」；一為「俗樂」，而更加深兩者在審美情趣上的區別。再則由於兩者各自承載的思想不同，「樂論」承自「莊子」；「樂賦」承自「楚辭」，也影響到兩者在音樂審美上的差別。而最重要的是，在魏晉時期是一個「雅樂」式微，「俗樂」蓬勃發展的時代，所以雖然有「樂論」者對於「雅樂」的衰落力挽狂瀾，但終究抵擋不住「俗樂」的風行，因此才有「樂賦」的大量寫作，而更勝於「樂論」者，顯然魏晉時期的音樂審美，不但不僅是一種境界型態審美，恐怕是情感式的審美為主流。

誌　謝

　　此本論文的完成，絕不是個人力量所及，而是經由眾人的扶持，才有今日的成果。

　　論文得以完成，首先，要感謝指導教授林朝成老師給予自由發揮的空間以及悉心的引導，讓我的思路可以在充分發揮之餘還能得到允當的修正，並在生活上給予關心與叮嚀，使我深感於懷。其次，要感謝口試委員，江建俊老師、沈冬老師、謝大寧老師、吳冠宏老師的諸多指正，讓學生的論文在一修再修的過程中獲益良多，且四位老師的用心及學問的深厚，讓我在論文之外，感受到學者之為學者的風範。江建俊老師的學養，讓我感受到魏晉風範的再現，對於我殷殷的囑咐與關心，使我心懷感激；沈冬老師的風采，光亮令人無法逼視，但其熱切提攜後進的心，又令人感到溫暖；謝大寧老師則以責備求全的金剛心給予論文大刀闊斧後的別開生面；吳冠宏老師對於論文的細密指導，以滿滿的慈悲心給予肯定和鼓勵。此篇論文能成就一點點像樣的水準，都拜此些老師所賜。

　　中文之路一路走來，受到許多老師的鼓勵，感謝鄭韻蘭老師、陳芳明老師、林安梧老師、王偉勇老師、林清源老師、劉榮賢老師、許建崑老師以及我碩士班的指導教授尤雅姿老師，由於此些老師的扶持，讓我有持續前行的力量。

　　感謝諸多長輩、朋友的鼓勵，感謝師母、文彬助教、千慧、翊雯、麗娟學姐、景潭學弟、嘉璟學妹，你們的幫助與關懷，使我不會感到孤獨無依。

　　家人的支持，是我最大的後盾，感謝父母對我無私的關懷及包容，為了讓我安心寫論文，你們連病痛都不敢向我提起，你們的恩惠，一輩子都還不清。感謝慧珠，無怨無悔地相伴相攜，在我生命最黑暗的時刻，扮演一盞明燈，使我能感受到希望與快樂，因為有你，人生一路上都美。

目

次

體例說明

一、本篇論文主要研究材料均於引文後以隨文夾注形式註明，其所使用的版本與夾注格式如下：

    1. 阮籍原文採用陳伯君《阮籍集校注》，夾注格式爲（《書名》／頁碼），例：（《阮籍集校注》／90）；或特爲表明篇名則會將篇名註明，例：（〈達莊論〉《阮籍集校注》／138）。

    2. 嵇康原文採用戴明揚《嵇康集校注》，夾注格式爲（《書名》／頁碼），例：（《嵇康集校注》／223）；或特爲表明篇名則會將篇名註明，例：（〈與山巨源絕交書〉《嵇康集校注》／123）。

    3. 魏晉樂賦的資料散見於許多參考文獻之中，而本論文對於樂賦的引用多引自於《昭明文選》、《藝文類聚》、《初學記》。《昭明文選》採用周啓成、崔富章等注譯的《新譯昭明文選》版本；《藝文類聚》採用上海古籍版本；《初學記》採用《文津閣四庫全書第二九五冊》商務印書館版本。夾注格式爲（作者〈篇名〉《書名》／頁碼），例：（潘岳〈笙賦〉《文選》／744）、（阮瑀〈箏賦〉《藝文類聚》／785）、（孫該〈琵琶賦〉《初學記》／109）。

二、常用古籍原典有以下諸本，亦均於引文後以隨文夾注形式註明，其所使用的版本與夾注格式如下：

    1. 《晉書》採用中華書局版本，以（《書名‧卷數‧篇第／頁碼》）的形式隨文夾注，例：（《晉書‧卷二十二‧志第十二‧樂上》／679）。

    2. 《樂記》原文採用李學勤主編《禮記正義》《十三經注疏‧整理本》台灣古籍版本，夾注格式爲（《樂記》／頁碼），例：（《樂記》／1259）。

3. 凡《世說新語》之引用，採自正文書局楊勇《世說新語校箋》，隨文注為（《書名‧篇名》／頁碼），例：（《世說新語‧簡傲》／687）。

4. 《莊子》原文，引自群玉堂出版之郭慶藩《莊子集釋》，夾注格式為（《書名‧篇名》／頁碼），例：（《莊子‧齊物論》／49）。

三、其他文獻的引用則於頁末落註：

1. 古籍部分註明作者、書名、出版地、出版者、年（月）、頁碼。例：郭茂倩，聶世美、倉陽卿校點，《樂府詩集》（上海：上海古籍出版，1998年11月），頁355。

2. 近人論著部分註明作者、書名、出版地、出版者、年（月）、頁碼。例：蕭滌非，《漢魏六朝樂府文學史》（北京：人民文學出版，1998年），頁124～125。

第一章　緒　論

第一節　「樂論」、「樂賦」並列探討之用意

在文學發展的過程中，某種體裁和題材的大量出現，往往被視爲重要的指標，反映著當時文學思潮的走向以及文人所關注的重點。從現存魏晉的作品來看，「論體」與「賦體」皆是頗受當時作家所青睞的文體，魏晉時代「論體」與「賦體」寫作不僅成爲一種流行趨勢，並且還有相同題材的創作，其共同題材的交集處即是對於音樂的探討，因此，「樂論」與「樂賦」在音樂探討上的交集，即突顯了「音樂」在魏晉時期的重要性。也由於，「樂論」與「樂賦」在「音樂」探討上的交集，於是讓兩個不同的文體，有了並列探討的可能。而這個「可能」，吾人可從兩者幾點的對比性，作爲比較研究的根基：

一、審美對象的不同

魏晉「樂論」，其論述的最終關懷是放在移風易俗上，因此較重視「心」和「樂」的關係，爲了使心處於平和的狀態以帶動社會的和諧，於是較傾向於「雅樂」的認可，如阮籍〈樂論〉即言：「黃帝詠雲門之神，少昊歌鳳鳥之跡。咸池六英之名既變，而黃鐘之宮不改易。」（《阮籍集校注》／93）嵇康〈聲無哀樂論〉則言「絲竹與俎豆並存，羽毛與揖讓俱用，正言與和聲同發。」（《嵇康集校注》／223～224）阮籍與嵇康所推崇的音樂，皆是「典雅純正」的「雅樂」，因此，「樂論」所審美的對象即以「雅樂」爲主。至於「樂

賦」從其吟詠的樂器可知，多是演奏俗樂的樂器〔註1〕，而其所演奏的樂曲亦為俗樂，如「六引遞奏」（傅玄〈琵琶賦〉《初學記》／109）、「重繼鷗雞」（夏侯淳〈笙賦〉《藝文類聚》／793）、「來楚妃之絕歎，放鷗雞之弄音」（夏侯湛〈夜聽笳賦〉《藝文類聚》／796）、「三節白紵」、「哀及梁父」（孫楚〈笳賦〉《藝文類聚》／796）、「王昭、楚妃、千里」（嵇康〈琴賦〉《嵇康集校注》／104）等，此些演奏的曲子「六引」、「鷗雞」、「白紵」、「楚妃」、「梁父」、「王昭」、「千里」皆是屬於樂府俗樂者。因此，「樂賦」所審美的對象即以「俗樂」為主。所以，在審美對象上，「樂論」與「樂賦」明顯不同，一為以雅樂為主；一為以俗樂為主。

二、個體與群體的側重不同

「音樂」在中國文化之傳衍中，一直扮演著非常重要的角色，甚至在中國古代還將「樂」作為教育的中心〔註2〕。因此，「樂」在中國人的心中不僅是一種感官娛樂的追求，它還有著陶冶性情、美化性靈的功能，並且從人格精神的修養上，推廣到社會理想的實踐。所以我們可以從一些文獻中看到如何地強調音樂對修身養性的重要〔註3〕，以及當人人的德行透過音樂得以完成時，社會的風氣也就隨之轉換，而達到安寧平和的理想〔註4〕，於是個人修養與群體和諧往往成為中國人探討音樂時的重點。就魏晉「樂論」而言，即是從這兩個重點出發，注重音樂如何帶動個人在修養境界上的完成，以及如何從個體之和諧推置到群體之和諧。也就是說「樂論」中藉由音樂所談論的「人」，乃以群體為目標，所談之個體修養，乃以群體和諧為終極關懷。然而，就魏晉「樂賦」而言，則跳脫群體目標的討論，專注於個人鑑賞為主，也就是說「樂賦」中藉由音樂所談論的「人」，乃以個體為目標，主要描摹欣賞者

〔註1〕 請見下文對於樂賦分類的表格，「笙」、「笳」、「琵琶」、「節」等皆是演奏俗樂的樂器。

〔註2〕 徐復觀：《中國藝術精神》（台北：學生書局，1988年1月），頁2。

〔註3〕 《禮記·文王世子》云：「樂所以修內也，禮所以修外也。禮樂交錯於中，發形於外，是故其成也懌，恭敬而溫文。」（頁741）《荀子·樂論》云：「君子以鐘鼓道志，以琴瑟樂心；……故樂行而志清，禮脩而行成，耳目聰明，血氣和平。」（頁461）

〔註4〕 《呂氏春秋·適音》云：「先王之制禮樂也，非特以歡耳目、極口腹之欲也，將以教民平好惡、行禮義也。」（頁135）《樂記》云：「先王之制禮樂也，非以極口腹耳目之欲也，將以教民平好惡而反人道之正也。」（《樂記》／1260）

在聆聽音樂時如何充分調動想像力和聯想力，以激發豐富的情感，而將自身與音樂融為一體，獲得精神上的審美愉悅。就談論的「人」而言，「樂論」側重於群體的探討；「樂賦」則側重於個體探討。

三、探討的「空間」不同

人為了表明自身的存在，於是透過人的意識對自身上下左右前後的視野的量度，給出一個定義叫作「空間」，「空間」的存在，成為人表明自身存在的重要媒介，於是當人們從自身存在而去探討許多問題時，「空間」成為必然的指涉架構。而且「空間」的指涉，並不限於從視野而發的自然地理形式的設定，它既然是人活動的場地，於是空間便可視為一種社會關係，一種文化意義的觀念。因此，當人們所探討的「空間」向度不同，其背後所代表的意涵也就不同。就「樂論」與「樂賦」而言，「樂論」所探討的空間，以真實空間的「人界」為主，這個處於魏晉時代的真實空間，戰爭頻仍、政治鬥爭不斷，所有的空間都被當權者政治化，當權者的權力藉由空間展佈開來，猶如毛細管一般遍佈。於是「樂論」希望藉由音樂的討論，尋求一條「移風易俗」之路，讓這個真實空間的「人界」能有安定和諧的一天。「樂賦」在面對魏晉時期這樣一個惡劣的空間環境時，它不似「樂論」企圖去解決「人」的問題，反而是藉由音樂的鑑賞，去擬造一個不存在的空間，一個「仙界」的國度。從「樂賦」的描寫可知，文人極力想像的「仙界」，是一個有效發動的虛構空間，不僅暫時逃避了真實空間的壓迫，並在這個「仙界」中充分展現了自由自在的自我。

四、所追求的功能不同

音樂是一種聲音符號，是人們思想的載體之一，是社會行為的一種形式。因此，音樂的產生必定有一種目的性在，或是出於對美的需求；或是出於對情感的需要；或是為了提升人的精神境界，塑造完善的人格；更或是為了感化人心，以達社會和諧。這些目的成為人們鑑賞音樂時所連帶的功能需求，而這些功能需求，就中國古代音樂而言，尤以人格塑造與社會和諧，為論述音樂者所追求的目標，如孔子即主張，人格完美需要「興于詩，立于禮，成于樂」即認為音樂對個人的作用不是什麼外在的文飾，而是一種內在的修養，可以達到修身養心、陶冶性情、培養品格的效果，亦提出「移風易俗，莫善於樂」的主張，高度重視音樂的社會功用。繼孔子之後，論述音樂

者多以人格塑造與社會和諧爲音樂功能的論述重點，雖然論述的內涵或因時代因素有所變動，但仍不脫上述的目標。魏晉「樂論」即是從「教化」的角度作爲論述音樂的切入點，故阮籍〈樂論〉開頭即以「移風易俗」爲申論的重點；嵇康〈聲無哀樂論〉亦以「移風易俗」作爲此文的歸結。因此魏晉「樂論」在音樂鑑賞上，偏於「教化」功能的追求。至於「樂賦」，則展現一種對於音樂美的追求，以及在鑑賞音樂的過程中鑑賞主體透過音樂，所產生諸多情感的、審美的體驗，是一種自我情感的「抒情」追求。於是，可以作如此的劃分，「樂論」所講求的是偏於「教化」的功能；「樂賦」則偏於「抒情」的功能。

基於以上的對比可知，「樂論」與「樂賦」雖同爲魏晉時代的作品，亦以「音樂」爲共同的創作對象，然而，卻充分的顯現兩者在同時代、相同創作對象的情況下，而有不同的思考內涵。「樂論」與「樂賦」的對比，展現了魏晉的音樂環境存在著兩股力量，這兩股力量，構成魏晉音樂環境的有趣現象，一方面爲雅樂的聲援者，極力於個人的修養、社會和諧的追求；另一方面爲俗樂的喜好者，拓展個體鑑賞的豐富想像、情感抒發的多元追求。以往學者對於魏晉音樂的研究，多著重於「樂論」的探討，而就「樂論」的探討易將魏晉音樂的審美意識推向一種形而上的鑑賞，因此，對於魏晉音樂的研究若只從「樂論」出發，僅能看到魏晉士人在境界型態上的追求。至於「樂賦」，歷來研究甚爲匱乏〔註5〕，使得「樂賦」表現在魏晉音樂豐富情態上的描寫，處於沉默不發的情況，因此，若能補闕魏晉「樂賦」的研究，當使魏晉音樂的研究更爲完整。但爲了揭櫫魏晉音樂環境的完整性，避免一隅之見，因此歷來雖對「樂論」已有精闢的研究，仍依然必須借助先進的論述，與此篇論文在魏晉「樂賦」的研討上作比對參照，以突顯「樂論」與「樂賦」在魏晉音樂上所呈現的時代意義。因此，此篇論文才將「樂論」與「樂賦」作爲並列探討的材料。

在此還須說明，在題目的訂立上，將「樂論」置於前；「樂賦」置於後的原因：(1)就年代而言：樂論創作的年代早於樂賦創作的年代〔註6〕。(2)就

〔註5〕 蔡仲德於《中國音樂美學史》中，雖提出對於樂賦研究的重要，但限於篇幅，針對魏晉時期僅談成公綏的〈嘯賦〉及嵇康的〈琴賦〉，無法突出樂賦在這一時期的重要性。也由於如此，使筆者有再論述的空間。

〔註6〕 阮籍〈樂論〉寫於正始五年（244）前後，或更早以前。嵇康〈聲無哀樂論〉的寫作，則在正始七年（246）前後（兩者寫作時間的論定，請參考莊萬壽《嵇

創作的嚴肅性而言：樂論是以一種嚴肅性的態度作爲創作的基調，樂賦則以輕鬆的態度成就篇章，故樂論中多爲理論，樂賦中則多爲抒情，而理論應於先，抒情應於後，如此較爲合理。(3)就雅俗的先後而言：樂論以雅樂爲審美對象；樂賦以俗樂爲審美對象，就中國人對於音樂的觀念，以雅爲先，以俗爲後。基於以上三個理由，論文題目的擬訂，將「樂論」置於「樂賦」之前。

第二節　魏晉以前至魏晉時代「音樂」概念之發展

當我們觀察關於中國音樂方面的文獻時會發現，文獻中經常使用「聲」、「音」、「樂」這三個字。因此若要探討魏晉以前至魏晉時代「音樂」概念之演進，「聲」、「音」、「樂」的運用乃是一個切入點。

先從「聲」、「音」、「樂」造字之初來看。許慎《說文解字》云「聲，音也。從耳殸聲。殸，籀文磬。」〔註7〕許慎將「聲」字歸爲形聲之列，從「耳」形，表聽之意，而聲符的「殸」兼有表意的功能〔註8〕。許慎《說文解字》云「磬，樂石也。從石殸。象縣虡之形。殳，擊之也。」〔註9〕「殳」的字形，表敲擊之意，甲骨文「磬」字寫作「𣪊」，果似手持小槌擊磬的形象，因此，「聲」字乃指耳朵聽到磬聲之意。至於「音」字，從字形看，「音」字從「言」取義。《說文》云：「音，……從言含一。」〔註10〕「言」，從甲骨文

康研究及年譜》，台北：台灣書局，1990 年 10 月，頁 93、96）。而樂賦的作者如成公綏、夏侯湛、顧愷之、賈彬……等多生於阮籍、嵇康之後，故賦作的創作亦多在樂論創作之後。

〔註7〕許慎，段玉裁注：《段氏說文解字注》（台北：文化圖書，1979 年 5 月），頁615。

〔註8〕許慎在《說文解字》序中給形聲字下的定義是「以事爲名，取譬相成，江河是也。」形聲字的形旁表意，聲旁表音，這樣的說法並無可疑，但卻也不是絕對，有些形聲字的聲符也兼有表意的特點，因此有許多形聲字，它們的聲符含有詞義、提示語源的重要作用。胡琴〈"龠"系統辭彙考察〉一文中即提到這樣的觀念，他認爲"龠"系統詞彙就鮮明表現了此一特點（《安康師專學報》第十七卷第四期，2005 年 8 月，頁 54）。若依胡琴的思考，「聲」字的從「磬」聲，必與「磬」有相關性。

〔註9〕許慎，段玉裁注：《段氏說文解字注》（台北：文化圖書，1979 年 5 月），頁470。

〔註10〕許慎，段玉裁注：《段氏說文解字注》（台北：文化圖書，1979 年 5 月），頁105。

「🜋」來分析，其形式像用嘴巴來吹奏簫管的樣子，故《爾雅・釋樂》云：「大簫謂之言」〔註11〕，郭沫若認爲「言」的「🜊」形即簫管也，以口吹簫，舌弄之而成音也〔註12〕。這樣說來，「言」字本身爲大簫之意，「音」用「言」之形體，即表大簫之聲。再來看「樂」字，根據中國古典文獻記載，「樂」字的運用由來已久，如甲骨文中已有「樂」字的出現。甲骨文「樂」字寫作「🜍」，到了周代的青銅器裡，除了援用甲骨文的寫法外，亦可寫成「🜎」。「🜏」所代表的是絲線，把絲線栓在木頭上（🜐），則成了絃樂器，古人即用這種絃樂器來代表「音樂」這個抽象的概念。至於金文「樂」字中間所加上的「🜑」，東漢許慎的《說文解字》則認爲是鼓的象形〔註13〕，這樣的說法頗有道理，說明古人或許已察覺到，僅以絃樂器來象徵音樂，似乎太過單薄，加入鼓的形象，不僅表現出音樂合奏的氣氛，亦代表了當時樂器運用之豐富。對於甲骨文、金文的「樂」字，近代學者多有不同的解釋，羅振玉認爲：「從絲附木上琴瑟之象也，或增"🜑"以象調弦之器猶今彈琵琶、阮咸之有撥矣。」〔註14〕馮潔軒在其〈"樂"字析疑〉中認爲：「樂」字是「從木，么么聲」的形聲字，並推斷「樂」字的本義應是先民圍繞樹林舞蹈，口中發出「吆──吆──」的歡呼聲〔註15〕。修海林則從「樂」字的「幺」字入手，辨析了幺與絲字之別，認爲「幺」是穀穗類糧食的象徵，「樂」字從二「幺」，象徵穀穗累累，「樂」字的初義是表現先民們在農耕收穫後的喜悅之情〔註16〕。近代學者對於甲骨文、金文「樂」字的研究，並不影響許慎對「樂」字的解釋，反而從文化學的角度豐富了「樂」字的文化意涵，使我們了解到遠古時期「歌」、「樂」、「舞」三位一體的緊密關係。從「聲」、「音」、「樂」的分析可知，三者在造字之初即被賦予「音樂」的意義，「聲」是磬聲、「音」是簫音、「樂」是絃樂，三者都可代表「音樂」這個抽象的概念。

再從文獻中來看。「聲」、「音」、「樂」在造字之初皆與音樂有密切的關

〔註11〕《爾雅注疏・上》，《十三經注疏・整理本》（台北：台灣古籍出版，2001 年），頁 174。

〔註12〕郭沫若：《郭沫若全集・考古編》（卷一）（科學出版社，1982 年），頁 98。

〔註13〕許慎《說文解字》：「樂，五聲八音總名。象鼓鞞。木，虡也。」（頁 275）

〔註14〕李孝定編述：《甲骨文字集釋・卷六》（台北：中央研究院歷史語言研究所印行，1965 年），頁 2003。

〔註15〕馮潔軒：〈"樂"字析疑〉，《音樂研究》第三期，1986 年。

〔註16〕修海林：《古樂的浮沉》（山東：山東文藝出版社 1989 年），頁 144。

係，因此在中國早期的文獻我們可以看到三者互用的狀況，如《荀子》、《韓非子》、《墨子》書中有將聲樂並舉〔註17〕，其他文獻也常音聲、聲音互舉〔註18〕，以及《荀子》稱雅頌之樂亦稱爲雅頌之聲〔註19〕。然而「聲」、「音」、「樂」在運用時，還是有其自身所代表的意義。

　　現存最早論「聲」的文獻爲《尚書・舜典》：「詩言志，歌永言，聲依永，律和聲。」〔註20〕此處的聲，應指五聲而言，因爲在《尚書・益稷》有言：「予欲聞六律、五聲、八音。」〔註21〕所以在《尚書》的年代，已有五聲的觀念。五聲者，即宮、商、角、徵、羽〔註22〕，指中國音樂中的五個音，「五聲」成爲一個定名，在中國許多的文獻典籍中經常出現〔註23〕。但「聲」的指向，並非僅限於五個音，就廣義而言，可泛指爲一切聲響。只要是物發響而鳴於耳者，皆可稱爲聲，如樂器所發之聲、動物鳴叫之聲、天地自然之聲……，故「聲」者，不管就音樂而言或非音樂而言，代表的都是最基本因素，且有一種未經過混雜的單純。故「聲」者可有三方面指涉：(1)指宮、商、角、徵、羽的單出曰聲。(2)泛指一切的聲響。(3)音樂的代稱。

　　現存最早論「音」的文獻爲《尚書・益稷》：「予欲聞六律、五聲、八音。」八音者，指的是中國古代樂器制作時所用的八種材質金、石、絲、竹、匏、土、革、木。如鐘屬金，磬屬石，琴、瑟屬絲，簫、笛屬竹，笙屬匏，塤屬土，鼓屬革，柷、敔屬木。故八音也如五聲成爲一種定名，專指樂器的八種材質，也代表爲樂器的總稱，亦代表此八種材質的樂器所演奏出來的音樂，

〔註17〕《荀子・王霸》：「耳好聲，而聲樂莫大焉。」（頁247）《韓非子・解老》：「是以聖人不引五色，不淫於聲樂。」（《韓非子今註今譯・下冊》，台北：台灣商務印書館，1990年6月，頁893）《墨子・非儒下》：「盛爲聲樂。」（《墨子今註今譯》，台北：台灣商務印書館，1976年7月，頁285）

〔註18〕《莊子・至樂》：「所樂者，身安厚味美服好色音聲也。」（頁609）《周禮・地官司徒》：「鼓人掌教六鼓四金之音聲。」（頁371）《春秋繁露・卷第十・五行第三十八》：「聲音應對者，所以說耳也。」（頁853）

〔註19〕《荀子・王制》：「聲，則非雅聲者舉廢。」（頁173）《荀子・樂論》：「先王惡其亂也，故制雅頌之聲以道之。」（頁455）

〔註20〕《尚書》，《十三經注疏・整理本》（台北：台灣古籍出版，2001年），頁95。

〔註21〕同上註，頁139。

〔註22〕《周禮・春官宗伯》：「皆文之以五聲，宮、商、角、徵、羽。」（頁714）

〔註23〕古典文獻中「五聲」一詞的運用甚多，如《左傳》〈昭公元年〉：「天有六氣，降生五味，發爲五色，徵爲五聲。」（頁1341）〈僖公二十四年〉：「耳不聽五聲之和爲聾。」（頁484）再如《周禮・天官冢宰》：「以五氣・五聲・五色・眠其死生。」（頁133）《周禮・春官周伯》：「以六律、六同、五聲。」（頁714）

如《左傳‧隱公五年》：「夫舞所以節八音，而行八風。」〔註24〕《周禮‧春官周伯‧大司樂》：「凡六樂者，文之以五聲，播之以八音。」〔註25〕此處的八音指的就是由金、石、絲、竹、匏、土、革、木演奏而出的音樂。而「音」也常與「聲」的意思相通用，如《說文解字》云：「聲也。生於心，有節於外，謂之音。宮商角徵羽，聲；絲竹金石匏土革木，音也。」〔註26〕即把「音」訓爲「聲」，可見「音」、「聲」可互通。

前文有言，從「樂」字的文化意涵可知，遠古時期是「歌」、「樂」、「舞」三位一體的緊密關係，這種樂舞活動的展現，我們可以從《呂氏春秋》的記載中看到痕跡，《呂氏春秋‧古樂篇》有云：「昔葛天氏之樂，三人操牛尾，投足以歌八闋。」〔註27〕其形式爲歌、樂、舞三者的結合。劉再生曾將此段文字與音樂藝術的起源作相關聯的解說：「音樂藝術的起源之始便是一種綜合藝術，有可能從勞動的呼號、動作、節奏、音調等組合中演化而出，這是一般所說的歌、舞、樂同源。……從《葛天氏之樂》直到《大夏》、《大濩》、乃至《大武》，其歌、舞、樂三位一體的特色是一脈相承的。」〔註28〕因此古人對於音樂的認知，應以歌、樂、舞三者結合的方式作理解較爲恰當。古人對於音樂的認知，沒有嚴格的界定，是一種聽了樂音之後自然而然地吟唱與手足舞蹈，然後才有統治者爲了政治之需要而編製的音樂。此時音樂的概念是寬廣的，貴族所製作演奏的音樂是「樂」，民間各地所創造演奏的音樂亦是「樂」，《殷虛書契前編》中有「氏多濼（樂）」這句話的大意指的是商王朝的統治者向民間徵收各種音樂以供享樂〔註29〕。可見殷商時期，音樂沒有分界，是一種較爲廣闊的認知，「樂」乃泛指所有的音樂。

到了周朝，周公制禮作樂，「樂」的認定開始朝向「典雅純正」之意，

〔註24〕《左傳正義‧隱公一桓公》，《十三經注疏‧整理本》（台北：台灣古籍出版，2001 年），頁 113。

〔註25〕《周禮注疏‧春官宗伯》，《十三經注疏‧整理本》（台北：台灣古籍出版，2001 年），頁 686。

〔註26〕許慎，段玉裁注：《段氏說文解字注》（台北：文化圖書，1979 年 5 月），頁 105。

〔註27〕林品石註譯：《呂氏春秋今註今譯》（台北：台灣商務印書館，1990 年 9 月），頁 137。

〔註28〕劉再生：《中國古代音樂史簡述》（北京：人民音樂出版，1989 年 12 月），頁 9。

〔註29〕關於《殷虛書契前編》中「氏多濼（樂）」的解釋，請參閱劉再生《中國古代音樂史簡述》（北京：人民音樂出版，1989 年 12 月），頁 39。

有了以樂化人的思想，如《周禮・地官司徒》所言：「以樂禮教和，而民不乖。」〔註30〕而雅樂從天子所出，於是突出與民間音樂的對立，而民間各地之音樂也就成爲俗樂了。在周朝，由於音樂不再只是一種豐收慶典的表現，而帶有教化的功能，於是對於音樂的認定開始賦與道德文化的觀感於其中，人們認爲音樂的任務是宣揚德性，故有「五聲昭德」（《國語・周語中》）〔註31〕、「德音不愆」（《國語・周語下》）〔註32〕、「樂以安德」（《左傳・襄公十一年》）〔註33〕之語。音樂「德音」的強調，使得不符於德音的音樂被斥爲「淫聲」，音樂不僅是雅俗的對立，甚至是一種正邪的對立。於是有了「雅樂」才是被認可的音樂的想法，而摒棄淫聲、俗樂。周朝對音樂的分界，一直影響著後代對音樂的觀點，於是後人對於音樂的認知越趨嚴格，到了《禮記・樂記》更將音樂嚴格劃分，而使「聲」、「音」、「樂」有了不同的蘊涵和層級。

　　《樂記》云：

　　　　凡音之起，由人心生也。人心之動，物使之然也。感於物而動，故形於聲。聲相應，故生變；變成方，謂之音。比音而樂之，及干戚羽旄，謂之樂。（《樂記》／1251）

《樂記》中的「聲」，可指宮、商、角、徵、羽；可泛指一切的聲響。「感於物而動，故形於聲。」只要是物發響而鳴於耳者，皆可稱爲聲，所以它包括了各種噪聲，也包括了還未組織前樂器所發之聲，故鄭玄注曰「宮商角徵羽，雜比曰音，單出曰聲，亦猶見也。」單出的宮、商、角、徵、羽稱爲「聲」，它只是音樂組成的基本因素，離音樂的形成還有一段距離。之後《樂記》又言：「聲相應，故生變。」所謂「聲相應」者鄭玄注曰：「樂之器，彈其宮則眾宮應。」（《樂記》／1251）指的是樂器聲音的共振現象。董仲舒《春秋繁露・卷十三・同類相動篇》中亦有一段說明樂器聲音共振的文字：「氣同則會，聲比則應，其驗皦然也。試調琴瑟而錯之，鼓其宮則他宮應之，鼓其商則他商應之。五音比而自鳴，非有神，其數然也。……故琴瑟撥

〔註30〕　《周禮注疏》，《十三經注疏・整理本》（台北：台灣古籍出版，2001年），頁290。

〔註31〕　《國語》（台北：里仁書局，1981年12月），頁65。

〔註32〕　同上註，頁130。

〔註33〕　《左傳正義・襄公》，《十三經注疏・整理本》（台北：台灣古籍出版，2001年），頁1036。

彈其宮，他宮自鳴而應之，此物之以類相動者也。」〔註34〕董仲舒認爲聲音相同就會相應，他舉了琴瑟爲例，演奏宮聲，其它宮聲就相應，演奏商聲，其他商聲就相應，五聲相同者會相互應和，是有其定數的。所以「聲相應」是一種物理現象，乃是經由振動原理產生波，再經由空氣，而彼此互應。而這些可相應的「聲」也就是現代語辭裡的「樂音」（musical tone）。「樂音」是指振動起來是有規律的、單純的，並有準確的高度（也叫音高）的音。與之相反的即是「噪音」（noice），「噪音」它的振動即無規律又雜亂無章，亦沒有一定高度的音〔註35〕。所以只有「樂音」的「聲」才可相應，一旦「聲」有所相應，接著就能「生變」；「故生變」，指「聲」在一定的規律底下，即可衍生出所有可使用的樂音，之後才可「變成方，謂之音」。

《樂記》所謂的「音」，必須「聲」，「變成方」之後才可成爲「音」。所以「音」的形成必須以「聲」爲根基，而這個根基不是包含「噪音」的「聲」，而是排除噪音之外的「樂音」，所以日常生活中的哭、喊、嚎、叫等，都是「聲」，但它並不能檢選而來成爲「音」，因爲它沒有一種美的規律在其中。所謂的「方」，就是指「聲」在形成爲「音」的過程中，有一定的美的規律於其中，也就是要合乎音樂形成的要件，如節奏的變化、旋律的和諧等，才可成爲審美的對象，才叫作「音」。《樂記》中的「音」相當於我們現代所理解的音樂。那既然「音」相當於今天一般所謂的「音樂」，那《樂記》中的「樂」，又當如何解？

從《樂記》的說法來看：「比音而樂之，及干戚羽旄，謂之樂。」從字面的解釋，「樂」比「音」更進一步，不僅須樂器演奏，還必須加上舞蹈才可稱爲「樂」。「干」指盾，「戚」爲斧，此兩者爲「武舞」的用具；「羽」指翟羽，「旄」爲旄牛的尾巴，此兩者爲「文舞」的用具〔註36〕。「文舞」、「武舞」的加入，代表一種禮法意義、文明表徵。所以「樂」，其舞蹈的加入非情感興奮自然而發的「手之舞之，足之蹈之」，而是一種禮法文明的呈現。然而這樣對《樂記》中「樂」的理解還不夠完善。謝大寧在《歷史的嵇康與玄學的嵇康》

〔註34〕董仲舒：《春秋繁露》（台北：三民書局，2007年2月），頁1004。
〔註35〕關於音樂的物理現象，參考自〔日〕山縣茂太郎著，林勝義譯《音樂概論》（台北：音樂譜發行，1989年），頁1～2。以及謝寧譯《音樂的科學原理》（台北：徐氏基金會，1984年），頁8、33～35。
〔註36〕鄭玄注：「干，盾也，戚，斧也，武舞所執也；羽，翟羽也，旄，旄牛尾也，文舞所執。」（《樂記》／1251）

中曾對《樂記》中的「樂」作以下的解釋：

> 那麼，何謂樂呢？〈樂記〉說它是一種「德音」，德音是可以「正六
> 律、和五聲，弦歌詩頌」的，也就是說樂本質上還是一種音，但卻
> 是一又得加上一個重要條件的音，此一條件即是「聖人作爲父子君
> 臣，以爲紀綱」，也就是「通倫理」之謂。

　　所以從字面來看，「樂」即是一種能綱紀人倫之音。謝大寧引李澤厚、劉
綱紀的《中國美學史》，將「能綱紀人倫之音」解釋爲「倫理性的社會情感的
表現」，這樣的說法從《樂記》的字面來看，確實有相當的解釋效力〔註37〕。
也就是說《樂記》中樂舞的呈現不是發自情感興奮的生理行爲，而是具有特
定情感的社會行爲。只是《樂記》如此定義「樂」的方式，是否眞能達到
音樂的律動形式與德音內涵的必然對應，這也是謝大寧所提出的質疑，於是
他認爲，中國「樂」的內涵恐怕很難從此一層面作準確論定，當然，這是
後話，若就《樂記》對「樂」的定義來看，它確實有著這樣的企圖，這也就
是形成《樂記》必然將「聲」、「音」、「樂」作界分的原因。唯有將「聲」、
「音」、「樂」作一明確的分別，如此即提高了「樂」的層級與功用，而這
樣的「樂」，也就是中國所認知的「雅」。《樂記》如此層次性的分析，與
「聲」、「音」、「樂」造字的原義有相當大的差距，但從中我們可以了解到，
在文化的進程當中，中國對於音樂概念的演進，而這樣的演進，更促進了中
國音樂思想的進步與成熟。

　　魏晉時期，「樂論」對於音樂的探討，即是循著《樂記》「聲」、「音」、
「樂」的三分結構所進行的討論。阮籍〈樂論〉一文，「聲」、「音」、「樂」三
者出現的次數相當多，並藉由此三者輪番出現展開精密的論述。阮籍對
「聲」、「音」、「樂」三字的運用，多承自前人，「聲」爲五聲；「音」爲八
音，或音聲通用，或將「聲」、「音」指代爲音樂。但在某些文句裡，「聲」、
「音」、「樂」的運用，則隱約含有層層遞進的音樂發展概念。如引文：

> 昔者聖人之作樂也，將以順天地之體，成萬物之性也。故定天地八
> 方之音，以迎陰陽八風之聲。均黃鐘中和之律，開群生萬物之情氣。
> 故律呂協則陰陽和，音聲適而萬物類。(《阮籍集校注》／78)

> 故聖人立調適之音，建平和之聲；制便事之節，定順從之容。使天

────────────

〔註37〕謝大寧：《歷史的嵇康與玄學的嵇康——從玄學史看嵇康思想的兩個側面》
　　　　（台北：文史哲出版社，1997 年 12 月），頁 196～197。

下之爲樂者，莫不儀焉。(《阮籍集校注》／84)

鐘磬，鞞鼓，琴瑟，歌舞，樂之器也。(《阮籍集校注》／89)
阮籍認爲自然之道是樂的本源，故聖人制樂時必順天地之體，成萬物之性。
而樂之完成，必須先「定音迎聲」。「定天地八方之音」，此處的「天地」應解
爲天下、世界之意，而非自然之天地，若爲自然之天地，怎會有由聖人制定
之理，所以，「定天地八方之音」指聖人把握自然之道的原則，順任天地之體
萬物之性，而制定了天下各方的和諧之音，而此和諧之音必須迎合自然之聲，
才能成就其「音」，故曰「以迎陰陽八風之聲」。「陰陽」指的是天地之氣，即
自然界運作的兩個元素〔註38〕；「八風」，指的是自然界八方之風〔註39〕，故
「陰陽八風之聲」指的就是自然之聲，也就是未經過人爲加工的單出之聲。
「聲」雖爲自然之聲，但在文采節奏文飾爲音之前，聖人必須先建立平和之
聲的觀念。當聖人建立了平和之聲的觀念，對於藝術加工的「音」，才有調和
順適的準則，故曰：「立調適之音，建平和之聲。」當聖王立了平和之聲，再
將平和之聲加以文飾、組織後構成曲調，制定了天下依歸、遵行之「音」，此
「音」指的是狹義之「樂」，即按照曲調用樂器演奏出來的音樂。若加入了詩
歌、舞蹈則成爲廣義之「樂」，也就是引文中的「樂」意，故曰：「鐘磬，鞞
鼓，琴瑟，歌舞，樂之器也。」從以上的分析可知，阮籍對「聲」、「音」、
「樂」的運用，與《樂記》一樣有著層層遞進的音樂發展概念，隱含著人文
發展的痕跡。

至於嵇康的〈聲無哀樂論〉，由於在嵇康以前對音樂的探討，皆是以「樂」
爲主題，並以「樂」作爲標題，嵇康是第一個以「聲」爲主要對象並以此爲
基準而展開討論者，故歷來學者對於嵇康的「聲」有著多重的觀點，並且試
圖釐清「聲」、「音」、「樂」在〈聲無哀樂論〉中的意涵，目前各學者的意見

〔註38〕 從阮籍其它文章中可知「陰陽」二字在他的認知裡，代表的是天地自然之
　　　　 氣，如〈大人先生傳〉：「昔者天地開闢，萬物並生。大者恬其性，細者靜其
　　　　 形。陰藏其氣，陽發其精。」(《阮籍集校注》／169)〈達莊論〉：「人生天地
　　　　 之中，體自然之形。身者，陰陽之精氣也。」(《阮籍集校注》／140)

〔註39〕 八風指八方之風，《淮南子・卷四・墜形訓》：「何謂八風？東北曰炎風，東方
　　　　 曰條風，東南曰景風，南方曰巨風，西南曰涼風，西方曰飂風，西北曰麗風，
　　　　 北方曰寒風。」(劉文典：《淮南鴻烈集解》，台北：文史哲出版社，1992 年
　　　　 10 月，頁 132)《呂氏春秋・有始覽・有始》：「何謂八風？東北曰：炎風，東
　　　　 方曰：滔風，東南曰：熏風，南方曰：巨風，西南曰：淒風，西方曰：飂風，
　　　　 西北曰屬風，北風曰：寒風。」(頁 329)

仍呈分歧狀態；或直接將「聲」視爲一般傳統音樂〔註40〕；或著重「聲」與
「音」的區別，認爲〈聲無哀樂論〉是針對漢魏時期「聲」、「音」概念的混
亂，而闡明「聲」（作爲音樂的物質材料的樂音）與「音」（音樂）的本質
區別〔註41〕；近人張蕙慧則以爲〈聲無哀樂論〉並不似《樂記》將「聲」、
「音」、「樂」區分得十分清楚，有關聲音的意涵，嵇康的界定遠較《樂記》
廣泛。早期袁濟喜則從《樂記》的角度而認爲嵇康的思想乃是在走倒退的路
線〔註42〕。吳冠宏則反駁袁濟喜的看法，以爲〈聲無哀樂論〉文並非比《樂
記》「倒退一步」，而是用「樂→音→聲」的道家進路解構了《樂記》「聲→音
→樂」的發展〔註43〕。吳冠宏的說法又受到謝大寧的質疑，謝大寧認爲〈聲
無哀樂論〉仍應放在《樂記》「聲」、「音」、「樂」的三分架構裡作理解，而
「聲」不可能具有存有論上的優越性〔註44〕。歷來學者的意見如此分歧，大
概受了嵇康是第一個以「聲」爲討論對象的影響，故有些學者，以爲嵇康的
「聲」必然與以往的「聲」有所分別。然而，〈聲無哀樂論〉有一段文句可相
應於《樂記》「聲」、「音」、「樂」的概念：

> 夫天地合德，萬物貴生。寒暑代往，五行以成。故章爲五色，發爲
> 五音。音聲之作，其猶臭味在於天地之間。其善與不善，雖遭遇濁
> 亂，其體自若，而不變也。豈以愛憎易操，哀樂改度哉？　　及宮

〔註40〕楊蔭瀏：《中國古代音樂史稿》（人民音樂出版社，1980年），頁174～189。

〔註41〕此觀點爲孫維權在〈〈聲無哀樂論〉新解〉一文中所提出，文章爲1985年〈《樂
記》《聲無哀樂論》學術研討會〉論文，可參閱嵫冉《愈辯愈明眞理在──
〈樂記〉〈聲無哀樂論〉學術研討會記略》，《中央音樂學院學報》第三期，
1985年。

〔註42〕袁濟喜於〈關於「聲無哀樂論」評價問題──兼論嵇康的音樂美學思想〉一
文中言：「先秦時期儒家樂論代表作《樂記》……將最基本的音樂單位聲與音
及表現人思想情感的『樂』區別了開來，論述了它們之間的依次遞進關係。
嵇康在這一點上恰恰是比前人倒退了一步。」（《學術月刊》第十二期，1981
年，頁46）

〔註43〕吳冠宏於〈當代〈聲無哀樂論〉研究的三種論點商榷〉一文中言：「〈聲〉文
一『樂→音→聲』探源的回溯向度，與《樂記》『聲→音→樂』的演進發展型
態適得其反，因此〈聲〉文並非比《樂記》『倒退一步』，而是用『樂→音→
聲』的道家進路解構了《樂記》『聲→音→樂』的發展關係，是以〈聲〉文除
了用『聲』字凸顯了其基本立場之外，『聲』、『音』、『樂』三字自可有回復其
本然義各有所涵攝之狀態而呈顯互有轉換的現象。」（《東華漢學》第三期，
2005年5月，頁76）

〔註44〕謝大寧：〈樂理與玄理之間──對吳冠宏教授〈聲無哀樂論〉詮釋之商榷〉，
《第三屆儒道國際學術研討會──魏晉南北朝》，頁10。

商集（化）〔比〕，聲音克諧，此人心至願，情欲之所鍾。　　古人
知情不可恣，欲不可極，〔故〕因其所用，每爲之節，使哀不至傷，
樂不至淫，斯其大較也。（《嵇康集校注》／197～198）

此段文句可分爲三部分理解（特以空格作爲區分），它們正相應於《樂記》
「聲」、「音」、「樂」這三個概念，而〈聲無哀樂論〉中亦有其它相同概念的
文句，列舉如下：

姣弄之音，挹眾聲之美，會五音之和，其體瞻而用博，故心（侈）
〔役〕於眾理，五音會，故歡放而欲愜。（《嵇康集校注》／197～
198）

言比成詩，聲比成音。（《嵇康集校注》／199）

然聲音和比，感人之最深者也。（《嵇康集校注》／198）

至八音會諧，人之所悅，亦總謂之樂。（《嵇康集校注》／223）

「姣弄之音」乃「挹眾聲之美」、「聲比」才可「成音」，顯然承自於《樂記》
「聲相應。故生變；變成方，謂之音。」的說法，而認爲「聲音克諧」、「聲
音和比」是人心的至願是感人最深者，則是傳統樂論認爲音樂能感人之處。
至於「樂」，嵇康認爲是「古人知情之不可放，故抑其所遁；知欲之不可絕，
故因其所自。」（《嵇康集校注》／223）是加了道德意識於其中，才制成「可
導之樂」，與《樂記》「樂者，通倫理者也」有著相通之處。因此，當我們檢
視〈聲無哀樂論〉中的「聲」、「音」、「樂」時，多半符合《樂記》的定義，「聲」
爲最廣義的聲音；「音」指音樂；「樂」指雅樂。

從以上的分析可知，魏晉「樂論」中所討論的音樂，是連貫自周朝以降，
至《樂記》所讚揚的「雅樂」，這樣的「雅樂」精神，雖隨著時間的流逝、文
化的變更，其實踐的方式已有所變動，但，「雅樂」的「移風易俗」，仍是音
樂思想家所關注的論題。

然而，在「樂論」以「雅樂」爲探討主題的思潮中，另一個文體「樂
賦」，卻大量描寫對於「俗樂」的鑑賞。中國古代推行雅樂的理想，終究抵不
過俗樂的流行，於秦代時已設有「樂府」收集民間歌謠〔註45〕，漢代時則把

〔註45〕1977 年，在秦始皇陵附近出土了一隻秦代錯金甬鐘，鐘柄上鐫有秦篆「樂府」
二字，證明在秦代已經設有樂府機構。再結合《漢書・百官公卿表》中的記
載：「少府，秦官，掌山海池澤之稅，以給供養。……屬官有尚書、……樂府……」
從而看出秦代樂府，隸屬於少府。其職能按少府"給供養"來看，當是採集

雅俗樂並存，讓「雅樂」與「俗樂」以及民間各種音樂藝術形式能共同繁榮和發展，而使雅俗相容的音樂藝術滲入社會文化生活中。有了漢代對於俗樂的重視，到了魏晉時期，這些屬於俗樂的歌曲更是蓬勃發展，這可從曹魏時期特立清商令一職略見一斑。《資治通鑑》卷一三四宋紀引胡三省注說：「魏太祖起銅雀臺於鄴，自作樂府，被於管弦。後遂置清商令以掌之，屬光祿勳。」〔註46〕可見清商樂在曹魏時期甚受重視，曹操不僅起建銅雀臺，以供清商樂製作、演奏之用，還設立了清商令一職，以執掌一切清商事宜。清商樂就《樂府詩集》所說：「清商樂，一曰清樂。清樂者，九代之遺聲。其始即相和三調是也，並漢魏已來舊曲。其辭皆古調及魏三祖所作。」王僧虔論三調歌時云：「今之清商，實由銅雀。魏氏三祖，風流可懷。京洛相高，江左彌貴。」（《樂府詩集・卷四十四・清商曲辭一》）〔註47〕，照《樂府詩集》的說法，清商樂始於相和三調，而相和三調可謂漢魏以來的舊曲，然而後代的清商樂已非九代及漢的清商，而是「實由銅雀」，也就是說後代的清商樂乃曹氏三祖創作與影響而成的清商樂，清商樂經過曹氏三祖的重建與創作，已成為流行全國的弦歌。清商樂為「俗樂」，在上位者不僅設立了官職以掌管之，還建起提供歌臺舞榭的場所，並且親自創作帶頭流行，可見清商樂當時興盛之狀，而這樣的流行與重視甚至延續到晉朝〔註48〕。魏晉時期不僅清商樂有更為流行之勢，其它樂府種類如相和歌、鼓吹等，也在更加流行之列，清商樂、相和歌、鼓吹等皆為俗樂，在魏晉時期受到統治者的青睞更甚於雅樂，使得此時期俗樂流行的勢力遮掩了雅樂的推行。

　　而這些民間音樂的流行之盛，我們可以藉由「樂賦」的描寫作為佐證。如楊蔭瀏在《中國古代音樂史稿》中即云：

　　　晉潘岳在〈笙賦〉裡所舉出的一些笙曲中間，有好幾曲是漢代的民

民間俗樂無疑（請參閱宋恩偉〈樂舞一體話六代秦漢俗樂占先聲——秦漢俗樂興起探〉，《安徽文學》第九期，2007年，頁129）。

〔註46〕《資治通鑑今註（七）》（台北：台灣商務印書館，1975年），頁674。

〔註47〕郭茂倩，轟世美、倉陽卿校點：《樂府詩集》（上海：上海古籍出版，1998年11月），頁500。

〔註48〕曹魏時的音樂機構，西晉多沿襲其制。《晉書・卷二十二・樂志上》：「武皇帝採漢魏之遺範，覽景文之垂則，鼎革唯新，前音不改。」「武帝受命之初，百度草創。泰始二年，詔郊祀明堂禮樂權用魏儀。」故荀勗作新律時史書有載除了用於太樂、總章、鼓吹外亦用於清商：「律成，遂班下太常，使太樂、總章、鼓吹、清商施用。」（《晉書・卷二十二・志第十二・律曆志》）

歌；魏嵇康在〈琴賦〉裡所舉出的一些琴曲中間，也有不少是漢代的民歌。從這，可以看出，這時候，在器樂的發展中間，除了有專門的器樂創作之外，民歌仍然是它的重要基礎。〔註49〕

除了楊蔭瀏所提的潘岳〈笙賦〉及嵇康〈琴賦〉之外，再如傅玄〈琵琶賦〉：「六引遞奏」（《初學記》／109）、夏侯淳〈笙賦〉：「重繼鵾雞」（《藝文類聚》／793）、夏侯湛〈夜聽笳賦〉：「來楚妃之絕歎，放鵾雞之弄音」（《藝文類聚》／796）、孫楚〈笳賦〉：「三節白紵」、「哀及梁父」（《藝文類聚》／796）等，此些演奏的曲子「六引」、「鵾雞」、「白紵」、「楚妃」、「梁父」皆是屬於樂府俗樂者，而且「樂賦」所吟詠的樂器亦多以俗樂器爲主〔註50〕。從上述可知，魏晉時期俗樂的流行，從〈樂賦〉所提之樂曲、吟詠之樂器，果然可引以爲證。

在魏晉「樂賦」中，我們一樣可以看到對於「聲」、「音」、「樂」三者概念的運用，而此三者概念的認定與《樂記》的界定相符：

聲：惟簧也能研群聲之清，惟笙也能摠眾清之林。（潘岳〈笙賦〉《文選》／747）

迥不逼而遠無攜，聲成文而節有敘。（潘岳〈笙賦〉《文選》／747）

宮備眾聲，體僚君器。（陸機〈鼓吹賦〉《全晉文‧卷九十七》）〔註51〕

是故聲不假器，用不借物。（成公綏〈嘯賦〉《文選》／752）

苞群聲以作主，冠眾樂而爲師。（阮瑀〈箏賦〉《藝文類聚》／785）

音：浮音穆以遲暢，沉響幽而若絕。（鈕滔母孫氏〈箜篌賦〉《藝文類聚》／789〜790）

〔註49〕 楊蔭瀏：《中國古代音樂史稿‧第一冊》（台北：丹青圖書，1987 年 4 月），頁157。其注云：「潘岳〈笙賦〉：『爾乃引《飛龍》、《鳴鵾雞》、《雙鴻翔》、《白鶴飛》……。』注：『善曰：《漢書》曰：《房中樂》有《飛龍章》，古相和歌者有《鵾雞曲》，古樂府有《飛來雙白鵠》。』」嵇康〈樂賦〉：「如《飛龍》、《鵾雞》、《東武》、《太山》、《王昭》、《楚妃》等均爲相和歌。」

〔註50〕 請見下文對於樂賦分類的表格，「箏」、「笳」、「琵琶」、「節」等皆是演奏俗樂的樂器。

〔註51〕 〔清〕嚴可均校輯：《全上古三代秦漢三國六朝文》（北京：中華書局，1958年 12 月），頁 2014。

嗟萬物之殊觀，莫比美乎音聲。（夏侯淳〈笙賦〉《藝文類聚》
／789）

處窮獨而不悶者，莫近于音聲也。（嵇康〈琴賦〉《嵇康集校注》
／83）

乃知長嘯之奇妙，蓋亦音聲之至極。（成公綏〈嘯賦〉《文選》
／756）

識音者希，孰能珍分。能盡雅琴，惟至人兮。（嵇康〈琴賦〉
《嵇康集校注》／109）

發妙聲於丹唇，激哀音於皓齒。（成公綏〈嘯賦〉《文選》／
751）

悲音奏而列坐泣。（潘岳〈笙賦〉《文選》／744）

及其悲唱流音，徬徨依違。（陸機〈鼓吹賦〉《全晉文·卷九十
七》）〔註52〕

樂：後夔正樂，唱引參列。（鈕滔母孫氏〈箜篌賦〉《初學記》／
109）

樂所以移風於善，亦所以易俗於惡。（潘岳〈笙賦〉《文選》／
747）

非天下之和樂，不易之德音，其孰能於此乎。（潘岳〈笙賦〉
《文選》／747）

當我們檢視「樂賦」中的「聲」、「音」、「樂」時，我們會發現其概念的運用多半符合《樂記》的定義，「聲」指的是未組織前樂器所發之聲，此「聲」是樂器所發的最基本單位，也是各個樂器自我展現特色之處，因此，每個賦作為了突顯自己所描寫的樂器最為優秀時，往往在樂器之「聲」上作讚揚，故阮瑀讚箏聲為「苞群聲以作主」；潘岳讚笙聲為「惟簧也能研群聲之清，惟笙也能摠眾清之林。」「音」則明顯比「聲」進一步，指的是將樂器所發出的「聲」加以組織後所成就的樂曲，此時的「音」開始可以感染人心，故嵇康認為琴樂能安撫窮獨的憂悶，潘岳描寫出哀傷的笙樂讓聆聽者都哭泣起來。「樂賦」中「聲」、「音」概念對於《樂記》定義的承用，我們還可從陸機〈鼓吹賦〉的一段文句為證：「飾聲成文，彫音作蔚。」這完全是依據《樂記》「聲成文謂之音」所作的思考。至於「樂」字的引用，在魏晉樂賦中出現的非常少，

〔註52〕同上註。

而出現之時，承自傳統，是一種「正樂」、「德音」可移風俗之樂，而此種「樂」的概念即是「雅樂」概念的繼承。從以上的舉例可知，魏晉「樂賦」中「聲」、「音」、「樂」三者概念的運用，乃承自《樂記》而來，由於「樂賦」的創作以民間音樂、俗樂器的鑑賞爲主，因此，當「樂」的概念是指涉「雅樂」時，那樂賦中「樂」字的運用自然就少。反而被「雅樂」所屏斥的「新聲」，在魏晉「樂賦」中則屢屢出現，如成公綏〈琴賦〉：「遂創新聲，改舊用。」（《初學記》／108）嵇康〈琴賦〉：「拊弦安歌，新聲代起。」（嵇康〈琴賦〉《嵇康集校注》／96）潘岳〈笙賦〉：「新聲變曲，奇韻橫逸。」（《文選》／747）阮瑀〈箏賦〉：「升降綺靡，殊聲妙巧，延年新聲，豈此能同。」（《藝文類聚》／786）所謂「新聲」，指的是民間音樂，而「新聲」一詞自晉平公以來都有貶責意〔註53〕，而魏晉「樂賦」的大方使用，可見魏晉時期對於民間音樂的接納更甚以往。

　　以上從追溯「聲」、「音」、「樂」的造字之初，到魏晉時期「聲」、「音」、「樂」的運用，可大概了解到中國「音樂」概念的流變。「聲」、「音」、「樂」造字之初皆與音樂有密切的關係，因此三者可互相援用，但三者仍保有其自身所代表的意義。在周朝之前，音樂並沒有明顯的雅俗之分，而是呈現雅俗共賞的情況，到了周朝之後，雅樂高舉，注重音樂與政治、人心的關係，而這樣的思想影響後代至深，於是後人對於音樂的認知越趨嚴格，到了《樂記》則賦予「聲」、「音」、「樂」不同的蘊涵和層級。顯然地，自周以來，將「樂」（雅樂）視爲最高層級，但推行雅樂的理想並無法抵制俗樂的流行，於是造成了俗樂與雅樂兩股力量的相互角力，這樣的角力之爭，到了魏晉時我們還是可以從「樂論」與「樂賦」中見到痕跡，「樂論」者，訴諸於「雅樂」；「樂

〔註53〕《國語・晉語八》：「平公說新聲，師曠曰：『公室其將卑乎！君之明兆于衰矣。夫樂以開山川之風也，以耀德于廣遠也。風德以廣之，風山川以遠之，風物以聽之，修詩以詠之，修禮以節之。夫德廣遠而有時節，是以遠服而邇不遷。』」（頁460～461）平公喜歡聽民間新創的音樂，師曠則加以勸誡。而之後《樂記》則對於古樂、新聲（新樂）有一番解釋：「魏文侯問於子夏曰：『吾端冕而聽古樂，則唯恐臥；聽鄭衛之音，則不知倦。敢問古樂之如彼，何也？新樂之如此，何也？』子夏對曰：『今夫古樂，進旅退旅，和正以廣，弦匏笙簧，會守拊鼓。始奏以文，復亂以武，治亂以相，訊疾以雅。君子於是語，於是道古，脩身及家，平均天下，此古樂之發也。今夫新樂，進俯退俯，姦聲以濫，溺而不止，及優侏儒，獶雜子女，不知父子，樂終不可以語，不可以道古，此新樂之發也。』」（《樂記》／1304～1305）此處將新聲與鄭衛之音等同看待，並視爲姦聲。

賦」者，訴諸於「俗樂」。

　　透過以上的分析，即說明了此篇論文在論述魏晉「樂論」與「樂賦」時，是處於兩個不同樂種的思考方式，魏晉「樂論」是奠定在「雅樂」之上；魏晉「樂賦」則奠基於「俗樂」之上。而對於俗樂與雅樂的定義，歸納以上的論述之後，可以陳暘《樂書》之說作進一步的釐清：「俗部者流，猶九流雜家者流，非朝廷所用之樂也。存之不爲異，去之不爲損，民間用之。」（陳暘《樂書·卷一三三·〈序俗部〉》）〔註54〕陳暘「俗部」指的是民間音樂，雅部指的是朝廷音樂。就此定義，雅樂包括郊社、宗廟、祭祀、朝會、宴饗、宮廷儀禮等；俗樂則指悅耳動聽的民間流行音樂。雅、俗二樂的對立，是中國古代音樂發展的常態，然而一直有雅樂退位的危機，而這樣的危機在魏晉時代更顯鮮明，此可藉由對「樂論」、「樂賦」此兩個文體的討論窺見一、二。

第三節　魏晉音樂的變遷背景

　　在前一節中，我們藉由中國音樂概念的發展，而論及魏晉「樂論」與「樂賦」乃奠定於不同的樂種上所作的思考，「樂論」乃基於「雅樂」之上；「樂賦」乃基於「俗樂」之上。從現存魏晉的作品來看，「論體」與「賦體」乃是當時頗受作家所青睞的文體，而兩個文體在創作上，有了皆以「音樂」爲題材的交集，而這樣的「交集」，突顯了「音樂」在魏晉思潮的重要性。然而，如此的「交集」並不代表兩種文體在思考模式上的共識，從兩者奠基於不同樂種的討論可知，兩者是處於一種對比的情況。「音樂」的思考在魏晉文化的展現，不是呈現「交集」的共同意識，而是一種「對比」的狀況，這樣狀況就值得玩味。究其原因，會產生這樣的對比性，與魏晉音樂環境的變化有著

〔註54〕陳暘《樂書》雖然是在宋朝時所寫成之書，但其對音樂的分類與定義，應是延續歷來對音樂的認知，陳暘在《樂書序》中即云：「臣之論載，大致據經考傳，尊聖人，折諸儒，追復治古而正之。囊括載籍，條分匯從，總爲六門（樂律、八音、歌、舞、雜樂、五禮），別爲三部（雅、胡、俗）。」（陳暘《樂書》《文津閣四庫全書第七十三冊》，北京：商務印書館，2005年）因此，就此來理解魏晉雅樂與俗樂的內容應該不致於有太大出入。而所謂雅、俗之樂的分別，只是各朝人們所設立的標準，故前朝所謂俗樂者，後朝或納爲雅樂，故雅俗之間頗有混雜疊用的情形，此情形楊蔭瀏在《中國古代音樂史》（台北：台北學藝出版，1980年），頁84，已有說明。而此篇論文對於雅樂、俗樂的概念，採取陳暘的定義，以較爲寬廣的角度視之。

相當大的關係。因此，此節將敘述魏晉音樂變遷的背景，以作爲研究魏晉「樂論」與「樂賦」的先備理解。

一、雅樂的式微

在中國樂壇上，一直是雅樂與俗樂抗衡不斷的變遷史，在許之衡所著的《中國音樂小史》一書中，即對歷代雅樂俗樂的變遷作一概列敘述，其中以爲漢代「爲雅樂尙存俗樂日盛時代」、魏晉至隋「爲雅樂俗樂雜亂時代」、唐代「爲俗樂大盛，雅樂混入俗樂時代」〔註55〕。依許氏所言，我們得知，魏晉至隋其音樂環境的背景爲雅樂俗樂雜亂時代，可見此時的雅樂已不似漢代維持尙有保存的單純狀況，但卻保有俗樂日盛的力量，故之後造就了唐代俗樂大盛的情況。可見魏晉至隋雅樂漸形退位，而俗樂則漸次盛行，我們可以藉由魏晉的在上位者對於雅樂的建立，作爲此情況的印證。

雅樂前後代的相承，須藉由存留的樂人，或藉所得前代樂器，而於此代中有所據而建立，曹魏時，即是藉由存留的樂人對雅樂進行建立。《晉書》有載：

> 漢自東京大亂，絕無金石之樂，樂章亡缺，不可復知。及魏武平荊州，獲漢雅樂郎河南杜夔，能識舊法，以爲軍謀祭酒，使創定雅樂。時又有散騎侍郎鄧靜、尹商善訓雅樂，歌師尹胡能歌宗廟郊祀之曲，舞師馮肅、服養曉知先代諸舞，夔悉總領之。遠詳經籍，近採故事，考會古樂，始設軒懸鍾磬。而黃初中柴玉、左延年之徒，復以新聲被寵，改其聲韻。(《晉書·卷二十二·志第十二·樂上》／679)

曹魏時因獲漢雅樂郎杜夔，故能對雅樂有所創定，此時又有鄧靜、尹商「善訓雅樂」，歌師尹胡能唱宗廟郊祀之曲，舞詩馮肅、服養知曉前代的舞蹈，曹魏恢復先代雅樂的努力，可從此看出。而當時杜夔尙以「遠詳經籍，近採故事，考會古樂」而始設軒懸鍾磬，前代樂人的得獲，對於曹魏雅樂的建立是一個很大的助力，一切對於雅樂的設立，不僅有所承，且嚴謹愼重，彷彿雅樂的推行正蓄勢待發。但事經不久，到了黃初年間，「柴玉、左延年之徒，復以新聲被寵，改其聲韻。」杜夔等人所建立起來的古樂，即被柴玉、左延年之徒的新聲所取代，可見新聲的力量勝於古樂。左延年將古樂篡改新聲的情

〔註55〕許之衡：《中國音樂小史》（台北：商務印書館，1968年3月），頁18～23。

況，以下還可再舉一例，《宋書・卷十九・志第九・樂一》有云：

> 魏雅樂四曲：一曰鹿鳴，後改曰於赫，詠武帝。二曰騶虞，後改曰
> 巍巍，詠文帝。三曰伐檀，後省除。四曰文王，後改曰洋洋，詠明
> 帝。騶虞、伐檀、文王並左延年改其聲。〔註56〕

曹魏的雅樂四曲，被左延年改其聲，左延年據前文所言「以新聲被寵」，故知
其擅「新聲」，《宋書》亦云「左延年等妙善鄭聲」（《卷十九・志第九・樂一》）
〔註57〕，故「改其聲」，乃指將新聲滲於雅樂之中。孔子云：「鄭聲淫」，而曹
魏的雅樂，竟以新聲、鄭聲改之，可見雅樂之力已不敵新聲俗樂。

再則，恢復雅樂，必須抵定樂律。揚雄《法言・吾子》有云：「或問『交
五聲十二律也，或雅或鄭，何也？』曰：『中正則雅，多哇則鄭』『請問本？』
曰：『黃鐘以生之，中正以平之，確乎鄭衛不能入也。』」〔註58〕由此可見，
雅樂與鄭聲差別的關鍵，在於樂律上中正與否？許之衡於《中國音樂小史》
中亦言：「以宮、商、角、徵、羽、黃鐘、大呂等名目，為聲音高下清濁之符
號者，概名為古雅樂。」〔註59〕因此，雅樂的確立，必在樂律的抵定上求之，
曹魏、西晉建雅樂之初，皆是如此：

> 魏武始獲杜夔，使定樂器聲調。夔依當時尺度，權備典章。及武帝
> 受命，遵而不革。至泰始十年，光祿大夫荀勖奏造新度，更鑄律呂。
>
> （《晉書・卷十六・志第六・律曆上》／474）

然而樂律一系列的標準音高，並非放諸四海，歷諸千秋而始終如一
〔註60〕。從以下的記載，可看到魏晉在樂律的抵定上，有其出入之處：

> 武帝泰始九年，中書監荀勖校太樂，八音不和，始知後漢至魏，尺
> 長於古四分有餘。勖乃部著作郎劉恭依周禮制尺，所謂古尺也。依
> 古尺更鑄銅律呂，以調聲韻。以尺量古器，與本銘尺寸無差。又，
> 汲郡盜發六國時魏襄王冢，得古周時玉律及鍾、磬，與新律聲韻闇

〔註56〕 沈約：《宋書》（北京：中華書局，1996年），頁539。

〔註57〕 同上註，頁534。

〔註58〕 揚雄，李守奎、洪玉琴譯注：《法言》（黑龍江：黑龍江人民出版社，2003年
1月），頁19。

〔註59〕 許之衡：《中國音樂小史》（台北：商務印書館，1968年3月），頁24。

〔註60〕 沈冬在〈先秦律學考〉一文中有言：「所謂六律六呂，究其實，是一系列的標
準音高，由於這些音高並非得自於物理學的測量，同時律管的長度也代有更
易，因而所謂的『標準音高』，並非放諸四海，歷諸千秋而始終如一。」（《臺
大中文學報》第四期，1991年6月，頁343）

同。于時郡國或得漢時故鍾，吹律命之皆應。勖銘其尺曰：「晉泰始十年，中書考古器，揆校今尺，長四分半。所校古法有七品：一曰姑洗玉律，二曰小呂玉律，三曰西京銅望臬，四曰金錯望臬，五曰銅斛，六曰古錢，七曰建武銅尺。姑洗微強，西京望臬微弱，其餘與此尺同。」銘八十二字。此尺者勖新尺也，今尺者杜夔尺也。（《晉書·卷一十六·志第六·律曆上》／490）

荀勖在校正太樂時，發現有八音不和的現象，原因在晉武帝時律管的尺度沿用於後漢至魏杜夔所訂的標準，而這樣的標準與古尺不符，於是荀勖依古尺重新鑄銅律呂，以調聲韻，而荀勖所造的新律聲韻，與當時戰國魏襄王墓所出土的一批玉制律管、鐘、磬等樂器的音律彼此相和。由此段記載可知，魏晉在樂律的抵定上已有不同，但這樣的記載並不能評斷杜夔與荀勖何者為對？何者為錯？卻能說明，雅樂的建立在樂律代有更易的情況下，其實很難做到一脈的雅樂相承。而在雅樂無法一脈相承、樂律抵定歧異的情況下，雅樂的建立實難形成共識。

不但在魏晉此前後的兩代，出現樂律各持不同的標準，就是在荀勖建立新尺之時，亦有人持不同的意見，「荀勖又作新律笛十二枚，以調律呂，正雅樂，正會殿庭作之，自謂宮商克諧，然論者猶謂勖暗解。時阮咸妙達八音，論者謂之神解。咸常心譏勖新律聲高，以為高近哀思，不合中和。每公會樂作，勖意咸謂之不調，以為異己，乃出咸為始平相。」（《晉書·卷二十二·志第十二·樂上》／693）就算荀勖所制新律與周代、漢代的樂器相合，且自認為宮商克諧，仍有人不以為然，阮咸就認為荀勖新律「高近哀思，不合中和」故「譏其聲高，非興國之音」（《宋書·卷十一·志第一·志序》）〔註61〕。而阮咸這樣的看法應該受時人所接受，故時論謂「勖暗解」、「咸神解」，可見時人視阮咸高於荀勖。雖然荀勖所制新律已得晉武帝的肯定，但在當時的輿論上卻沒有獲得支持，如此可知，魏晉時期由於樂律抵定的歧異，雅樂的完整呈現應屬難事。

雅樂的呈現，必以雅樂樂器演奏之，由於漢末至魏晉時期政局動盪，爭戰連年，雅樂器物輾轉於戰亂之間難以保存，因此雅樂的建立必求雅樂器物的考證與複製。在曹魏時期，杜夔「考會古樂，始設軒懸鍾磬」，即是在雅樂樂器流失的情況，進行雅樂器物的考證與複製，然而，在樂器複製的過程中，

〔註61〕沈約：《宋書》（北京：中華書局，1996 年），頁 219。

遭遇到難題：

> 漢末，亡失雅樂，黃初中，鑄工柴玉巧有意思，形器之中，多所造
> 作。協律都尉杜夔令玉鑄鍾，其聲清濁，多不如法。數毀改作，玉
> 甚厭之，謂夔清濁任意。更相訴白於魏王。魏王取玉所鑄鍾，雜錯
> 更試，然後知夔為精，於是罪玉及諸子，皆為養馬士。(《宋書・卷
> 十一・志第一・志序曆上》)〔註62〕

柴玉製鍾，其聲清濁，多不如法，使得杜夔數毀改作。結果，柴玉將鍾器的
無法製成，怪罪於杜夔，而扣上「清濁任意」的編派，最後在魏王的雜錯更
試之下，證明杜夔並非柴玉所言「清濁任意」，而是精於音律，「好古存正」
也。而柴玉必是擅於鑄造之人，故杜夔才令其鑄鍾，然而從以上記載可知，
柴玉的技術有其限制之處，故對於杜夔所要求的古法難以達成。如此而言，
雅樂樂器的流失，再加雅樂器物複製上的困難，雅樂的建立難行可見。

　　從雅樂滲入俗樂、樂律的變遷以及雅樂樂器重製之難，再再都顯示了魏
晉時期雅樂式微的情況。

二、音樂與文學的相互助長

　　前文有言，曹魏時成立清商令一職，還建起提供歌臺舞榭的場所，曹魏
三祖不僅愛好、提倡清商樂，而且還親自創作被於管弦。《三國志・魏志・武
帝紀》注引《魏書》稱曹操「登高必賦，及造新詩，被之管弦，皆成樂章。」
〔註63〕曹丕、曹植亦是如此。《古今樂錄》引王僧虔《技錄》評曹丕《短歌行》
云：「《短歌行》『仰瞻』一曲，魏氏遺令，使節朔奏樂，魏文制此辭，自撫箏
和歌。歌者云：『貴官彈箏』，貴官即魏文也。」(《樂府詩集・卷三十・相和
歌辭五》)〔註64〕劉履《風雅翼》也說曹丕《善哉行・上山采薇》是「因征行
勞苦，感物憂傷而歌以自娛。」〔註65〕的作品。所以王僧虔說：「魏之三祖，
風流可懷」實出於此。

　　據《樂府詩集》所載，曹魏的當政者對清商三調的創作甚多，舉例如

〔註62〕同上註，頁212。
〔註63〕陳壽撰，裴松之注：《三國志》(北京：中華書局，1982年)，頁54。
〔註64〕郭茂倩，聶世美、倉陽卿校點：《樂府詩集》(上海：上海古籍出版，1998年
　　　　11月)，頁355。
〔註65〕劉履：《風雅翼》《文津閣四庫全書第四五八冊》(北京：商務印書館，2005
　　　　年)，頁95。

下：武帝曹操有清調〈秋胡行‧晨上〉、清調〈苦寒行‧北上〉、清調〈秋胡行‧願登〉、清調〈塘上行‧蒲生〉、平調〈短歌行‧周西〉、平調〈短歌行‧對酒〉、瑟調〈善哉行‧古公〉、瑟調〈善哉行‧自惜〉等。文帝曹丕有平調〈短歌行‧秋風〉、平調〈短歌行‧仰瞻〉、平調〈燕歌行‧別日〉、瑟調〈善哉行‧朝日〉、瑟調〈善哉行‧上山〉、瑟調〈善哉行‧朝遊〉等。明帝曹睿有清調〈苦寒行‧悠悠〉、瑟調〈善哉行‧我徂〉、瑟調〈善哉行‧赫赫〉等。陳思王曹植創作的清商三調歌詩亦有多首，如清調〈吁嗟篇〉、清調〈豫章行〉、瑟調〈當來日大難〉、〈丹霞蔽日行〉等。由於曹氏父子對清商樂的推行，故連曹魏時期的文人亦多跟隨創作，如王粲有平調〈從軍行〉五首，陳琳有瑟調〈飲馬長城窟行〉一首。傅玄有〈秋胡行〉二首。〔註 66〕

劉勰在述及樂府的流變時曾言：「至於魏之三祖，氣爽才麗，宰割辭調，音靡節平。觀其北上眾引，秋風列篇，或述酣宴，或傷羈戍，志不出於淫蕩，辭不離於哀思，雖三調之正聲，實韶夏之鄭曲也。」（《文心雕龍‧樂府》）〔註 67〕劉勰此段話雖是論於較清商廣義的樂府，但見曹氏三祖清商樂的內容，多與劉勰所言相符。由此段話可知，魏氏三祖清商樂的創作多表現於個人情感，或述於酣宴，或傷及羈旅，音樂多綺靡，而其辭多不離於哀思。如此的內容與風格，有別於漢樂府的天然古質，故蕭滌非在《漢魏六朝樂府文學史》中云：

> 樂府自東漢以來，文士始多仿制，然大都不過一二篇，其風未盛也。至魏則樂府既不采詩，民歌來源，根本斷絕，而「魏武以相王之尊，雅愛詩章，文帝以副君之重，妙善辭賦，陳思以公子之豪，下筆琳琅。」（《文心‧明詩》）故前此文人所斥為鄭聲淫曲者，今則適為唯一之表現工具。前此所不甚著意經營者，今則竭全力以赴之。三祖陳王，所作皆多至數十篇，文人樂府，斯為極盛。故其作品，亦遂與漢大異。以言風格，則變而為高雅，且時出以寄托。……以言文字，則變而為綺麗。……以言內容，則類不出乎個人生活之範圍。〔註 68〕

〔註 66〕郭茂倩，轟世美、倉陽卿校點：《樂府詩集》（上海：上海古籍出版，1998 年11 月），頁 458～464。
〔註 67〕劉勰，王更生注譯：《文心雕龍讀本‧上篇》（台北：文史哲出版社，1984 年），頁 107。
〔註 68〕蕭滌非：《漢魏六朝樂府文學史》（北京：人民文學出版，1998 年），頁 124～

清商樂屬樂府，而樂府於漢朝時期乃以採集民間歌謠爲主，雖然自東漢以來文人多有仿作，但爲數甚少，到了曹魏時期，才有文人樂府的大量創作。而從蕭滌非之言可知，一旦樂府從民間躍上文人手中，其風格內容隨之改變，內容不出乎個人生活之範圍，也就是《文心雕龍》所言的或述於酺宴，或傷及羈旅，文字風格則從古樸自然一變爲綺麗高雅，可見文人樂府在文字內容上的刻意經營。

　　詩與音樂，關係至爲密切，蓋樂以詩爲本，詩以樂爲用，二者相依，不可或缺。從樂府詩的原生狀態來看，首先是一種音樂藝術，然後才是文學藝術。鄭樵於《通志・卷四十九・樂略・樂府總序》中即云：「嗚呼！詩在聲而不在義，猶今都邑有新聲，巷陌競歌之。豈爲其辭義之美哉，直謂其聲新耳！」〔註69〕按鄭樵的觀點，新聲的流行必以悅耳爲基礎，與辭義之美無關，這樣的看法是合乎樂詩發展事實的。當樂府的流行還是以音樂爲先決條件時，它作爲文學創作的性質即退居其次，立意、修辭、篇章結構方面並不像一般文學的詩作那樣刻意經營。它在詩的語言上是否達到一種成功，很大程度上是取決於能否配合好音樂藝術，將某種音樂的特性很好地發揮。漢樂府的創作，即是屬於此種狀態。漢之樂府，多出自街陌閭里，採於民間歌謠，作爲一種表演性的歌詞，它不是講求文學造詣的詩，所以它不似文人詩那樣追求立意深長和圓臻的文字技巧，而是要用情節的生動乃至一種戲劇性的效果來滿足聽者的心理，故其中多社會問題之寫眞，而其風格亦質樸自然，此屬於民間樂府之特色也。至於曹魏時期的文人樂府，則一改漢樂府之風格，雖然還是「因聲作歌」〔註70〕，以音樂作爲創作的首要抉擇，然而對於文字的經營，如前所言，更加講究，更趨精細，更爲綺麗華美。魏氏三祖對清商樂的大力提倡，促進了清商樂藝術的發展，使它不僅繼承了漢代相和歌及其他民間音樂，而且注重音樂藝術形式的美，更趨於文人化，與漢代民間樂府相比，具有文與野、繁與簡、細與粗的不同。而文人在樂府上的成就，帶動了與以往不同的文學風氣，注入了一股新的文學風潮，於是在音樂流行與文學流行的交互作用下，我們看到了，曹魏時期藉由清商俗樂的蓬勃發展而產生一股新的文化潮流。

125。
〔註69〕鄭樵：《通志》（浙江：浙江古籍出版，2000年1月），頁625。
〔註70〕《樂府詩集》云：「凡樂府歌辭，有因聲而作歌者，若魏之三調歌詩，因弦管金石，造歌以被之是也。」（《樂府詩集・卷九十・新樂府辭》／956）

而這股新的文化潮流，到了晉朝亦延續發燒。如《晉書》有載：

> 泰始九年，光祿大夫荀勖以杜夔所制律呂，校太樂、總章、鼓吹八
> 音，與律呂乖錯，乃制古尺，作新律呂，以調聲韻。事具律曆志。
> 律成，遂班下太常，使太樂、總章、鼓吹、清商施用。勖遂典知樂
> 事，啓朝士解音律者共掌之。(《晉書·卷二十二·志第十二·樂上》
> ／692）

可見晉朝音樂機構沿襲魏制，而設有清商。我們還可從東晉王僧虔向順帝所呈之表中的一段話作為印證：

> 又今之清商，實由銅雀，魏氏三祖，風流可懷，京、洛相高，江左
> 彌重。諒以金縣干戚，事絕於斯。而情變聽改，稍復零落，十數年
> 間，亡者將半。自頃家競新哇，人尚謠俗，務在嘄危，不顧律紀，
> 流宕無涯，未知所極，排斥典正，崇長煩淫。(《宋書·卷志十九·
> 第九·樂一》）〔註71〕

所謂的京洛指的是魏和西晉，江左指的是東晉，可見清商樂從魏之始至西晉、東晉仍是音樂風行上的主流。

綜上所述，表明魏晉清商樂不僅汲取了漢代民間的相和歌中的豐富養料，更向文人化方向大幅度地前進了一步，經過魏氏三祖的提倡、參與，經過銅雀聲伎的歌舞表演，經過魏晉清商樂官、樂工的整理、加工，源於東漢民間的清商樂，在文人的參與並大量提倡的情況下，其藝術形式必由粗率漸趨精細，但仍不失俗樂之風，而展現一種新興的美妙音樂。可以說，正是從魏氏三祖開始，中國音樂才進入一個新的發展階段，在上位者開始大量參與、探索民間音樂的藝術之美，致使這一時期的音樂出現了前所未有的繁榮景象，使得清商藝術發展輝煌，甚至到了隋朝，在「以俗入雅」的發展中，清商竟也視為雅樂一類〔註72〕。可見，魏晉清商樂在中國音樂發展史具有重要地位與影響。

三、俗樂流行之盛

從前文的敘述可知，在魏晉時期乃是雅樂式微的情況，再加當政者對於清商俗樂的提倡，使得魏晉的音樂環境呈現俗樂具有絕對性的優勢。而魏晉

〔註71〕沈約：《宋書》（北京：中華書局，1996年），頁553。
〔註72〕請參見沈冬〈雅俗胡樂之交化論晉室南遷至隋初之音樂發展〉，《陳奇祿院士七秩榮慶論文集》（1992年5月），頁153～172。

俗樂流行之盛，非僅在於清商一樂，以下列舉幾則記載，以了解魏晉時期俗樂之流行。

前文有言，曹魏時期對於雅樂作了搜集、修復的工作，而此同時，對於俗樂的搜集、修復亦同步進行，如曹植〈鞞舞歌〉序記載魏武帝召收漢靈帝西園鼓吹樂工李堅，即是一例〔註 73〕。這樣的召收動作，除了曹操對於音樂的喜愛之外，亦是他唯才是舉、求賢重才的行為，而這樣的行為，使得許多人才從各地聚集到曹魏屬地，而在曹魏屬地這裡成就了文化薈萃之地，而這樣的文化發展延續到晉朝時期。當然在這文化薈萃之地也包含了出色的音樂家，如《宋書》中有一段記載：

> 魏、晉之世，有孫氏善弘舊曲，宋識善擊節倡和，陳左善清哥，列和善吹笛，郝索善彈箏，朱生善琵琶，尤發新聲。傅玄著書曰：「人若欽所聞而忽所見，不亦惑乎！設此六人生於上世，越古今而無儷，何但夔、牙同契哉！」案此說，則自茲以後，皆孫、朱等之遺則也。（《宋書‧卷十九‧志第九‧樂一》）〔註 74〕

據《宋書》所載，孫氏等六人應是魏、晉時期傑出的音樂家，這六個音樂家各有所長，傅玄稱其「越古今而無儷」，《宋書》撰者亦云：「則自茲以後，皆孫、朱等之遺則也。」〔註 75〕可見此六人音樂之卓越、流行、以及對後世的影響。而此六人的音樂「尤發新聲」，新聲即是俗樂，既然領導音樂流行的音樂家，都好發新聲，可見俗樂之流行。從曹操對於俗樂搜集、修復的重視，到出色的音樂家的「尤發新聲」，再再都證明了魏晉時期俗樂流行之盛。

再由魏晉時期所流行的舞曲來看，亦可了解到俗樂在此時期的風行。

舞樂之風在漢代就大為盛行，在《史記》、《漢書》等史冊中，有不少關於舞蹈的記述，兩漢詩賦中也有不少篇章寫到舞蹈，甚至還有專門描寫舞蹈的著作，如東漢傅毅的《舞賦》。而近代在中國各地出土的漢代畫像石（磚）上，更有舞蹈場面生動傳神的刻畫。漢代的樂舞是一種廣收並蓄、融合眾技的形式，舞蹈、音樂和雜技常常同台演出，合稱舞樂百戲。而這樣的

〔註73〕《晉書‧卷二十三‧志第十三‧樂志下》：「故漢靈帝西園鼓吹有李堅者，能鞞舞，遭世荒亂，堅播越關西，隨將軍段熲。先帝聞其舊伎，下書召堅。堅年逾七十，中間廢而不為，又古曲甚多謬誤，異代之文，未必相襲，故依前曲作新歌五篇。」（頁 710）
〔註74〕沈約：《宋書》（北京：中華書局，1996 年），頁 559。
〔註75〕同上註。

舞樂風氣一直延續影響到魏晉時期，我們從一些文獻亦可以看到魏晉舞樂之盛行。

　　舞曲大體分〈雅舞〉、〈雜舞〉兩種，《樂府詩集》云：「自漢以後，樂舞浸盛。故有雅舞，有雜舞。雅舞用之郊廟、朝饗，雜舞用之宴會。」（《樂府詩集‧卷五十二‧舞曲歌辭一》）又云：

> 雅舞者，郊廟朝饗所奏文武二舞是也。古之王者，樂有先後，以揖讓得天下，則先奏文舞；以征伐得天下，則先奏武舞，各尚其德也。黃帝之《雲門》，堯之《大咸》，舜之《大韶》，禹之《大夏》，文舞也。殷之《大濩》，周之《大武》，武舞也。周存六代之樂，至秦唯餘《韶》《武》。漢魏以後，咸有改革。然其所用，文武二舞而已，名雖不同，不變其舞。故《古今樂錄》曰：「自周以來，唯改其辭，示不相襲，未有變其舞者也。」（《樂府詩集‧卷五十二‧舞曲歌辭一》）〔註76〕

因此〈雅舞〉的存在是為了政治需要，且大部分因循相襲，它只是君主展現威勢的表徵而已，故較無法作為舞曲潮流的代表，真正能展現時代舞曲的流行趨勢則以〈雜舞〉為主：

> 雜舞者，《公莫》《巴渝》《槃舞》《鞞舞》《鐸舞》《拂舞》《白紵》之類是也。始皆出自方俗，後浸陳於殿庭。蓋自周有縵樂散樂，秦漢因之增廣，宴會所奏，率非雅舞。漢、魏以後，並以鞞、鐸、巾、拂四舞，用之宴饗。（《樂府詩集‧卷五十三‧舞曲歌辭二》）〔註77〕

據《樂府詩集》所言，〈雜舞〉出自於方俗，漢、魏時期有些舞曲已用於朝廷宴饗之用，可見這些出自於方俗的雜舞深受當政者的喜愛，統治者的推崇與實踐，對於歌舞娛樂的風行有著推波助瀾之效，故也就表明了舞曲以俗樂為主而大盛於漢、魏的情況，而這樣的盛況一直延續到晉代。魏晉樂舞之盛我們可以從《宋書》對於舞蹈的記載得知：

> 鞞舞，未詳所起，然漢代已施於燕享矣。傅毅、張衡所賦，皆其事也。……《鞞舞》即今之《鞞扇舞》也。又云晉初有杯槃舞、公莫舞。史臣按：杯槃，今之齊世寧也。張衡舞賦云：「歷七槃而縱躡。」

〔註76〕郭茂倩，聶世美、倉陽卿校點：《樂府詩集》（上海：上海古籍出版，1998年11月），頁581。

〔註77〕同上註，頁591。

王粲七釋云：「七槃陳於廣庭。」近世文士顏延之云：「遞間關於槃
扇。」鮑昭云：「七槃起長袖。」皆以七槃爲舞也。搜神記云：「晉
太康中，天下爲晉世寧舞，矜手以接杯槃反覆之。」此則漢世唯有
槃舞，而晉加之以杯，反覆之也。公莫舞，今之巾舞也。相傳云項
莊劍舞，項伯以袖隔之，使不得害漢高祖。……江左初，又有拂舞。
舊云拂舞，吳舞。……有白紵舞，按舞詞有巾袍之言；紵本吳地所
出，宜是吳舞也。〔註78〕

《宋書》所提之舞蹈即是後來《樂府詩集》所歸納出來的〈雜舞〉。

　　鞞舞，因舞人持鞞鼓而舞得名。「鞞」是一種扁形小鼓，舞者執其而舞蹈。
曹植《鞞舞歌》五篇，晉《鞞舞歌》，亦五篇。杯槃舞，因舞時用杯、槃，故
名。《宋書》云「此則漢世唯有槃舞，而晉加之以杯。」就晉之杯槃舞而言，
此舞是在漢代槃舞的基礎上加上杯舞製成。公莫舞，是一種袖舞，也就是《宋
書》所稱的〈巾舞〉，舞蹈時舞人袖長如飄帶，揮長巾而舞。拂舞，是江南吳
地的民間舞。白紵舞，依《宋書》所言，亦是出白於江南吳地的民間舞蹈。
而此些舞蹈依照現存的舞曲歌辭的描述，可知其舞蹈形象與繁華之景，如晉
人有〈杯槃舞歌〉：

晉世寧，四海平，普天安樂永大寧。四海安，天下歡，樂治興隆舞
杯盤。舞杯盤，何翩翩，舉坐翻覆壽萬年。天與日，終與一，左回
右轉不相失。箏笛悲，酒舞疲，心中慷慨可健兒。樽酒甘，絲竹
清，願令諸君醉復醒。醉復醒，時合同，四坐歡樂皆言工。絲竹
音，可不聽，亦舞此盤左右輕。自相當，合坐歡樂人命長。人命
長，當結友，千秋萬歲皆老壽。（《宋書·卷二十二·志第十二·樂
四》）〔註79〕

從以上的描述，可以感受杯槃舞在表演時的熱鬧景象。再如晉人的〈白紵舞
歌詩〉其中有云：「高舉兩手白鵠翔。輕軀徐起何洋洋。……晉世方昌樂未央。
舞以盡神安可忘。……四坐歡樂胡可陳。清歌徐舞降祇神。」「雙袂齊舉鸞鳳
翔。羅裾飄颻昭儀光。趨步生姿進流芳。鳴弦清歌及三陽。……齊倡獻舞趙
女歌。羲和馳景逝不停。」（《宋書·卷二十二·志第十二·樂四》）〔註80〕從

〔註78〕沈約：《宋書》（北京：中華書局，1996年），頁551～551。
〔註79〕沈約：《宋書》（北京：中華書局，1996年），頁635。
〔註80〕沈約：《宋書》（北京：中華書局，1996年），頁636～637。

歌詩對白紵舞的生動描寫可知，白紵舞舞姿輕盈柔曼，以舞袖爲主，而舞蹈進行之中，有樂聲有歌聲，舞步隨著樂聲、歌聲，展現舞者飄逸柔情之美。而宴會歡樂的氣氛隨著白紵舞的悠揚「晉世方昌樂未央」、「羲和馳景逝不停」，展現宴飲時極度繁榮華奢的景象。

魏晉時所流行的舞曲，無論是鞞舞、杯槃舞、公莫舞、拂舞、白紵舞，皆是出自於方俗的民間舞蹈，既然是民間舞蹈因此所運用的音樂必是俗樂，故從魏晉時期民間舞曲之盛行，亦可了解魏晉的音樂環境乃是俗樂大行其道的情況。

前文提到，魏晉「樂論」與「樂賦」雖爲同時代作品，亦以「音樂」爲共同的創作對象，然而，卻充分的顯現兩者在同時代、相同創作對象的情況下，而有不同的思考內涵，而產生了幾項的對比，而這樣的對比，展現了魏晉的音樂環境存在著兩股力量，這兩股力量，構成魏晉音樂環境的有趣現象，一方面爲雅樂的聲援者，極力於個人的修養、社會和諧的追求；另一方面爲俗樂的喜好者，拓展個體鑑賞的豐富想像、情感抒發的多元追求。會造成這樣的對比性，與魏晉音樂環境的變化有著相當大的關係。由於魏晉的音樂環境是一個俗樂盛行的環境，因此文人必定感受到這樣的氛圍，而文人的創作靈感往往來自於對文化動向的敏感，當魏晉時代俗樂文化的流行充溢著整個音樂環境時，文人創作自然而然以此爲題材，因此也就帶動以俗樂爲審美對象的「樂賦」創作。當然俗樂的流行必定帶給支持雅樂者危機意識，於是在雅樂式微俗樂大盛的音樂環境底下，憂心雅樂的魏晉士人不得不重申雅樂的重要性，於是有了以雅樂爲審美對象的「樂論」創作。

第四節　學界相關研究之回顧

中國音樂源遠流長，是中國文化重要的一環，有關音樂的發展，歷代典籍都有豐碩的記載。但由於「音樂」在本質上是屬於抽象的聲音藝術，若非錄音、存影，或樂譜的保存，其實難以使中國歷代音樂再現。故典籍所傳之資料雖豐，但僅是對當時代的音樂文化作文字的保留，「音樂」幾乎是歷史經驗中的音樂。也因爲中國古代音樂的無法再現，於是引發後人許多的想像與探尋的興趣。因此自民國以來，研究中國古代音樂的學者，嘗試從不同的進路，一窺中國音樂的風貌。經過歷來學者對中國音樂的整理，而有了不少著作與研究成果，以下茲將與本論文的論題有相關性的前人研究扼要概述

於下：

　　對於中國音樂史的研究較為全面者，應屬楊蔭瀏的《中國古代音樂史稿》（丹青圖書，1985 年），作者認為音樂是與生活相結合的，所以對音樂的觀察須從生活的各個面向、各個角度加以分析研究。就魏晉音樂部分，其論述的內容不僅從史的方面著手，更觸及當時代的社會文化生活，從民間到宮廷都一一申述。對於當時代的音樂理論、音樂思想亦有探索。所以楊蔭瀏的《中國古代音樂史稿》對於此篇論文的研究主題而言，可說提供了魏晉音樂的審美研究上，一個外圍的樣貌資料。但相對的，對於魏晉音樂審美的內部研究上，就顯的缺乏，畢竟此書為史的研究而非審美學的研究。針對內部研究而言，蔡仲德《中國音樂美學史》可彌補此缺乏。

　　蔡仲德的《中國音樂美學史》一書對於中國音樂有較深入的探討。以美學的角度，切入中國古代的音樂文獻記載，探尋此些文獻如何以一種理論型態去表現音樂的審美意識。而此書對於魏晉音樂美學的專論部分，以王弼、阮籍、嵇康為主要論述對象，在其文中曾言「這一時期最重要的音樂美學論著是阮籍《樂論》、嵇康《聲無哀樂論》及個別樂賦。」既然魏晉時期最重要的音樂美學論述尚包含了個別樂賦，因此對於個別樂賦應作全面的探討，但可惜的是蔡仲德在樂賦部分僅談成公綏的〈嘯賦〉及嵇康的〈琴賦〉，無法突出樂賦在這一時期的重要性。也由於如此，使筆者有再論述的空間。

　　以上所列為通論部分，至於針對魏晉音樂作專論的部分，則甚為匱乏，目前在史料方面有吉聯抗所整理的《魏晉南北朝音樂史料》、以及碩士論文，陳玉燕的《魏晉音樂史》，此二書僅是對魏晉的音樂史料作初步、基本的整理，未有深入的研討。在專書評論部分，則有郭平的《魏晉風度與音樂》，從研究中國音樂多是通史通論的情況來看，郭平的《魏晉風度與音樂》在魏晉音樂的斷代研究上開了先鋒，故不管在音樂史或音樂資料的呈現上都有其一定的意義。但此書雖名為《魏晉風度與音樂》但對魏晉風度與音樂之間的關係未做深入的探討，且對於嵇、阮的樂論，僅是一種介紹性質，故此書在魏晉音樂的研究上難以成為代表。由於魏晉音樂專論的匱乏，使得筆者有進一步研究的空間。

　　由於魏晉音樂專論的匱乏，因此在魏晉音樂相關研究的資料上，筆者無法獲得充分的支助。但藉由其他學者對於魏晉鄰近朝代的研究，則能稍加彌補魏晉音樂相關研究上的缺乏。沈冬〈雅俗胡樂之交化論晉室南遷至隋初之

音樂發展〉一文，所論時代雖僅於晉室南遷至隋初一段，但其所涉及到的音樂觀念、雅樂的變遷、俗樂的盛行……與魏晉時代的音樂仍有相關性，此相關性作者於文中略有提及，因此，隨此文音樂發展之脈絡往前追溯至魏晉，方可了解魏晉音樂環境之大概。如文中所追述的清商淵源發展，正可清楚看到清商自魏氏三祖風流可懷以來「新哇」、「謠俗」的變遷，因此，此文的研究，正好可支助筆者對於魏晉音樂發展的理解。

以上乃是就中國音樂研究方面概述此些研究對於本論文的的啓發與引導，以下則針對魏晉「樂論」、「樂賦」方面的研究作概括性的歸納：

魏晉「樂論」的研究已相當豐盛，而在研究者益愈增多，探討內涵愈趨精密的情況下，魏晉樂論此議題在學術界已有相當之成就。如牟宗三《才性與玄理》〔註 81〕、李澤厚、劉綱紀《中國美學史（第二卷上）》、戴璉璋《玄智、玄理與文化發展》〈玄學中的音樂思想〉〔註 82〕、許抗生、李中華、陳戰國、那薇合著《魏晉玄學史》〔註 83〕、林朝成《魏晉玄學的自然觀與自然美學研究》〈第二章：音樂的情感特徵與審美理想〉之〈第三節：〈樂論〉思想辨析〉、〈第四節：〈聲無哀樂論〉辨析〉〔註 84〕、蔡忠道《魏晉儒道互補之研究》〈第五章：魏晉儒道互補（三）樂論〉〔註 85〕、謝大寧《歷史的嵇康與玄學的嵇康——從玄學史看嵇康思想的兩個側面》〔註 86〕、張蕙慧《嵇康音樂美學思想探究》〔註 87〕、吳冠宏〈當代〈聲無哀樂論〉研究的三種論點商榷〉〔註 88〕、曾春海《嵇康》〔註 89〕、鄭毓瑜〈阮籍的音樂審美觀〉〔註 90〕、高

〔註81〕 牟宗三：《才性與玄理》（台北：學生書局，1995 年）。

〔註82〕 戴璉璋：《玄智、玄理與文化發展》（台北：中央研究院中國文哲研究所，2002年 3 月）。

〔註83〕 許抗生、李中華、陳戰國、那薇合著：《魏晉玄學史》（西安：陝西師範大學出版社，1989 年 7 月）。

〔註84〕 林朝成：《魏晉玄學的自然觀與自然美學研究》（臺大哲學所博士論文，1992年 6 月）。

〔註85〕 蔡忠道：《魏晉儒道互補之研究》（台北：文津出版，2000 年 6 月）。

〔註86〕 謝大寧：《歷史的嵇康與玄學的嵇康——從玄學史看嵇康思想的兩個側面》（台北：文史哲出版社，1997 年 12 月）。

〔註87〕 張蕙慧：《嵇康音樂美學思想探究》（台北：文津出版社，1999 年）。

〔註88〕 吳冠宏：〈當代〈聲無哀樂論〉研究的三種論點商榷〉，《東華漢學》第三期，2005 年 5 月。

〔註89〕 曾春海：《嵇康》（台北：萬卷樓，2000 年 3 月）。

〔註90〕 鄭毓瑜：〈阮籍的音樂審美觀〉，《文學與美學》第一集，淡江大學中國文學研究所主編，文史哲出版社。

柏園〈阮籍〈樂論〉的美學意義〉〔註91〕……等。以上學者，對於魏晉樂論各有其精彩之論述，由於所持論點不同，故造成意見相左的情況，如李澤厚及劉綱紀肯定阮籍在「自然一體」、「萬物一體」的思想底下，泯除了人類相互爭奪殘害的對立，讓人的生命達到合理健全的發展，以達到自然的統一性和與此相關的人類社會的統一性，對阮籍的〈樂論〉站在積極肯定的角度。蔡仲德則持反對意見，認為阮籍的「一」，是束縛人性的統一，是一種消極性地安於現狀，「其目的是保障了上對下的「合理」的爭奪殘殺。」對阮籍〈樂論〉中，對個體生命的追求，以消極、否定角度觀之。林朝成則認為阮籍〈樂論〉乃是承自道家「為道日損」的思想而回歸到渾一、遍在的道（自然）的體驗與審美的享樂，故肯定阮籍〈樂論〉在歷史流變上以道家思想來消化儒家音樂美學的融攝，相較於李澤厚、劉綱紀與蔡仲德而言，是一種較為中肯的見解。

　　再如對於嵇康〈聲無哀樂論〉的研究歷來學者亦持論不同，就以嵇康「聲無哀樂論」此一命題而言，即引起學者們多重的討論。如陳戰國先生以為嵇康否定了音樂所具有的感情色彩，不僅否定了音樂中蘊含著演奏家的情感，也否定了音樂是作曲家思想與情感的結晶，陳戰國認為嵇康這樣的觀點是錯誤的，認為這樣的錯誤是因為嵇康混淆了自然音與音樂的本質區別〔註92〕。蔡仲德亦支持這樣的看法，認為嵇康把音樂說成是直接產生於天地自然，迴避了音樂是人的精神創造這一事實，這就將音樂與自然之聲混同，將藝術美與自然美混淆了，這是〈聲無哀樂論〉在理論上的致命弱點。李澤厚、劉綱紀則認為嵇康主張「聲無哀樂」並非說音樂與情感無關，而正好是要使音樂能喚起人們最廣闊的情感，並使各個不同的欣賞主體的情感要求都能從音樂的欣賞中得到滿足。這一切正又是魏晉玄學以「無」為本的思想在美學上的系統運用。陳允鋒則認為〈聲無哀樂論〉乃是強化了審美主體的能動作用，音樂情感的反應完全是審美主體的內心投射，審美活動不僅僅是單純地獲得某種生理、心理愉悅的過程，而且是一種驗證個體存在、充滿主體精神的實踐活動。林朝成則以「氣聲相應」的觀點來看待「聲」、「情」之間的關係，認為「氣」可通人我，向上提則與「道」、「理」相順，往外顯則與「聲」相

〔註91〕　高柏園：〈阮籍〈樂論〉的美學意義〉，《鵝湖月刊》第十七卷第二○四期，1992年6月。

〔註92〕　許抗生先生等：《魏晉玄學史》，頁229～230。

應相和，爲「情」所隱，則表現爲各種樣態的情感的基調，如此「氣聲相應」
的觀點則承自莊子「心齋」思想而來。

就阮籍而言，筆者以爲若將阮籍「自然一體」、「萬物一體」的觀念視爲
一種消極性地安於現狀，乃是簡化了阮籍〈樂論〉的思想，也忽略了道家思
惟在〈樂論〉中的運用。至於嵇康「聲無哀樂論」命題，若認爲嵇康混淆了
自然音與音樂的本質區別、將藝術美與自然美加以混淆，那如何解釋〈聲無
哀樂論〉中以下諸語「及宮商集比，聲音克諧，此人心至願，情欲之所鍾。」
（《嵇康集校注》／198）「古人知情不可恣，欲不可極，因其所用，每爲之節，
使哀不至傷，樂不至淫。」（《嵇康集校注》／198）「若夫鄭聲，是音聲之至
妙，妙音感人，猶美色惑志，耽槃荒酒，易以喪業。自非至人，孰能禦之？」
（《嵇康集校注》／224）可見嵇康並未混淆自然之聲與人文之樂，且並未僅
是追求純自然的聲，而否定了人文性的音樂，正因爲嵇康正視音樂人文的存
在，故才能闢發與傳統音樂觀不同的進路，追求莊學音樂精神的審美觀。基
於前人對魏晉樂論研究的成果，提供筆者許多參考的價值，但也由於學者間
的意見分歧，而讓筆者有深入探究比較並提出新觀念的機會。因此，雖然魏
晉樂論研究甚豐，但仍有進一步思考的空間。

依據學界目前對魏晉樂賦的研究，甚爲匱乏，僅有三篇碩士論文，郭慧
娟《魏晉樂賦的音樂美學觀》〔註93〕、戴伊澄《文選音樂類賦篇研究》〔註94〕
及楊佩螢《從六朝樂賦再探文學抒情傳統》〔註95〕。郭氏之論以美學角度論
析魏晉樂賦，戴氏則以文本探究爲主，兩本論著雖各有其見長之處，但在哲
理、美學的分析上稍嫌簡化，且未深入樂賦的底層內涵，而無法充份透顯樂
賦在魏晉文化上的重要性。至於楊氏之論著，以文學抒情傳統作爲樂賦研究
的切入角度，全篇論文扣緊主題，且論證清晰，充分表達出魏晉樂賦對文學
抒情傳統的繼承與發揚。

魏晉樂賦研究之少，令人甚覺可惜。樂賦雖是文學作品，但其中包含作
者對音樂的眞實感受，或親身的演練經驗，故魏晉樂賦的寫作具有一定的審

〔註93〕郭慧娟：《魏晉樂賦的音樂美學觀》，私立輔仁大學中國文學研究所碩士論
　　　　文，1997年。
〔註94〕戴伊澄：《文選音樂類賦篇研究》，國立臺灣師範大學國文研究所碩士論文，
　　　　2002年。
〔註95〕楊佩螢：《從六朝樂賦再探文學抒情傳統》，國立臺灣師範大學國文研究所碩
　　　　士論文，2004年。

美意義。再加上樂賦的創作在魏晉時期造成一種流行趨勢，會形成流行趨勢，必定有其時代的背後意義，是當時代的一種文化精神的表現。故筆者以為，唯有納入對樂賦之研究，才可呈現魏晉音樂審美的完整風貌。

第五節 研究旨趣與研究範圍

一、研究旨趣

　　「音樂」隨著每一時代的文化思潮改變，各顯不同的音樂風貌，因此，每一時代的音樂都有其研究之價值，本論文「魏晉」時期的選定，乃基於魏晉時代對於音樂有著豐富的討論，無論是「樂論」或「樂賦」，都展現了魏晉人在音樂上的審美觀點。而音樂的研究亦可從許多方向作討論，為了使論文的論述不致於廣漠無邊，於是將焦點凝具在「審美體驗」與「審美理想」上。會將研討焦點凝具在此兩個論題上，乃因為中國古代對音樂審美的追求，有一從音樂所喚起的感官感受中來把握音樂之美的美感經驗，如《荀子‧樂論》云：「夫樂（yue）者，樂（le）也，人情之不能免也。」〔註96〕如《左傳》記載季札訪魯時對周樂所作的評論：「憂而不困」、「思而不懼」、「怨而不言」、「哀而不愁」（《左傳‧襄公二十九年》）〔註97〕，說明了憂、思、怨、哀等在音樂中的表現；再如《韓非子‧十過》中記載師曠為衛靈公鼓琴一段，其中所彈奏的曲子〈清商〉、〈清徵〉、〈清角〉皆悲，衛靈公及左右皆「說之」，雖《韓非子》此文的用意，在於「不務聽治，而好五音不已，則窮身之事也」，但透過此則故事可知，中國古代對音樂的審美，已有了以悲為美的審美意識。因此，中國古代的音樂審美，從自然感官刺激所引發的心理反應，而豐富了音樂審美的多元。中國古代對音樂審美的追求除了可從感官的審美體驗來把握之外，還有一種對於理想的嚮往，而這樣的嚮往，往往著落在人格修養與社會實踐上，如《禮記‧文王世子》云：「樂所以修內也，禮所以修外也。禮樂交錯於中，發形於外，是故其成也懌，恭敬而溫文。」〔註98〕認為音樂能陶冶人的內在性情，以完成自身的修養，而與禮的相配合底下，而呈顯恭敬溫

〔註96〕李滌生：《荀子集釋》（台北：台灣學生書局，1994年10月），頁455。
〔註97〕《左傳正義‧襄公》，《十三經注疏‧整理本》（台北：台灣古籍出版，2001年），頁1261～1268。
〔註98〕《禮記正義》，《十三經注疏‧整理本》（台北：台灣古籍出版，2001年），頁741。

文的人格。《荀子・樂論》云：「君子以鐘鼓道志，以琴瑟樂心；……故樂行而志清，禮脩而行成，耳目聰明，血氣和平，移風易俗，天下皆寧，美善相樂。故曰：樂者，樂也。」〔註99〕認為音樂能導引意志，娛樂心靈，使人的意志受音樂的陶冶而清明，並透過音樂的美善涵養了人的性靈；就社會而言，能轉移風氣，改善習俗，使天下安寧。所以，中國古代在看待音樂時，往往將音樂的審美推向一種理想實踐的象徵。

從上述可知，中國古代對音樂審美的追求，有從音樂所喚起的感官感受中來把握音樂之美的美感經驗；以及從社會完滿的實踐，作為音樂審美的終極理想。因此，本論文以中國古代（魏晉）音樂為研究對象，所涉及的「音樂審美」一詞，必然以美感體驗與理想實踐而展開，所以本論文在音樂「審美體驗」與「審美理想」的兩大架構上，進行對於魏晉音樂審美的考察。

在此對於「審美體驗」與「審美理想」先作概念上的釐清：

（一）「審美體驗」一詞

人必須通過「體驗」的方式才能開展出客觀物體之美，「體驗」，一詞最基本的理解，指的是人的一種基本生命活動，帶有「以身體之，以心驗之」的親歷性含義〔註100〕。當人「體驗」於一種審美活動時，就必須透過身、心的感官與想像從對象世界中體會到自身的生命活動。於是一個審美活動從人之「身」的感官而言，可以構成生理方面的愉悅；從人之「心」的心靈而言，則可構成精神方面的愉悅。然而單純生理方面的快感，不見得需要經過鑑賞的過程就可達到生理欲求的滿足，如食物果腹、香味撲鼻、涼爽舒適的快樂。因此只有單純生理方面的快適並不構成真正的審美體驗，只有當這種快感同時也激起心靈上的反應而成為一種精神愉悅的美感時，才可始稱審美體驗的存在。而從快感到美感的轉換，必須有賴於人在審美上的素養。所以審美體驗的產生不僅需要審美對象的存在，而且還需要審美上訓練有素的主體。於是審美體驗的「體驗」一詞，就有別於「經驗」〔註101〕，「經驗」是指主體見

〔註99〕李滌生：《荀子集釋》（台北：台灣學生書局，1994 年 10 月），頁 461。

〔註100〕關於「體驗」一詞的定義，參考自王旭曉《美學原理》（上海：上海人民出版，2000 年 9 月），頁 289。

〔註101〕對於「體驗」有別於「經驗」的說法可參考葉朗在《現代美學體系》一書中對於「體驗」一詞的解釋：我們常說「透過現象看本質」，這裡的「本質」常常被理解為現象後面的理性規律，然而超驗的對象（即所謂 Eidos）卻全然不是跟日常經驗（歸納、演繹）相關的那種推理之物，超驗的過程亦非推理

證或直接經歷的實踐活動或認識活動，它是可被導證與推理，而「體驗」必須超出了生活經歷，而更深入生命的底層，挖掘出與「美」共通的訊息，以成就審美體驗的完成。

　　既然審美體驗的構成需要審美對象（客體）與審美主體（主體）兩方面的條件，於是主客體的關係（其實應該說主體對於客體所採取的審美態度，畢竟客體不會主動跟主體發生關係，而是由主體的主動參與，兩者才會有關係的產生），也就影響到審美體驗的不同。這可用王國維在《人間詞話》中的一段話作解釋：

　　　　有有我之境，有無我之境。「淚眼問花花不語，亂紅飛過秋千去」，「可堪孤館閉春寒，杜鵑聲裏斜陽暮」，有我之境也。「採菊東籬下，悠然見南山」，「寒波澹澹起，白鳥悠悠下」，無我之境也。有我之境，以我觀物，故物皆著我之色彩。無我之境，以物觀物，故不知何者爲我，何者爲物。〔註102〕

朱光潛〔註103〕在《詩論》一書中曾對「有我之境」與「無我之境」作解釋，根據朱光潛的理解，「有我之境」就是「同物之境」，也就是近代美學中所謂的「移情作用」，意即「……凝神觀照事物時，霎時間由於物我兩忘而至物我同一，於是以在我的情趣移注於物，換句話說，移情作用就是『死物的生命化』或是『無情事物的有情化』」；而「無我之境」就是「超物之境」，則是「詩人在冷靜中所回味出來的妙境，就沒有經過移情作用」〔註104〕。由王國維語以及朱光潛的解釋可知，審美的發生必然有「物」與「我」的存在，「物」即指審美對象；「我」即指審美主體。當審美對象與審美主體進行交流時，審美

過程。這樣一來，人們勢必要尋找一個新的概念把這種超驗活動和實踐活動、認識活動區別開來，這個概念就叫作「體驗」。（葉朗《現代美學體系》（台北：書林出版，1993年8月，頁537）

〔註102〕王國維：《人間詞話》（台北：文馨出版，1975年）。

〔註103〕《人間詞話》中的「有我之境」與「無我之境」一直受到廣泛的研究與討論，如饒宗頤《人間詞話評議》（香港：義理公司印，1953年）、葉嘉瑩《王國維及其文學批評》（台北：源流文化，1982年）都具有相當代表性，而寇鵬程於〈歷來關於王國維“有我”、“無我”之境的研究〉（《內江師範學院學報》第二十一卷第三期，2006年，頁73～77）一文則對此一議題作了非常完整的資料收集。在此舉朱光潛的言論，並非全然接受朱光潛的説法，但朱光潛視「有我之境」爲「移情作用」，視「無我之境」爲一種客觀的審美態度，則爲筆者所接受。

〔註104〕朱光潛：《詩論》（台北：開明書店，1958年8月），頁23～24。

體驗的不同端看審美主體所採取是如何的審美態度。若「以我觀物」乃是一種主觀的審美態度,「物皆我之色彩」也就是朱光潛所言的將我之情趣移注於物上的「移情作用」;若「以物觀物」則是一種客觀的審美態度,「不知何者爲我,何者爲物」也就是朱光潛所言的沒有經過移情作用的妙境。

「以我觀物」的移情作用,就審美主體與審美對象的關係來說,它不是一般知覺、經驗中對象在主體心中產生一個印象或觀念那種對立關係,而是主體就活在對象裡,主體將對象人格化,以人格化的比擬,造成一種身外物的自身類比,於是當對象受到主體的「生命灌注」,於是對象與主體融爲一種統一關係。因此對象的形式就表現了人的生命、思想和情感、一個美的事物形式就是一種精神內容的象徵。於是此時所產生的審美體驗是產生於自我的,而與被感知到的形象相吻合。所以,它既不是自我本身,也不是物件本身,而是自我體驗的物件形象,形象與自我是互相交融、互相滲透的。於是,「物」裡有「我」,「我」裡有「物」,「物」染我情感之色彩,「物」亦融入「我」之情感中。

「以我觀物」的移情作用乃經由審美主體的「我」對於審美對象的「物」投入情感的參與,這樣的審美態度所形成的「有我之境」的審美體驗不難理解,然而所謂的「以物觀物」如何達到一種客觀?觀者應爲「我」卻又言「物」,此種「無我之境」的審美體驗如何可能?這就比較費思量,因此造成有些學者認爲在審美觀物中不可能眞的有「無我」之存在〔註105〕。但只要熟悉中國傳統美學的人都知道,中國的美感世界有一「無」的境界存在〔註106〕。只是

〔註105〕 如饒宗頤先生在其《人間詞話評議》中就提出所謂「無我之境」只不過是「我」的色彩沖淡一點而已,並非眞正沒有「我」,他說:「尋王氏所謂無我者,殆指我相之沖淡,而非我相之滅絕。以我觀物,則凡物皆著我之相,以物觀我,則渾我相於物之中。實則一現而一渾。現者,假物以現我,渾者,借物以忘我。」所以,在審美觀物中,「我」是始終存在的。再如王文生於《論情境》一書亦說:「任何文學現象,都是心物交融的結果。說『有我之境』,是文學的基本現象;說『無我之境』,則是文學中從未存在的境。……以『我』之有無作爲境界的劃分顯然是行不通的。」(上海:上海文藝出版社,2002 年,頁 32)

〔註106〕 如徐復觀在《中國藝術精神》中認爲道家思想乃中國藝術之源頭,而道家最高概念的「道」即是一種最高藝術的精神,而「道」的呈現即是「無我」、「喪我」的實踐(《中國藝術精神》,台北:學生書局,1966 年 2 月,頁 45～131)。而宗白華認爲「中國意境底創成,既須得屈原的纏綿悱惻,又得莊子的超曠空靈。」認爲莊子的超曠空靈才能開出後來如境中月,水中花,羚羊掛角,

這樣「無我」的境界，要如何理解，才能重新看待「以物觀物」的弔詭語境。
筆者以爲謝大寧援用莊子「物化」的概念來解釋「以物觀物」的方式，應能
解決這樣的困惑：

> 我們當問的是如何能將「我觀」說成是「物觀」？於此，筆者以爲
> 我們不得不注意到《莊子‧齊物論》中的「物化」概念。在莊周夢
> 蝶的寓言中，我是羽化而爲物的。這是憑藉著我之超越於我執以平
> 齊於物來完成。這不正是王國維所謂的「不知何者爲我，何者爲物」
> 嗎？因此，筆者以爲只有在物化概念的指導下，我們始能理解「以
> 物觀物」的意指。〔註107〕

當審美主體，超越我執而平齊於物時，即是將自己融化於審美對象中，而一
無滯礙，於是「不知何者爲我，何者爲物」，審美主體與審美對象本是有所分
別，但當審美主體因順自然，無所不可時，審美主體泯除了主觀的態度，不
再處於審美對象的對立面，不再對審美對象作「有用」的分析，於是主觀的
「我」隱沒，讓「物」與「我」皆客觀呈顯，故也就沒有所謂的分。而此時
的審美體驗，在「物」與「我」客觀呈顯的情況下，各還原其本眞，亦即對
於世界原本自然的揭發，如此一來，「無我之境」的審美體驗，不只是追求一
種美感上的陳述，它更重要的是對於審美主體本身在人格境界上的肯定。

　　依上文對於審美體驗的理解，當審美主體面對審美對象時，「體驗」的本
質若從「有我」的情感性出發，使情感想像作爲審美活動中最活躍的因素，
於是主體的審美體驗沿著主體對審美對象的想像的開展，更遵循主體的經
驗、理解、情感路線的深入，而使主體通過自我情感的意識過程而獲得極大
的心理滿足與審美愉快。當「體驗」基於超越性本質的「無我」出發時，審
美體驗則從主體與審美對象的情感性溝通躍升到主體與審美對象的精神性超
越，而使審美活動達到深邃的境界和生命的自由，超越有限的現象而達精神
的無限。

> 無迹可尋，所謂「超以象外」的空靈美感（《美學散步》，台北：世華出版，
> 頁 77）。再如葉朗與宗白華有著同樣的觀點，認爲中國美學的意境說源自於
> 老莊，故有所謂的「象外之象」、「景外之景」。並認爲「意境」此一審美活動
> 是一種超越具體、有限以進入無限的一種領悟。(《現代美學體系》，台北：書
> 林出版，1993 年 8 月，頁 141～142）
〔註107〕謝大寧：〈中國的美感境界及其存有論的意涵〉，《歷史的嵇康與玄學的嵇康
　　　　——從玄學史看嵇康思想的兩個側面》（台北：文史哲出版社，1997 年 12
　　　　月），頁 273。

　　於是我們將以上對於審美體驗的理解運用於音樂上時，音樂審美體驗也包含了兩種體驗本質於其中。音樂審美體驗，首先是對審美知覺對象——音樂自身的感知與把握，如旋律的起伏、音色的變化、節奏的張弛、力度的強弱……等，此些通過感官，而激起的生、心理反應，此爲音樂審美體驗首度過程，之後整個音樂藝術活動才開始開展爲情感性體驗或超越性體驗。

　　若「體驗」從情感性出發，音樂審美體驗成爲一種觸物起興的感性過程，在此過程中，主體通過感官從音樂作品的音響形式進入音樂內涵之後，就展開想像與聯想的積極活動，音樂的抽象性和不確定性讓鑑賞者有了想像馳騁的天地。此時，想像在情感的推動下，主體將自身的情感移入音樂物件之中，在這種情況下，音樂的存在就是人自身的存在，而人自身的存在也就是音樂的存在，透過情感體驗的溝通，音樂與我交融，以得到情感上的滿足與審美上的愉悅。

　　若「體驗」從超越性出發，音樂審美體驗使鑑賞者超越自己的日常意識，也超越了音樂的音響形式，突破個體的有限性和暫時性，以體悟到存在的本質——自身存在本質與音樂存在本質，而讓生命回歸於宇宙萬物的內在本原，於是，超越有限的現象而達精神的無限，進入深邃的境界和生命的自由。

　　就以上對音樂審美體驗的理解，本論文在進行魏晉樂論與樂賦的音樂審美體驗的論述時，分爲如下之討論：

　　第一、由魏晉樂賦文本可知，一篇樂賦的完成，即是一場音樂審美體驗的完成。而在描寫的過程中，運用具體的形象來描繪樂曲的美妙或體驗的感受，是一種從情感性出發的體驗方式，而這樣的方式藉由一貫的創作模式以及取譬引類來豐富音樂審美體驗的描寫，故針對魏晉音樂審美體驗的研討，重點即放在一貫的創作模式與音樂審美體驗的關係，以及樂賦如何運用取譬引類的方式，讓鑑賞主體將自身的情感移入音樂物件之中，而最主要的目的在探究樂賦此種感興式的音樂審美體驗其背後蘊涵怎樣的文化意義。

　　第二、魏晉樂論所肯定的音樂審美有別於樂賦對於情感性的重視，反而是欲擺脫情感的束縛，轉而以超越性的體驗出發，企圖藉由音樂的審美，以突破個體的有限性和暫時性，超越現實生命也超越了音樂的音響形式，以達生命本眞與音樂本質的融和。因此針對魏晉樂論的研討，重點放在樂論如何

運用理性的方式先對音樂作審美判斷，而又依此審美判斷如何達到超越有限的生命與音樂現象而達精神的無限。

（二）「審美理想」一詞

理想是人類特有的一種高級思維形式，在本質上是對未來事物的理性把握。人類在現實生活中所產生的理想，是對未來某種生活狀況的抽象想望。一般地說，它沒有也不可能伴隨著具體的生活場景，而只是一種關於完善的合理解釋，然後成為人們所憧憬、所信仰、所追求的觀念性的奮鬥目標。這種觀念性的目標，是人的主觀能動性的表現形式之一，是構成人的本質力量的極為重要的內容，決定著人們前進的方向，給予人們前進的動力。因而，它充分體現和張揚著的是人的主體性，並且以此為重要特徵和標誌，而顯現人之特殊性存在。〔註108〕

審美理想作為理想的一種特殊表現形式，故審美理想必然具有理想的特點，是人的主觀能動性的表現形式，充分體現和張揚著的是人的主體性，並以追求人生存之完善為目標。審美理想，必然以「審美」為主要關鍵，是根據人的生存活動的自由稟性（即自由創作）的需要，以最高層次的方式建立人與世界的審美關係，在按照美的規律建造對象世界的同時亦實行對世界觀念的改造和藝術掌握，將人與對象世界的審美關係同置於有利於人的生存與發展，而達到人生命之完善。因此審美理想雖然主要表現為藝術理想，但與生活理想、社會理想並非絕然劃分，甚至有其必然的聯繫。

將前述的審美理想連結到音樂的審美理想時，也就表示音樂的審美理想，並非僅是追求聽覺上的美、音樂形式本身的美，還包含了人對某種生存狀態追求的美，是人嚮往的音樂與人與美的最好最高的境界。尤其以中國音樂而言，音樂審美理想的實現不僅僅是追求音樂形式或結構上的完美，往往也與人格理想以及社會理想相結合。以單穆公勸諫周景王鑄大鐘的一段話為例：

> 夫鐘聲以為耳也，耳所不及，非鐘聲也。……耳之察和也，在清濁之間；其察清濁也，不過一人之所勝。是故先王之制鐘也，大不出鈞，重不過石。律度量衡於是乎生，小大器用於是乎出，故聖人慎之。今王作鐘也，聽之弗及，比之不度，鐘聲不可以知和，制度不

〔註108〕對於「理想」的觀念，參考自王欽鴻〈論審美理想的特徵與價值〉（《齊魯學刊》第五期，2006 年），頁 194。

可以出節，無益于樂，而鮮民財，將焉用之！夫樂不過以聽耳，而美不過以觀目。若聽樂而震，觀美而眩，患莫甚焉。夫耳目，心之樞機也，故必聽和而視正。聽和則聰，視正則明。聰則言聽，明則德昭，聽言昭德，則能思慮純固。以言德於民，民歆而德之，則歸心焉。上得民心，以殖義方，是以作無不濟，求無不獲，然則能樂。夫耳內和聲而口出美言，以爲憲令而布諸民，正之以度量，民以心力從之不倦，成事不貳，樂之至也。口內味而耳內聲，聲、味生氣。氣在口爲言，在目爲明。言以信名，明以時動。名以成政，動以殖生。政成生殖，樂之至也。（《國語・周語下》）〔註109〕

首先，單穆公明確地體悟到音樂爲一種聽覺藝術，人對音樂之美的感受必然受到聽覺能力的限制，因此，音樂之美有了具體範圍，而此具體範圍以人對音聲感受爲節制，當然這樣的節制其根據的眞正標準，並不在於聽覺能力的限制，最主要出自於對感官愉悅的節制，所以單穆公認爲音樂最理想的美感以「不過耳」、「不出節」、「知和」爲原則，以此定訂出音樂形式上、結構上的理想。而此音樂的理想，進而可以影響人的狀態，耳聽平和之聲，可使內心平和，思慮純固，而能成就其道德人格。然後施德於民，使人民歸心，使政事和順，從而得到眞正的快樂。從單穆公此段話可知，音樂審美的理想與個體身心、群體關係、社會政治等的理想相結合。再如伶州鳩語：「夫政象樂，樂從和，和從平。……物得其常曰樂極，極之所集曰聲，聲應相保曰和，細大不踰曰平。如是，而鑄之金，磨之石，繫之絲木，越之匏竹，節之鼓而行之，以遂八風。於是乎氣無滯陰，亦無散陽，陰陽序次，風雨時至，嘉生繁祉，人民龢利，物備而樂成，上下不罷，故曰樂正。」（《國語・周語下》）〔註110〕以及之後孔子所注重的禮樂思想；以及荀子認爲音樂可使君臣和敬、父子和親、長少和順，以使民心歸順，天下大齊〔註111〕；或者《樂記》所言的「致樂以治心，則易直子諒之心油然生矣。易直子諒之心生則樂，樂則安，安則久，久則天，天則神」（《樂記》／1328）、「使親疏貴賤長幼男女之理皆形見於樂」（《樂記》／1288）都是在將音樂的審美理想與人格之理想以及社會和諧之理想相結合。

〔註109〕《國語》（台北：里仁書局，1981 年 12 月），頁 123。
〔註110〕同上註，頁 128。
〔註111〕見《荀子》〈富國〉、〈禮論〉、〈樂論〉篇章。

　　將音樂與人與社會之美相結合的觀念對中國音樂審美理想的影響深遠，這個根深蒂固的觀念延續到魏晉音樂審美時仍朝此方面發展，因此，當本章探討魏晉樂論與樂賦的音樂審美理想時，必以人格理想與社會理想爲切入點，如此才能探究出魏晉樂論與樂賦的音樂審美理想的深刻內涵。由於審美理想是歷史的產物，它往往會隨著各個時代人們不同的社會意識以及藝術活動而有所更動，因此我們總可以大體找到某種審美理想同它所處時代的歷史聯繫。同樣的，音樂審美理想屬於審美理想的一環，因此它也是歷史的產物，並且與時代的變化有著深刻的聯繫。於是魏晉樂論與樂賦的音樂審美理想雖然同傳統的音樂審美理想都以音樂與人與社會的結合之美爲目標，但其追求的內涵在有所承底下必隨時代的變化而有所改變，而此改變的部分，突顯魏晉樂論與樂賦在音樂審美理想上的時代特徵。

　　除了以「審美體驗」與「審美理想」作爲本論文論述的焦點外，還有一個重點必須深入討論，即是從文體的觀點加以分析樂賦與樂論音樂審美的異同。由於樂賦與樂論爲兩種不同的文體，文體不同，兩者所呈現的美感意識也就不同。因此基於「審美體驗」與「審美理想」的研討，對於魏晉樂賦與樂論的音樂審美有一基本概念之後，正可提供驗證魏晉樂賦與樂論在文體不同的情況下所展現的音樂審美取向的異同。

　　在文學發展的過程中，某種體裁和題材的大量出現，往往被視爲重要的指標，反映著當時文學思潮的走向以及文人所關注的重點。從現存魏晉的作品來看，「賦體」與「論體」皆是頗受當時作家所青睞的文體，魏晉時代「賦體」與「論體」寫作不僅成爲一種流行趨勢，而且還有相同題材的大量創作。魏晉「賦體」、「論體」的流行以及相同題材的大量創作，反映著魏晉思潮的走向以及文人所關注的焦點。尤其「賦體」與「論體」在共同題材的寫作上有著交集時，更突顯了此一題材在魏晉時期的重要性，「賦體」與「論體」在共同題材的交集處即是對於音樂的探討。而一個文體的成熟抵定，是通過人們在審美欲求上對藝術的實踐不斷嘗試後所認定的成果。所以一個文學創作的文體模式，其背後所代表的意涵，並非僅是形式美的要求，而是文學家有意識的審美選擇，以及對結構象徵的共同認定。因此，魏晉樂論與樂賦在魏晉文學史上所呈顯的時代意義，必以文體特徵展現之；而潛藏於文體背後的審美意涵，亦呈顯了美學史上的時代意義。換言之，一個文學體式的共同認定即連帶著時人的審美意涵，經過不斷地抒寫與流傳，深具一種時代表徵而

顯特殊性。因此，當音樂成為「賦體」與「論體」的共同題材時，吾人可藉由「賦體」、「論體」的文體特徵，探究出魏晉人如何透過不同的文體，以表達出魏晉人在音樂上的審美取向。而文體的不同，所呈顯出的審美取向必然有不同之處，但「賦體」、「論體」的創作為同一時代，故受時代思潮的影響又必然有相同的審美取向，本論文欲透過對魏晉樂賦與樂論的文體特徵的探討，以釐清兩者在音樂審美取向的異同。

以上即是本論文構成結構的三大區塊，而依據此三大區塊試圖解決以下幾個問題：

第一、依前人研究成果可知，歷來討論到魏晉音樂時，皆著重於樂論的討論，而就樂論的探討將魏晉音樂的審美意識推向一種形而上鑑賞，彷彿整個魏晉的音樂審美，只呈現一種境界型態的表現。此篇論文則希望藉由樂賦材料的援引，能尋找出境界型態之外的音樂鑑賞。

第二、魏晉樂論與樂賦兩者必然呈現不同的音樂審美意識，那兩者將如何各自表述？其所承為何？兩者將呈現如何不同的審美情趣？

第三、魏晉樂論與樂賦，在各自表述的情況下，又將如何呈顯魏晉音樂審美的時代性？

二、研究範圍

（一）研究材料

1. 在樂論方面

魏晉時期由於儒家獨於一尊的地位沒落，因此各種思想活躍起來，人們開始尋找新的思想信仰，於是為了宣告儒家人文思想的退席，老、莊任自然的思想，剛好用來廣泛解釋現實生活中種種新的行為。但儒家一尊時期的思想習慣、生活準則已深入社會核心，所以並不會因經學束縛的一時解除，而立刻完全瓦解，於是為通應時變，普遍希望給儒家思想以新的解釋，因此注入老莊思想，而產生了調和儒道的玄學思想，魏晉玄學成為統一了漢、魏之間多元的思想趨勢。而這樣的思想趨勢，也帶動了魏晉論體散文的流行，劉勰《文心雕龍・論說》即言：「迄至正始，務欲守文；何晏之徒，始盛玄論。於是聃、周當路，與尼父爭塗矣。」〔註112〕在玄學思潮鼎盛的情況下，論體

〔註112〕劉勰，王更生注譯：《文心雕龍讀本・上篇》（台北：文史哲出版社，1984年），頁333。

散文則被稱之爲「玄論」。既然玄學爲魏晉時代思想潮流的核心，其以玄論方式撰寫的樂論，於此一時期必具有一定的代表地位，因此樂論也成就成爲研究魏晉音樂審美的重要文本。

為了使研究的範圍更具焦點，以及爲了構成與樂賦賦體形式所展現的音樂審美相互比較，因此，樂論材料則鎖定在符合論體形式且以論爲名者。而魏晉以論體形式所撰寫的音樂論述，據《晉書》、《全三國文》所載有以下幾篇：劉劭《樂論》、夏侯玄〈辨樂論〉、阮籍〈樂論〉、嵇康〈聲無哀樂論〉。其中劉劭《樂論》已佚，夏侯玄〈辨樂論〉只剩殘篇，而以阮籍〈樂論〉、嵇康〈聲無哀樂論〉最爲完整。故此論文以阮籍〈樂論〉、嵇康〈聲無哀樂論〉爲主要探討對象。

2. 在樂賦方面

就魏晉樂賦的研究而言，一手資料來源散見於《昭明文選》、《藝文類聚》、《初學記》《全上古三代秦漢三國六朝文》之中。《昭明文選》爲選錄樂賦的最早文本，也是最早將賦作歸納出音樂類者；《藝文類聚》則將樂賦分類在樂部，而再依樂賦的性質而分屬於舞、歌、樂器之中；《初學記》亦將樂賦分類在樂部底下，而依樂器的不同而分屬之。從《昭明文選》、《藝文類聚》、《初學記》的分類可知，樂賦的寫作必以音樂題材爲主，而題材則包含樂器、聲樂、舞蹈，雖然樂賦寫作題材其屬性不盡相同，卻都把它放在同一類、同一部，可見受了傳統歌、樂、舞三位一體的觀念影響。因此，依照各選本的分類觀念，本論文所謂的「樂賦」，乃指以音樂爲題材（包含樂器、聲樂、舞蹈），紹繼歌、樂、舞三位一體觀念的系列作品。

由於魏晉樂賦的資料散見於《昭明文選》、《藝文類聚》、《初學記》、《全上古三代秦漢三國六朝文》之中，翻檢目前可見樂賦整理資料，由於整理者觀念不同，致使蒐羅之篇目不一，爲求搜集周備，依年代順序，遂成下表：

作 者	年代	篇 名	存佚	出 處
杜 摯	魏	笳賦	殘	《藝文類聚》（卷44）、《全三國文》（卷41）
孫 該	魏	琵琶賦	殘	《藝文類聚》（卷44）、《全三國文》（卷40）
嵇 康	魏	琴賦	全	《藝文類聚》（卷44）、《文選》（卷18）、《全三國文》（卷47）
閔 鴻	魏	琴賦	殘	《全三國文》（卷75）、《文選》潘岳〈笙賦〉注

傅 玄	晉	箏賦（并序）	殘	《全晉文》（卷 45）
	晉	笳賦（并序）	佚	《全晉文》（下注：《文選》李陵〈答蘇子卿書〉注）
	晉	琵琶賦	殘	《全晉文》（卷 45）
	晉	琴賦（并序）	殘	《全晉文》（卷 45）、《初學記》（卷 15）
	晉	節賦	殘	《全晉文》（卷 45）
夏侯湛	晉	鞞舞賦	殘	《全晉文》（卷 68）、《初學記》（卷 15）
	晉	夜聽笳賦	殘	《藝文類聚》（卷 44）、《全晉文》（卷 68）
孫 楚	晉	笳賦（并序）	殘	《藝文類聚》（卷 44）、《全晉文》（卷 60）
賈 彬	晉	箏賦	殘	《藝文類聚》（卷 44）、《全晉文》（卷 89）、《初學記》（卷 16）
顧愷之	晉	箏賦	殘	《藝文類聚》（卷 44）、《全晉文》（卷 135）
陳 窈	晉	箏賦	殘	《藝文類聚》（卷 44）、《全晉文》（卷 144）、《初學記》（卷 16）
成公綏	晉	嘯賦	全	《文選》（卷 18）、《全晉文》（卷 59）
	晉	琴賦	殘	《藝文類聚》（卷 44）、《全晉文》（卷 59）、《初學記》（卷 16）
	晉	琵琶賦	殘	《藝文類聚》（卷 44）、《全晉文》（卷 59）、《初學記》（卷 16）
潘 岳	晉	笙賦	全	《藝文類聚》（卷 44）、《文選》（卷 18）、《全晉文》（卷 91）
王 廙	晉	笙賦	殘	《藝文類聚》（卷 44）、《全晉文》（卷 20）、《初學記》（卷 16）
夏侯淳	晉	笙賦	殘	《藝文類聚》（卷 44）、《全晉文》（卷 69）、《初學記》（卷 16）
孫 瓊	晉	箜篌賦	殘	《藝文類聚》（卷 44）、《全晉文》（卷 144）
楊 方	晉	箜篌賦	佚	《初學記》（卷 16）、《全晉文》（卷 128）【僅見序文】
曹 毗	晉	箜篌賦	殘	《藝文類聚》（卷 44）、《全晉文》（卷 107）、《初學記》（卷 16）
伏 滔	晉	長笛賦（并序）	殘	《全晉文》（卷 133）、《初學記》（卷 16）
袁 崧	晉	歌賦	殘	《藝文類聚》（卷 43）、《全晉文》（卷 56）
劉義慶	晉	箜篌賦	殘	《藝文類聚》（卷 44）
陸 機	晉	鼓吹賦	殘	《全晉文》（卷 97）

（二）時代界定

魏晉的政治歷史甚爲混亂，故在此有必要對「魏晉」的年代作一界定。自曹丕稱帝，國號魏始，其年代爲西元 220～265 年，晉至劉裕代東晉稱帝，國號宋爲止，其年代爲西元 265～420 年。歷經曹魏、西晉，至東晉之亡，歷時約兩百年之久。而本論文所引用的研究材料，即落在此一年代範圍之中，魏晉「樂論」多論於曹魏時期，而魏晉「樂賦」的創作則跨經曹魏、西晉，東晉三代，東晉之後則鮮少創作者。因此本論文「魏晉」的時代界定必以曹魏、西晉，至東晉此一範圍爲主。

第二章　魏晉樂論與樂賦之音樂審美體驗

第一節　前　言

　　音樂審美體驗包含了兩種體驗本質於其中。若「體驗」從超越性出發，音樂審美體驗使鑑賞者超越自己的日常意識，也超越了音樂的音響形式，突破個體的有限性和暫時性，以體悟到存在的本質——自身存在本質與音樂存在本質，而讓生命回歸於宇宙萬物的內在本原，於是，超越有限的現象而達精神的無限，進入深邃的境界和生命的自由。此即是一種「以物觀物」的審美體驗，使主體的「我」客觀的「音樂」各還原其本眞，而一無滯礙。若「體驗」從情感性出發，音樂審美體驗成爲一種觸物起興的感性過程，在此過程中，主體通過感官從音樂作品的音響形式進入音樂內涵之後，隨即展開想像與聯想的積極活動，音樂的抽象性和不確定性讓鑑賞者有了想像馳騁的天地。此時，想像在情感的推動下，主體將自身的情感移入音樂物件之中，在這種情況下，音樂的存在就是人自身的存在，而人自身的存在也就是音樂的存在，透過情感體驗的溝通，音樂與我交融，以得到情感上的滿足與審美上的愉悅，此即是一種「以我觀物」的移情作用，使得音樂審美皆染我情感之色彩。

　　當我們對魏晉樂論與樂賦進行研討時將會發現，樂論與樂賦的音樂審美體驗，正呈顯此兩種體驗本質，「樂論」的音樂審美體驗乃從超越性出發，企圖藉由音樂的審美，以突破個體的有限性和暫時性，超越現實生命也超越了

音樂的音響形式,以達生命本眞與音樂本質的融和。「樂賦」的音樂審美乃從情感性出發,讓鑑賞主體將自身的情感移入音樂物件之中,並運用許多的想像,來豐富音樂審美的體驗,因此我們可從賦作的描寫中看到,賦作家們往往運用具體的形象、取譬引類的方式來描繪聆聽音樂時的美妙感受。

就魏晉樂論而言,「樂論」並不否定人在進行音樂鑑賞時,情感在音樂審美體驗上的作用,但魏晉樂論更重視的是人在進行音樂鑑賞時,如何擺落對感官愉悅的執取以及情感過度渲染的放縱,以求超脫現象而達樂與人的本眞。因此,這種超脫現象而達樂與人的本眞符於「無我之境」的審美體驗,不只是追求一種美感上的陳述,它更重要的是對於審美主體本身在人格境界上的肯定,而如此人格境界上的肯定,就「樂論」而言,即是在追求自然人性的復歸。因此,魏晉樂論的音樂審美體驗可說是一種完成人之復歸的審美體驗。

就魏晉樂賦而言,由於注重情感在音樂審美上的作用,往往運用想像的方式來落實。而這些想像的聯想,乃是鑑賞者聆聽音樂時的感性回應,是鑑賞者對音樂的感知與心有所動,而引起的情感反應。如此情感性的審美方式,是因主體有所感,於是才有所興,那些賦作中「譬」、「類」取引的想像,即是一種感興的表現。因此,魏晉樂賦的音樂審美體驗可說是一種感興式的審美體驗。

第二節　魏晉樂論完成人之復歸的音樂審美體驗

一、樂論中音樂審美體驗的準則

由於樂論以理性的方式來探討關於音樂審美的種種問題,因此當我們企圖理解魏晉樂論如何彰顯當時代的音樂審美論題時,首先會觀察到樂論在論述的過程中有一準則存在。劉勰於《文心雕龍・諸子》中曾云:「博明萬事爲子,適辨一理爲論,彼皆蔓延雜說,故入諸子之流。」〔註1〕依劉勰所言,論體文章往往專辨於一理,而此「理」的闡明,必定有一準則存在,如此才能有立論的根據。也就是說魏晉樂論作爲探討當時音樂議題的論體文章,在析理、論證、評斷的過程中,必有一判斷準則於其中,而此一「準則」的存在,

---

〔註 1〕劉勰,王更生注譯:《文心雕龍讀本・上篇》(台北:文史哲出版社,1984年),頁 310。

讓音樂審美體驗有一實現的方向，因此，此節先透過對魏晉樂論音樂審美準則的分析，以進入魏晉樂論所呈顯的音樂審美體驗。

（一）阮籍〈樂論〉中音樂審美體驗的準則

阮籍〈樂論〉中有言：「故達道之化者可與審樂，好音之聲者不足與論律也。」（《阮籍集校注》／93）由此段話可知，阮籍認為音樂的體驗是有層級上的分別，顯然「達道之化者」高於「好音之聲者」，而如此層級的分判，其實乃承繼《樂記》而來：

> 凡音者，生於人心者也；樂者，通倫理者也。是故，知聲而不知音者，禽獸是也；知音而不知樂者，眾庶是也。唯君子為能知樂。是故審聲以知音，審音以知樂，審樂以知政，而治道備矣。（《樂記》／1259）

阮籍〈樂論〉中的「審樂」就是《樂記》中所謂的「知樂」；所謂的「好音之聲者」就是《樂記》中所謂的「知聲」與「知音」。

先就「好音之聲者」來看，所謂「好音之聲者」就阮籍〈樂論〉文本而言，指的是沉溺於音聲的美妙者，如景王的喜好大鐘之律，平公喜好師延之曲，這都是聰慧之人所造之奇音〔註2〕；再如「延年造傾城之歌」、「雍門作松柏之音」，使得猗靡哀思的音樂到處流竄盛行〔註3〕；然而當人們只是沉溺於音聲的宛轉美妙，恣意追求音聲形式上的曲折變化，使得「閭里之聲競高，永巷之音爭先」（《阮籍集校注》／98）之時，也隨之造成「愁怨偷薄之亂興」（《阮籍集校注》／90）、「棄父子之親，弛君臣之制，匱室家之禮，廢耕農之業，忘終身之樂，崇淫縱之俗。」（《阮籍集校注》／82）原因就在於「好音之聲者」只感受到音樂宛轉美妙的部分，只追求於音樂表面的音色之美，而無法體會到音樂的內涵，故謂「不足與論律」。所謂的「論律」指的是音樂理論，「律」者，從字面上理解指的是「樂律」，包含五音、律呂，也就是中國古代最基本的樂理常識。中國的「樂律」理論由來已久，相傳黃帝時期即已產生，如《呂氏春秋卷五・仲夏紀・古樂》有載：「昔黃帝令伶倫作為律，伶倫自大夏之西，乃之阮隃之陰，取竹於嶰谿之谷，以生空竅厚鈞者，斷兩節

〔註2〕　〈樂論〉：「故聖教廢毀，則聰慧之人並造奇音。景王喜大鐘之律，平公好師延之曲。」

〔註3〕　〈樂論〉：「延年造傾城之歌，而孝武思靡嫚之色。雍門作松柏之音，愍王念未寒之服。故猗靡哀思之音發，愁怨偷薄之亂興。」

間、其長三寸九分而吹之，以爲黃鐘之宮，吹曰『舍少』。次制十二筒，以之阮隃之下，聽鳳皇之鳴，以別十二律。其雄鳴爲六，雌鳴亦六，以比黃鐘之宮，適合。」「黃帝又命伶倫與榮將鑄十二鐘，以和五音，以施英韶。」〔註4〕再如《漢書・卷二十一・律曆志第一上》曾言：「黃帝使冷綸，自大夏之西，昆侖之陰，取竹之解谷生，其竅厚均者，斷兩節間而吹之，以爲黃鐘之宮。制十二箇以聽鳳之鳴，其雄鳴爲六，雌鳴亦六，比黃鐘之宮，而皆可以生之，是爲律本。」〔註5〕樂律理論隨著時代思潮，它不但是音樂實踐之歸納，且漸漸與天文曆法作結合，並成爲人爲行事之準則，尤其在漢代時期，更注重樂律與曆法的結合，於《漢書》中，將「律曆」二字並書，更強調樂律與月令、陰陽、五行思想之相配，或許如某些學者所認爲，這樣的結合太過牽強曲解、穿鑿附會〔註6〕，但我們不得不注意到此行爲背後的思惟與影響，音樂理論不再僅是單純的樂曲完成、聽覺享樂、審美鑑賞，它更重要的是與自然、人文之配應，成爲人相應於天、行之於事的準則。當然這樣的樂律思想到了魏晉時並不見得被士人所全盤接受，但去除樂律的神秘色彩與穿鑿附會之說，它還是含有最基礎的人文背景在其中。如《樂記》有云：「律小大之稱，比終始之序，以象事行。使親疏、貴賤、長幼、男女之理，皆形見於樂。」（《樂記》／1289）「五色成文而不亂，八風從律而不姦，百度得數而有常，大小相成，終始相生，倡和清濁，迭相爲經。」（《樂記》／1293）在《樂記》的思想裡，「律」的形成、「律」的和諧，不只是樂曲的表現，它還是人倫次序、天理倫常的象徵。所以說，阮籍的「好音之聲者不足與論律也」一語，從字面上的理解，指出的是「好音之聲者」不懂得「樂律」此等的音樂理論，只追求聽覺上的享樂，只停留在音聲之美的膚淺感受，而無法深層地去體會音樂理論、音樂內涵與音樂審美的結合。但此語更進一步的意涵是與《樂記》的思想相符的，「好音之聲者」即是《樂記》的「知聲」、「知音」

〔註4〕 林品石註譯：《呂氏春秋今註今譯》（台北：台灣商務印書館，1990 年 9 月），頁 138。

〔註5〕 《新校本漢書并附編二種》（台北：鼎文書局，1976 年），頁 957～958。

〔註6〕 如許之衡〈樂律辨歧〉，《中國音樂小史》（台北：台灣商務印書館，1995 年台二版），頁 145～152；張蕙慧《中國古代樂教思想論集》（台北：文津出版社，1991 年），頁 237；陳萬鼐〈試以漢代音樂文獻及出土文物資料研究漢代音樂史（一）——以鐘樂器研究爲例〉（《美育》第四十九期，1994 年 7 月），頁 52；丘瓊蓀《歷代樂志律志校釋》第一冊（北京：人民音樂出版社，1999 年），頁 119。

者，而「知聲」、「知音」者是無法體會音樂藉由樂理所呈顯的倫理文化，也就是音樂中所隱含的「德」音。而怎樣的人才可以將音樂理論、音樂內涵與音樂審美作結合，阮籍以為只有「達道之化者」才可「審樂」，這個音樂審美的層級，也就是相當於《樂記》中所謂的「知樂」。

從前文的分析可知，阮籍的音樂審美的體驗，似乎承繼《樂記》而來，然而如果進一步細密分析，我們可以發現到，在音樂審美的區分標準上兩者是有所歧異的，所以不管「樂」的內容本身，或者是對鑑賞主體的要求，其判斷的標準與《樂記》已有所不同。《樂記》以「倫理」為準則，也就是以「德」為標準，有德音者才能被稱之為樂。《樂記》突出地強調「樂者，通於倫理者也」（《樂記》／1259）、「樂者，德之華」（《樂記》／1295）、「樂者，所以象德」（《樂記》／1285）。德者，指的就是社會倫理道德，即所謂「父子君臣之節」（《樂記》／1301）、「有尊卑長幼之序」（《樂記》／1312～1313）、「親疏貴賤長幼男女之理」（《樂記》／1289）是一種要求符於德性的具體規範。阮籍〈樂論〉當然還存有音樂的倫理準則，所以認為音樂的內容必須是「固上下之位，定性命之真也。」（《阮籍集校注》／92）、「下不思上之聲，君不欲臣之色，上下不爭而忠義成。」（《阮籍集校注》／88）此種「樂」才可被稱之為「正樂」。但這樣的倫理準則並非音樂審美的核心標準，其核心標準在於「自然之道」，此「自然之道」乃是援用於老莊自然觀的思想。〈樂論〉曰「天地之體，萬物之性」唯有當音樂符合於天地的精神，保存萬物的本性，才可被稱之為「樂」。所以〈樂論〉中強調音樂與天地的結合：「昔者聖人之作樂也，將以順天地之體，成萬物之性也。」（《阮籍集校注》／78）、「此自然之道，樂之所始也。」（《阮籍集校注》／81）、「昔先王制樂，非以縱耳目之歡，崇曲房之嬿也。心通天地之氣，靜萬物之神也。」（《阮籍集校注》／92）對音樂的要求，在於順任自然，只要是歸本於自然之道的樂，就能易簡不凡，有常而不妄，並且依循自然之和，有節而不亂，因此能「使人精神平和，衰氣不入」（《阮籍集校注》／99）、「心澄氣清」（《阮籍集校注》／95）。這樣的樂為雅樂、正樂，與恣意妄作的鄭聲、淫聲成為對比。故阮籍對音樂的認定在於音樂本於自然之道與否。從自然之道來認定音樂，因此音樂的審美必由自然之道而來，而音樂審美的準則亦必遵從自然之道。於是音樂審美的區分標準不在於倫理文化素養的深淺與否，而在於自然之道體悟的深淺與否，因此而言「故達道之化者可與審樂，好音之聲者不足與論律也。」

所謂達道者，即是對自然之道的體悟者，此自然之道乃是順從天地自然而來，故曰：

> 乾坤易簡，故雅樂不煩。道德平淡，故無聲無味。不煩則陰陽自通，無味則百物自樂，日遷善成化而不自知，風俗移易而同於是樂。此自然之道，樂之所始也。（《阮籍集校注》／81）

阮籍此處所謂的「自然」，是順著上文陰陽自通，百物自樂，庶民日遷善成化而不自知來說的。而陰陽、百物、庶民，其所以如此，則是由於他們能歸本於乾坤。據此可知，阮籍的自然，是自然而然，自己如此的意思。阮籍認為唯有對自然之道的體悟，才能進入最高的音樂審美體驗，才能達到「心通天地之氣，靜萬物之神」（《阮籍集校注》／92）、「使人無欲，心平氣定」（《阮籍集校注》／95）相對的好音之聲者由於對自然之道的體悟不深，所以連帶著對音樂的審美體驗也就不深，對音樂的鑑賞只能是感官上的追求與反應，如「猗靡哀思」（《阮籍集校注》／90）、「縱欲奢侈」（《阮籍集校注》／90）「歌之者流涕，聞之者歎息」、（《阮籍集校注》／82）「縱耳目之歡，崇曲房之嬿」（《阮籍集校注》／80），而此種對自然之道體驗不深的音樂審美體驗，不僅傷及鑑賞者本身，甚至還導致整個社會的道德荒壞與淪敗，因此，被阮籍排斥在外。

從前文的分析，我們可以知道，「自然之道」乃是阮籍〈樂論〉音樂審美體驗準則的所在，無論是音樂本身，或者審美主體在鑑賞素養上的要求，都以「自然之道」為依歸。因此，就音樂本身而言，符於「自然之道」的音樂，具有易簡不煩、平淡無味的特性；就審美主體而言，必須體悟自然之道，才可進入最高的音樂審美體驗，與天地相通、與萬物精神同在。

（二）嵇康〈聲無哀樂論〉中音樂審美體驗的準則

在嵇康〈聲無哀樂論〉中有一段文字在解說音樂鑑賞時所產生的兩種類型：

> 夫哀心藏於（苦心）內，遇和聲而後發；和聲無象，而哀心有主。夫以有主之哀心，因乎無象之和聲，其所覺悟，唯哀而已。豈復知吹萬不同，而使其自已哉。（《嵇康集校注》／199）

從此段文字我們可以知道，嵇康將音樂的鑑賞分為兩類：「哀心藏於內者」以及「吹萬不同，而使其自已哉者」，而由「豈復知」三個字可知，「吹萬不同，而使其自已哉者」為「哀心藏於內者」所不知與無法體會，可見有「吹

萬不同，而使其自己哉」高於「哀心藏於內」的意思。

所謂「哀心藏於內」的音樂審美，並非單指人接觸音樂時，所顯的哀傷情感，而是泛指所有情感的引發。嵇康認為音樂確實能引發人的情感，而人的情感會被引發的前提在於人已經先有情感藏於心中，也就是所謂的「有主于內，不為平和」（〈聲無哀樂論〉），那麼在「有主於內」的情況下，若心中藏有哀傷，那麼對於音樂的體會則顯哀傷，若心中藏有歡樂，那麼對於音樂的體會則歡樂。因此人之所以會「哀樂由聲」，原因在於「有主于內」，已經先有主觀的情感在內心中形成，等到聽到音樂時則「應感而發」、「各師所解」、「發其所懷」。而這樣的音樂審美體驗，呈顯一種人為情感對於音樂的駕御。

而另一種「吹萬不同，而使其自己哉」的音樂審美，又是怎樣的審美體驗？那首先必須先理解「吹萬不同，而使其自己哉」的含義。「吹萬不同，而使其自己」出自《莊子‧齊物論》。在〈齊物論〉的首段，由南郭子綦與顏成子游的對話來說明何為地籟、人籟與天籟。「地籟則眾竅是已，人籟則比竹是已。」（《莊子‧齊物論》／49）人籟是比竹是人為的一切聲響；地籟則是大小不同、形狀各異的眾竅。而天籟則是指「吹萬不同，而使其自己」，天地間有許多不同的孔穴，當風吹過時，就各自發出不同的聲響，這些聲響，並非外在事物所賦予或主宰，而是「咸其自取」，自發而成的。也就是指自然運化，為萬物所自出的無聲之聲。「天籟」者，照牟宗三的說法，可說是一境界：

> 蓋「人籟比竹是已，地籟眾竅是已」，皆有物可指，而當子游問及天籟，則子綦卻並無可指以示之，只說「夫吹萬不同，而使自己也，咸其自取，怒者其誰耶？」此只以疑問句暗示之。此即示：天籟並非一物，只是一「意義」，一「境界」。此意義，此境界，即就「吹萬不同」之自己、自由而暗示之，故即「自然」也。「自然而然，謂之天然」，背後並無一怒發之者使之如此。〔註7〕

此是由一個『主體的境界』上來定位天籟，表示一個自足、自在而無待的意義境界〔註8〕。而嵇康借用〈齊物論〉中「吹萬不同，而使其自己」作為音樂

〔註7〕 牟宗三：《才性與玄理》（台北：學生書局，1980 年），頁 198～199。
〔註8〕 謝大寧：《歷史的嵇康與玄學的嵇康》（台北：文史哲出版社，1997 年 12 月），頁 200。

審美的較高層次，必含莊子思想於其中，而就牟宗三對莊子天籟的詮釋，天籟的本質為一自足無待的境界，因此，嵇康的「吹萬不同，而使其自己」亦指向此一主體境界。南郭子綦在回答顏成子游為何今昔不同的原因在於「吾喪我」，也由於「吾喪我」才能聆聽到顏成子游所無法聆聽到的天籟之聲。「吾喪我」是不將主觀價值判斷強行加諸在對象上，「吾」透過除去成心，泯滅「物」、「我」之間的彼此對待，消除主觀與客觀之間的對立，以還萬物本來面目。嵇康對於「吹萬不同，而使其自己」的音樂審美，也如南郭子綦所言的「吾喪我」，除去歷來所賦予音樂的價值判斷，泯滅音樂與我之間的彼此對待，而還給音樂本來面目，進而以虛靜之心與音樂相照，以達「使心與理相順，氣與聲相應；合乎會通，以濟其美。」（《嵇康集校注》／222）的音樂審美體驗。而這樣的音樂審美體驗，則呈顯人與音樂融合。

從嵇康「哀心藏於內」以及「吹萬不同，而使自己哉」兩類不同的音樂審美的分析可知，兩類音樂審美體驗的準則在於「心的有主與否」，若心有主於內，屬於感興層面，當人感受於音樂時，聆聽者受到和聲的感發，各自會有不同的反應，有人「忻然而歡」，有人則「慘爾而泣」；若心無主於內，不將主觀判斷強行加諸在音樂上，除去心的作用，以虛靜心進行音樂的鑑賞，使人與音樂合乎會通，共濟其美。

（三）從阮籍、嵇康音樂審美體驗準則的不同而呈顯審美思想上的差異

阮籍〈樂論〉對音樂審美的觀念乃承自《樂記》而來，故有所謂的「審樂」、「好音」的嚴格區分。而對「音」與「樂」的嚴格區分，此乃《樂記》聲明所在，在此引《樂記》魏文侯與子夏的對話作為說明：

> 魏文侯問於子夏曰：「吾端冕而聽古樂，則唯恐臥；聽鄭衛之音，則不知倦。敢問古樂之如彼何也？新樂之如此何也？」子夏對曰：「……今君之所問者樂也，所好者音也。夫樂者，與音相近而不同。」文侯曰：「敢問何如？」子夏對曰：「夫古者，天地順而四時當，民有德而五穀昌，疾疢不作而無妖祥，此之謂大當。然後聖人作為父子君臣，以為紀綱，紀綱既正，天下大定。天下大定，然後正六律，和五聲，弦歌詩頌，此之謂德音。德音之謂樂。……今君之所好者，其溺音乎？」文侯曰：「敢問溺音何從出也？」子夏對曰：「鄭音好濫淫志，宋音燕女溺志，衛音趨數煩志，齊音教辟喬

　　志；此四者皆淫於色而害於德，是以祭祀弗用也。」(《樂記》／1304

　　～1305)

子夏從音樂的形式來說「音」與「樂」的相似之處；而從音樂的內容來分判
「音」與「樂」不同之處。「音」與「樂」在音樂形式的表現上，都是以組織
眾音構成曲調，然後藉由樂器吹奏、詩歌演唱、舞蹈動作表達樂曲，所以
「音」與「樂」就音樂的表演上而言，有許多相似之處，但就其音樂的內
容，就可以辨別出「音」與「樂」的不同，而音樂的內容以「德」為標準，
所謂「德」者，主要在於聖人治政時能讓父子君臣的綱紀合於規範，使得天
下大定，如此創作出來的音樂，即是「德音」，「德音」才能稱之為「樂」。而
那些不符合「德音」者，乃是「溺音」，如鄭音、宋音、衛音、齊音之屬，必
須「弗用也」。

　　阮籍所認定的音樂也與《樂記》一樣，只有最高層級的「樂」，才值得被
宣揚演奏，而那些非「正樂」的「音」與「聲」，應該加以杜絕。〈樂論〉中
有云：

　　楚越之風好勇，故其俗輕死。鄭衛之風好淫，故其俗輕蕩。輕死，
　　故有蹈水赴火之歌；輕蕩，故有桑間濮上之曲。各歌其所好，各詠
　　其所為。欲之者流涕，聞之者嘆息，背而去之，無不慷慨。懷永日
　　之娛，抱長夜之忻。相聚而合之，群而習之，靡靡無己。棄父子之
　　親，弛君臣之制；匱室家之禮，廢耕農之業，忘終身之樂，崇淫縱
　　之俗。故江、淮之南，其民好殘。漳、汝之間，其民好奔。吳有雙
　　劍之節，趙有扶琴之客。氣發于中，聲入于耳。手足飛揚，不覺其
　　駭。好勇則犯上，淫放則棄親。犯上則君臣逆，棄親則父子乖。乖
　　逆交爭，則患生禍起。(《阮籍集校注》／82～84)

　　景王喜大鍾之律，平公好師延之曲。公卿大夫，拊手嗟嘆；庶人群
　　生，踴躍思聞。正樂遂廢，鄭聲大興。雅頌之詩不講，而妖淫之曲
　　是尋。延年造傾城之歌，而孝武思靡嫚之色。雍門作松柏之音，愍
　　王念未寒之服。故猗靡哀思之音發，愁怨偷薄之亂興，則人後有縱
　　欲奢侈之意，人後有內顧自奉之心。是以君子惡大凌之歌，憎北里
　　之舞也。(《阮籍集校注》／90)

這些楚越、鄭衛之風，桑間濮上之曲，有的呈現暴戾之氣，有的表現男女之
奔，或者呈現流涕哀傷之曲，使得人民在好淫輕蕩的風俗中，加上淫聲的推

波助瀾，終至情感毫無節制，社會秩序大亂。再如景公的喜大鍾之律、平公的好師延之曲，都是沉淫在美妙的音樂之中，於是縱欲奢侈之心不止，社會愁怨偷薄亂象大興。這都是因爲君王、人民「好音」而導致正樂偏廢、淫聲大興，陷天下於紛亂無序之中。所以君子憎惡那些不符於正樂的大凌之歌、北里之舞。

　　阮籍所謂的正樂是「非以縱耳目之歡，崇曲房之嬿也。心通天地之氣，靜萬物之神也。固上下之位，定性命之眞也。故清廟之歌詠成功之績，賓響之詩稱禮讓之則，百姓化其善，異俗服其德。此淫聲之所以薄，正樂之所以貴也。」（《阮籍集校注》／92）又言「樂者，使人精神平和，衰氣不入，天地交泰，遠物來集，故謂之樂也。」（《阮籍集校注》／99）樂之所以稱之爲樂，在於它能給人一種愉悅，而這種愉悅並不是「縱耳目之歡，崇曲房之嬿」，而是「精神平和，衰氣不入」、「天地交泰，遠物來集」與天地萬物共享太和之境的愉悅。基於這樣的觀念，阮籍反對以悲爲樂、以哀爲樂、以縱耳目之歡爲樂，因此，音樂有了層級之分，因此阮籍在〈樂論〉一文中的措辭，有意識地界定了音樂的高下，對於否定的音樂，稱爲「音」或「聲」，如「淫聲」（出現五次）、「鄭聲」、「淫亂之聲」、「奇音」、「哀思之音」、「閭里之聲競高，永巷之音爭先」，對於肯定的音樂則稱爲「樂」，如「雅樂」、「正樂」（出現四次）。而此層級之分，含有人文的道德倫理涉及於其中，人文的道德倫理涉及之深者，爲「雅樂」、「正樂」；人文的道德倫理涉及淺薄者「淫聲」、「奇音」。顯然阮籍對於音樂的審美思想乃承自《樂記》而來。只是阮籍在《樂記》的音樂審美思想上，又加入了「自然」的觀念，而此「自然」的觀念顯然受道家思想的影響，企圖以「自然」的觀念，消融掉人文進程裡可能導致的僞飾，希望藉由「自然」的導引，直道而行，呈顯自然而然的人文痕跡。因此，所謂的「固上下之位，定性命之眞」（《阮籍集校注》／92）、「賓響之詩稱禮讓之則，百姓化其善，異俗服其德。」（《阮籍集校注》／92）的人文教化，皆是出於「自然」而來。

　　阮籍〈樂論〉在音樂審美的體驗上承繼了《樂記》的思想，故將音樂、音樂鑑賞作了層級之分，並在《樂記》的思想上又加入了「自然」的觀念。致於嵇康的〈聲無哀樂論〉我們也可以看到受《樂記》影響的痕跡，如第一章緒論所言，當我們檢視〈聲無哀樂論〉中的「聲」、「音」、「樂」時，多半符合《樂記》的定義，「聲」爲最廣義的聲音；「音」指音樂；「樂」指雅樂。

只是嵇康雖依據《樂記》的「聲」、「音」、「樂」作區分架構,但並非全盤接收《樂記》的觀點,而是運用此三分結構,以銜接莊子「天籟」的思想,以深化審美主體在審美活動中的自覺超越。

在魏晉時期,社會的現實狀況已視「聲」、「音」、「樂」的架構為文明進步的軌跡,但人為造作太過的情況下,已失去《樂記》所強調的以善德為導向的人文精神,而淪落為以文明表象來束縛人心的霸權,為了破除音樂審美在文明表象下所造成的偽善,也為了嘗試尋求音樂審美在情感糾葛外有其它的審美可能,於是嵇康提出了「聲無哀樂」的議題。

「聲有哀樂」是歷來傳統的看法,而將心之哀樂等同看待音樂之哀樂,亦即音樂的審美感受乃「心」與「聲」的關聯交涉,是「由物及我」與「由我及物」的交融,如《樂記》所言「人心之動,物使之然也。感於物而動,故形於聲。」(《樂記》/1251)再如〈聲無哀樂論〉中秦客的看法「今平和之人,聽箏笛琵琶,則形躁而志越;聞琴瑟之音,則聽靜而心閑。同一器之中,曲用每殊,則情隨之變,奏秦聲則歎羨而慷慨,理齊楚則情一而思專,肆姣弄則歡放而欲愜。心為聲變,若此其眾。苟躁靜由聲,則何為限其哀樂?而但云至和之聲,無所不感,託大同於聲音,歸眾變於人情,得無知彼不明此哉?」(《嵇康集校注》/214)因此,「聲有哀樂」的審美體驗,注重審美對象與審美主體的連結,在肯定「由物及我」與「由我及物」的交融、相應之後,也就肯定了音樂是情感的表現,甚至可以是倫理道德的表現。於是進而將音樂的審美擴大為感化人心的功能即如秦客所言:「治世之音安以樂,亡國之音哀以思。夫治亂在政,而音聲應之,故哀思之情,表於金石,安樂之象,形於管絃也。」(《嵇康集校注》/196～197)

然而傳統以來「聲有哀樂」的審美方式,讓音樂帶著沉重的包袱,或被執政者所利用、或賦與音樂讖緯的神秘色彩。因此嵇康的〈聲無哀樂論〉企圖在傳統的音樂審美上引領出另外的可能。既然傳統「聲有哀樂」的審美方式,是將「聲」與「心」作緊密的結合,所以首先就必須切斷「聲」與「心」的交涉,才能為傳統的音樂審美作解套,於是提出「聲無哀樂」之說,故曰:

> 因事與名,物有其號。哭謂之哀,歌謂之樂。……夫喜怒哀樂,愛憎慚懼,凡此八者,生民所以接物傳情,區別有屬,而不可溢者也。夫味以甘苦為稱,今以甲賢而心愛,以乙愚而情憎。則愛憎宜

屬我，而賢愚宜屬彼也。可以我愛而謂之愛人，我憎而謂之憎人？
所喜則謂之喜味，所怒則謂之怒味哉？由此言之，則外內殊用，彼
我異名。聲音自當以善惡為主，則無關於哀樂。哀樂自當以情感而
後發，則無係於聲音。名實俱去，則盡然可見矣。(《嵇康集校注》
／198～200)

依據嵇康的看法，人往往會根據不同的事物給予不同的稱號，這些名稱只是
隨意安上而已，故言「夫言非自然一定之物，五方殊俗，同事異號，促舉一
名，以為標識耳。」(《聲無哀樂論》)語言不是自然一定之物，五方殊俗，同
一事物有不同的稱號，急促地舉出一個名稱，用來作為標識。所以這「哭謂
之哀，歌謂之樂」的稱號對中國來說已然固定，但放眼殊俗卻有不同的認定
方式。如此一來，歌哭沒有一定的含意，也就無法從歌哭判斷音樂之哀樂。
所以「哀樂」之「名」是人自個兒安在音聲之上的，並非音聲本來就含有「哀
樂」於其中，從事物命名的約定俗成，就可以了解這個道理。所以嵇康在此
將音樂自身的音聲符號與它被社會語境所賦予的約定俗成的意義區別開來，
從「名實俱去」，成功地切割「聲」與「心」的交涉。

　　既然「聲」並非人心感物動物所使然，那「聲」源自於何處？嵇康在音
聲的溯源上，從天地自然中去尋找音樂的根源，主張聲音產生於「天地合
德」陰陽五行的變化(如前一章引文「夫天地合德，萬物貴生。寒暑代往，
五行以成。故章為五色，發為五音。」)，有著「其體自若」的不變本質，故
不受人類情感、文化、體制的影響，使聲音從人文中超拔出來，以重獲獨立
的生命。

　　一旦將「聲」與「心」作了切割，也就表明音樂審美與審美對象(音樂)
本身全然無關，有關的是審美主體的自身。所以當審美主體內心的情感有所
主時，聆聽音樂則「忻然而歡」或「慘爾而泣」；若審美主體內心情感無所主
時，以虛靜心進行音樂的鑑賞，則達「吹萬不同，而使其自己哉」的境界。「吹
萬不同，而使其自己哉」的境界即是莊子「天籟」的境界，〈聲無哀樂論〉一
文，有兩處引用《莊子‧齊物論》「天籟說」的文句〔註9〕，可見嵇康〈聲無
哀樂論〉一文有立旨於《莊子‧齊物論》「天籟說」的企圖。而〈齊物論〉一

〔註9〕「夫以有主之哀心，因乎無象之和聲，其所覺悟，唯哀而已。『豈復知吹萬不
　　　　同，而使其自己哉。』」、「其音無變於昔，而歡感並用，斯非「吹萬不同」
　　　　耶？」

文的主旨，是站在「道」的境界，來觀照人間在社會體制所建構的價值觀下所帶來的紛紜擾攘的議論。莊子認為人世會有價值是非的評判標準，就是因為人已經先有了預設立場，但這樣的預設立場是因為依靠著他物的「彼」，而做為自己的「此」的存在，因此人間許多紛擾議論，皆是人類以有限理智對無限宇宙之主觀界定，偏於一執，將天地萬物的一分割成一與多、同與異的結果，當「一」為「此」，「多」則為「彼」；當「一」為「彼」，「多」則為「此」。所以「彼」與「此」是相待而存，故「彼」消，「此」亦消，因此世間言論也就無所謂是非對錯的存在，事事萬物無非「道通為一」。「道通為一」並非求物物皆同、等齊為一，而是肯定萬物的差異、矛盾、多元，並以包容之姿消解一多共殊的二元對立，以展現「吹萬不同，而使其自己」的「一」。這種對差別的肯定、對異同的超越，使得物物有其獨特開展生命的自由（「咸其自取」），亦得到平等看待的機會。這樣的自由與平等，是「道」（天籟）下通於人世間的彰顯。

　　當〈聲無哀樂論〉一文，本著《莊子‧齊物論》「天籟」思想、「道通為一」的觀點作為此文的主旨時，於是對於「聲」、「音」、「樂」的傳統見解則有重新的認定。無論是《樂記》或阮籍〈樂論〉對於「聲」、「音」、「樂」的概念並非是內容界定的分別而已，它還有價值判斷的高低、上下、好壞在其中，而高低、上下、好壞的判別，實由外在倫理道德所牽引，所以此審美對象的「聲」、「音」、「樂」不是一個純然的對象，於是應對於審美主體時，如《樂記》所言的「禽獸」、「眾庶」、「君子」、阮籍〈樂論〉所言的「好音之聲者」、「達道之化者」也同樣有著高低、上下、好壞的價值判斷在其中。然而這樣的見解，就本著《莊子‧齊物論》思想而立論的〈聲無哀樂論〉而言，無非是偏於一執，割裂「聲」、「音」、「樂」的整體生命，一分為殊，形成對立、高低的情況，這是人類以有限理智對音聲承自無限道體之主觀界定。嵇康並不否認「聲」、「音」、「樂」的分別，但那僅是名言表象的差別，故嵇康為了破除名言表象下的迷思，剝落外加於音聲上的情感、道德，洗滌音樂的人文色彩，而回歸最初本體，回復「聲」、「音」、「樂」的平等地位，以及各自保有獨特發展的可能，所以〈聲無哀樂論〉在「道通為一」的思想底下讓「聲」、「音」、「樂」各保有其本然意義，但又呈現可互有轉換的現象。因此當「聲」、「音」、「樂」回歸於自然，在道體彰顯，各自獨立與通一的狀態下，也就除卻了層次優劣，所以在〈聲無哀樂論〉中，並沒有如《樂記》、阮籍〈樂

論〉對於「德音」、「正樂」、「雅頌」等慎重強調，在嵇康的樂論裡，所有的音樂等同觀之，因此音樂也無淫邪、雅正之分，故曰：「然所名之聲，無中於淫邪也。淫之與正同乎心，雅鄭之體，亦足以觀矣。」（《嵇康集校注》／225）淫邪之分在於人所命名，與音聲無關，而淫與正來自於人心的判別，亦與音聲無關，所以雅樂與鄭樂皆有可觀賞之處。〈聲無哀樂論〉不僅將「聲」、「音」、「樂」拉回平等的位置，並讓歷來被認為淫聲、邪聲的鄭、衛之音得到了平反的機會。

　　由以上的分析可知阮籍、嵇康對於《樂記》都有所承，只是阮籍承之較深，嵇康則僅是藉「聲」、「音」、「樂」語詞架構作論述而已。因此〈樂論〉整個思考脈絡很明顯地含有《樂記》的痕跡，重視人文的倫理道德對於音樂審美的涉入，故不管是音樂本身或審美主體，依人文的倫理道德的判別而有了高低層級之分。雖然阮籍認為人文的倫理道德乃由「自然之道」而來，故在「自然之道」的導引之下人人率性而為、直道而行，即為易簡而毫無偽飾，故此時的音樂審美體驗為一種「心通天地之氣，靜萬物之神」（《阮籍集校注》／92）、「使人無欲，心平氣定」（《阮籍集校注》／95）使心志澄靜、血氣淡漠而回歸到渾一、遍在自然的境界，而這樣的境界類於嵇康所謂的「天籟」境界，但其實阮籍〈樂論〉對道家思想的援用並沒有完全消化儒家的音樂觀，因此，「達道之化者」所呈現的審美體驗只是披著道家之外衣，實為儒家內裡的音樂審美。原因就在於阮籍的音樂審美並不是一種純粹性的審美，他已經先設立了音樂美的條件（如雅樂、正樂，鄭聲、淫聲的分判）此些皆來自於儒家思想的倫理道德文化，於是在進行音樂審美活動時，審美者美感之滿足並不能由主體自身決定，它必須伴同已先設立好的音樂條件而定，也因為此一伴同遂使審美主體之活動受到限制，致使此一音樂審美必顯儒家色彩。再加上阮籍依傳統樂論的看法認為音樂能表現情感，並且人心會受音樂情感的影響而哀樂變化。基於以上兩個原因，阮籍的音樂審美也就不能成為一種純粹的音樂鑑賞。

　　相對於阮籍的音樂審美，嵇康的音樂審美就呈現一種純粹性的審美。嵇康他並不否認「聲」、「音」、「樂」的分別，但那只是名言表象的差別，就像現象界的事事物物都各有其形故各有其名一樣，並不因名之不同而有層級等差之分。也就是說嵇康雖將「聲」、「音」、「樂」加以區別，卻仍視為整體生命，而不以人類有限的理智對音聲承自無限道體作主觀的界定。因此審美對

象（音樂）不存有審美主體的主觀意識在其中，音樂審美與音樂全然無關，而與審美主體的自身有關。於是當審美主體「哀心藏於內」時，聆聽於音樂則「應感而發」、「各師所解」、「發其所懷」，此時的音樂審美體驗，乃是一種人爲情感對於音樂的駕御，是審美主體對於審美對象的「移情」。若審美主體爲「吹萬不同，而使其自己」的情況，其音樂審美活動的進行，不將主觀價值判斷強行加諸在審美對象上，審美主體的「我」透過除去成心，泯滅「音樂」與「我」之間的彼此對待，消除主觀與客觀之間的對立，以還「音樂」與「我」之本來面目。即是以純然靜觀默會〔註10〕的方式，超越於我執、情執的判斷，讓審美對象（音樂）與我皆各自自滿自足。

　　依上文的分析我們對於阮籍、嵇康關於審美主體的境界上還可作進一步的整理。阮籍將審美主體分爲「好音之聲者」與「達道之化者」；嵇康則分爲「哀心藏於內」與「吹萬不同，而使其自己」。「好音之聲者」與「哀心藏於內」很容易明白地看出，兩者可作比擬，這樣的審美主體所展現的審美體驗是屬於感興層面，是一種「以我觀物」的主觀的審美態度，相當於王國維的「有我之境」。至於「達道之化者」與「吹萬不同，而使其自己」則不能作相類的比擬，因爲兩者在音樂審美體驗的準則上完全處於不同的立場。雖然阮籍的「達道之化者」在審美主體的追求上在於自然之道的體悟，並以心志澄靜、血氣淡漠的方式對於音樂進行鑑賞，以達到「心通天地之氣，靜萬物之神」（《阮籍集校注》／92）萬物一體、自然一體的審美體驗，這樣的審美體驗彷彿泯除了主觀思想，而符於客觀的審美。然而這樣的客觀審美對於「達道之化者」是不成立的，原因在於阮籍已經先預設「達道之化者」在音樂鑑賞時必須達到某一價值，此一價值以「固上下之位，定性命之眞也。」（《阮籍集校注》／92）、「下不思上之聲，君不欲臣之色，上下不爭而忠義成。」（《阮籍集校注》／88）、「男女不易其所，君臣不犯其位，四海同其歡，九州一其節」（《阮籍集校注》／79）爲理想，也就是說「達道之化者」的美感境界不

〔註10〕　「純然靜觀默會」一詞，參考自謝大寧〈美學判斷的超越原則〉一文。謝大寧以爲審美主體之作用貫串所有的審美活動，使審美成爲一種超越於心理的活動，並且審美活動的發源不是來自於經驗，而是由審美主體所自發之超越原則，依此原則以進行一切審美活動，進行之以決定吾人審美愉悅感之表現，而於對象則一無決定，因此，審美只是主體對於對象的純然靜觀默會。（《文學與美學》第四集，淡江大學中國文學研究所主編，台北：文史哲出版社，1993年5月，頁10～11）

能由主體自身決定，它必須伴同已預設好的音樂條件而定，而此些預設條件已含有主觀內容於其中，於是看似客觀的審美其實主宰於主觀審美底下。所以這樣的審美體驗不能說無我，它仍是「有我之境」的體驗。嵇康的「吹萬不同，而使其自己」則是王國維「無我之境」的審美。「吹萬不同，而使其自己」的審美主體，不將主觀價值判斷強行加諸在音樂此一審美對象上，以一種自發之超越原則，超越了我執、情執以平齊於物（音樂）來完成音樂審美活動，以達到「然隨曲之情，盡於和域」的審美體驗。而此時的審美體驗，在「物」與「我」客觀呈顯的情況下，各還原其本真，亦即對於世界原本自然的揭發，於是物物自然故無我，也就是第一章緒論所提的「物化」，「不知何者爲我，何者爲物」達到「無我之境」的體驗。

二、音樂審美體驗在於人之本性的回歸

就以上分析，嵇康與阮籍的音樂審美體驗的準則分別爲自然之道體悟與否以及心有主與否，在此必須進一步提問的是，自然之道的體悟與心的無主（無待），就人本身而言，其根據爲何？不然所謂的體悟與無待如何在人的自身上發生，發生之時又如何「可知」此爲自然之道的體悟、此爲心自足無待的境界。在於「可知」的動作上，想必人自身必須有與自然之道、無待之境的相契合之處，如此才有「可知」的可能，此契合的根據何在？找出此一根據，才能說明音樂的審美體驗有體悟自然之道的可能、有達於無待境界的可能。而阮籍自然之道的體悟與否與嵇康心之無待境界，雖不同辭語，但都指向形而上的境界，可見若要聯繫音樂、人與形上境界，必須三者有同一之處，如此才能融合體現。

（一）音樂本源與性與道同一

1. 就阮籍〈樂論〉而言

形而上者謂之道，當魏晉樂論將音樂的審美體驗推向一個形上境界時，爲了使音樂與人與道能構成結合，首先必須探究音樂能與人與道相通之處。由於「道」爲天地萬物生成的本原，於是魏晉樂論將音樂與道相通的方法即是將音樂的本源推至到一個形而上的本體；對於人與道的相通，一樣追溯到人的最初本質，而人與生俱來的自然之質即是「性」。

在阮籍〈樂論〉的開端，就以十分明確的理論形式提出音樂思想的總綱：

　　夫樂者，天地之體、萬物之性也。合其體，得其性，則和；離其體，
　　失其性，則乖。昔者聖人之作樂也，將以順天地之體，成萬物之性
　　也。故定天地八方之音，以迎陰陽八風之聲。均黃鐘中和之律，開
　　群生萬物之情氣。故律呂協則陰陽和，音聲適而萬物類。男女不易
　　其所，君臣不犯其位。四海同其歡，九州一其節。奏之圜丘而天神
　　下，奏之方丘而地祇上。天地合其德，則萬物合其生。刑賞不用，
　　而民自安矣。(《阮籍集校注》／78～79)

此一段文字，簡單明瞭概括出阮籍音樂思想的重點：第一、音樂乃天地精神、
萬物之性的體現，其本質特徵在於「和」。第二、從對於音樂本質的理解而推
出音樂的功能與作用，能導致社會以及自然界整體的和諧。

　　從重點一來看，阮籍認為，樂之本源就是「天地之體」、「萬物之性」，也
就是內在於天地萬物本身的氣機律動，所以聖人順其體成其性，而定下的八
方之音，當然能直接迎應陰陽八方之風，而依此開啟群生萬物之情性。換
言之，是由鼓動宇宙變化的遍存本體來論樂的〔註11〕。「夫樂者，天地之體、
萬物之性也。合其體，得其性，則和；離其體，失其性，則乖。」對於這句
話歷來學者解讀如下，認為音樂的本質在於體現天地的精神、萬物的本性
〔註12〕；或視音樂的本體是天地之體，萬物之性〔註13〕，或者將音樂萬物視
為天地萬物之體性〔註14〕，這些解讀基本上相同，我們可以把它融合為所謂
樂的本體是承自於天地萬物而來的，所以其本質也就體現於天地的精神、萬
物的本性。

　　而「天地之體」、「萬物之性」又承自何來？這可追溯到「自然之道」的
承載，依前引文「乾坤易簡……」一段可知，自然之道乃是「樂」的本源，
既然「樂」生於自然必合於自然，自然的本質強調和諧統一，故音樂的本質
也以「和」為其特徵。「和」者，順也、平也、諧也、靜也，故要達到「和」
的境界，必須減低衝突、暴戾、複雜、淫欲……等太過的情況，故自然的本
質以「和」為主，於是表現出平順、諧調、單純、安靜、簡易、平淡……等

〔註11〕鄭毓瑜：〈阮籍的音樂審美觀〉，《文學與美學》第一集（淡江大學中國文學研
　　　　究所主編，台北：文史哲出版社，1980年1月），頁71。
〔註12〕蔡仲德：《中國音樂美學史》（台北：藍燈文化事，1993年），頁520。
〔註13〕李澤厚、劉綱紀：《中國音樂美學史（第二卷上）》（台北：谷風出版，1987
　　　　年），頁191。
〔註14〕高柏園：〈阮籍〈樂論〉的美學意義〉，《鵝湖月刊》第二○四期，頁37。

中和的情態，於是自然之和表現在音樂的特性上，所追求的即是易簡不煩、平淡無味的樂聲，故云「不煩」、「平淡」、「無聲」、「無味」。所以「自然之道」即是音樂之道。

不僅「樂」的本源承自「自然之道」，「萬物之性」亦承自「自然之道」而來，如此「樂」的「合其體，得其性」才有其意義。前文有言，阮籍所謂的「自然」是自然而然、自己如此的意思，其實落實在萬物那裏，則是指萬物順其體性而存在的狀況。合其體，得其性，就是自然；離其體，失其性，就是不自然。而「乾坤」即是天地萬物的體性，因為阮籍「乾坤易簡」的觀念乃來自於《易傳》，〈彖傳〉說：「大哉乾元，萬物資始。……至哉坤元，萬物資生。」〔註15〕〈繫辭上傳〉：「乾知大始，坤作成物。乾以易知，坤以簡能。易則易知，簡則易從，易知則有親，易從則有功，有親則可久，有功則可大，可久則賢人之德，可大則賢人之業。易簡而天下之理得矣。」〔註16〕阮籍據此而以乾坤為天地之體、萬物之性，乾坤內在於人及為道德。乾坤易簡，道德平淡，由此而具現為雅樂不煩，五聲無味；陰陽自通，百物自樂，庶民日遷化而不自知。阮籍指出此為「自然之道」，因此乾坤之理就是自然之道〔註17〕。既然萬物之性從乾坤而來，必顯乾坤易簡的特性，率性而為、直道而行、不容偽飾，而歸於本真。由於人之本性承自乾坤、自然而來，故道德平淡為其本質，如此道德平淡的本質，正與雅樂不煩相契合。由此可知，「樂」與「性」皆本乾坤易簡、自然之道而來。

綜合上述阮籍「自然之道」的音樂觀，可知阮籍對於音樂的思考，必先推極於天地之體、萬物之性，故對音樂的追求，即以自然本性為依歸，所謂自然，就是自然而然，自己如此，落實於萬物那裏，則指萬物順其體性而存在的狀況，並求萬物歸本自然而和諧一體。〈樂論〉中有言：

故律呂協則陰陽和，音聲適而萬物類。男女不易其所，君臣不犯其位。四海同其歡，九州一其節。（《阮籍集校注》／79）

先王之為樂也，將以定萬物之情，一天下之意也。故使其聲平，其

〔註15〕《周易正義‧上經》，《十三經注疏‧整理本》（台北：台灣古籍出版，2001年），頁8。
〔註16〕《周易正義‧下經》，《十三經注疏‧整理本》（台北：台灣古籍出版，2001年），頁304～305。
〔註17〕關於阮籍「乾坤易簡」的觀念，請參閱戴璉璋《玄智、玄理與文化發展》（中國文哲專刊，2002年），頁86～87。

容和，下不思上之聲，君不欲臣之色。上下不爭，而忠義成。(《阮籍集校注》／88)

歌謠者，詠先王之德；頫仰者，習先王之容；器具者，象先王之式；度數者，應先王之制。入於心，淪於氣。心氣和洽，則風俗齊一。(《阮籍集校注》／84～85)

以上三條引文，皆強調「一」觀念，認爲先王制樂，讓「四海同其歡」、「九州一其節」，訂定音樂統一的規範，用來安定萬物的性情，「一天下之意」，統一天下人民的心意。如此符於自然之道的音樂，能深入人的心靈，浸潤到人的稟性精神之中，讓心氣平和融洽，於是人們的風俗就能齊同一致。這裏呈現了一種「自然一體」、「萬物一體」的統一思想，並且將這樣的思想推及於人類社會的統一和諧的追求中。在〈樂論〉中，「一」的代換詞語即是同也、齊也、常也，故「四海同其歡」、「風俗齊一」、而樂器音調則有「常處」、「常數」〔註18〕。這些一也、同也、齊也、常也，其實都是萬物歸本自然而和諧一體的表現。

　　此「一」的思想，到了阮籍後期的作品，仍然存續延申，如〈達莊論〉有言：

天地生於自然，萬物生於天地。自然者無外，故天地名焉。天地者有內，故萬物生焉。當其無外，誰謂異乎？當其有內，誰謂殊乎？地流其燥，天抗其濕。月東出，日西入。隨以相從，解而後合。昇爲之陽，降謂之陰。在地謂之理，在天謂之文。蒸謂之雨，散謂之風。炎謂之火，凝謂之冰。形謂之石，象謂之星。朔謂之朝，晦謂之冥。通謂之川，迴謂之淵。平謂之土，積謂之山。男女同位，山澤通氣。雷風不相射，水火不相薄。天地合其德，日月順其光。自然一體，則萬物經其常。入謂之幽，出謂之章。一氣盛衰，變化而不傷。是以重陰雷電，非異出也；天地日月，非殊物也。故曰，自其異者視之，則肝膽楚越也；自其同者視之，則萬物一體也。(《阮籍集校注》／138～139)

雖然〈達莊論〉爲〈樂論〉之後的作品，但其「一」的思想，仍在〈達莊論〉

〔註18〕〈樂論〉：「若夫若夫空桑之琴，雲和之瑟，孤竹之管，泗濱之磬，其物皆調和淳均者，聲相宜也；故必有常處，以大小相君，應黃鐘之氣，故必有常數。有常處，故其器貴重。有常數，故其制不妄。」

中發展發酵，雖然〈達莊論〉、〈樂論〉在思想的承繼上有所差異，〈達莊論〉本於道家，〈樂論〉本於儒家（但不得不注意的是〈樂論〉中已有道家思想涉入），但其「一」的思想仍在於追求天地萬物自然和諧為一體的終極理想，因此，〈達莊論〉論中「自然一體」、「萬物一體」可作為〈樂論〉中「一」的思想的補充說明。

從〈達莊論〉的引文可知，阮籍認為宇宙生成的過程，天地是從自然中所化生的，然後再從天地中分化出萬物，認為在自然之外，再也沒有別的存在，故天地以自然為名。而在天地之內，有其一定的範圍，在這範圍之內，便產生了月、日、陰、陽、雨風、男、女……等種種事物。阮籍的宇宙論，包含著他對整體與個體關係的理解，天地之內無所不包，可說是一個最大的整體，而這個整體之中，又含納一個個單獨的個體存在，個體與個體之間的相互關聯，則構成宇宙整體，所以個體與整體之間有著密切的依存關係，個體與整體其實同為一體，故曰：「萬物一體」也。

阮籍「萬物一體」的想法，主要根基在「自然」上，認為「自然」為天地萬物之根，而阮籍的思想，亦以「自然」作為一以貫之的概念，故對人的身體、性情，亦從「自然」的角度觀之，故於〈達莊論〉中有云：「人生天地之中，體自然之形。身者，陰陽之精氣也。性者，五行之正性也。情者，遊魂之變欲也。神也，天地之所以馭者也。」（《阮籍集校注》／140）〈達莊論〉認為人既然作為宇宙萬物中的一體，天地生於自然，那人亦生於自然，身體為陰陽二氣所凝聚、本性為五行所體現的純正之性、情者則為精氣遊動後所產生的欲望變化〔註19〕、精神則是天地用來駕御人類的根源。因此，人實質上與天地萬物同為一體，皆從自然而來。故人之性即是自然之性。而這樣的人性觀與〈樂論〉中「天地之體，萬物之性」的想法相符，故聖人之作樂，必須順天地之體，成萬物之性，如此則能達到「天地合其德則萬物合其生」的理想和諧。阮籍將人的本性從整體作考量，以追求整體、群體的和諧為理想，故也就依此來界定人類本性的內涵以及人類應有的行為故曰：「男女不易其所，君臣不犯其位」（《阮籍集校注》／79），「下不思上之聲，君不欲臣之色，上下不爭而忠義成。」（《阮籍集校注》／88）把個體與整體的關係緊密結合，個體與整體的一行一動皆息息相關。而此些行為正因為循著自然而然

〔註19〕 「情者，遊魂之變欲也」，「遊魂」一詞出自於《易・繫辭上》：「精氣為物，遊魂為變。」故「遊魂」乃指遊動的精氣。

的道理，如此才能使人與萬物才長存久安。故從阮籍「一」的思想連結到對「性」的觀點時，可以發現阮籍由於以自然為根、以萬物為一體，重視群體的理想和諧，於是在看待人類的本性時，亦以自然為根，以自然之性為人之性的內涵，並且超越了人的本性以萬物之性為性，以求自然一體、萬物一體的至道之極的境界。

既然萬物與自然同為一體，所以萬物之性以「自然」為性，在「自然一體」、「萬物一體」的觀念下，萬物之性既然以「自然」為性，那人之性亦以自然為性，人在以自然為性的情況下，人性的內涵即以自然為內涵，「自然者無外」，人之成之為人，即如物要成其為一物，都必須具備自然而然的體性，沒有例外，並有著和諧統一，因任無妄的特質。而這樣的特質正與同出於自然之道的音樂相契合，故曰「道德平淡」、「雅樂不煩」，故曰「（夫樂者，……合其體，得其性，則和。）」（《阮籍集校注》／78）因此，阮籍將音樂、性推溯於自然之道的用意，即以自然本性為依歸，使萬物歸本自然而和諧一體。

2. 就嵇康〈聲無哀樂論〉而言

至於嵇康，其樂論以「聲」為討論的重點，於是在〈聲無哀樂論〉的開端，即先說明「聲」的由來：

> 夫天地合德，萬物資生。寒暑代往，五行以成。故章為五色，發為五音。音聲之作，其猶臭味在於天地之間。其善與不善，雖遭遇濁亂，其體自若，而不變也。（《嵇康集校注》／197）

嵇康認為音樂和其他萬事萬物一樣，都是從自然宇宙而來，有其不變的本體，不會因為遭到混濁而改變。而音樂的本體為何？「聲音以平和為體。」（《嵇康集校注》／217）既然音聲出於天地，故此平和之體當歸趨宇宙的大和。既然音樂與天地、萬物、五行、五色一般，都是自然運行下的產物，所以是一種客觀存在的自然現象。聲音或因外界的擾亂而評價不同，但它卻「其體自若」不因人的主觀意識（愛憎、哀樂），而改變它的客觀本體，故曰：「曲變雖眾，亦大同於和」（《嵇康集校注》／216）、「音聲有自然之和，而無繫於人情。」（《嵇康集校注》／208）嵇康對音樂探本尋源的進路，有別於《樂記》的「心物交感」，而推源至天地陰陽之氣的交感匯合，嵇康從天地自然中去尋找音樂的根源，於是擺落了音樂人文政治的影響，展現音樂獨立的美感。嵇康闡明出「聲」的自然屬性，強調出音樂之律動形式原有的自然和諧，此一

和諧純然客觀的和確實涵蓋牟宗三所言為一客觀純美的和聲，但嵇康並非只是追求這一客觀義上純然律動之和諧，嵇康將音樂推溯於天地自然的用意，其實與其養生的觀念相通，是為了形神之養以歸於天地和諧所提出的思想背景，養生與音樂的關係於後文中再作分析。在此我們先藉由〈太師箴〉與〈明膽論〉中同樣對於解釋萬物生成的兩段話作為概略補述，以說明嵇康將音樂推溯於天地自然的用意非僅是追求客觀義上純然律動之和諧：

> 浩浩太素，陽曜陰凝。二儀陶化，人倫肇興。(〈太師箴〉《嵇康集校注》／309)

> 夫元氣陶鑠，眾生稟焉。(〈明膽論〉《嵇康集校注》／249)

> 夫天地合德，萬物貴生。寒暑代往，五行以成。故章為五色，發為五音，音聲之作，其猶臭味在於天地之間。(〈聲無哀樂論〉《嵇康集校注》／197)

「太素」即指「元氣」，〈聲無哀樂論〉中「天地合德」的陰陽二氣，也是由「元氣」而來。因陰陽之氣的作用，四時運行，五行成就。五行又表現為五色、五音。因此，「聲」及萬物共同的本源皆可歸於「元氣」。

　　嵇康「氣」的觀念，從此三段引文的表面來看，受有漢代氣化的思想〔註20〕，然而我們必須注意到的是，嵇康「氣」的運用，除了解釋萬物之起源外，其養生的思想亦以養氣為根基，而養生論為嵇康思想的根本〔註21〕，因此養生中「氣」之觀念，在嵇康的思想中就具有代表性。只是嵇康的養生論乃雜取了莊子和道教的養生觀，而莊子與道教「氣」之觀點又不同，那嵇康「氣」之觀點應該作如何理解？道教之論述長生，乃由「道」與「元氣」合而為一的氣化論為背景，「道」與「元氣」是萬物生生之源，認為只要守住元氣，守住此道則能長生，則能達到天人一體。並且將「道」與「氣」由一個純自然的概念轉為神格化的概念，使得養生的實踐含有宗教的神化色彩。嵇康養生論中「氣」的觀念確實受道教、漢代氣化論的影響，而道教求長生的工夫原則，亦被嵇康所採納，如嵇康〈養生論〉中所強調的「呼吸吐納，服食養身」(《嵇康集校注》／146)、以及〈答難養生論〉中所言

〔註20〕曾春海：〈「氣」在魏晉玄學與美學中的理論蘊意〉，《哲學與文化》第三十三卷第八期，2006年8月，頁73。

〔註21〕李澤厚、劉綱紀：《中國美學史・第二卷（上）》（台北：谷風出版社，1987年），頁233。

「內視反聽，愛氣嗇精」（《嵇康集校注》／179），皆與道教長生工夫有關。但對嵇康養生論若一直以道教或漢代的氣化觀念作理解的話，恐怕就忽略了嵇康養生論的玄學性格，況且在嵇康的養生論中，我們確實見不到神格化的氣化理論，因此對於嵇康「氣」與「道」的把握還是必須放在莊子學上作思考。〔註22〕

　　莊子認為「氣」是一種自然的流變，而天地萬物莫不在此氣化的流變中〔註23〕，至於「道」為化生萬物之形上根源〔註24〕，與「氣」相即不離，可辨而不可分割，渾然一體。故曰：「通天下一氣耳」（《莊子·知北遊》／733）、「道通為一」（《莊子·齊物論》／70）可見「道」、「氣」相涵為一整體的存在，〈則陽〉亦曰：「天地者，形之大者也；陰陽者，氣之大者也；道者為之公。」（《莊子·則陽》／913）天地是氣變中最大的形體，陰陽表徵出氣最顯著的兩種屬性，而道則涵融一切。也就是說「氣」是流行的存在，是有機生命的成素和力量；「道」則是內在於氣中條理氣的秩序及氣化的規律，氣充塞於天地之間，道亦隨之而遍在自然萬象間。由於「道」、「氣」相涵且為天地萬物所以生成和變化的根本，因此，人與天地萬物是同根共源，皆與「道」、「氣」同一。於是在莊子的養生觀裡，藉由人與「道」、「氣」的同一，以達到一種天人合一、形神共養的主體境界。莊子氣化的宇宙觀，衍生了人與人、人與萬物、物物之間的同胞意識，消解了生死、貴賤、得失的片面偏執，以提升人的生命場域，與天地共生、與道冥合，於超然物外而得逍遙生命。於是莊子之養生不在積極地對現實身軀之豢養，而是重在人之精神與天地同往來。因此，養生的重點，放在精神主宰的養心上，唯有在心上之虛靜無執，順而不傷，乃是真正之養生。心如何虛靜無執？則必須藉由

〔註22〕關於嵇康養生論受道教與莊子養生觀影響的分析，以及道教養生的神格性與嵇康養生信仰於人格性的重大不同，請參閱謝大寧《歷史的嵇康與玄學的嵇康——從玄學史看嵇康思想的兩個側面》（台北：文史哲出版社，1997 年 12 月），頁 99～115。

〔註23〕《莊子·至樂》：「雜乎芒芴之間，變而有氣，氣變而有形，形變而有生。」（頁 615）《莊子·知北遊》：「人之生，氣之聚也；聚則為生，散則為死。」（頁 733）

〔註24〕《莊子·大宗師》：「夫道，有情有信，無為無形；可傳而不可受，可得而不可見；自本自根，未有天地，自古以固存；神鬼神帝，生天生地；在太極之先而不為高，在六極之下而不為深，先天地生而不為久，長於上古而不為老。」（頁 247）

「氣」之活動以成之，故言：「若一志，勿聽之以耳而聽之以心，無聽之以心而聽之以氣，耳止於聽，心止於符。氣也者，虛而待物者也。唯道集虛，虛者，心齋也。」（《莊子·人間世》／147）可見氣為流行的有機存在，是「心」與「道」的中介，陳鼓應有言：「氣和心事實上並非截然不同的兩樣東西，心靈活動到達極純精的境地就稱為氣。換言之，『氣』即是高度修養境界的空靈明覺之心。」〔註25〕當心能順應氣的流行變化，臻於心氣合一之境，也就是心與道冥合的密契之境。所以莊子的養生觀，乃是一種人格境界型態的展現。

當我們從莊子的思路進入嵇康的養生觀時，嵇康「氣」的觀念也就排除了道教神格化色彩，而回歸老莊之學，還予「氣」自然流行之本質，因此當嵇康的養生論及養氣的觀念時，實與莊子追求心上之虛靜無執，順而不傷的「心齋」有著同等的意義，強調的是主體實踐的人格境界。並且從莊子「道」、「氣」相涵的觀點而推論嵇康亦有同樣的思考，將「道」與「氣」視為一整體性的存在。這樣的推論亦可從嵇康的詩文中得到印證，如「齊物養生，與道逍遙。」（〈雜詩〉《嵇康集校注》／79）、「含道獨往，棄智遺身。」（〈兄秀才公穆入軍贈詩〉《嵇康集校注》／19）、「以天道為一指，不識品物之細故也。」（〈卜疑〉《嵇康集校注》／135）、「順天和以自然，以道德為師友，玩陰陽之變化，得長生之永久：任自然以託身，並天地而不朽者。」（〈答難養生論〉《嵇康集校注》／191）從引文可知，嵇康「道」之運用乃基於莊子的思想，因此「道」順著莊學原意也就是化生萬物之形上根源，既然莊子將「道」與「氣」視為一整體性之存在，那嵇康亦同等思考。於是當嵇康將「聲」的產生推溯於萬物共生的「元氣」時，也就是推溯於「道」之本體。那麼「聲」便是客觀的存在物，其特徵顯現了「元氣」、「和」的特性。然而「和聲」之「和」不只是形式義，表示聲音純然律動之和諧而已，在「元氣」與「道」相涵的情況下，「聲」之「和」也就具有存有義〔註26〕。於是我們可以知道，嵇康將音樂推溯於天地自然的用意，不僅讓音樂從人心、教化的束縛下超拔出來，還原音樂本身的聲律純然和諧之美，並且提供音樂鑑賞除了在情感意識的投射之外，尚有超越「情志之大域」而達「和域」、「太和」以

〔註25〕陳鼓應：《老莊新論》（台北：五南圖書公司，2006年二版一刷），頁305。
〔註26〕林朝成：〈嵇康〈聲無哀樂論〉初探〉，《文學與美學》第三集（淡江大學中國文學研究所主編，文史哲出版社，1992年10月），頁199～200。

達主體實踐之境界。

　　嵇康將音樂推溯於天地自然之餘，對於「性」亦追溯到天地自然。嵇康對「性」的看法，在承襲前人思想以及加入自己的玄學思考下，使其性論特出一格。其性論有承自告子「生之謂性」的思路以及順著此思路而言「性」因氣稟不同，故有材質分別的漢儒氣化宇宙論的人性觀〔註27〕；但嵇康性論並不膠著於漢儒「用氣爲性」〔註28〕的命定觀點，而提出「任自然」的人性觀，將人性在氣稟底下往上翻一層，而直求「大道」的自然本性。人因有此自然之性，才有「越名教而任自然」的可能。

　　嵇康承襲漢人的思想，以一種氣化宇宙論的觀點，來看待萬物的生成，從前三段引文（「浩浩太素……」）可知，嵇康受漢儒氣化宇宙論的影響，亦從氣化的角度來解釋萬物由分化而形成的具體的個別存在。物物的生成乃陶化於原始的「元氣」或「太素」，至而開展爲「陰陽」、「二儀」，再流佈爲「五行」，之後則有「五色」、「五音」，於此，「眾生」、「萬物」漸漸形成。嵇康藉由氣化宇宙論來體察眾生稟賦的基本認識。但由於人之性，得之於氣化之自然，故此自然之生，使得人之性，有其相同、相似之處。如人基本之生理需求，「夫口之於甘苦，身之於痛癢，感物而動，應事而作，不須學而後能，不待借而後有。」（〈難自然好學論〉《嵇康集校注》／261～262）人的口舌，可分辯出甜與苦；人的身體，能感受到痛和癢，這些是人們不須學習就具備的能力，是人生理的自然反應。又言「感而思室，飢而求食，自然之理

〔註27〕何啓民：《竹林七賢研究》（台北：學生書局，1987 年），頁 86～90。以及曾春海〈嵇康的人性觀〉一文（此文收編於《中國人性論》，台北：台大哲學系，1990 年 3 月，頁 201～216）。皆將嵇康性的觀點分爲三義：以「生」釋「性」爲第一義；以「生」所稟受的材質當承順之而不可變化，爲「性」的第二義；以「性」未動前之氣象，例如：「性絜靜以端理，含至德之和平」〈琴賦〉爲「性」之第三義。何啓民搜尋嵇康著作中有關「性」的字句，作分類的動作，分析簡要，曾春海則依何啓民所分類的三種涵義深入分析。兩位學者的論術甚爲精要，但在此筆者提出另一思考的方式。牟宗三在《才性與玄理》一書有言：「凡言性有兩路：一順氣而言，二逆氣而言。順氣而言。則性爲材質之性，亦曰「氣性」（王充時有此詞），或曰「才性」，乃至「質性」。」然後將告子「生之謂性」、荀子性惡、董仲舒、王充之性論皆歸於順氣而言性。筆者較傾向於牟先生的說法，認爲告子「生之謂性」與氣性論可歸納爲一。故將嵇康的「性」，歸納爲二義：一爲順氣而言的材質之性；二爲「性」爲未動之前之氣象。

〔註28〕王充《論衡・無形篇第七》：「用氣爲性，性成命定。」（王充，韓復智註譯：《論衡今註今譯》，台北：鼎文書局，2005 年 4 月，頁 160）

也。誠哉是言！今不使不室不食，但欲令室食得理耳。」（〈答難養生論〉《嵇康集校注》／194）、「夫民之性，好安而惡危，好逸而惡勞。」（〈難自然好學論〉《嵇康集校注》／263）人的情欲、食飽的需求、好安逸惡勞危，都是一種生理本能的表現。是承自告子「生謂之性」、「食色性也」的思路而來，此「性」指的是人生而有之的欲望、能力，是就「性」的「自然義」、「質樸義」和「生就義」〔註29〕來言性。是指元氣順下而委於個體時，所生成的必然之性。

　　如此順氣而下的人之性，嵇康認為，稟氣的差異會影響個人才性的差異。才性的論述或品鑒於魏晉時非常盛行，魏晉人性品評會如此盛行的原因，除了對於政治有所舉才外（如劉劭《人物志》），也是為了尋求人性存在之依據，更重要的是對於個人才情的尊重。所以魏晉品鑒人物時，多把焦點放置在對於獨特的個人生命氣質、風格、才情的欣賞，特顯出當時人對於個體的重視，尊重個體的自由發展。嵇康在此風氣之下，正視人獨特稟賦的殊異面向。如〈明膽論〉即言：

> 夫元氣陶鑠，眾生稟焉。賦受有多少，故才性有昏明。唯至人特鍾純美，兼周外內，無不畢備。降此已往，蓋闕如也。或明於見物，或勇於決斷。人情貪廉，各有所止。譬諸草木，區以別矣。兼之者博於物，偏受者守其分。故吾謂明膽異氣，不能相生。明以見物，膽以決斷，專明無膽，則雖見不斷，專膽無明，違理失機。（《嵇康集校注》／249～250）

> 夫五才存體，各有所生，明以陽曜，膽以陰凝。（《嵇康集校注》／254）

「明」與「膽」的形成是陰陽二氣存在於人的才性，陰陽二氣無高低之分，故「明」與「膽」亦無高低之分。就算下委於人，因明膽之賦受多寡純雜而有異，但也不因此而論人的高下。除非是至人，其所賦受的元氣「特鍾純美」，故明膽二氣都達到純美水平。但至人者，有所聞，而無所見，在世上所看到皆是中等才性之人。中等才性之人，明膽有所偏，「或明于見物，或勇於決斷」；有時會「明有所塞」，有時「勇有所撓」，嵇康僅是就現狀說現狀，

〔註29〕參閱牟宗三《才性與玄理》（台北：學生書局，1995年），頁3。(1)自然義：在實然領域內，不可學，不可事，自然而如此。(2)質樸義：質樸、材樸、資樸通用。總之曰材質。(3)生就義：自然生命凝結而成個體時所呈現之自然之質。

並不賦予評價在其中，故不是從明膽的稟賦多寡，來論人的高下。只是將「『明』、『膽』置於『常人』的視域來考察人的存在特質。」〔註30〕

從嵇康「明」、「膽」的論述，能很明白地了解到嵇康乃承襲漢人思想，以一種氣化宇宙論的觀點，來看待萬物的生成，並順著以「生」釋「性」的思路，來論人的材質之性。此氣性論的論人進路，雖然沒有像逆氣而言性者，以人的內在義理、良知爲根據，抬高人在天地萬物中的地位與價值，但卻使人獨特稟賦的才性，以超越善惡倫理的方式，得到充分、多元的開展。如此的才性觀點，正與當時代對個人獨特生命氣質、風格、才情的欣賞，以及尊重個體自由發展的思想緊密結合。

嵇康從「元氣陶鑠」的自然觀出發，認爲人稟受元氣多少，則有多少的差別，故以此論材質之性，此即前一小節所分析者。而人之材質之性，是由元氣凝結而成個體時所呈現之自然之質，故才性之顯現，皆是自然之顯現，故言「性命自然」〔註31〕。此「自然」即是在氣化宇宙論下所言之自然。但嵇康言性，並非僅落在氣化論而言，若僅落在氣化論而言，那只是從經驗上對人性生理的本能、才性的智愚的承認，甚至是對漢人氣化論命定思想的全盤接收，如此一來，嵇康的人性觀，只會是一個現象說明，而無法提供生命往上提升的可能，更無法開出「越名教而任自然」的思想。所以其性論必須在「生之謂性」、「材質氣稟」的經驗法則下往上翻一層。於是嵇康援用老莊自然觀的思想，賦予人性與道一體的本然。如此才不致於與名教的推行者一樣，落入因氣稟的不同，而造成社會階層高低不同的不平等現象，才有可能超越名教人爲的禮法制度，讓人能任於自然，與天地萬物同爲一體。所以嵇康氣化論的人性觀，其實是在老、莊自然觀的思想下所言，在尊重個體才性發展的開展下，又賦予與道一體的平等觀。

嵇康對自然之性的追求，往往以原始、洪荒的世界來呈現：

> 夫民之性，好安而惡危，好逸而惡勞。故不擾，則其願得；不逼，則其志從。洪荒之世，大朴未虧，君無文於上，民無競於下，物全理順，莫不自得。飽則安寢，饑則求食，怡然鼓腹，不知爲至德之世也。（〈難自然好學論〉《嵇康集校注》／263）

〔註30〕對「明」、「膽」的延申分析，參閱自吳冠宏〈嵇康〈明膽論〉之明膽關係試探〉，《東華漢學》創刊號，2003 年 2 月，頁 278。

〔註31〕〈難宅無吉凶攝生論〉、〈答釋難宅無吉凶攝生論〉二文中多有提及。

宗長歸仁，自然之情。故君道自然，必託賢明。茫茫在昔，罔或不寧。赫胥既往，紹以皇羲。默靜無文，大朴未虧。萬物熙熙，不夭不離。（〈太師箴〉《嵇康集校注》／310）

君靜於上，臣順於下，玄化潛通，天人交泰。枯槁之類，浸育靈液，六合之內，沐浴鴻流，蕩滌塵垢；群生安逸，自求多福；默然從道，懷忠抱義，而不覺其所以然也。和心足於內，和氣見於外，故歌以敘志，儛以宣情。（〈聲無哀樂論〉《嵇康集校注》／221～222）

在洪荒、原始的世界裡，人們滿足於樸實簡單的物質生活，飽了就安寢，餓了就尋食，連好安惡危，好逸惡勞的本性，都不被打擾、逼迫而得到了安置。人生而有之的欲望、本能，在原始的世界裡，都順其自然之理，而莫不自得。所以「君靜於上，臣順於下」，君臣無為而天下已治。彼時，人的行為只是「默然從道」、順其理、依其和，所以人與人之間無對立相隔的私心，而是不分人我、不分物我，渾然為一的「大朴未虧」完美質樸的原始自然狀態。人之所以能「默然從道」，能以「和心足於內，和氣見於外」，原因就在於嵇康認為人的真實本性與自然之道相闇合，所以人的真實本性必含自然之道的特質，崇尚無為、寧靜、簡易、平和。就算人之才性因氣稟不同而有差別，也不妨礙真實本性往自然之道的靠攏，因為氣稟之不同，亦是自然而然的生成。所以，好安惡危、好逸惡勞是自然之性，宗長歸仁、懷忠抱義也是自然之性，都是不計不慮的自然因應。因此人只要以「任自然」的方式，即可回歸到真實本性，而真實本性的回歸，即是自然之道的回歸，如此才能超越名教的束縛，而達到個體自由的自然之和。

我們依此可以推論，嵇康把真實本性的回歸，當作是在名教的束縛下對生命的提升，他強調的人格實踐是以回歸於一自在自足之主體自身，從〈答難養生論〉、〈兄秀才公穆入軍贈詩十九首〉的文字，即可充分說明：「順天和〔註32〕以自然，以道德為師友，玩陰陽之變化，得長生之永久，任自然以託身，並天地而不朽者。」（〈答難養生論〉《嵇康集校注》／191）、「至人遠鑒，歸之自然。萬物為一〔註33〕，四海同宅。」（〈兄秀才公穆入軍贈詩十九首〉《嵇

〔註32〕「天和」者，《莊子·天道》：「夫明白於天地之德，此之謂大本大宗，與天和者也。所以均調天下，與人和者也。與人和者，謂之人樂；與天和者，謂之天樂。」（頁458）

〔註33〕「萬物為一」者，《莊子·齊物》：「天地與我並生，而萬物與我為一。」（頁79）

康集校注》／19～20）。順應、聽任自然者，可以得天和之樂，得長生之永久，與天地並存而不朽，「同乎大順」（〈養生論〉）達到與天理相一致的境界。即如至人者，將自身歸於自然，與天地萬物共爲一體。

綜合以上的論述，嵇康的人性論，在氣化論的思路下，認爲人因稟氣深淺多寡不同，故生成個人不同的生命氣質，而因此尊重個體稟賦的殊異面向，追求個體充分自由的發展。並認爲人性皆由元氣而來，不管是「陽曜」或「陰凝」，雖性質相異但其地位是相當的存在，所以人之稟賦多寡，並不影響人性的高下。唯有在名教的判別下，才會有貴賤高低、賢愚好醜。而氣化論的材質之性會有如此的平等觀，乃因爲嵇康在「生之謂性」、「材質氣稟」的經驗法則下往上翻一層，援用老莊自然觀的思想，賦予人性與道一體的本然。

從以上的分析可歸納出兩個重點：

第一、阮籍與嵇康將音樂本源與性都推至到天地本體，這是兩者共同之處，但仍可明顯的分別出，阮籍雖將音樂上溯於自然之道，但對音樂的後續發展仍有道德倫理於其中，於是強調「一」的觀念，認爲先王制樂，須訂定音樂統一的規範（符於道德倫理的規範），如此才可安定萬物的性情，統一天下人民的心意，進而使萬物歸本自然而和諧一體。於是對於音樂美的論定依群體和諧的追求而有價值判斷於其中，音樂生於自然必合於自然，自然的本質強調和諧統一，故音樂的本質也以「和」爲其特徵，而音樂的和又與人之和相呼應，人之和者爲「男女不易其所，君臣不犯其位。四海同其歡，九州一其節。」（《阮籍集校注》／79）爲一社會倫理道德的實踐，如此一來，被認定爲「不和」的音樂如悲樂、哀樂、淫樂……等，即不在音樂的審美體驗之內。然而，嵇康對音樂本源的推溯，是爲了還原音聲客觀純然之美，消解主體情感意識的投影，讓音樂之美自然發顯，當音樂的美除去主觀價值的判斷，它也就沒有高低、邪淫之分。

同樣地，在「性」的認知上，阮籍一再強調「天地之體、萬物之性」的觀念，重視群體的理想和諧，於是在看待人類的本性時，超越了人的本性以萬物之性爲性，以求自然一體、萬物一體的境界。如此一來，將阮籍的人性論與樂論作連結時，基於共同對群體的考量，音樂的審美亦以群體出發，而忽視個體的審美體驗。

嵇康對「性」的認知，有別於阮籍對整體的強調，從「元氣陶鑠」的

自然觀出發，正視人獨特稟賦的殊異面向，尊重個體自由發展，而另一方面，援用老莊自然觀的思想，賦予人性與道一體的本然，在「生之謂性」、「材質氣稟」的經驗法則下有生命往上提升的可能。如此一來，將嵇康的人性論與樂論作連結時，基於個體的稟賦殊異以及對個體自由發展的尊重，嵇康肯定人在進行音樂審美時，必有「各師所解」、「以自發顯」的藝術情感作用，每個欣賞主體依據個別的經驗、才能、個體特徵……，而引發不同的音樂審美體驗。但這樣的審美體驗並非嵇康殊趣勝義所在，「各師所解」、「以自發顯」只是就現實狀況下而明說，其所真正追求者，在於擺落感官私情的紛擾與心智的思慮，同道一體的本然之性與音樂本體的自然之和相呼應。

第二、阮籍與嵇康皆將音樂的產生推源到天地之體、自然之道，有別於《樂記》的「心物交感」，而將音樂的本源與「道」同一。阮籍與嵇康對性的看法，亦同樣推溯於天地自然。因此音樂本源與性與道同一，於是音樂與性含有共同的本質──「道」。於此，即可說明，當阮籍、嵇康所追求的形而上的音樂審美體驗，在音樂本源與性與道同一的情況下，主體對自然之道的體悟與心之無主的境界，其根據就在於人的自然本質──「性」，因為「性」從道體而出，所以若一直往前追溯人的本性，即是道、是無，「性」與天道是相聯繫的，所以當鑑賞者聆聽音樂時，隨著音樂，通達萬物之性，隨順自然之命，感官具備而無所用心，回歸到天地自然的律動，回歸到無為、樸素。所以音樂審美的體驗在於自然之道的體悟與心的無主（無待），如何「可知」，其根據就在於「性」對「道」的回應。可見阮籍、嵇康自然之道與心之無主（無待）的音樂審美體驗，乃是人性對於天地自然之道的復歸。因此，在下一段落，將進而討論阮籍、嵇康如何藉由音樂審美體驗以完成人性對於天地自然之道的復歸。

（二）音樂審美體驗下「音樂」與「心」、「性」的關係

前文提及阮籍、嵇康自然之道與心之無主（無待）的音樂審美體驗，乃是人性對於天地自然之道的復歸。那阮籍、嵇康如何藉由音樂審美體驗以完成人性對於天地自然之道的復歸？首先必須先理解「音樂」、「心」、「性」之間的關係。音樂與性同通於道，然而，「性」隨著社會、政治、環境的流轉而遮蔽，如何能回歸其自然本質，這時「心」扮演了重要的角色。因為「心」為人所有感官、思惟的總根源，具有感知作用與情感作用，心若被攪亂了，

性跟著受影響，而難以保持其自然狀態〔註34〕，一旦心亂了即失了本性。音樂能引發人感官上的愉悅，而人感官的根源在於心的作用，因此，若要達到阮籍、嵇康所謂的形上境界對人性復歸的音樂審美體驗，那聆聽音樂時的「心」，具有重要的地位。因此，下文即對魏晉樂論中的「音樂」、「心」、「性」的關係作一了解。

從阮籍「自然之道」的音樂觀可知，阮籍對於音樂的思考，必先推極於天地之體、萬物之性，故對音樂的追求，即以自然本性為依歸，所謂自然，就是自然而然，自己如此，使萬物歸本自然而和諧一體。所以就阮籍「自然之道」的音樂觀，以及上節所述的以自然為體、超越人性的萬物之性，則可對於「夫樂者，天地之體，萬物之性也。……」的論述作進一步的分析，所謂的「合其體」，即是合自然之體；所謂的「得其性」，即是得自然之性。當阮籍的自然觀落實於音樂時，其思想是一貫的，本著超越人性以萬物之性為性的觀念，追求音樂的發生，必須順其萬物的體性自然而然的存在，可以說音樂的存在是就其自然的存在，所以「得其性」的音樂就是符合自然之道的音樂，是正樂。相對的不合於自然之道、萬物之性而恣意妄作的樂為奇音、淫聲，在阮籍的思想裡，這樣的音樂應加以排除。

前文有提，阮籍在自然觀底下，追求「自然一體」、「萬物一體」的理想，所以對於人性與音樂的思考，亦以整體的和諧為基準，故強調「一」的觀念，「一」即為整體，現象界的一切須重視「一」完整，如此才是一個圓融的整體。

〈通易論〉中有言：「《易》順天地、序萬物，方圓有正體，四時有常位，事業有所麗，鳥獸有所萃，故萬物莫不一也。」（《阮籍集校注》／130）阮籍認為自然生成天地萬物，而這個天地萬物具有一定的結構和秩序，每一事物都有自己獨有的形態，並且都在自然界的時空序列中佔據著自己的位置。所以方圓有純正的形體、四季有自己恆常的位置、事物有所發展、鳥獸也有其

〔註34〕 即如《莊子・天地》有云：「且夫失性有五：一曰五色亂目，使目不明；二曰五聲亂耳，使耳不聰；三曰五臭薰鼻，困惾中顙；四曰五味濁口，使口厲爽；五曰趣舍滑心，使性飛揚。此五者，皆生之害也。」（頁453）心與耳目口鼻都是屬於人感性欲望的根源，但心與感官的地位又不同，目只被色所亂，耳只被聲所亂，鼻被五臭所亂，口被五味所亂，然而心則對應於所有欲求，「趣舍滑心」，心作為感官、思惟的總根源，所以耳目口鼻對於色聲臭味的取捨皆以心為主。而心與性的關係密切，性之保存與喪失，在於心之狀態。

聚集生長的地方，但事事萬物雖有其獨有發展的形態，但「莫不一」也，沒有不合著自然的規律統一和諧地進行著。這種自然萬物的統一性，阮籍推及於人的生命與社會的發展，強調事物之間有不可分離、相互依存、互補互濟的統一觀念，所以人的生命欲求和諧發展，就必須懂得「自然一體」、「萬物一體」的統一觀。

阮籍基於自然觀的思想，追求「自然一體」、「萬物一體」的統一觀，所以在將音樂與性同推溯於自然本源時，即抵定了音樂與性的本質，此本質是天地陰陽、萬物群生的本然狀態的和諧。因而，聖人制樂時必須依據自然之道的原則以制樂，必須超越人性以萬物之性爲性作爲制作音樂的準則，所以制作出的雅樂、正樂，並不是爲了一般人性的感官娛悅享受，而是爲了符於以萬物爲性之純正本性的自然和諧，因此，雅樂、正樂的特徵是「易簡」、「不煩」、「平淡」、「無聲」、無味，因爲「不煩」所以「陰陽自通」；因爲「無味」所以「百物自樂」，如此才能達到「自然一體」、「萬物一體」的理想。

在阮籍的「順天地之體，成萬物之性」的制樂原則之下，審樂者也必須相應於這樣的原則，才能與音樂結合進而與天地融合。所以阮籍所肯定的音樂審美，主張鑑賞者必須是「達道之化」者，也就是達於自然之道，超越人性以萬物之性爲性的超然者，故〈樂論〉提到孔子在齊聞《韶》樂時，如此言：

> 故孔子在齊聞韶，三月不知肉好。言至樂使人無欲，心平氣定，不以肉爲滋味也。以此觀之，知聖人之樂和而已矣。（《阮籍集校注》／95）

一個「達道之化」者（聖人），在進行音樂鑑賞時，其所體悟到的音樂的感染力和美，是一種「無欲」、「心平氣定」的體驗，音樂能把人引入這種平淡無味，除去各種物欲私利，忘卻感官享受，就是因爲「達道之化」者（聖人）懂得將自身與音樂的自然之和相結合而已「知聖人之樂和而已矣」，而自身如何能與音樂的自然之和相結合，當然就基於自身的自然本性與音樂的自然本體同出於天地自然之道，因此在進行音樂審美時，對音樂美的體驗是「得其性」，是得其自然本性的體驗，就能體悟音樂的自然之和。那音樂的審美體驗在「得其性」的過程當中，如何去理解到，此時的體驗即是「得其性」的體驗，那就必須透過「心」的檢驗。

首先鑑賞者必須以自然之道爲音樂的準則，唯有符於自然之道的音樂，

才可進一步作鑑賞聆聽的動作，歸本於自然之道的音樂，由於它出於自性之本然，有常而不妄，不容造作或僞飾，依循中和的規律，有節而不亂，所以平淡無味，故能使人「心澄氣清」、「心平氣定」。同樣的，自然之道的音樂具有使人「心澄氣清」、「心平氣定」的功能，而鑑賞賞者必須以「心澄氣清」、「心平氣定」予以相應，才能讓「樂平其心」的功能顯現。若作違反了自然之道的準則，而接收「煩奏淫聲」的音樂，重於感官享樂者，如桑間濮上之曲，以及夏桀、商紂酒池肉林，日夜笙歌，音樂的縱度亦造成人心的縱度，於是「棄父子之親，弛君臣之制，匱室家之禮，廢耕農之業，忘終身之樂，崇淫縱之俗。」（《阮籍集校注》／82）社會亂象叢生；以音樂悲哀悽愴情感爲美的鑑賞者，如桓帝所欣賞的楚琴、順帝仿傚鳥鳴的悲曲、以及季流子的琴聲，音樂唯哀，人心亦唯哀，而導致「流涕感動，噓唏傷氣，寒暑不適，庶物不遂。」（《阮籍集校注》／99）這些不符於自然之道的音樂，都是「汨湮心耳，乃忘平和。」（《阮籍集校注》／95）所以鑑賞者唯有排除掉「離其體，失其性」（《阮籍集校注》／78）的音樂而與正樂（雅樂）接通，透過正樂「易簡」、「平淡」、「質靜」、「不煩」的本質，才能讓音樂「入于心，淪于氣，心氣合洽」（《阮籍集校注》／85），如此才能「心通天地之氣」（《阮籍集校注》／92），心能通天地之氣，即代表了人自然本性的體現，與樂與天地精神同往來，以達「自然一體」、「萬物一體」的理想。

　　以上爲阮籍〈樂論〉在音樂審美時，音樂與性與心的關係討論。以下則針對嵇康〈聲無哀樂論〉的聲、心、性的關係進行研討。

　　〈聲無哀樂論〉有言：「哀樂自當以情感而後發，則無係於聲音。」（《嵇康集校注》／201）又言「然則心之與聲，明爲二物。」在聲情、聲心分判鮮明的情況下，而提出聲無哀樂的主張。但〈聲無哀樂論〉並不因此而否定音樂能引發人的情感，故有「兼御群理，總發眾情」（《嵇康集校注》／217）、「自師所解」（《嵇康集校注》／216）、「夫會賓盈堂，酒酣奏琴，或忻然而歡，或慘爾而泣」（《嵇康集校注》／217）、「至和之聲，無所不感」（《嵇康集校注》／217）……等語，這些說法存在著微妙的聲情關係，因此而引發許多的爭議，在此舉例兩對立的說法。李澤厚、劉紀綱主編的《中國美學史》如此云：

　　　　要使藝術超出有限而達到無限，使「至和之聲無所不感」，產生「兼御群理，總發眾情」的作用。……他所說的聲無哀樂，並非說音

樂與情感不相關，而正好是要使音樂能喚起人們最廣泛的情感並使
各各不同的欣賞主體的情感要求都能從音樂的欣賞中得到滿足，
這一切又正是魏晉玄學的以「無」爲本的思想在美學上的系統應
用。〔註35〕

嵇康看到了音樂對情感的表現的不確定性，恰好是它的無限性。即
它能夠「兼御群理，總發眾情」的巨大優越性的表現。……正因爲
藝術包含著廣闊無限的境界，它就能給各各不同的欣賞主體留下嵇
康所說「應感而發」的廣闊的能動性和自由天地，「人情不同，各師
所解，則發其所懷」……。〔註36〕

《中國美學史》對嵇康聲情關係的理解，認爲嵇康並非說音樂與情感並不相
關，甚而要喚起人類廣泛的情感，使欣賞主體能於音樂欣賞中得到滿足，並
認爲是魏晉玄學以「無」爲本的應用。《中國美學史》認爲嵇康的聲情之間，
並無絕對的斷裂關係，且認爲音樂對情感表現的不確定性，正是音樂達到無
限性的優越表現。而依此肯定嵇康在音樂藝術上、思想上的成就。但這樣的
說法，蔡仲德在《中國音樂美學史》則加以反駁：

此論（指《中國美學史》第一則引文）既是對「至和之聲無所不
感」，「兼御群理，總發眾情」的誤解，更是對《聲無哀樂論》主
旨的莫大誤解──它實際上是把「聲無哀樂」論當成了聲有哀樂
論。〔註37〕

蔡仲德認爲嵇康在通過聲、情關係的反復辨難之後，意在得出聲、情「不相
經緯」，哀樂不由聲，音樂不能使人哀樂的結論，故認爲《中國美學史》的觀
點，誤解了〈聲無哀樂論〉的主旨。由於蔡仲德對〈聲無哀樂論〉僅持「聲
情異軌」的立場，甚至認爲嵇康的聲情異軌的說法，迴避了音樂是人精神創
造的事實，是〈聲無哀樂論〉在理論上的致命弱點。〔註38〕

〔註35〕 李澤厚、劉綱紀：《中國美學史·第二卷（上）》（台北：谷風出版社，1987
年），頁 261～265。

〔註36〕 同上註，頁 260～261。

〔註37〕 蔡仲德：《中國音樂美學史》（台北：藍燈文化事，1993 年），頁 568。

〔註38〕 同上註，頁 570：「『和聲無象』、『音聲無常』、『揆心者不借聽於聲音』、『聲之
與心，殊途異軌，不相經緯』的結論徹底否定了音樂的表現力與可知性，也
是錯誤的。音樂的音響與人的情感之間存在著某種對應的關係，這正是音樂
不同於自然之聲的地方，也正是作曲者能通過音樂表現一定的情感，把音樂

　　《中國美學史》從音樂對情感表現的不確定性，而肯定嵇康在音樂藝術上、思想上的成就，而《中國音樂美學史》則持相反論調，認為嵇康徹底否定了音樂的表現力與可知性，截斷人的情感與音樂之間的關係，而認為是〈聲無哀樂論〉在理論上的致命弱點。但此兩種立場，並沒有為〈聲無哀樂論〉中聲情關係做解套，並且若將此兩種立場，接到〈聲無哀樂論〉中移風易俗的觀點，兩者皆會有牴觸的現象。依《中國美學史》的觀點，若個體精神的自由乃是藉由音樂引發情感而來，那表示情感越發多元，個體精神就更加自由，喜怒哀樂越發無窮，就越能使人超出有限而達到無限。如此的觀點，與嵇康所追求的「崇簡易之教，御無為之治」（《嵇康集校注》／221）、「和心足于內，和氣見于外」（《嵇康集校注》／222）追求一種平淡無欲、心氣和諧的理想之治不符。再論《中國音樂美學史》的觀點，嵇康認為音樂仍可以影響人心，故曰：「樂之為體，以心為主。」（《嵇康集校注》／223）若聲情、聲心之間是一種截斷的關係，也就無法達到「託于和聲，配而長之，誠動於言，心感於和，風俗一成，因而名之。」（《嵇康集校注》／225）移風易俗的效果。那如何理解〈聲無哀樂論〉中聲情、聲心的關係？這可從嵇康所言的：「躁靜者，聲之功也；哀樂者，情之主也。」（《嵇康集校注》／217）一語作理解。而對於此語的理解又必求於〈聲無哀樂論〉中「氣聲相應」〔註39〕的說法，故林朝成於〈嵇康〈聲無哀樂論〉初探〉一文中即言：「主人所提的說法『躁靜者，聲之功也；哀樂者，情之主也。』在這裏頗為晦澀難明。我們只有在第七答中『氣聲相應』的說法才找得到理解之鑰。『氣聲相應』意指『聲』回歸其本質的『和』時，可以與人本身的『和』相應。」又云：「要分辨『躁靜』與『哀樂』的不同，因前者仍屬『氣』，（猛靜各有一和），後者則屬『情』，『氣』『情』乃不同範疇概念，而不是普遍與特殊的關係。」〔註40〕可見〈聲無哀樂論〉中「聲」、「情」的分判與「心」、「氣」有著關聯性。故在此對於〈聲無哀樂論〉中「聲」、「情」、「心」、「氣」的關係，可作如下的表述：

　　　　說成是直接產生於天地自然，回避了音樂是人的精神創造這一事實，這就將音樂與自然之聲混同，將藝術美與自然美混淆了。這是《聲無哀樂論》在理論上的致命弱點。」
〔註39〕此語借用於林朝成〈嵇康〈聲無哀樂論〉初探〉，《文學與美學》第三集（淡江大學中國文學研究所主編，文史哲出版社，1992年10月），頁203。
〔註40〕同上註，頁203。

當「聲」透過「心」與人相接應時，人會呈現兩種狀況：

其一，經過心的作用，人的智識便開始活動，所有因智識而累積的經驗、閱歷、判別……等，因「和聲」的觸動，於是產生喜、怒、哀、樂、愛、憎、慚、懼的情感，如季札觀詩辨別風雅、孔子聽韶三月不知肉味，兩者皆是因爲對《詩經》、《韶樂》先有主觀的判斷，才有「決臧否」、「是以咨嗟」的行爲〔註41〕。故曰：「至夫哀樂自以事會，先遘於心，但因和聲，以自顯發。」（《嵇康集校注》／204）個人因不同的「前識」累積，當與和聲相接觸後，經由心的作用，於是產生各種不同的情感，也就是所謂的「人心不同，各師所解」。這種「各師所解」的情況，也就是〈養生論〉所言的「前識立則心開而物遂」，是一種「求於外」的行爲，一旦心有所動，智識隨之開啓，那欲望也就不斷增長，故曰：「妙音感人，猶美色惑志，耽槃荒酒，易以喪業。」（《嵇康集校注》／201）若一直追求音樂的美妙，逐而不返，則會帶來不好的結果。但嵇康並不因此而否定音樂在心上的作用，故特別聲明聲情之間的關係，來強調欣賞之個體往往會因背後潛藏的複雜因素而產生不同的情感反應，以此顯現尊重個體對音樂欣賞的自由，但不能太過，須如「智用」一般，「收之以恬」，故曰：「使哀不至傷，樂不至淫」（《嵇康集校注》／198）。由於音樂在心的作用下，有逐而不返的危險性，所以嵇康不在此論審美的理境，因此《中國美學史》從心的作用，情感的表現，肯定了嵇康音樂藝術的成就，其實並非其殊趣勝義所在。而嵇康所謂的審美理境，應在心未經作用下，順任音樂平和之體，達到「和心足於內」的境界。也就是接下來所要討論的當聲透過心與人相接應時的第二狀況。

「聲」未經過「心」的作用，乃是因爲心處於虛無的狀態，不以「前識」與「聲」作對應交流，因此不會有「先遘於心」的情況，也就不會有喜怒哀樂的產生。既然心不起作用，那人與聲相接觸時，是一種怎樣的反應？嵇康認爲是一種「躁靜」的呈現。故曰：

〔註41〕 〈聲無哀樂論〉：「季子在魯，採詩觀禮，以別風雅。豈徒任聲以決臧否哉？又仲尼聞韶，歎其一致，是以咨嗟，何必因聲以知虞舜之德，然後歎美耶？」

　　然皆以單、複、高、埤、善、惡爲體，而人情以躁、靜、專、散爲
應。……此爲聲音之體，盡於舒疾；情之應聲，亦止於躁靜耳。夫
曲用每殊，而情之處變，猶滋味異美，而口輒識之也。五味萬殊，
而大同於美；曲變雖眾，亦大同於和。美有甘，和有樂；然隨曲之
情，盡於和域；應美之口，絕於甘境。安得哀樂於其間哉？然人情
不同，各師所解，則發其所懷。若言哀樂正等，則無所先發，故終
得躁靜。若有所發，則是有主於內，不爲平和也。以此言之，躁靜
者，聲之功也；哀樂者，情之主也；不可見聲有躁靜之應，因謂哀
樂皆由聲音也。且聲音雖有猛靜，猛靜各有一和，和之所感，莫不
自發。(《嵇康集校注》／216～217)

嵇康指出聲之體在於「舒疾」(單、複、高、埤、善、惡)，故當人的內心「哀
樂正等」沒有哀樂上的分別，那就「無所先發」沒有什麼情感會被引發出來，
所得的終歸只有「躁靜」而已。爲何聲未經過心的媒介，卻依舊能引起人的
反應？原因在於「人」與「聲」有著共同的本源，故有著相接通感應的可能，
此本源的指出前文已揭，即〈太師箴〉、〈明膽論〉、〈聲無哀樂論〉中敘述萬
物如何生成之語。

　　嵇康認爲宇宙的形成乃陶化於「元氣」，人之生成，物物之存在皆由「氣」
而來，故「氣」可說是通貫人與萬物存在的一個聯繫。所以當嵇康言「人」
與「聲」皆化生於「氣」時，即是開通了「人」、「聲」的交流。所以當「聲」
未經心的作用與人相接觸時，人則以自然之「氣」相呼應，所以「躁靜」乃
因爲人與聲相接觸時，受聲的氣動影響，而產生「氣聲相應」的情況。而在
「氣聲相應」的情況下，便能達到「和心足于內，和氣見於外」(《嵇康集校
注》／222)、「使心與理相順，氣與聲相應，合乎會通，以濟其美。」(《嵇康
集校注》／222)超脫「哀樂俗情」以入「和域」的至和之理境。

　　首先要釐清的問題是，聲之於人的氣應躁靜，爲何能達至和之理境？原
因在於嵇康將人與聲的本源都追溯於自然之道。前文有言，嵇康援用老莊自
然觀的思想，認爲「性」從自然之道而來，故人的眞實本性與自然之道相闇
合，而有無爲、寧靜、簡易、平和的特質，「聲」亦從自然之道而來，故也應
含有此些特質，此些特質中又以「和」最爲重要。因爲萬物由道賦予成形時，
是藉由元氣的陶鑠而來，氣是遍在天地萬物間的存在，故「氣」以縱貫的方
式，相通萬物與道之間的聯結，萬物順氣而體現道的自然性質；「氣」以橫貫

的方式，落實物物之間的彼此連接，使物物之間能合群生息、相戚與共。而物物之間的相處，以趨向氣之運動變化的根本「和」爲最佳狀態。老子言：「道生一，一生二，二生三，三生萬物。萬物負陰而抱陽，沖氣以爲和。」（四十二章）〔註42〕陰陽之氣不停地運動使萬物協和生長，萬物的生滅變化因協和而有一定的規律，天地萬物的運行因此不失序、不雜亂，故「和」乃自然之氣的根本趨向。既然自然之氣以「和」爲根本趨向，必定將此特質下化於物物之中，就人而言，「性氣自和」、「性足於和」（〈答難養生論〉《嵇康集校注》／175）即是自然之和的呈現；就聲而言，「至和之聲」、「聲音以平和爲體」、「音聲有自然之和」，亦有符於自然之和的特質。所以當人、聲相接觸時，卸下感官、經驗的包裝，僅以最初的本來面目相應對，此時溝通兩者的不會是心知的思慮，而是橫貫於人、聲的聯結又能縱貫於道的「氣」，於是人、聲相遇相融，「使心與理相順，氣與聲相應。」（《嵇康集校注》／222）心順於天理而不起作用，人、心、聲、氣相符相應，進而會通於「和域」。

　　心的不起作用，即是「循性而動」〔註43〕依循眞實本性貼近和聲與本性相接相通之處，以一種氣應的方式與和聲規律地運動著。也就是「不求於外」〔註44〕，不求社會經驗的價值判斷、或感官聲色的欲望追求。此時的心以「氣

〔註42〕王弼：《老子》（台北：金楓出版，1986年），頁148。

〔註43〕嵇康於〈與山巨源絕交書〉一文中有言：「故君子百行，殊塗而同致。循性而動，各附所安。故有『處朝廷而不出，入山林而不反』之論。」嵇康認爲君子的行爲各有不同，但終歸到同一目標，都是順其本性，以求得可安之處。所以投身政治和選擇隱逸在價值的天平上具有同等的重量，並沒有高低貴賤的差別，只是人順其本性，而作適當的選擇。在此可將君子的「百行」與「殊途」看作是因氣質稟賦的不同，而有各有不同的行爲與抉擇，但不同的行爲與抉擇到最後都會通向同一目標，此一目標即是對生命安定的尋求、對本性的開展。「循性而動，各附所安」我們可以做這樣的解讀，「循性而動」即是指人所有的行爲皆依循著眞實本性而動，而依循眞實本性即是依循著自然之道，故可言「循性」即是「任自然」，順任自然，則可尋得生命安定之處，生命之安定無非與天理相一致與萬物爲一體。

〔註44〕嵇康將「循性而動」此等較爲抽象的思惟，化爲以「不求於外」爲法則的具體舉止動作，如〈答難養生論〉所言：「使動足資生，不濫於物，知正其身，不營於外。背其所凶，守其所吉。」不濫、不鑽營於外物，則能使自己的行動足以資助生命，讓自己的生命背離災禍而守其吉。又曰：「則足者不須外，不足者無外之不須也。無不須，故無往而不乏；無所須，故無適而不足。不以榮華肆志，不以隱約趨俗。混乎與萬物並行，不可寵辱，此眞有富貴也。」（〈答難養生論〉）嵇康認爲，一個知足的人，不依靠身外之物，然而一個不知足的人，對外物則追求不已。再如以下引文：「任心無窮，不議於善而後正也。顯

靜神虛」（〈釋私論〉《嵇康集校注》／234）之姿，在渾然虛空以「性」，以「氣」為之聽的情況下，「終得躁靜」而無哀樂之情，故曰：「躁靜者，聲之功也；哀樂者，情之主也。」（《嵇康集校注》／217）聲音最大的功能在躁靜而不在情感，唯有隨著躁靜之功，才能使「聲」、「性」、「心」相貼相行，也就是《莊子》所言的：「無聽之以耳而聽之以心，無聽之以心而聽之以氣」（《莊子·人世間》／147）〔註45〕以一種虛靜的態度來對待外界的事物，故無耳之感官、無心之智用，集虛待聲，讓人與聲以本來面目朗朗相見。因此也就體現了與萬物同體、與天地精神合而為一的境界。

　　前文釐清的問題是，聲之於人的氣應躁靜，為何能達至和之理境，在此必須進一步說明的是，這樣的觀點其實與嵇康的養生論有著密切的關係。

　　嵇康〈琴賦〉序中提到，琴樂「可以導養神氣，宣和情志」（《嵇康集校注》／83）可見嵇康認為人的心志、身軀可經由音樂的導養。而〈聲無哀樂論〉中亦言音樂可以「導其神氣，養而就之。迎其情性，致而明之。」（《嵇康集校注》／222）音樂有「導神養氣迎情明性」之功，所以在嵇康的觀念裡，音樂與養生之間確實有著很大的關聯。林朝成在〈嵇康〈聲無哀樂論〉初探〉中即認為，嵇康〈養生論〉中養神的三個命題：

（一）愛憎不棲於情，憂喜不留於意。泊然無感而體氣和平。（〈養生論〉《嵇康集校注》／146）

情無措，不論於是而後為也。是故傲然忘賢，而賢與度會；忽然任心，而心與善遇；儻然無措，而事與是俱也。」（〈釋私論〉）「言不計乎得失而遇善，行不準乎是非而遇吉。」（〈釋私論〉）「五者於胸中，則信順日濟，玄德日全。不祈喜而有福，不求壽而自延。此養生大理之都所也。」（〈答難養生論〉）所謂的「不議」、「不論」、「不計」、「不準」、「不祈」可以看作是「不求」的同意詞。而人在不求的法則下，賢、善、是、吉、福、壽、樂、喜皆能一一呈顯出來，因為這些正面的意義，本來就存在於天理之中，有別於人為的智巧造作，故言：「然無措之所以有是，以志無所尚，心無所欲，達乎大道之情，動以自然，則無道以至非也。」（〈釋私論〉）無措之所以能與善遇、與是俱，是因為心沒有主觀的欲求。心沒有主觀的欲求，表示不求於外，只是依循著自己的本性而行動，因此，嵇康認為「不求於外」乃是人「循性而動」的法則。嵇康的認知裡，所有一切正面的意義皆涵存於天理之中，人只要順任自然，消解主觀欲求，就能使一切的意義呈顯，讓生命的安定有一種實質的感受。

〔註45〕近代學者，多將嵇康的樂論與《莊子·人世間》的「若一志，無聽之以耳而聽之以心，無聽之以心而聽之以氣！聽止於耳，心止於符。氣也者，虛而待物者也。唯道集虛。虛者，心齋也。」相比較，可參考戴璉璋《玄智、玄理與文化發展》（中國文哲專刊，2002年），頁143。故在此不再贅言。

（二）清虛靜泰，少私寡欲。……外物以累心不存，神氣以醇白獨
著。……又守之以一，養之以和。和理日濟，同乎大順。（〈養
生論〉《嵇康集校注》／156）

（三）性氣自和則無所困於防閑；情志自平則無鬱而不通。（〈答難
養生論〉《嵇康集校注》／176）

正是〈聲無哀樂論〉中「聲無哀樂」、「平和之心」的理論建構。至於〈養生
論〉的養形說，在導引服食方面，嵇康主張「然後蒸以靈芝，潤以醴泉，晞
以朝陽，綏以五絃。」（〈養生論〉《嵇康集校注》／157）的輔導之法。此四
者所以同列在一起，皆因屬「氣」的範疇。而「凡所食之氣，蒸性染身，莫
不相應。」（《嵇康集校注》／150）養形亦即養氣，氣通形神。而音樂的「氣
聲相應」說亦通形神之養也。〔註46〕

從嵇康的〈養生論〉中可知，無論是養形或養神，皆以養氣爲主，養氣
無疑是嵇康養生論中最重要的基礎，原因在於養生的目的無非是爲了讓形神
與天地相通，而使得身軀與精神能與天地共存，而「氣」作爲萬物生成之元
素，不但通於天地，必也通於形神，所以養氣成爲養生的關鍵所在。氣通形
神，「養氣」通於養形與養神，養形重在「呼吸吐納，服食養身」、「所食之氣，
蒸性染身」（《嵇康集校注》／150），養神則重前三條引文所言。雖然嵇康言
「形神相親，表裏俱濟」、「形恃神以立，神須形以存」（《嵇康集校注》／146）
然而從「悟生理之易失，知一過之害生。修性以保神，安心以全身。」（《嵇
康集校注》／146）來看，養神無非是養形的基礎，而養神從前三條引文來看，
其工夫主要是在養心。而養心的重點又不僅是欲望上的撥除而已，嵇康所謂
的「愛憎不棲於情，憂喜不留於意」（《嵇康集校注》／146）、「外物以累心不
存」（《嵇康集校注》／156）並不是說「心」完全不接收外物，隔絕外物愛憎
憂喜的沾染，而是主動切斷由外物愛憎憂喜而來的情感糾纏，讓「心」接於
外物時，不受外物所牽纏擾動，使「心」泊然無感只是「使其自己」而已，
這樣的「心」才能應其「氣」，而「體氣和平」、「神氣以醇白獨著」。養生論
中「心」接「物」不起作用而體氣和平，與〈聲無哀樂論〉中「心」接「聲」
不起作用而氣應躁靜，兩者觀念相同。由於兩者的觀念相同，所以嵇康才認
爲音樂有「導養神氣，宣和情志」、「導神養氣迎情明性」的功能，也就是說

―――――――――――――

〔註46〕林朝成：〈嵇康〈聲無哀樂論〉初探〉，《文學與美學》第三集（淡江大學中國
　　　　文學研究所主編，文史哲出版社，1992年10月），頁205～206。

音樂的「氣聲相應」能通於形神之養。

　　從前文的分析可作如此的歸納，嵇康認爲，當「聲」經過心的作用之後，聞樂的過程，「心」即成爲音樂審美的主導，當心有所感悟，人則以哀樂之情以相應。讓人由樂感、心感而達到「發洩導情」（〈聲無哀樂論〉）的作用。而音樂也因人心不同，而產生不同的解讀，此些解讀或許呈現了音樂審美的多元美感，但欣賞主體若只停留在「心」的作用層次，乃是一種「求於外」的行爲，恐有逐而不返之慮，且無法眞正體會音樂自然之和的理境。唯有「聲」未經過心的作用，讓心呈現虛空的狀態以待聲，人則以一種氣應的方式與和聲規律地運動著，因此「氣」成爲音樂審美的主導而非「心」，所以人的反應僅止於躁靜而已，不會有哀樂之情的發生。「心」不起作用，即是「不求於外」、「任自然」、「循性而動」的行爲，讓「聲」、「性」、「心」融爲一體，循著自然之道，達於「和域」之境。

三、阮籍、嵇康的音樂行爲與理論實踐的牴觸與呼應

　　在此有一點必須進一步探究的是，阮籍、嵇康皆是善彈琴之人〔註47〕，而且兩人亦將「琴」視作生活中不可或缺之物，甚至是心靈上最大的慰藉。因此古琴的身影常出現於阮籍、嵇康的詩文中。如阮籍在〈達莊論〉中與縉紳好事之徒相對立的「先生」，即是以「平晝閒居，隱几而彈琴」的形象出現，而於〈詠懷詩〉中「琴」則成爲排憂解愁的必備之器如「夜中不能寐，起坐彈鳴琴」（《阮籍集校注》／210），「青雲蔽前庭，素琴悽我情」（《阮籍集校注》／340）；在嵇康的詩文中，亦頻頻提及「琴」此一樂器，如「習習谷風，吹我素琴。」「彈琴詠詩，聊以忘憂」（〈兄秀才公穆入軍贈詩〉《嵇康集校注》／13、18）「素琴揮雅操，清聲隨風起。」（〈酒會詩〉《嵇康集校注》／72～73）「琴」在嵇康的生命中不斷地出現，或送別、或忘憂、或與友相會……，「琴」甚至與嵇康最注重的養生結合在一起「然後蒸以靈芝，潤以醴泉，晞以朝陽，綏以五絃。」（〈養生論〉《嵇康集校注》／157）彷彿琴之存在即代表嵇康生命之存在，他一生的志向都寄托在琴曲之中，故曰：「濁酒一

〔註47〕《晉書・卷四十九・列傳第十九・阮籍傳》：「嗜酒能嘯，善彈琴。當其得意，忽忘形骸，時人多謂之癡。」（頁1359）《晉書・卷四十九・列傳第十九・嵇康傳》：「常修養性服食之事，彈琴詠詩，自足於懷。」（頁1369）向秀〈思舊賦〉亦云：「嵇博綜技藝，於絲竹特妙」（《晉書・卷四十九・列傳第十九・向秀傳》／1357）

杯，彈琴一曲，志願畢矣。」（〈與山巨源絕交書〉《嵇康集校注》／127）

然而兩者對其所彈琴曲之喜好，似乎與其音樂審美體驗的理論有相互牴觸之處。據言阮籍曾作《酒狂》，《神奇秘譜》中對這首樂曲的題解為：「是曲者，阮籍所作也。籍歎道之不行，與時不合，故忘世慮於形骸之外，托興於酣酒，以樂終身之志。其趣也若是，豈真嗜酒耶，有道存焉。妙在於其中，故不為俗子道，達者得之。」〔註48〕《太古遺音》的題記為：「本晉室竹林七賢阮籍輩所作也。蓋自典午之世，君暗后昏，骨肉相殘，而銅駝荊刺，胡馬雲集，一時士大夫若言行稍危，往往罹夫奇禍。是以阮氏諸賢，每盤桓于修竹之場，娛樂於曲蘗之境，鎮日酩酊，與世浮沉，庶不為人所忌，而得以保首領于濁世。則夫酒狂之作，豈真恣情於杯斝者耶？昔箕子佯狂，子儀奢欲，皆此意耳。」〔註49〕從此兩則引文可知，就琴曲《酒狂》的題材內容而言，醉酒是假借，懷憂才是真意。

阮籍素有狂放之名，《晉書》有載：「籍容貌瑰傑，志氣宏放，傲然獨得，任性不羈，而喜怒不形於色……嗜酒能嘯，善彈琴。當其得意，忽忘形骸，時人多謂之癡。」（《晉書・卷四十九・列傳第十九・阮籍傳》／1359）且多有狂放怪誕之舉「時率意獨駕，不由徑路，車跡所窮，則慟哭而返。」（《晉書・卷四十九・列傳第十九・阮籍傳》／1361）「晉文王功德盛大，坐席嚴敬，擬於王者。唯阮籍在坐，箕踞嘯歌，酣放自若。」（《世說新語・簡傲》／687）而《酒狂》之曲據《神奇秘譜》、《太古遺音》所言，此曲的真意在「歎道之不行」的情況下，為舒解心中的鬱悶情懷，而托興於酒，寄酒之佯狂於琴曲中，而暫且忘世慮於形骸之外。所以《酒狂》的審美情調，確實與阮籍那種志氣宏放，博覽群籍，傲然獨得、放任不羈，又兼具無奈避世的矛盾情感有所吻合。然而以放蕩不羈、酒醉情態為琴曲內涵的審美情調，與阮籍所追求自然無欲、心平氣定的音樂審美體驗以及追求通於自然之道的雅樂有所不同。

至於嵇康善撫的《廣陵散》，亦呈現一種「不平和」之聲。《廣陵散》的內容，學術界各家的說法雖然不盡一致，或「聶政刺韓王」說，或「聶政刺韓相」說，但都與戰國俠義之士聶政行刺復仇有關。因此此曲在內容

〔註48〕朱權編：《神奇秘譜》（中國藝術研究院音樂研究所，1983年）。
〔註49〕胡文煥編：《新刻文會堂琴譜六卷・楊掄輯《太古遺音》》（台南：莊嚴文化，1997年）。

的牽引之下，被認爲有「殺伐之聲」。明朝宋濂跋《太古遺音》稱其爲「其聲忿怒躁急，不足爲訓。」北宋《琴苑要錄·善琴篇》引《琴書·止息序》曰：

> 其怨恨悽感，即如幽冥鬼神之聲，邕邕容容，言語清泠。及其怫鬱慨慷，又隱隱轟轟，風雨亭亭，紛披燦爛，戈矛縱橫。粗略言之，不能盡其美也。

近人夏野在《中國古代音樂史簡編》談到該曲時分析說：

> 《廣陵散》的旋律顯得非常豐富多變，感情起伏也較大。正如北宋《琴苑要錄·止息序》所說，它在表達“怨恨悽感”的地方，曲調幽怨悲涼；在表達“怫鬱慨慷”的地方，又有雷霆風雨，“戈矛縱橫”的氣勢，例如《正聲》部分的《徇物第八》、《沖冠第九》、《長虹第十》，就集中顯示了這一特色。《徇物》段以清越徐緩的旋律，反復吟歎，並伴在離調手法，傳達出一種沉思而略帶激動的情緒，描寫聶政決心爲父報仇的內心活動，接下去的《沖冠》，由前段的 C宮調轉入同宮系統的羽調式，曲調保持在高音區，速度較快，情緒悲憤激越，預示出一場搏鬥即將來臨。自《長虹》而下，速度越來越快，並運用“撥刺鎖”的特殊技法，以強烈的節奏進行，造成戈矛殺伐的氣勢，突出表現了聶政的英勇鬥爭精神。〔註 50〕

就以上的引文可知，嵇康所善長演奏的《廣陵散》，其聲之變化多端，容易引起人心的波動，因此要達到嵇康所謂的心不起作用、循性而動的音樂審美體驗實屬不易。嵇康在〈聲無哀樂論〉亦明確的指出變妙之樂，一般人難以駕御，容易沉溺其中〔註 51〕。所以嵇康雖然認爲音樂無須擔負亡國治世之責，但對於音樂仍以「不窮其變」（〈聲無哀樂論〉）爲尚，較能使心不起作用，使聆聽者較易依循眞實本性貼近和聲。然則，《廣陵散》卻是最爲變化之琴曲，最不平和之聲，如此看來嵇康的音樂審美體驗與其琴藝的實踐有著相牴觸之處。

　　阮籍、嵇康在琴藝實踐上確實與其音樂審美體驗有著相互矛盾之處，而這樣的矛盾並不因此削弱阮籍、嵇康樂論上的美學意義，反而突顯阮籍、嵇康

〔註 50〕 夏野：《中國古代音樂史簡編》（上海：上海音樂出版社，1989 年），頁 54。
〔註 51〕 〈聲無哀樂論〉：「若夫鄭聲，是音聲之至妙，妙音感人，猶美色惑志，耽槃荒酒，易以喪業。自非至人，孰能禦之？」

在美學實踐上所展演的時代意義。追求自然人性復歸的音樂審美體驗，是一種理想式的體驗形式，然而在中國這歷史上最混亂、最痛苦的時代〔註52〕，魏晉時代政治的黑暗與生存環境的艱難，造成魏晉士人嚴重的精神痛苦和思想衝擊，再加上對傳統價值的懷疑，於是魏晉士人的生命，外則受環境威脅，內又無法認同傳統的道德規範，如此內外交相煎的情況下，引起種種的矛盾、焦慮、緊張、懷疑，一種茫然無所從的失落感籠罩著整個時代氛圍，而使得魏晉士人的理想與現實產生嚴重的衝突。理想與現實的衝突是整個魏晉的時代特徵，因此，阮籍、嵇康在此時代氛圍底下很難置身事外做一個全然的理論實踐者。所以他們面對現實時有許多的「胸中塊壘」〔註53〕、「剛腸嫉惡」〔註54〕，但又極力地勸說自己行老莊之道，玄虛保身；阮籍塑造一個大人先生逍遙浮世的理想形象，自身卻往往鬱悶糾結〔註55〕，有著「窮途而哭」〔註56〕的痛楚；嵇康認為「無為自得，體妙心玄」、「曠然無憂患，寂然無思慮」為養生之道，自身卻「輕肆直言，遇事便發。」（〈與山巨源絕交書〉《嵇康集校注》／123）理想與現實衝擊所造成的行為矛盾在阮籍、嵇康身上比比皆是，因此，表現在音樂審美的實踐上，呈現出理論與琴藝實踐有所矛盾之處，也就理所當然。而魏晉人最令人激賞之處，無非就在矛盾的現實中，所衝擊展現的生命精神，而在這種生命精神底下，所激發出的生命美感，因此，筆者以為，阮籍、嵇康在琴藝實踐與音樂審美體驗的相互矛盾，反而突顯阮籍、嵇康在美學實踐上的時代意義。

然而，阮籍、嵇康的音樂行為與其音樂審美體驗並非全然矛盾，兩者仍有相呼應之處，以顯阮籍、嵇康的音樂審美理論並非空談。

就阮籍而言，阮籍遇孫登一段，可作為阮籍追求「達道之化」、「自然一體」、「萬物一體」音樂審美體驗的印證。

〔註52〕 宗白華在〈論《世說新語》和晉人的美〉一文中曾云：「漢末魏晉六朝是中國政治上最混亂、社會上最苦痛的時代，然而卻是精神史上極自由、極解放、最富於智慧、最濃於熱情的一個時代。因此也就是最富有藝術精神的一個時代。」（《美學散步》，台北：世華）

〔註53〕 《世說新語‧任誕》：「阮籍胸中塊壘，故須酒澆之。」

〔註54〕 〈與山巨源絕交書〉：「剛腸嫉惡，輕肆直言，遇事便發。」

〔註55〕 阮籍的鬱悶糾結在其詠懷詩中常有表達，如：「夜中不能寐，起坐彈鳴琴。……徘徊將何見，憂思獨傷心。」「生命辰安在，憂戚涕沾襟。」

〔註56〕 《晉書‧卷四十九‧列傳第十九‧阮籍傳》：「時率意獨駕，不由徑路，車跡所窮，輒慟哭而反。」（頁1361）

籍嘗于蘇門山，遇孫登。與商略終古及棲神導氣之術，登皆不應。
籍因長嘯而退。至半嶺，聞有聲若鸞鳳之音，響乎巖谷，乃登之嘯
也。遂歸，著〈大人先生傳〉。（《晉書·卷四十九·列傳第十九·阮
籍傳》／1362）

阮步兵嘯，聞數百步。蘇門山中，忽有真人，樵伐者咸共傳說。阮
籍往觀，見其人擁膝岩側，籍登嶺就之，箕踞相對。籍商略終古，
上陳黃、農玄寂之道，下考三代盛德之美以問之，仡然不應。復敘
有為之教、棲神道氣之術以觀之，彼猶如前，凝矚不轉。籍因對之
長嘯。良久，乃笑曰：「可更作。」籍復嘯。意盡，退，還半嶺許，
聞上啾然有聲，如數部鼓吹，林谷傳響，顧看，乃向人嘯也。（《世
說新語·棲逸》／593）

由此兩則引文可知，阮籍能嘯，不僅能嘯，其嘯聲有一定的造詣，其音色響
亮，傳播之遠為他人所不及。阮籍能嘯，故常借嘯聲以舒暢胸中鬱悶之氣，
如詠懷詩中有語：「嘯歌傷懷，獨寐寤言」、「何用寫思，嘯歌長吟」。然而遇
孫登之嘯有別於胸中鬱悶之氣的宣洩，而是一種敞開心胸，有所感悟，自然
而發的嘯聲。阮籍遇孫登之嘯，是在阮籍請教孫登棲神導氣之術、黃、農玄
寂之道、三代盛德之美後，見孫登不語，而引發的舉動。可見嘯聲引發的動
力，是棲神導氣之術、黃、農玄寂之道、三代盛德之美思考的延續，隨著孫
登的不語頓然明瞭所有真理無非默然的體悟，於是，遂歸後才有〈大人先生
傳〉之著。因此，此時之嘯，是一種了然於心胸的嘯聲，於是孫登復以嘯聲
而應之。兩人於山中、巖谷中之嘯，其嘯聲響徹於天地自然，而使得兩人生
命與「自然一體」、「萬物一體」，通同於天地之和的境界。可見阮籍音樂行為
與其音樂審美理論之結合。

　　至於嵇康，向秀在〈思舊賦〉中有云：「嵇博綜技藝，於絲竹特妙。」可
見嵇康琴藝甚高，而嵇康亦把琴樂視為生命中不可或缺的要素，故在其詩歌
中琴樂形象頻繁出現，如：

豈若翔區外，餐瓊漱朝霞？遺物棄鄙累，逍遙由太和。結友集靈岳，
彈琴登清歌。有能從我者，古人何足多！（〈答二郭之二〉《嵇康集
校注》／63～64）

琴詩可樂，遠遊可珍。含道獨往，棄智遺身。（〈兄秀才公穆入軍贈
詩〉《嵇康集校注》／19）

遺物棄鄙累，逍遙遊太和。結友集靈岳，彈琴登清歌。(〈答二郭之
二〉《嵇康集校注》／63）

目送歸鴻，手揮五弦。俯仰自得，遊心太玄。(〈兄秀才公穆入軍贈
詩〉《嵇康集校注》／16）

操縵清商，遊心大象。(〈酒會詩〉《嵇康集校注》／74）

從此些詩句可知，嵇康透過琴樂，拋棄智慮遺忘自身，遺棄外物和世俗的牽
累，直達宇宙本體的浩浩元氣，逍遙太和、游心大象，使整個身心去體會與
道合冥的最高境界。這種超越具象，展現精神之和的音樂境界，也就是前文
所提心不起作用、泯滅物我界線返歸自然本性的音樂審美體驗。

琴樂在嵇康的生命中扮演著重要的角色，因此，重養生之嵇康亦將琴樂
列入養生之列。〈養生論〉認爲養生的方法：「蒸以靈芝，潤以醴泉，晞以朝
陽，綏以五絃，無爲自得。」(《嵇康集校注》／157）把音樂與服食並列。再
如〈琴賦〉的序中亦提到琴樂「可以導養神氣，宣和情志」(《嵇康集校注》
／83）可見嵇康認爲人的心志、身軀可經由音樂的導養，而超出種種情感的
束縛，而達精神上的無限與自由。

由上述可知，嵇康音樂審美體驗的理論在實際的琴藝上確實有所實踐，
而這樣的實踐在嵇康臨刑之時，達到最高的表現：

嵇中散臨刑東市，神氣不變。索琴彈之，奏廣陵散。曲終，曰：「袁
孝尼嘗請學此散，吾靳固不與，廣陵散于今絕矣！」(《世說新語·
雅量》／314）

康將刑東市，太學生三千人請以爲師，弗許。康顧視日影，索琴彈
之，曰：「昔袁孝尼嘗從吾學《廣陵散》，吾每靳固之，《廣陵散》於
今絕矣！」(《晉書·卷四十九·列傳第十九·嵇康傳》／1374）

是怎樣的生命在面對死亡時毫無畏懼？並且還能從容自適，氣定神閑地索琴
而彈。這其中有相當的深意。

對於嵇康彈廣陵散一曲，歷來認爲嵇康痛心魏氏之傾，憤恨司馬氏之心，
故寄寓於廣陵散，蓋希冀有聶政之勇者重現於當時〔註57〕。或許嵇康平時彈
奏此曲，眞有諷於時事的想法，但在面臨死亡的一刻，彈奏廣陵散，若還只

〔註57〕嵇康借廣陵散以諷時事歷來皆有此說，戴明揚於《嵇康集校注·附錄·廣陵
散考》一文中有所引證（台北：河洛圖書，1978 年 5 月）。

是為了重申痛魏氏之傾、恨司馬氏之心，那我們只能說嵇康的思想並未落實於生命，仍憤恨不平，未達自然。然而其面對死亡時的神情自若，沒有所謂的憤恨交集，因此，若將臨刑的廣陵散一曲還是放在魏氏、司馬氏上所言，則把嵇康的生命看得太過簡易了。

何薳《春渚紀聞》中有云：

> 余觀嵇中散被譖就刑，冤痛甚矣。而叔夜乃更神色夷曠，援琴終曲，嘆廣陵之不傳。此真所謂有道之士，不以死生嬰懷者矣。若彼中無所養，則赴市之時，神魂荒擾，呼天請命之不暇，豈能愉心和氣，雍容奏技，如在暇豫耶？〔註58〕

何薳所云甚是，面對死亡時毫無畏懼、荒擾，還能愉心和氣，雍容奏技，那必定是對於生命有深刻的體認，必定在其心中有一超越生死的思想，體悟到生命不只是限於形體的有無，而是展向精神的永恆，這樣的永恆，嵇康以琴樂作為表現。形體的超越、精神的永恆，為何以音樂作為最終表現，可見嵇康將「心」不起作用、「任自然」、「循性而動」的音樂審美體驗落實於琴藝之中，最後展現人與音樂以本來面目的朗朗相見，讓「聲」、「性」、「心」融為一體，循著自然之道，達於「和域」之境。如此才能愉心和氣、忘生死，將自己的生命隨著平和之聲投向於永恆。

四、小　結

綜合以上的論述我們對於阮籍、嵇康在音樂審美體驗可以作以下的歸納：

阮籍〈樂論〉承自《樂記》「聲」、「音」、「樂」的架構，肯定「聲→音→樂」遞進的人文發展，以及「聲」、「音」、「樂」的層級高低，因此，音樂美的認定也依人文涉入的深淺，而有了價值性的判斷，音樂之美，不在於音樂本身，而在於倫理道德的成就與否。然而在音樂審美上，卻以自然無欲、心平氣定、論樂須得性為體驗原則，此乃援用道家自然觀的思想，以追求人性回歸自然，以達「自然一體」、「萬物一體」的理想。顯然阮籍〈樂論〉一方面接收儒家倫理道德的樂教思想，另一方面又有超越倫理道德的形而上道家美學意義，展現出儒道會通的精神。嵇康〈聲無哀樂論〉本著《莊子·齊物

〔註58〕戴明揚：《嵇康集校注·附錄·誄評》（台北：河洛圖書，1978 年 5 月），頁386。

論》「天籟」、「道通爲一」的思想，一一消解人類過度架設在音樂上的人爲體制、文明形式、繁瑣思維、複雜情感，讓「聲」、「音」、「樂」回歸到平等的地位，這樣的回歸不僅是音樂擺落繁雜恢復本質的回歸，亦可說是人性過度分化越趨紛雜扭曲後嵇康企圖讓人我意識保留在最初狀態的回歸。於是破解了「聲」、「音」、「樂」價值判斷的高低不平等，因此，音樂美的認定在於音樂本身，於人心、道德無關。而在音樂的審美上，援用莊子主體境界的「天籟」思想，追求心在無待的情況下，循性而動以進入音樂自然之和的音樂審美體驗。由此可知，阮籍、嵇康在音樂審美的體驗上無論是出於「自然之道」或「心之無待」的音樂審美準則，都是在追求自然人性的復歸，而這樣的復歸有著「同歸老莊」﹝註 59﹞的思想傾向，但對音樂美的認定以及審美的體驗則有所差異，阮籍雖將音樂上推於道體，但肯定音樂的人文教化，故曰「律呂協則陰陽和，音聲適而萬物類，男女不易其所，君臣不犯其位，四海同其歡，九州一其節」（《阮籍集校注》／79）認爲人文的一切在音樂的引導下自然而然形成，而音樂的制作乃遵循自然之道而來，故有「名教出於自然」的意味。嵇康同樣將音樂同推於道體，嵇康將音樂推於道體的用意，在於擺落音樂過度的人文文飾，以及過度強化的教化功能，認爲在音樂審美時，必須「不求於外」，「不求於外」不僅是不求於個人的感官聲色的欲望追求，也是不求於社會經驗的價值判斷，亦即擺脫人文的束縛，循順主體的自然本性，即可達於音樂自然之和的境界，故有「越名教而任自然」的意味。

第三節　魏晉樂賦感興式的音樂審美體驗

　　「賦」此一文體，於兩漢時甚爲流行，但樂賦的創作卻是在魏晉時期達到高峰﹝註 60﹞。當進入魏晉樂賦的文本中，對於此些樂賦最容易歸納出來的共通點，在於顯而易見的同一性的創作程式以及對樂聲取譬引類的想像描寫。

　　在樂賦看似一貫性的書寫圖樣，並非一味地複製他人的文學模式，而是通過人們在審美欲求上對藝術的實踐不斷嘗試後所認定的成果。所以一個文學創作的共通模式，其背後所代表的意涵，並非僅是形式美的要求，而是文

﹝註 59﹞牟宗三：《才性與玄理》（台北：學生書局，1980 年），頁 296。
﹝註 60﹞據《文選》、《藝文類聚》、《太平御覽》中對於樂賦的收集，可以明顯看出魏晉樂賦創作的數量超出前期的漢代以及後期的南北朝。

學家有意識的審美選擇，以及對結構象徵的共同認定。因此，對於樂賦的一貫性架構，不應簡單視為創作的過程或形式的套用，須進一步深入追問，此結構的背後透顯著什麼樣的意涵？而這樣的意涵又是透過怎樣的書寫所呈現出來？

　　魏晉樂賦的共通點除了一貫性的創作程式外，每一樂賦作品幾乎都透過取譬引類的方式，來模擬、象徵音樂的器具、音符、節奏、旋律……以及由樂聲所引發的意想。由於音樂不具客觀可見的形體，文學家為了表達音聲的美感，不得不以現實中具體的形象作比擬。其實創作者在擇取物象比擬的過程中，即代表著主體審美的意向，若能深入魏晉樂賦的「譬」、「類」取引的分析，即可探究出音樂審美的共通性。

　　由於音樂沒有空間性和可視性，因此更需要欣賞者憑主觀的想像來參與音樂美的完成，需要主觀的審美主體有更多的遐想，在一瞬間，讓思想插上想像的翅膀，給那些音符附上美麗的詩情畫意。所以魏晉樂賦創作程式的結構象徵以及「譬」、「類」取引的想像，是將無具象的音樂，透過想像力，然後賦予音樂以形象。從無具象到想像到落實於筆下形象的完成，即是對音樂體驗的完成，而音樂的無具象到想像，即是鑑賞者觸物（音樂）起興的感性回應，因此筆者視為感興式的體驗。

　　「感興」一詞，依葉朗在《現代美學體系》的解釋，「感」的基本含義有兩層：第一指人的第一信號系統對外物的感知，第二指心有所動；「興」則三層含義：第一直承「感」而來的主體的發抒行為或發抒方式，第二指主體的自我體驗，第三指不僅與情感相關，而且與直覺（直觀）相關〔註61〕。因此「感興」指的是主體透過對外物的感知所產生的一種自我體驗，此種體驗為感性的情感或審美的直觀。葉朗視「感興」為「人的精神在總體上所起的一種感發、興發，是人的生命力和創造力的升騰洋溢，是人感性的充實和圓滿，是人的精神的自由和解放。」〔註62〕因此，「感興」本來就具有體驗的性質，並且強調體驗的情感性，甚至還包含了審美的直觀含義，以及對人精神生命的解放。

　　從魏晉樂賦對音樂鑑賞的描寫可知，音樂體驗，是鑑賞者觸物（音樂）起興的感性回應，是鑑賞者對音樂的感知與心有所動，而引起的情感反應，

〔註61〕葉朗：《現代美學體系》（台北：書林出版，1993 年 8 月），頁 170～171。
〔註62〕同上註，頁 171。

再透過此情感反應，而引發種種的想像與聯想，而此審美想像在情感勃興的互動之下，在知覺感官、知識材料的基礎上，脫離知覺感官與知識材料的局限，無拘無束地自由馳騁，因此，魏晉樂賦的音樂審美，是一種感興式的體驗方式。而此種感興式的審美體驗，在魏晉樂賦創作程式的結構象徵以及「譬」、「類」取引的想像上，其背後透顯著什麼樣的意涵？則值得深入研究。

一、樂賦架構的背景意義

（一）音樂審美體驗的循序模式

劉勰提出在作賦的時候，必須要注意結構上的三個標準：「履端於始，則設情以位體；舉正於中，則酌事以取類；歸餘於終，則撮辭以舉要。然後舒華布實，獻替節文，繩墨以外，美材既斲，故能首尾圓合，條貫統序。」（《文心雕龍・鎔裁》）〔註63〕劉勰以「設情以位體」、「酌事以取類」、「撮辭以舉要」作爲賦作首、中、尾的結構要件，可見賦體創作有一定的創作引導與指標，但無一定的嚴格限制，讓創作者在一個大框框底下能有淋漓揮灑的自由。所以樂賦的書寫也是有一定的創作指引，但無一定的嚴謹規定。

樂賦指引性的創作模式，可由最早、最完整的樂賦作品王褒〈洞簫賦〉〔註64〕中看到痕跡。其創作的模式爲：

樂器不凡生長環境→樂器製作過程→展演儀態及形貌→音聲感化、感通作用→對描寫樂器的讚揚。〔註65〕

〔註63〕 劉勰，王更生注譯：《文心雕龍讀本・下篇》（台北：文史哲出版社，1984年），頁 92～93。

〔註64〕 其中樂賦創作的起源，爭議點在於宋玉〈笛賦〉所引起的眞僞問題。學者意見歧分爲二：第一，非宋玉所作（後人僞託之作），如〔清〕嚴可均《全上古三代秦漢三國六朝文》：「此賦用宋意送荊卿事，非宋玉作，然隋唐以前本集有之，誤收久矣，不必刪耳。」（北京：中華書局，1985年，第一冊，卷十，頁 75 下 b）；郭沫若〈關於宋玉〉，《新建設》第二期；張伯偉〈略論魏晉南北朝時期音樂與文學的關係〉，註6。第二，以爲宋玉所作，如馬積高、簡宗梧、高一農（《漢賦專題研究》，陝西師範大學博士研究生學位論文，2003年）等人，其中高氏以 1972 年山東臨沂銀雀山漢墓出土〈唐勒賦〉殘篇 26 片，231字，文體風格與宋玉所作諸賦相類，認爲宋玉賦作可信（頁9）。由於宋玉賦篇歷來多有爭議，故此處暫不列入討論的對象。

〔註65〕 關於樂賦的創作模式，參考自楊佩瑩《從六朝樂賦再探文學抒情傳統》，國立臺灣師範大學國文研究所碩士論文，2004年，頁 15。以及劉志偉《《文選》

之後的音樂賦作者，普遍遵守〈洞簫賦〉的創作程式，故有些學者以爲王褒爲音樂賦的創作規定了較固定的創作程式〔註 66〕。但必須注意的是，早在枚乘的〈七發〉中，其描寫音樂的部分，已具備了後代音樂賦創作程式的一些基本要素〔註 67〕。如以「琴」爲表現對象，以「龍門之桐」爲制琴之材，強調產地、環境對於樂器材質、音質好壞有著決定性影響，描述製琴的過程，渲染琴聲的效果。這說明了在王褒之前，已有普遍認同的音樂描寫手法，至王褒創作程式更爲完備。可見一個文學模式的形成並非一蹴即成，或由某人一手承運，而是透過許多創作者不斷嚐試與檢選，然後漸漸趨於某一種共同的認定，再經過時間的洗練，最後才成爲一個定型。而一個創作模式的形成與發展過程，是創作者對於文學完滿的審美實踐。

樂賦的創作，由於設定在對於音樂的鑑賞，所以其審美實踐分爲兩個向度，其一，就文學而言，追求文字、內容、結構……之美；其二，就音樂而言，追求音符、節奏、強弱……之美。因此，樂賦中所展演的樣貌與思維，必含文學美與音樂美兩者，如此一來，樂賦一貫性的創作模式，也就不能簡單地視爲文學完滿的審美實踐，而是具有音樂鑑賞的指涉。

音樂鑑賞是指鑑賞主體對音樂作品所進行的審美體驗。而音樂是一種時

音樂賦創作程式與美學意蘊發微〉，《西北師大學報（社會科學版）》第三十三卷第五期，1996 年 9 月，頁 21～22。楊佩螢認爲魏晉的創作程式：不凡生長環境——取材過程與製作艱辛——展演儀態及形貌——音聲感化作用。劉志偉則認爲：首重樂器產地——注重「天」、「人」、「樂」三者關係——描述樂器的具體製作過程和發音機制——對聽曲之審美感受的描述——以“亂”作結。由於劉氏的創作程式乃依據王褒〈洞簫賦〉而來，因此較無法代表魏晉樂賦的創作模式，但由於魏晉樂賦的創作手法確實延續漢樂賦而來，故仍有參考的必要。而楊氏的創作程式則針對魏晉樂賦所歸納，因此提供筆者較精準的資料，只是筆者以爲，須加上「對描寫樂器的讚揚」才算完整。

〔註 66〕　戴伊澄：《文選音樂類賦篇研究》，國立臺灣師範大學國文研究所碩士論文，2002 年；陳宏天主編：《昭明文選譯注》第二冊（台北：建宏出版社，1994年），頁 923。

〔註 67〕　枚乘〈七發〉：「龍門之桐，高百尺而無枝。中鬱結之輪菌，根扶疏以分離。上有千仞之峰，下臨百丈之谿。湍流溯波，又澹淡之。其根半死半生。冬則烈風漂霰、飛雪之所激也，夏則雷霆、霹靂之所感也。朝則鸝黃、鳱鴠鳴焉，暮則羈雌、迷鳥宿焉。獨鵠晨號乎其上，鶤雞哀鳴翔乎其下。於是背秋涉冬，使琴摯斫斬以爲琴，野繭之絲以爲弦，孤子之鉤以爲隱，九寡之珥以爲約。使師堂操暢，伯子牙爲之歌。歌曰：麥秀兮雉朝飛，向虛壑兮背槁槐，依絕區兮臨回溪。飛鳥聞之，翕翼而不能去；野獸聞之，垂耳而不能行；蚑、蟜、螻、蟻聞之，拄喙而不能前。」

間的藝術，是聲音在時間中的藝術展現，音樂的審美體驗必須是處於時間過程中的聲音的持續性的體驗，也就是說作為體驗音樂的人則在聲音持續性的時間的支配下展開鑑賞的活動。音樂審美作為一種體驗活動的形式，必以一種動態的過程讓音樂美與鑑賞主體趨於結合，而此動態過程呈顯了鑑賞主體審美時的心理變化與階段。對於審美心理的探討，近幾年來大陸學者的研究蔚為壯觀，此處列舉滕守堯、蔣培坤、邱明正三位學者的研究作為參考。

　　滕守堯在《審美心理描述》將審美經驗中分為四種心理要素——感知、想像、情感、理解，認為這四種要素以一定的比例結合起來並達到自由諧調的狀態時，愉快的審美經驗才可產生。蔣培坤在《審美活動論綱》中對審美心理因素和過程提出了另一種看法。他認為「四要素」的歸類過於片面，原因在於人類的審美活動不僅是認識活動，而且是一種價值實踐。他將審美過程中作為心理功能發揮作用的心理因素分為兩大系統，一是由審美欲望、審美興趣、審美情感、審美意志組成的價值心理要素，一是由審美感知、審美想像、審美理解等組成的認識心理要素。作者強調審美價值心理是人類審美的動因系統，是審美價值關係的心理表現，並認為在審美價值心理要素中，更需要注意的是意志在審美過程中的特殊作用，甚至把審美意志看作審美過程中人的主體性的集中表現。另一學者，邱明正在《審美心理學》中也認為審美心理過程包括認識過程、情感過程和意志過程，其心理內容和形式則有審美直覺、審美想像、審美理解、審美情感、審美意象、審美意志等，指出審美心理結構是種生理、心理機能、心理內容、形式，接受、創造功能有機統一的多因素、多維度、多層次的動力結構系統，是構成主客體審美關係的中間環節，是客體之所以成為人的審美對象和主體之所以成為審美主體、創造主體的內在根源。〔註68〕

　　三位學者的論述甚為詳密，而根據以上的論點，我們可以歸納出審美體驗重要指向。審美體驗與人的經驗、感知、心理有著非常密切的關係，而主客體的審美關係透過心理結構的種種轉換讓想像、情感、理解……能充實審美的歷程。「審美」並非片面的欣賞、感官的滿足，最重要必須達到心理的愉悅，也就是精神的昇華與超越。所以三位學者所肯定的審美體驗，是鑑賞者

〔註68〕 參考自滕守堯《審美心理描述》（北京：中國社會科學出版社，1985 年 11月）；蔣培坤《審美活動論綱》（中國人民大學出版社，1988 年 11 月）；邱明正《審美心理學》（上海：復旦大學出版社，1993 年 4 月）。

可從藝術審美中深化主體的精神本質。

在此，從審美體驗的角度，探入魏晉樂賦一貫的創作模式下所隱含的音樂鑑賞的審美意義。

魏晉樂賦的創作模式多承王褒〈洞簫賦〉而來，以現存最完整的三篇賦作：嵇康〈琴賦〉、潘岳〈笙賦〉、成公綏〈嘯賦〉，除了〈嘯賦〉因為是非器樂演奏，故減省了創作模式中的前兩步驟，其它兩篇，則完整呈現。首先描寫器物不凡的生長環境，次寫取材與製作之艱辛與精細，復次描摹音聲展演時的動人聽聞以及樂聲帶給人的聯想，然後述以音聲具有感化、感通作用，末以讚揚樂聲以結。這些寫作程序不僅是作者對音聲之理解，更注入了時代感（共時或歷時）凝聚於樂賦之共識。故目前所存樂賦文本雖多為殘缺，但從殘文來看，皆可納入創作模式的任一步驟之中，可見樂賦寫作的共通架構，唯有五者具足，才算完整。

樂賦創作模式的五個進程，剛好架構出聆聽音樂時循序鑑賞的進路，必須先講求樂器的優越材質，精密巧妙的製造，才能展現出完美的樂聲。然後對完美樂聲的鑑賞不會僅停留在音質、節奏、曲調……等表象的追求，而是讓樂聲與鑑賞主體能充分交流，使得鑑賞主體的情感能得到宣洩與淨化，在音樂審美體驗中尋找到生命的本質意義，隨著音樂的律動讓精神昇華，進入與樂同和的審美境界。鑑賞者透過這五個進程，以一種儀式的方式，完成對音樂的鑑賞。

（二）樂賦架構的象徵意義：楚騷神話精神的展現以及遊仙的想望

初步透過樂賦架構之確立，樂賦文本的經脈歷歷可見，在此透過經脈的尋繹，深究其所貫串的肌肉文理，試圖剖析樂賦架構意義的所在。

樂賦作品的一貫開場：描寫器樂材質與產地的不凡環境。音樂的呈現必須藉由樂器的演奏才能呈顯，所以器樂的優劣影響了音樂的好壞，於是對於器樂的要求成了音樂鑑賞的首要條件。略舉幾例如下：

> 爾乃採桐竹，翦朱密，摘長松之流肥，咸崑崙之所出。（夏侯淳〈笙賦〉《藝文類聚》／793）

> 其制器也，則取不周之竹，曾城之苞。生懸崖之絕嶺，邈隆峰以崇高。（王廙〈笙賦〉《藝文類聚》／793）

> 惟嘉桐之奇，生於丹澤之北垠。下脩條而（《全三國文》作「以」）

迥迴（《全三國文》作「固」），上糺紛而干雲。開鍾黃（《全三國文》作「黃鍾」）以挺幹，表素質於倉春。（孫該〈琵琶賦〉《藝文類聚》／789）

惟椅梧之所生分，托峻嶽之崇岡。披重壤以誕載分，參辰極而高驤。含天地之醇和分，吸日月之休光。鬱紛紜以獨茂分，飛英蕤於昊蒼。夕納景于虞淵分，旦晞幹於九陽。經千載以待價分，寂神跱而永康。且其山川形勢，則盤紆隱深，礛嵒岑崟。互嶺巉巖，岝崿崔嵬。丹崖嶮巇，青壁萬尋。若乃重巘增起，偃蹇雲覆，邈隆崇以極壯，崛巍巍而特秀。蒸靈液以播雲，據神淵而吐溜。（嵇康〈琴賦〉《嵇康集校注》／84～86）

河汾之寶，有曲沃之懸匏焉。鄒魯之珍，有汶陽之孤篠焉。若乃綿蔓紛敷之麗，浸潤靈液之滋，隈隑夷險之勢，禽鳥翔集之嬉，固眾作者之所詳，余可得而略之。（潘岳〈笙賦〉《文選》／742）

笙、琵琶、琴為不同的器類，取材也就不同，但此三種器類的原生質材卻都託身於重險嶇崎、懸崖、絕嶺、巍峨的地域，這些地域人跡罕至，彷彿是脫於人世縹緲如幻的仙境，若又以「崑崙」〔註69〕、「不周」〔註70〕述之，更加深器樂原生地的神秘。然後原生質材秉著天地精華、吸收日月休光而生，展現出歷千載、百代而不衰的自然質性。所有的流傳模式，必得經過汰選運作，才得以行之久遠，如此脫離世俗的開場模式歷經漢魏文人傳通擇定，到下筆為文時，竟成為慣例，豈非暗示著這個共通性已獲得歷代文人普遍認同，而此認同的背後意念，無非藉由對材質不凡產地之共識，建立起音聲的非凡特質，以及對天地自然之質的審美追求，最重要的是，為另一步驟：音聲的感化、感通作用，鋪設開通之路。

既然器樂的質材生於不凡，且長成不凡，那樂器的打造者就不能是平庸之輩，所以在創作模式中的第二步驟，描寫樂器的制作過程，必訴諸於古代名匠與樂師。略舉數例如下：

伊夫箏之為體，惟高亮而殊特。應六律之修和，與七始乎消息。括

〔註69〕「崑崙」，山之名，亦稱「昆侖」。於古代文獻如《穆天子傳》、《楚辭》、《山海經》中，多與神話相連結。

〔註70〕古代神話傳說中的山名。楚辭屈原離騷：「路不周以左轉分，指西海以為期。」王逸注：「不周，山名，在崑崙西北轉行也。」（頁45）

八音之精要，超眾器之表式。后夔創制，子野考成。(陳窈〈箏賦〉《藝文類聚》／786)

託乎公班，妙意橫施。四分六合，廣袤應規。(孫該〈琵琶賦〉《藝文類聚》／789)

八音之用，誦於典藝。簫韶九奏，物有容制。惟比(《全晉文》作「此」)琵琶，興自末世。爾乃託巧班爾(《全晉文》作「輸」)，妙(《全晉文》作「如」)意橫施。(成公綏〈琵琶賦〉《藝文類聚》／789)

爾乃楚班制器，窮妙極巧。龍身鳳形(《全晉文》作「頸」)，連翩窈窕。纓以金采，絡以翠藻。其弦則烏號之絲，用應所任，體勁質朗，虛置自吟。(曹毗〈箜篌賦〉《藝文類聚》／788)

剖嶧陽之孤桐，代楚宮之椅漆，徵班輸之造器，命伶倫而調律。(晉鈕滔母孫氏〈箜篌賦〉《藝文類聚》／787)

乃使離子督墨，匠石奮斤。夔襄薦法，般倕騁神。鎪會裛厠，朗密調均。華繪彫琢，布藻垂文。錯以犀象，籍以翠綠。弦以園客之絲，徽以鍾山之玉。爰有龍鳳之象，古人之形。(嵇康〈琴賦〉《嵇康集校注》／90)

從引文中可知，樂器創製的組成成員大同小異，可見器類製作，有著一脈相承的傳說，而且這些名匠、樂師的傳說，又都不為一種器具所圍限，反而廣泛流行於各種器樂之間。而名匠、樂師的流傳模式，與樂器的不凡環境的寫作模式一樣也經過汰選運作，這些人物在樂作中展現萬能技能，超凡異俗的面貌。雖然這類人物皆以姓名可考的方式，活躍於人間，但又以年代不明、事蹟不可考等難稽項目〔註71〕，超越於世俗，顯現其神秘性。這些製作成員

〔註71〕引文中的公班、楚班、班輸、般，皆指魯班。春秋時魯國的巧匠。生卒年不詳。相傳曾發明雲梯、刨等工具。亦稱為魯班、魯般、公輸、公輸子。「后夔」，相傳為舜掌樂之官。《史記卷一‧五帝本紀》：「舜曰：然。以夔為典樂」、「子野」，春秋時晉國樂師師曠的字。目盲，善彈琴，辨音能力極強。「伶綸」黃帝時代的樂官，音律的創作者。《漢書‧卷二十一‧律曆志第一上》曾言：「黃帝使泠綸，自大夏之西，昆侖之陰，取竹之解谷生，其竅厚均者，斷兩節間而吹之，以為黃鐘之宮。制十二箇以聽鳳之鳴，其雄鳴為六，雌鳴亦六，比黃鐘之宮，而皆可以生之，是為律本。」(頁959)「襄」，人名，即師襄。春秋魯國樂官。生卒年不詳。善鼓琴，孔子曾學琴於師襄。《史記‧孔子世家》：「孔子學鼓琴師襄子。」「離子」，人名，即離婁。黃帝時人，生卒年

超俗、神秘性的形象，與樂器近於仙境的生長環境相呼應〔註72〕，可見樂賦的創作群有意識地將樂器的產生賦予神話式的型態。

　　樂賦神話型態的創作，其審美心態，我們可以從兩個角度加以分析。其一，從歷史源流來看，魏晉樂賦以神話形式作為音樂鑑賞的開頭，是承繼了楚騷神話的精神。其二，從當代思潮來看，魏晉樂賦對於仙境的嚮往、神話性的描述，與當代的遊仙思潮有著深刻的聯繫。

　　從樂器原生環境的不凡以及製作成員的超俗，在在地透顯出樂賦創作者將音樂拉離現實的企圖。所有的仙境描寫、名匠的千里跋涉、窮妙極巧的創制、音律考成……等的內容，都在營造一種神靈奇蹟的氛圍。這樣的寫作方式，表現出一種神話性質的嚮往〔註73〕。而此神話性的嚮往，乃承繼於楚騷的神話精神。

　　劉勰《文心雕龍‧詮賦》言：「然則賦也者，受命于詩人，而拓宇于《楚辭》。」〔註74〕可見賦的發展與《楚辭》有很深的關係，因此不僅「樂賦」的書寫形式受《楚辭》影響，其精神內容都亦受《楚辭》影響。

　　楚國的文化不同於北方文化，劉師培曾言：「大抵北方之地，土厚而水深，其間多尚實際。南方之地，水勢浩揚，民生其地，多尚虛無。」因此楚國文化在地理環境的影響底下，崇尚虛無，故巫風熾烈、神話風富、仙氣濃厚。拜神、求仙、講述神話成為楚人日常生活的一部分，如王逸為〈九歌〉作序時曾說：

　　　　九歌者，屈原之所作也。昔楚國南郢之邑，沅湘間，其俗信鬼而好
　　　　祠；其祠必作歌樂鼓舞以樂諸神。屈原放，竄伏其域，懷憂苦毒，

　　　不詳。相傳能視百步之外，見秋毫之末。

〔註72〕關於樂賦將樂器生產地仙境化、神秘化的觀點，參考自楊佩螢《從六朝樂賦再探文學抒情傳統》，國立臺灣師範大學國文研究所碩士論文，2004 年，頁68～75。只是楊氏論述要點在證明「企圖以人間化的音樂世界與仙境之樂相抗衡，突出仙樂服務於人世的特質。」而本文則藉由樂賦的神話性質，推論樂賦中音樂的鑑賞為一種回歸於自然的儀式。因此本文觀點與楊氏觀點有著不同的立場，但楊氏所論在先，於是提供了筆者相當好的參考資料。

〔註73〕漢代樂賦對於器樂的生長與製作，亦以仙境描寫與名匠傳說為能事，但王褒〈洞簫賦〉中聖主的出現（「惟詳察其素體兮，宜清靜而弗諠。幸得謚為洞簫兮，蒙聖主之渥恩。可謂惠而不費兮，因天性之自然。」）（《文選》／689）削弱了神話性質。可見魏晉樂賦對於原始自然的嚮往更迫切於漢代。

〔註74〕劉勰，王更生注譯：《文心雕龍讀本‧上篇》（台北：文史哲出版社，1984年），頁132。

愁思沸郁。出見俗人祭祀之禮，歌舞之，其詞鄙陋，因爲作九歌之
曲。〔註75〕

可見楚國的風俗文化是信鬼而好祠的，並且習於祭祀之時以歌樂鼓舞以樂諸
神。在這種普遍的鬼神信仰的氛圍中，當人們遭受現實的壓抑而陷入深沉的
痛苦時，神話的思維習慣便在此時展現，那些仙界、神人、靈異、奇幻的神
話空間打破了現實的界限，而展現一種浪漫、神奇的意境，讓原本痛苦的心
靈得到暫時的解放。《楚辭》的作品大致上就是因此而產生的。

　　因此，當我們檢閱《楚辭》中許多奇特的意象時即可發現，《楚辭》往往
運用神話系統的意象來達到一個奇幻的描寫。這也就是劉勰所謂的詭異之
辭、譎誑之談「托雲龍，說迂怪，豐隆求宓妃，鴆鳥媒娀女，詭異之辭也；
康回傾地，夷羿彃日，木夫九首，土伯三目，譎怪之談也。」（《文心雕龍・
辨騷》）〔註76〕因此我們可以在《楚辭》中看到許多神話意象的出現，如伏羲、
女媧、羲和、虙妃、簡狄、金天氏、顓頊、帝嚳、堯、舜、羿、共工、鯀、
禹、啓等始祖神和英雄神爲作品歌詠的對象；縣圃、閬風、崦嵫、白水、昆
侖、流沙、赤水、不周、西海、九疑、湯谷、蒙汜、黑水、玄趾、三危等神
話山水則成就了一個奇幻的空間，再如〈九歌〉中的東皇太一、雲中君、湘
君、湘夫人、大司命、少司命、太陽神、河伯、山鬼亦是超越一般認知的神
話人物，這些神話意象多源自楚國傳說，這些意象的大量運用，使得《楚辭》
充滿濃厚的神話色彩，而顯得浪漫繽紛、神奇斑斕。

　　而浪漫繽紛、神奇斑斕的寫作形式，則影響到由《楚辭》演變而來的賦
體寫作。就以神性的描寫空間而言，我們可以看到《楚辭》影響賦體寫作的
痕跡。在《楚辭》中，作品的主人公往往受迫於現實，不滿自身的處境而到
神界遨遊。如〈涉江〉：「駕青虬兮驂白螭，吾與重華遊兮瑤之圃。登崑崙兮
食玉英，與天地兮同壽，與日月兮同光。」〔註77〕〈悲回風〉：「上高巖之峭
岸兮，處雌蜺之標顛。據青冥而攄虹兮，遂儵忽而捫天。吸湛露之浮源兮，
漱凝霜之雰雰。依風穴以自息兮，忽傾寤以嬋媛。馮崑崙以瞰霧兮，隱（山
文）山以清江。」〔註78〕都描寫出神境仙界，〈離騷〉、〈遠游〉中亦有同樣的

〔註75〕洪興祖：《楚辭補注》（台北：漢京文化，1973 年 9 月），頁 55。
〔註76〕劉勰，王更生注譯：《文心雕龍讀本・上篇》（台北：文史哲出版社，1984
　　　年），頁 63。
〔註77〕洪興祖：《楚辭補注》（台北：漢京文化，1973 年 9 月），頁 128。
〔註78〕同上註，頁 159。

敘述。於是在漢代的賦作中，亦充滿了神境仙界的琳瑯想像，如司馬相如的〈大人賦〉中的主人公因感於人世間的迫隘，於是「輕舉而遠遊」，他乘雲駕龍，驅使各路神仙，入帝宮，過陰山，見西王母，吸沆瀣，餐朝霞，咀瓊華，最後進入無聞無見無有的虛無道境，文中所用的神話傳說意象有赤螭、青虯、祝融、不周、昆侖、西王母……等，其數量之多，令人嘆服。揚雄的〈太玄賦〉中幻想著上華岳、登昆崙，與仙人松喬相往來，不食世祿，茹芝英、飲玉醴，過著自由自在的閒適生活。再如劉歆的《甘泉宮賦》則將皇家的宮殿建築寫得充滿仙界的氣息：「回天門而鳳舉，躡黃帝之明庭。冠高山而爲居，乘昆侖而爲宮。按軒轅之舊處，居北辰之閎中。背共工之幽都，向炎帝之祝融。」如班固的《西都賦》對皇家園林的描述：「濫瀛洲與方壺，蓬萊起乎中央。」張衡的《西京賦》用「清淵洋洋，神山峨峨。列瀛洲與方丈，夾蓬萊而駢羅。」等句子描寫建章宮，亦充滿了神話傳說意象。而這樣的神話意象，到了魏晉「樂賦」仍可尋找到跡象，那些脫於人間的神境仙界的描述、許多神話意象的承續（如不周、崑崙）、樂師名匠的神化，在在顯示，魏晉「樂賦」對於《楚辭》神話精神的傳承。

在此進一步理解《楚辭》的神話精神。千百年來當人們談到《楚辭》時，往往會稱道其中的「楚騷精神」，如漢代時期淮南王劉安〔註79〕、班固〔註80〕、王逸〔註81〕提出楚騷怨刺諷諫的精神；或肯定屈原偉大高潔人格者，如班固〈離騷贊序〉稱屈原懷有「忠誠之情」（〈離騷贊序〉）、揚雄則稱屈原「如玉如瑩」（《法言‧吾子篇》），而王逸則稱屈原「忠信之篤，仁義之厚」（〈遠遊序〉）；至宋代朱熹則認爲楚騷所要表現的是忠君愛國的精神（《楚辭集注‧離騷》）。千百年來對於《楚辭》精神的評論不少，但歸其趣，大抵沒有超出前面所說的範圍。楚騷精神確實展現了怨刺諷諫、偉大高潔、忠貞愛國的精神，但若從神話角度探討《楚辭》精神，除了以上精神並不妨礙之外，還可有更豐富的解釋，此一解釋即是英雄意識的展現。

〔註79〕 劉安作《離騷傳》云：「國風好色而不淫，小雅怨悱而不亂，若離騷者，可謂兼之矣。」

〔註80〕 班固〈離騷贊序〉：「上陳堯、舜、禹、湯、文王之法，下言羿、澆、桀、紂之失，以風懷王。終不覺寤，信反閒之說，西朝於秦。秦人拘之，客死不還。至于襄王，復用讒言，逐屈原。在野又作《九章》賦以風諫，卒不見納。」

〔註81〕 王逸〈楚辭章句序〉：「獨依詩人之義而作《離騷》，上以諷諫，下以自慰。」

（頁48）

　　從《楚辭》所舉的神話人物來看，其中不乏有英勇事蹟者，如炎帝、祝融、共工、軒轅等，這些神話人物或則表現出與大自然抗爭或則極力面對外來的侵犯，這些英勇事蹟的流傳表達了一種對於英雄意識的追求，因此，當《楚辭》的作者有意識地揀選此些人物納入文中時，即是有主觀知覺地要展現一種對於英雄精神的追求。我們再看《楚辭》中一些具有英雄形象的描寫，如〈九歌〉東君的篇章，一開篇便是：「暾將出兮東方，照吾檻兮扶桑。」〔註82〕氣勢磅礴，整個世界一下就被照亮了。最後則描寫東君「青雲衣兮白霓裳，舉長矢兮射天狼。」〔註83〕東君這樣的姿態可威儡群魔，如此英勇無敵的太陽神，正是楚人不屈不撓的民族精神象徵。再如〈九歌〉少司命的篇章中如此描寫著：「孔蓋兮翠旌，登九天兮撫慧星。竦長劍兮擁幼艾，蓀獨宜兮為民正。」〔註84〕少司命女神駕著孔雀毛做成車蓋，翡翠毛做為旗飾的車子，登上九天，把災星給降伏住，一手挺著長劍、一手抱著幼兒，掌人間善惡之果報，顯現著無比威勇的英姿。從這些英雄形象來看，《楚辭》中所追求的神話精神，包含了一種強烈的英雄意識，而此英雄意識展現出堅忍不拔，持續勇進的人格象徵。

　　我們在魏晉「樂賦」中也可以感受到類似的英雄意識的追求，例如嵇康〈琴賦〉所言：「於是遯世之士，榮期、綺季之疇，乃相與登飛梁，越幽壑，援瓊枝，陟峻崿，以遊乎其下。周旋永望，邈若凌飛。邪睨崑崙，俯闞海湄。指蒼梧之迢遞，臨迴江之威夷。……乃斲孫枝，準量所任，至人攄思，制為雅琴。」（《嵇康集校注》／88～89）榮期、綺季之徒要前往那虛構而出的仙境取木製器時，必須登棧道、跨深谷、攀瓊枝、陟山巔，經過重重的難關，千里跋涉，才能終達目的。同樣地，當其他「樂賦」將樂器之原生材料設置在一個重巘峻嶺的隔絕環境時，當落實於各個名匠的製作，必隱含此些名匠對於隔絕環境的克服，以及對於原生材料的重視所展現追求完美的心態。於是，魏晉「樂賦」中那些隱含英雄形象的描寫，正是《楚辭》神話精神的繼承。

　　樂賦神話型態的創作，即是對現實社會感到憂慮，於是藉由仙境描寫、名匠樂師傳說，努力重現神境仙界的生活情景與勇敢精神，將神話隱喻於內

〔註82〕洪興祖：《楚辭補注》（台北：漢京文化，1973年9月），頁74。
〔註83〕同上註，頁75。
〔註84〕同上註，頁73。

在結構中，從而表現崇古還原的題旨。而這樣的題旨隨著神話型態的抵定，之後賦作對於音樂描寫的展演，也就內含著一種神性儀式，將生活於現實中的人們，藉由此等儀式，讓精神暫時脫離現世而神遊至奇幻的仙境。

魏晉樂賦，除了受遠古樂舞的影響外，其仙境的嚮往、神話性的描述，與魏晉當代的遊仙思潮有著深刻的聯繫。

何謂「遊仙」？據李善注《文選》的定義，「凡遊仙之作，皆所以滓穢塵網，錙銖纓紱，餐霞倒景，餌玉玄都。」可以看出遊仙文學，乃以神仙生活、或仙景仙物為題材，然後虛幻與現實雜揉之作。而據近代學者李豐楙認為遊仙文學是源於〈遠遊〉、〈離騷〉等巫系文學「大體其制題與內容只要與神仙傳說有關的即為遊仙文學。」〔註85〕魏晉樂賦當然並非嚴格定義下的遊仙文學，然而從巫樂的延續來看以及樂賦的創作群有意識地將器樂的產生賦予神話式的型態，都表現了魏晉樂賦含有遊仙色彩。而魏晉樂賦遊仙色彩的引發，無非是受了魏晉時期遊仙氛圍所感染。

劉勰《文心雕龍·明詩篇》曾評魏晉詩「正始明道，詩雜仙心」〔註86〕，從此評可知，劉勰認為正始時期的詩雜有遊仙的思想。其實遊仙之作自東漢後期已開始興盛，到了魏晉，文人作品提及遊仙者更是不勝枚舉。如建安時期曹氏父子以樂府的形式創作大量的遊仙詩，融入覺醒的生命意識，表現個體在現實中的壓抑與遊仙之想，打開了魏晉遊仙文學的風氣。到之正始時期，以嵇康、阮籍為代表體現了在玄學的影響下企圖將生命本質回歸於自然的想望；東晉郭璞的遊仙詩，將隱逸之樂樂於遊仙，以安慰自己憂生憤世之情。

遊仙文學在魏晉時期湧現大量的創作，除受道教信仰的影響外〔註87〕，其最大的原因在於時代環境的擠壓推力。從東漢末年由於朝政黑暗、戰爭頻繁，疫癘並生，這樣的社會動蕩一直在不斷加劇著文人與社會的矛盾。你死我活的軍事鬥爭、爾虞我詐的政治環境、險象環生的社會現實，使文人們在痛苦、悲哀、壓抑、無奈的壓迫下，魏晉文人的處世方式也就明顯地呈現出

〔註85〕李豐楙：《憂與遊：六朝隋唐遊仙詩論集》（台北：台灣學生書局，1996 年 3 月），頁 25。

〔註86〕劉勰，王更生注譯：《文心雕龍讀本·上篇》（台北：文史哲出版社，1984 年），頁 85。

〔註87〕李豐楙：〈六朝道教與遊仙詩的發展〉，收入《中華學苑》第二十八期，1983 年，頁 97～118。

二元對立的情況，一方面表現出堅強的性格以應對局勢；另一方面，則將自己的內心潛藏在一個自己所虛構出來的理想世界。這種裂變的處世特點，正是遊仙文學大量湧現的原因，仙境世界的追求，正是魏晉文人面對紛繁複雜的政治形勢、社會生活、仕途困厄所賴以寄託的重要法寶。

　　樂賦在魏晉遊仙氛圍的感染下，在音樂鑑賞的過程中，亦營造出一個類似遊仙的環境，如前文所提，樂賦對於樂器的原生環境賦予仙境的情態，原生質材都託身於重險崎嶇、懸崖、絕嶺、巍峨的地域，這些地域人跡罕至，彷彿是脫於人世縹緲如幻的仙境，且又以「崑崙」、「不周」等仙山名述之；而樂器的製作名匠（魯班、離子）、樂音創作的樂師（后夔、伶綸、師襄）則以神話人物的方式展現。這樣一個仙人、仙境的描寫，讓音樂在進行鑑賞時，脫離了現實的時空而轉入了一個虛幻的世界。再以嵇康〈琴賦〉爲例：

> 惟椅梧之所生兮，託峻嶽之崇岡。……詳觀其區土之所產毓，奧宇之所寶殖，珍怪琅玕，瑤瑾翕翕，叢集累積，奐衍于其側。若乃春蘭被其東，沙棠殖其西，涓子宅其陽，玉醴涌其前……於是遯世之士，榮期、綺季之疇，乃相與登飛梁，越幽壑，援瓊枝，陟峻崿，以遊乎其下。周旋永望，邈若凌飛。邪睨崑崙，俯闞海湄。指蒼梧之迢遞，臨迴江之威夷。悟時俗之多累，仰箕山之餘輝。羨斯嶽之弘敞，心慷慨以忘歸。情舒放而遠覽，接軒轅之遺音。慕老童於騩隅，欽泰容之高吟。顧茲梧而興慮，思假物以託心。乃斲孫枝，准量所任。至人攄思，制爲雅琴。（《嵇康集校注》／84～90）

先描寫樂器的原生環境如渺茫的仙境一般，用奇珍異石（「珍怪琅玕，瑤瑾翕翕」）來顯現此境的絢爛華麗，用奇花仙木（「春蘭被其東，沙棠殖其西」）〔註88〕來增添此境的神秘，更有仙人「涓子」（「涓子宅其陽」）〔註89〕居住於此，更表達出此原生環境的仙境性質。之後描寫隱士榮期、綺季之輩，如何登上崑崙仙山，如何見梧桐而觸景生情，尤其在「悟時俗之多累」後有所感觸，於是借以抒懷，製作雅琴。其登山的過程雖然須經過重險崎嶇、懸崖絕嶺，但最後的頂上風光，以「邈若凌飛」、「俯闞海湄」來形容，彷彿悠遊於

〔註88〕「沙棠」，木名。《文選》李善注：「山海經曰：崑崙之丘有木焉，其狀如棠而黃華赤實，其味如李而無核，名曰沙棠，御水人食之使不溺。」

〔註89〕《文選》李善注：「列仙傳曰：涓子者，齊人，好餌朮，著天地人經三十八篇。釣於澤，得符鯉魚中。隱於宕山，能致風雨。造伯陽九山法。淮南王少得文，不能解其音旨。其琴心三篇有條理焉。」

仙境騰雲駕霧般地海闊天空。然後又述及「軒轅」〔註90〕、「老童」〔註91〕、「泰容」〔註92〕等遠古不可考的神話人物，更展現了欲與仙人同遊的想望。嵇康〈琴賦〉不僅在此段呈顯出遊仙的想望，其他的段落中亦充滿著遊仙色彩，有提及仙島如「瀛洲」（「凌扶搖兮憩瀛洲」）者〔註93〕；亦有提及仙人如「園客」（「弦以園客之絲」）〔註94〕、「王喬」（「王喬披雲而下墜」）〔註95〕、「游女」（「游女飄焉而來萃」）者〔註96〕。

近代學者認為「遊仙文學」其背後產生的原因動機如下：

> 遊仙詩篇，所表現的思想，不外三種類型：一是享樂主義思想的蛻變；另一種是節欲靜修地長壽思想的幻化，第三種單純的只是苦悶的解放。〔註97〕

希企成仙的動機，可歸為一「憂」字，而「遊」則是如何獲致短暫

〔註90〕 「軒轅」，黃帝的名號。《文選》李善注：「軒轅，黃帝也。」

〔註91〕 「老童」，也稱耆童，傳為黃帝玄孫，顓頊之子，見於《大戴禮記·帝繫第六十三》：「黃帝居軒轅之邱，娶于西陵氏之子，謂之嫘祖，氏產青陽及昌意。青陽降居泜水，昌意降居若水。昌意娶于蜀山氏，蜀山氏之子謂之昌濮，氏產顓頊。顓頊娶于滕氏，滕氏奔之子謂之女祿，氏產老童。」《文選》李善引《山海經·西山經》：「（山危之山）又西一百九十裏，曰騩山，其上多玉而無石。神耆童居之，其音常如鐘磬。」郭璞注：「耆童，老童也，顓頊之子。」

〔註92〕 「泰容」，黃帝樂師。戴明揚校注：「劉良注：泰容，黃帝樂師，故慕而欽之，以為高吟，而引清志。」

〔註93〕 「瀛洲」傳說為東海中神仙所居住的仙島《文選》李善注：「史記曰：瀛洲，海中神山也。列子曰：勃海之中有山曰瀛洲。」

〔註94〕 《文選》李善注：「列仙傳曰：園客者，濟陰人也。常種五色香草，積數十年，食其實。一旦有五色神蛾止香樹末，客收而薦之以布，生桑蠶焉。時有好女夜至，自稱我與君作妻，道蠶狀。客與俱蠶，得百頭，繭皆如甕。繅繭六十日乃盡。訖則俱去，莫知所如。」

〔註95〕 即「王子喬」，神話傳說中的仙人。漢劉向《列仙傳·卷上·王子喬》：「王子喬者，周靈王太子晉也。好吹笙作鳳凰鳴，遊伊洛之間，道士浮丘公接以上嵩高山。三十餘年後，求之於山上，見柏良，曰：『告我家，七月七日，待我於緱氏山巔。』至時，果乘白鶴駐山頭。望之不得到，舉手謝時人，數日而去。」

〔註96〕 「游女」，漢水的女神。《文選》李善注：「韓詩曰：漢有游女，不可求思。薛君曰：游女，漢神也，言漢神時見，不可求而得之。列女傳曰：游女，漢水神。鄭大夫交甫於漢皋見之。聘之橘柚。張衡南都賦曰：游女弄珠於漢皋之曲。」

〔註97〕 洪順隆：〈試論六朝的遊仙詩〉，收錄於《六朝詩論》（台北：文津出版社，1985年），頁97～98。

的「解我憂」之法，亦即神遊、想像之遊所形成的奇幻之遊。「憂」
的心態具現出人類求仙的動機，然而，同一「憂」的情緒，會在不
同身份者的感覺中，雜揉各自的生命境遇，發酵爲一種「創作」或
是「入道」的動機。〔註98〕

遊仙思想的成因，爲在人類對肉體生命與精神理想永恆和幸福追求
的過程中，形成了對現實世界、現有文化的否定意識，由此派生出
變革現實、超越塵世的心理，設想一個非現實性的神仙世界，遂產
生遊仙動機。〔註99〕

綜上所述，遊仙詩的創作動機可分爲肉體生命與精神理想兩大層次，對肉體
生命而言，祈壽禱福、長生飛昇的樂生追求；精神理想方面，從否定現世、
憂世坎壈之情到精神層次之超越解脫。而魏晉樂賦中的類於遊仙的描述，較
無肉體生命的涉及而屬於精神理想的追求。所以魏晉樂賦將樂器的原生環境
推置到一個飄渺、空靈的仙境，以此建立起音聲的非凡特質，讓人們能藉由
音聲的鑑賞而重返原始自然、甚至感悟飄渺仙境的空靈，而這些追求，都是
爲了讓精神有所飛揚與超越。這樣的仙境安排，無非是爲了排解生之憂愁憂
思，追求現實之外的安逸、閒適，以及神仙世界多姿多彩的恍惚、迷離境界，
以表達在人間難以尋找到的一種悠然心態。這樣的心態可以再從魏晉樂賦往
往以「山林」爲審美活動場域作分析。

　　魏晉樂賦其遊仙色彩往往以「山林」爲審美活動場域，如嵇康〈琴賦〉
中所提及的「崑崙」，而其他文人的賦作亦有提及「崑崙」、「不周」山等，或
者以不具山名的方式，仍將樂器的原生環境置身於高山深林之中。這樣以「山
林」爲審美活動場域的動機，正因其具有「與世俗隔絕」之特性，以魏晉樂
賦中「山林」內的審美物件來看，如仙人古人、奇珍異石、奇花仙木，同作
者所面臨的現實有著距離感、差別感，這樣的距離感、差別感，擬造出創作
主體在精神上與社會之間，產生特定之隔絕，使個人之心靈在擺脫社會關係
之餘得以自由開展。

　　魏晉樂賦中「山林仙境」在各賦作中的重覆出現，表示此「山林仙境」

〔註98〕李豐楙：《憂與遊：六朝隋唐遊仙詩論集・導論》（台北：台灣學生書局，1996
　　　　年3月），頁8。
〔註99〕王立：〈中國文學的遊仙主題〉，收錄於《中國古代文學十大主題》（台北：文
　　　　史哲出版社，1994年），頁207。

的「空間」並非客觀地存在，而是被賦予價值和意義〔註100〕。而此「空間」的價值和意義當如李豐楙先生所言：「六朝詩人面對種種的生命之悲，諸如：政局之憂、戰亂之憂、災劫之憂……等，其負荷之重，已非一般事物可以解憂，而遊仙題材具有的『他界意識』，正好可以使詩人暫解憂愁。」〔註101〕所謂「他界意識」，正提供急欲突破生存空間侷促的魏晉文人，尋求到另一個可使生命安頓的空間。於是此「山林仙境」的「空間」並非是天馬行空的雜亂幻想，它是魏晉樂賦的創作者所自闢而出的審美的精神國度，藉仙境幻遊轉移生存環境，以消融存在的悲情，逃離現世的壓迫感，而逍遙於仙界永生的時間長河，忘卻現實的苦悶，故嵇康〈琴賦〉中有所謂的「悟時俗之多累，仰箕山之餘輝。羨斯嶽之弘敞，心慷慨以忘歸。」（《嵇康集校注》／88～89）之語，表達出「山林仙境」之遊，可讓人忘卻世俗的繁雜，而達心曠神怡；而「山林仙境」的「空間」有其更積極的意義，即是對理想空間、生命的訴求。〔註102〕

二、音樂形象化的審美體驗──譬喻的運用

（一）音樂形象化的過程──譬喻符碼的審美想像

劉熙載於《藝概·賦概》中有言：「賦起於情事雜沓，詩不能馭，故爲賦以鋪陳之。斯於千態萬狀、層見迭出者，吐無不暢，暢無或竭。」可見賦體的特質在於連類鋪陳，而一篇賦作爲了能鋪敘其文，在修辭上常以「譬喻」的方式展開文字的「千態萬狀」、「層見迭出」。

在樂賦的創作中，鋪陳引喻的方式更顯重要，原因在於其所描繪的主體：音樂，並不具有可觀的形體。既然音樂無具體形象，就鑑賞者而言，如何將對音樂的審美感受轉化爲文字敘述？這就必須運用譬喻的手法，把抽象的音樂形象化。所以我們在魏晉樂賦鋪陳引喻的系統中，可以看到譬喻多元並陳的情況：

〔註100〕「由『存在空間』的視野來看文學創作中的空間書寫，正足以說明「空間」對創作者而言，並非僅是客觀的存在。因而，呈現在作品中的空間，早已被賦予價值和意義。……同一空間的重覆出現，亦可視爲某種意義的呈現。」（李清筠《時空情境中的自我影像》，台北：文津出版社，2000年10月，頁82）

〔註101〕李豐楙：《憂與遊：六朝隋唐遊仙詩論集·導論》（台北：台灣學生，1996年3月），頁10～11。

〔註102〕此於下一章中再行論述。

若乃登高臺以臨遠，披文軒而騁望。喟仰抃而抗首，嘈長引而慘亮。或舒肆而自反，或徘徊而復放。或冉弱而柔撓，或澎濞而奔壯。橫鬱鳴而滔涸，列飄眇而清昶。逸氣奮湧，繽紛交錯。列列飆揚，啾啾響作。奏胡馬之長思，向寒風乎北朔。又似鴻鴈之將鶵，群鳴號乎沙漠。故能因形創聲，隨事造曲，應物無窮，機發響速。怫鬱衝流，參譚雲屬。若離若合，將絕復續。飛廉鼓於幽隧，猛虎應于中谷。南箕動於穹蒼，清飆振乎喬木。散滯積而播揚，蕩埃藹之溷濁。（成公綏〈嘯賦〉《文選》／753～754）

牙氏攘袂而奮手，鍾期傾耳以靜聽。奏清角之要妙，詠騶虞以鹿鳴，獸連軒而率舞，鳳跟蹌而集庭。汎濫浮沉，逸響發揮，翕然若絕，皎如復迴。爾乃祕豔曲，卓礫殊異，周旋去留，千變萬態。（陳窈〈箏賦〉《藝文類聚》／786）

隨著樂音的演奏，人在一次的音樂饗宴中，讓情緒與思緒極度發揚，情緒隨著旋律高低起伏，時而歡快笑語、時而憂傷悲泣；思緒乘著音符，或進入雲中見鸞鳳和鳴、或化為鴻鳥飛翔於層崖、或來到沙漠聆聽群鴻的鳴聲……，透過音樂人與山川百獸有著同情共感，於是音聲陣動了南天的箕星、猛虎於山谷應聲、和聲滌蕩了污濁的塵埃煙霧、奇獸率舞拍足、鳳凰也跟蹌集庭……。人彷彿脫離了現實理性的世界，進入一個幻化的空間。

再舉三例為證：

樂操則寒條反榮，哀曼則晨華朝減。邈漸離之清角，超子野之白雪。然思超梁甫，願登華岳，路嶮悲秦，道難怨蜀。遺逸悼行邁之離，秋風哀年時之速。（晉鈕滔母孫氏〈箜篌賦〉《藝文類聚》／788）

越鳥戀乎南枝，胡馬懷夫朔風，惟人情之有思，乃否滯而發中。（夏侯湛〈夜聽笳賦〉《藝文類聚》／796）

銜長葭以汎吹，嗷啾啾之哀聲。奏胡馬之悲思，詠北狄之遐征。順谷風以撫節，飄響乎天庭。徐疾從宜，音引代起，叩角動商，鳴羽發徵。若夫廣陵散吟，三節白紵，太山長曲，哀及梁父。似鴻鴈之將鶵，乃群翔於河渚。（孫楚〈笳賦〉《藝文類聚》／796）

在音聲的鑑賞過程中，樂賦的創作者將樂聲充分幻化為各種物象，風、雷、雲、電、山、水、鴻、馬……各種自然物象在文人生動的譬喻下，成為抽象

音聲落實爲具體形象之符碼，使得音聲得以順利地由聽覺感受，轉化爲視覺意象，讓感官知覺能相互溝通，達到全面的審美效果。

在文學創作中，「譬喻」是一種十分重要的藝術表達手法，其目的在使被比擬的事物更加明顯生動。「譬喻」的技巧由來已久，於《詩經》時期即有比興的手法〔註103〕，而這樣的手法影響深遠，後代文人都致力於比興的創作、與探討，如《文心雕龍·比興》中有言：「夫比之爲義，取類不常：或喻於聲，或方於貌，或擬於心，或譬於事。」〔註104〕劉勰認爲不論是聲音、樣貌、心思或者事理，都可以運用譬喻的手法加以描述、闡釋，可見譬喻運用之廣。近代學者黃慶萱則言：

> 譬喻是一種『借彼喻此』的修辭法，凡兩件或兩件以上的事物中有類似之點，說話、作文時運用『那』有類似點的事物，來比方說明『這』件事物的，就叫譬喻。它的理論架構是建立在心理學『類比作用』的基礎上——利用舊經驗引起新經驗。通常是以易知說明難知；以具體說明抽象。使人在恍然大悟中驚佩作者設喻之巧妙，從而產生滿足與信服的快感。〔註105〕

吳正吉在《活用修辭》中說：

> 宇宙自然中的人、事、物，彼此之間存在著許多共同類似的特點。寫作時，作者針對自己所要記敘的人、事、物，或所要抒發的情感與論說的道理，運用想像力，聯想出與它具有共同類似特點的人、事、物來加以比方說明或形容描寫。這種「借彼喻此」的修辭方法，

〔註103〕《詩經》中的比興手法有合有分之說：「《毛傳》以比興解詩，有一看似矛盾的現象：一方面，《毛傳》（以及《鄭箋》）釋比、興之總旨，乃比、興相混，將“比興”比喻化。如多用“如”、“若”、“猶”等詞，將興句與所引起之辭相聯結，即確證。然另一方面，《毛傳》又將比、興分立。《毛傳》注明“興也”之詩，計一百一十五處，此種刻意標注，即表明，《毛傳》以爲“興”之於“比”，甚有區分之必要。爾後，《毛傳》中比、興之分說與合說，遂滋生無數紛紜聚訟。則“興”有“喻”義，又兼“起”義，與“比”可合訓亦可分訓。」（見胡曉明著《中國詩學之精神》，江西人民出版社，1990年版，頁4～5）筆者傾向將比興視爲同一類的修辭技巧。孔穎達在《毛詩正義》中亦說：「興者，起也，取譬引類，起發己心。《詩》文諸舉草木鳥獸以見意者，皆興辭也。」「取譬引類」即是譬喻，可見比與興確實有密切的關係。

〔註104〕劉勰，王更生注譯：《文心雕龍讀本·下篇》（台北：文史哲出版社，1984年），頁146。

〔註105〕黃慶萱著：《修辭學》（台北：三民書局，1975年1月初版），頁227。

稱為「譬喻」。〔註 106〕

譬喻是人們馳騁想像力的外在表現，是文學家通過他們超凡脫俗的想像力，將自然界與社會中千變萬化的各種事象、物象加以縮合，取譬設喻，將文學指涉的範疇發揮到極致。錢鍾書曾指出：「一個很平常的比喻已夠造成繪畫的困難了，而比喻正是文學語言的根本。」〔註 107〕

譬喻，溝通了「此物」與「彼物」，以具體說明抽象，讓文學的語言生動活潑、讓文學內容更具深刻的意義。而譬喻的運用有賴於創作者的想像力，想像力的發揮才能讓譬喻切當且令人讚嘆。也就是說「譬喻概念能創意延伸而超出思考與言談的日常直陳方式的範圍，進入被稱為比喻性、詩性、生動多采或奇特的思維與語言境界。」〔註 108〕回頭看樂賦的譬喻，確實以豐富的想像，聯結樂聲與物象，而具體的物象將時間藝術的音樂加以空間化，使得音樂鑑賞的審美感受有跡可尋。就以上的引文我們可以看到樂賦譬喻徵引的幾個特點：

第一、各類音聲的譬喻徵引一面建立於日常可見的物象，諸如鳥鳴之聲與山水之喻，尚有風、雷、雲、電……等等；一面建立於恍惚神秘的神話物象，如：鸞鳳（「鸞鳳和鳴戲雲中」、「鳳跟蹌而集庭」）。以日常親切的譬類方式，使人讀之容易心領神會；而神秘的鸞鳳，則與前文所言的神話描寫相呼應。鳳於古代中國人心中具有崇高、神聖的普遍意象，與日常物象同時並存於賦作之中，雖不符合現實邏輯，但其實並不衝突矛盾，原因就在於樂賦的描寫，所呈顯的並不是一個現實的環境，而是一個想像的空間。

第二、譬喻的徵引中往往讓物象能接收樂聲的傳神動聽，而呈現出物象、樂聲的感通現象，因此音聲的哀樂（即是人之哀樂）能引發動植物的榮滅、感傷與快樂「樂操則寒條反榮，哀曼則晨華朝滅」（晉鈕滔母孫氏〈箜篌賦〉《藝文類聚》／788）、「越鳥戀乎南枝，胡馬懷夫朔風」（夏侯湛〈夜聽笳賦〉《藝文類聚》／796）、「獸連軒而率舞，鳳跟蹌而集庭」（陳窈〈箏賦〉《藝文類聚》／786），音樂不僅能牽引人的喜怒哀樂，連自然界的山川百獸也能同情共感，這就呼應到前一節所言的神性儀式，在神化的儀式裡，萬物皆有靈性。藉由萬物皆有靈，讓人與樂與物合為一體，進入原始自然的召喚，於

〔註 106〕吳正吉著：《活用修辭》（高雄：復文圖書出版社，2000 年），頁 165。
〔註 107〕錢鍾書著：《舊文四篇》（上海古籍出版社，1979 年版），頁 36。
〔註 108〕George Lakoff & Mark Johnson 著，周世箴譯注：《我們賴以生存的譬喻》（台北：聯經出版事業公司，2006 年），頁 3。

是透過音樂的神性儀式感天地、動鬼神，以達到天人交感的期願祝禱。

第三、樂賦的取譬設喻，往往有一種慣用性。就人物而言，如伯牙、子期的取引；以物象而言，如越鳥、胡馬、鸞鳳、孤鴻等。如此慣用的手法，漸漸地構成一批可供譬喻取引的意象群組，而各個意象各有其象徵意義。這一批意象群組，是由歷史積澱所淘選出的審美品味，具有歷時的文化意義。此於下文另作敘述。

綜上所述，樂賦將音樂鑑賞感受訴及想像援以譬喻，用具體的物像架設出一個幻化的空間，一個與山川百獸同情共感的場域，這個場域讓鑑賞者暫時脫離現實，盡情展現自我。樂賦的創作者彷彿刻意營造一個不同於現實的想像世界，而這個想像世界並不是出於一時興起或個別需求，從樂賦的創作於魏晉時期達到高峰可以得證，它已然成為一種趨勢，一旦進入音樂鑑賞的過程，即進入幻化的空間。這個幻化空間即是前文所言的歌舞豐盛、神奇斑斕，一個虛擬的神話國度。魏晉人會如此迷戀虛擬、飄緲的幻想空間，與其社會背景有著密切的關聯。魏晉之際是中國社會內部衝突極為尖銳集中之史程，政治權力在暗潮洶湧之中劇烈變遷，社會型態、經濟結構也逐漸在解構與重組中。魏晉人面對政治動亂、鬥爭激烈的改朝之際，不只是身心受到束縛，甚至涉及生命安危，《晉書・阮籍傳》謂：「*魏晉之際，天下多故，名士少有全者*」（《晉書・卷四十九・列傳第十九・阮籍傳》／1360），此話正是這一時代最真實的微縮寫照。所以魏晉人在面對緊繃、矛盾、衝突的環境時，為了尋求平衡，更為了尋求轉圜喘息的出口，於是將這樣的需求轉向藝術，一個不同於現實的「理想的場」〔註 109〕。人們藉由一些理想的場，來克服面對現實時的恐懼，這是一種心理補償，是人一種心理需求，維持身心平衡，調節心情的機制。所以樂賦中藉由譬喻，營造出一個「理想的場」，作為一種相對於現實環境的補償空間的想像，好讓束縛的心獲得暫時的自由。

綜合以上分析，我們可以看到，樂賦中譬喻的運用，讓讀者連同創作者的想像，脫離現實的空間進入一個理想的場域，一齊流連於萬象萬物間，旁徵博引，極誇張之鋪陳，其句態繁縟豐贍，目不暇給，使人浮想聯翩，心遊萬仞，不僅為賦體文學特質之一，更擔負起譬喻符碼的文化意義，成為音樂

〔註 109〕「理想的場」一詞借用於梅洛龐蒂：「我們的存在過於緊密附著於世界，以至於當我們的存在投入世界時，不能如實的認識自己，意味著我們的存在需要一些理想的場來認識和克服我們存在的人為性。」（梅洛龐蒂，姜志輝譯《知覺現象學》，北京：商務印書館，2003 年，頁 11）

鑑賞時的重要環節。

（二）歷史積澱與個體直觀的審美形象——譬喻符碼的文化意義

多數人認為譬喻只是一種修辭性的語言，但從創作者面對紛紜的外物，該如何擇取？擇取的物象又如何能引起共鳴的角度來看，譬喻符碼的取引是透過人之經驗為基礎的，因此譬喻不僅是字詞而已，它應該是一種思惟方式。既然是一種思惟方式，譬喻符碼最後的選定，代表是經過創作者的深思熟慮，是在眾多的物象群裡，透過種種的考量、組合，作淘汰、揀選的動作，挑選的符碼必需被人所理解且最為適切、最具代表者。所以最後呈現的譬喻符碼，不應被簡單地理解為修辭性的語言，而是蘊含作者的巧思，且承載許多文化的解讀於其中。譬喻符碼所承載的豐富意象，又可分為經由歷史的積澱所凝聚成的共識，以及透過個體本身主觀的直覺性所呈顯的審美體驗。

1. 歷史積澱的審美想像

在此借鄭毓瑜對「引譬援類」的解釋作譬喻徵引時的背景理解：

> 所謂「引譬援類」也許就是總說自先秦逐步發展而來的這些跨越個別物種、由內質到外形可以拓展無數連類可能性的說解宇宙、建構世界的方式。「引譬援類」像是四通八達的導引線，迅速地連起透過經驗、文獻所累積的各種時物事件；前代的傳抄被視為知識性的前提，理所當然地接受並作為據點，繼續進行各種或顯或隱的關係延伸。如此，透過「引譬援類」所知之「精微」，就不重在體會天地四時創生的原理，而重在學習到一種看待宇宙世界的龐大知識體系；掌握引譬援類的原則及所累積的知識體系，一切現象似乎都可以由小及大、見微知著，找到自然合理的比擬，而可以去面對、承受或推測、批評。〔註110〕

鄭毓瑜以為「譬」、「類」聯想的基礎，其背後是有一個自先秦以來即不斷累積與建構的龐大體系，以撐持起一種足以被人們所理解與表達的感發模式。因此就常理而言，芸芸紛雜的物象世界，皆可為取引對象，然而，自然萬象已經在歷代文士的援用、練習下，組構成「四通八達的導引線」，於是萬象之

〔註110〕自鄭毓瑜：〈詮釋的界域——從〈詩大序〉再探「抒情傳統」的建構〉，《中央研究院中國文哲研究集刊》第二十三輯（台北：中央研究院中國文哲研究所，2003 年 9 月）。

間似有一條引線通貫著、導引著創作者該如何引用、如何感發的譬喻模式。
從這個角度去探看樂賦譬喻的徵引方式，將會發現這些物象的援引，其實是
任隨某一物象出現，便滋衍出某一固定標籤或聯想框架。因此樂賦中這些譬
類系統的觸引繁衍，有著歷史文化的象徵意義。

在樂賦的譬喻徵引中，有許多符碼被廣泛運用，一再地在各個賦作中出
現，在此以伯牙、鍾子期典故的引用為例：

> 曲高和寡，妙妓雖工，伯牙能琴，於茲為矇。（阮瑀〈箏賦〉《藝文
> 類聚》／786）

> 伯牙揮手，鍾期聽聲。華容灼爍，發采揚明，何其麗也！（嵇康〈琴
> 賦〉《嵇康集校注》／91～92）

> 牙氏攘袂而奮手，鍾期傾耳以靜聽。奏清角之要妙，詠〈騶虞〉與
> 〈鹿鳴〉。獸連軒而率舞，鳳跟蹌而集庭。（陳窈〈箏賦〉《藝文類聚》
> ／786）

> 鍾子授箏，伯牙同節。唱葛天之高韻，讚幽蘭與白雪。（賈彬〈箏賦〉
> 《藝文類聚》／786）

> 伯牙彈而駟馬仰秣，子野揮而玄鶴鳴。（成公綏〈琴賦〉《藝文類聚》
> ／784）

伯牙、鍾子期故事的援用，其目的在於藉由知音共鳴來表達曲藝高超及音聲
的動人〔註111〕。在伯牙、鍾子期知音共鳴的援用上，每一賦作各有其文學修
飾的需要與目的，但其背後的「文化語境」也不容忽視，文人在什麼樣的情
境中選擇以伯牙、鍾子期的典故來創作，又用伯牙、鍾子期託喻什麼樣的情
志，這些都不只是文人個人的問題，而是跟整體時代氛圍有關。所以伯牙、
鍾子期譬喻的援用，並不能一貫視作音樂鑑賞上的知音需求而已，筆者以為
這與世族社會所涵養出來的「我輩意識」有關，若只是將伯牙、鍾子期故事

〔註111〕《列子・湯問》原文：「伯牙善鼓琴，鍾子期善聽。伯牙鼓琴，志在登高山。
鍾子期曰：『善哉！峨峨兮若泰山！』志在流水。鍾子期曰：『善哉！洋洋兮
若江河！』伯牙所念，鍾子期必得之。伯牙游於泰山之陰，卒逢暴雨，止於
巖下；心悲，乃援琴而鼓之。初為霖雨之操，更造崩山之音。曲每奏，鍾子
期輒窮其趣。伯牙乃舍琴而嘆曰：「善哉，善哉，子之聽夫！志想象猶吾心也。
吾於何逃聲哉？」（引自楊伯峻注《列子集釋》，台北：明倫出版社，1971年，
頁111）《呂氏春秋・本味》亦有此段文字。

的援用簡單視爲一種文字修辭，實不能完整呈現其蘊養的文化脈絡。

從漢末到晉代，士人對生命、生活的意識有著自我覺醒。文士們稱情直往，任性狂縱，並以此爲世所仰慕，他們不以仕宦顯達爲成就，而以姿態言行來建構自我價值。在自覺風氣底下，文士對於「我」，有著深刻的追求與認定，於是開始有「我輩意識」的出現，我們可以從文獻中看到例證：

> 阮籍嫂嘗還家，籍見與別。或譏之，籍曰：「禮豈爲我輩設也！」（《世說新語・任誕》／658）

> 阮步兵喪母，裴令公往弔之。……或問裴：「凡弔，主人哭，客乃爲禮。阮既不哭，君何爲哭？」裴曰：「阮方外之人，故不崇禮制。我輩俗中人，故以儀軌自居。」時人歎爲兩得其中。（《世說新語・任誕》／660）

> 王戎喪而萬子，山簡往省之。衍悲不自勝，簡曰：「孩抱中物，何至於此！」王曰：「聖人忘情，最下不及情；情之所鍾，正在我輩。」簡服其言，更爲之慟。（《世說新語・傷逝》／583）

> 見吏部郎許允，求爲小縣。允謂苞曰：「卿是我輩人，當相引在朝廷，何欲小縣乎？」苞還歎息，不意允之知己乃如此也。（《晉書・卷三十三・列傳第三・石苞傳》／1001）

> 孫興公作天台賦成，以示范榮期，云：「卿試擲地，要作金石聲也。」范曰：「恐子之金石，非宮商中聲。」然每至佳句，輒云：「應是我輩語。」（《世說新語・文學》／246）

由以上引文我們可以感受到魏晉人士對於「自我認同」的強烈自覺，士人對於自我爲何種人有相當的認知，並且與相同認知的人形成一種「我輩」意識。阮籍自拒於禮法之外，裴楷則謹守禮儀軌度，兩者的自我認同南轅北轍，卻同爲時人所讚賞；因此「我輩意識」不僅是士階層的集體意識，而且更隱約分化出不同性格、思想的族群。〔註112〕

〔註112〕余英時從情、禮的角度將魏晉士人的我輩觀一分爲二：「阮籍的『禮豈爲我輩設』和王戎的『情之所鍾，正在我輩』恰好是一事兩面。可見認爲情與禮不能並存，所以只有違禮而從情。而『我輩』云云則與上文引裴令公（楷）語：『阮方外之人，故不崇禮制。我輩俗中人，故以儀軌自居。』（《世說新語・任誕》），適成鮮明的對照，裴楷是俗中『我輩』，阮籍、王戎則以方外『我輩』自居。」（《中國知識階層史論》，台北：聯經出版事業公司，1980 年，頁 354）

　　所以「我輩」的成立，必須建立在相互理解、彼此欣賞、相互認同的情形下才可稱之。而魏晉文人皆視自我生命爲獨特，所以一個獨特「我輩」的成立之初，其實必須經歷在社會人際網絡上的挫折，於是自我向內蜷縮，而不是向外接觸，於是「自我」以孤獨的形式成爲與外在對立起來的符號，以一種孤芳自賞之姿，俯看俗世風塵。但孤芳自賞所形成的強烈孤獨感，讓生命過度虛無與寂寞，於是尋求他人的共同理解、相互認同，成爲魏晉人在個體自覺後隨之而來的需求。這種需求表現在樂賦的創作上則以伯牙、鍾子期的典故作爲「我輩意識」的探求，並依此而構成一種文化共識的符碼，一種對「知音」渴望的語境。何爲「知音」：

　　　　「知音」所指涉的理解活動，是兩個主體之間相互了解、相互感通
　　　　的融洽狀態，而且相互感知的過程，似乎不需要透過任何外在的言
　　　　辯予以明示：創作者和鑑賞者雙方都沈靜的進行內心情志的溝通、
　　　　理解活動。〔註113〕

我們回到伯牙、鍾子期此一「知音」故事的原始焦點：「伯牙所念，鍾子期必得之」、「曲每奏，鍾子期輒窮其趣」、「子之聽夫！志想象猶吾心也」這喻示知音是一種深入的理解活動，而此種理解是一種內在的感通，毋須言語解釋。這種高層次的理解必須建立在創作者與鑑賞者其知識涵養、生命經驗的高度疊合，所以，樂賦的創作者所關注的，並不是一般群眾的審美回響，而是學養相近、品味相近的特定對象，也就是「我輩」的認同回應。

　　因此，樂賦創作中伯牙、鍾子期的典故，乃是有意識地取用、承襲歷來對「知音」的認知，並加入當代思惟，加深此一典故的文化意義，而形成一定型的文學創作模式。當此一典故在文本上重新被展演時，它不再是一個純粹的知音故事，而是潛藏魏晉文人特有的「我輩」文化：一種孤芳自賞，又追求他人理解的矛盾心理。

　　從伯牙、鍾子期的舉例可知，樂賦「譬」、「類」的取引並非雜亂無章地任憑取用，而是在有意識的徵引中，累疊成文。再以自然物象的譬喻爲例，將會發現樂賦的譬喻取用乃設定於某一系統內，這一系統乃是歷代以來所累積而成的審美意象。

　　自然物象作爲譬喻的符碼由來已久，如《詩經》中即以鳥獸草木魚類作

〔註113〕蔡英俊：〈「知音」探源——中國文學批評的基本理念之一〉，呂正惠、蔡英俊
　　　　主編：《中國文學批評》（台北：台灣學生書局，1992年），頁130。

為創作的意象，而後代的創作者也承續此種比興手法，將自然景物納入人生情境、情感懷抱的譬喻系統中。由於創作者對於自然物象的大量引用，於是有些物象自《詩經》以來重複運用的結果，構成一個定型的意象。如鴻鴈、飛鳥的形象：

> 鴻鴈于飛，哀鳴嗷嗷。維此哲人，謂我劬勞；維彼愚人，謂我宣驕。
> （〈小雅・鴻鴈〉）

> 黃鳥于飛，集於灌木，其鳴喈喈。（〈周南・葛之覃〉）

> 燕燕于飛，差池其羽，之子于歸，遠送于野。（〈邶風・燕燕〉）

〈小雅・鴻鴈〉述說著周代使臣四處招集流民回歸故土的事情，〈毛詩序〉云：「鴻雁，美宣王也。萬民離散，不安其居，而能勞來、還安、定集之，至於矜寡無不得其所焉。」藉由哀鳴嗷嗷的鴻鴈，感嘆流浪漂泊的哀苦與不幸，於是哀鴻就成為代表四處流離的意象，至於黃鳥、燕燕等飛鳥的形象，都以比興的手法，與詩中主人翁的心情做了連結。之後從《楚辭》到古詩十九首以及建安詩人們的筆下，飛鳥的意象多為雙鳥或離群孤鳥形象，主要用以比喻別離或者歡愛相親〔註114〕。這樣的形象，除了是鳥類習性的忠實呈現外，亦是歷代文人所取得的意象共識。因此，當飛鳥的形象運用在樂賦時，它不是一個單純的物體，而是承載了歷代以來文人所投注的情感思惟，所以在文人的意象共識底下，飛鳥的形象含有豐富的文化意義。

> 列列飆揚，啾啾響作。奏胡馬之長思，向寒風乎北朔。又似鴻鴈之
> 將鶵，群鳴號乎沙漠。（成公綏〈嘯賦〉《文選》／754）

> 若夫廣陵散吟，三節白紵，太山長曲，哀及梁父。似鴻鴈之將鶵，
> 乃群翔於河渚。（孫楚〈笳賦〉《藝文類聚》／796）

成公綏〈嘯賦〉、孫楚〈笳賦〉兩賦中對鴻鴈的描述，由鴻鴈帶領著雛鳥或群鳴於沙漠、或群翔於河渚，這樣的鳴叫與飛翔，應該不是一種喜悅的表達。因為文學的情緒語言有其連貫性，當前文的語句營造出一種悲涼的氛圍（「列列飆揚，啾啾響作。奏胡馬之長思，向寒風乎北朔」），或奏以哀傷的曲調（「哀及梁父」），那之後所接的鴻鴈的鳴叫與飛翔，或與胡馬思鄉的悲感相呼

〔註114〕參考自林田愼之助《中國中世文學評論史》（東京：創文社，1979年）、興膳宏，李寅生譯《中國古典文化景致》（北京：中華書局出版，2005年）而兩者皆以為，飛鳥的象徵，到了嵇康時被賦予了新的意蘊，此為下文再作討論。

應〔註115〕、或與梁父曲傷逝的情懷相接承〔註116〕。所以成公綏〈嘯賦〉、孫楚〈笳賦〉兩賦中鴻鴈的形象，近於《詩經》所延續下來的意象，帶著一種流離的哀戚。

樂賦援用自然物象的譬喻，再舉一例爲證。

樂賦的創作中，常出現胡馬與越鳥的譬喻符碼：

> 列列飆揚，啾啾響作。奏胡馬之長思，向寒風乎北朔。（成公綏〈嘯賦〉《文選》／754）

> 越鳥戀乎南枝，胡馬懷夫朔風，惟人情之有思，乃否滯而發中。（夏侯湛〈夜聽笳賦〉《藝文類聚》／796）

> 銜長葭以汎吹，嗷啾啾之哀聲。奏胡馬之悲思，詠北狄之遐征。（孫楚〈笳賦〉《藝文類聚》／796）

成公綏、孫楚、夏侯湛文中胡馬、越鳥的意象，不免令人聯想起古詩十九首〈行行重行行〉「胡馬依北風，越鳥朝南枝」之句〔註117〕。透過熟稔意象的轉介，孫楚等人雖不一定用〈行行重行行〉之原意，但胡馬、越鳥所透露出孤絕寂寞的氣氛、以及面對時空距離時的無奈，讓行文呈現一種悲涼的美感。

前文所舉的伯牙、鍾子期、飛鳥、胡馬、越鳥等的譬喻符碼皆如鄭毓瑜所言，「譬」、「類」聯想的基礎，其背後是有一個自先秦以來即不斷累積與建構的龐大體系，自然萬象已經在歷代文士的援用、練習下，組構成「四通

〔註115〕「胡馬」，泛指我國西北地區所產的馬。「北朔」，北方。「奏胡馬之長思，向寒風乎北朔」指嘯聲如出於北地的駿馬，向著北方的寒風常鳴。胡馬出於北方，故依望北風，有不忘本思念故鄉之意。

〔註116〕「梁父」，古曲名，或作「梁甫吟」。漢樂府相和歌辭楚調。《樂府詩集・卷第四十一・相和歌辭十六》：「《琴操》曰：曾子耕泰山之下，天雨雪凍，旬月不得歸，思其父母，作《梁山歌》。蔡邕《琴頌》曰：梁甫悲吟，周公越裳。按梁甫，山名，在泰山下。《梁甫吟》，蓋言人死葬此山，亦葬歌也。」（頁73～74）又《三國志・卷三十五・蜀書・諸葛亮傳》：「亮躬耕隴畝，好爲梁父吟。」「梁父」爲葬歌其調多悲，故曰「哀及梁父」。

〔註117〕古詩十九首〈行行重行行〉一詩，表達出思婦「與君生別離」在時空上的距離。吳小如說：「『行行重行行』表示兩層意思，一是空間距離越來越遠，二是時間距離越來越長」（吳小如著〈第一輯：古代詩歌札記──説古詩「行行重行行」〉，《古典詩詞札叢》，大陸：天津古籍出版社，2001年，頁44），整首詩以胡馬在北風中嘶鳴，越鳥在朝南的枝頭築巢，爲思婦在時的距離上，更增添孤寂之感。於是胡馬、越鳥的意象在文人的創作中漸漸凝聚共識，而成爲一個典故的援用，或許各個文人對胡馬、越鳥的徵引不見得與思婦扯上關係，但意象所呈顯的悲涼、孤寂之感卻是不變的。

八達的導引線」，於是萬象之間似有一條引線通貫著、導引著創作者該如何引用、如何感發的譬喻模式。所以樂賦中譬喻符碼的援用，並非雜亂無章，信筆拈來，便可隨手成文，而是受當代文化氛圍的感染以及個人創作的巧思，才可構成譬喻，而此譬喻符碼則潛藏經由歷史積澱後所凝聚的審美共識於其中。

2. 個體直觀的審美想像

伯牙、鍾子期、飛鳥、胡馬、越鳥等譬喻符碼的援用，除了伯牙、鍾子期之外，其餘的符碼所表達出的情緒語言有一共通點的存在，即同顯一種哀傷的情懷。而我們在閱讀樂賦時發現這樣哀傷的情懷，似乎成為樂賦創作的基調，再舉幾例為證：

> 荊王喟其長吟‧楚妃嘆而增悲‧（潘岳〈笙賦〉《文選》／745）

> 南閣兮拊掌，北閣兮鳴箛。鳴箛兮協節，分唱兮相和。相和兮哀諧，慘激暢兮清哀。（夏侯湛〈夜聽笳賦〉《藝文類聚》／796）

> 銜長葭以汎吹，噭啾啾之哀聲。（孫楚〈笳賦〉《藝文類聚》／796）

> 路嶮悲秦，道難怨蜀。遺逸悼行邁之離，秋風哀年時之速。陵危柱以頡頏，憑哀弦以躑躅。（晉鈕滔母孫氏〈箜篌賦〉《藝文類聚》／788）

從引文可見，樂賦在創作時有著「以悲為美」的傾向，這種悲美、淒哀的情調並不是某些作者的個別抒懷，而是受了當時代對悲音推崇的影響。嵇康〈琴賦〉即云：

> 八音之器，歌舞之象，歷世才士，並為賦頌，其體制風流，莫不相襲。稱其材幹，則以危苦為上；賦其聲音，則以悲哀為主，美其感化，則以重淚為貴。（《嵇康集校注》／83）

魏晉人視美好的音樂為悲樂，其很大的意涵是針對於聽樂或奏樂之後所引起的審美體驗，並不單指音樂的憂傷成分，而是著重在進行音樂活動時的心理反應。所以他們往往在晏飲遊樂之餘，藉由淒哀的音樂，生起悲涼哀怨之情，這是魏晉人在動盪不安、生命短暫的現實下，雖帶著及時行樂的心理，但又不免懷有人生無常的悲情。樂賦「以悲為美」的特質，或許正是創作者通過樂賦的創作模式，與群體脈動相貼近的方式。

「以悲為美」是群體意識的審美共識，它不是忽然的感傷，而是經過時

間的沉澱，慢慢凝聚而成的共同體認〔註 118〕。但這樣的共識，嵇康從個人的審美體驗上，提出了反動的意見，而是從人的主觀直覺性，去感受音樂的美感，突破當時代以哀樂作為欣賞音樂的唯一心得。所以當嵇康〈琴賦〉一文，援用許多譬喻符碼累疊成文時，其所呈現的氛圍一反「以悲為美」的哀怨動人，而是一種開闊、清朗的和諧之美：

> 紛淋浪以流離，奐淫衍而優渥。粲奕奕而高逝，馳岌岌以相屬。沛騰遻而竸趣，翕韡曄而繁縟。狀若崇山，又象流波，浩兮湯湯，鬱兮峨峨。（嵇康〈琴賦〉《嵇康集校注》／98）

> 闒爾奮逸，風駭雲亂，牢落凌厲，布濩半散。豐融披離，斐韡奐爛；英聲發越，采采粲粲。或間聲錯糅，狀若詭赴；雙美並進，駢馳翼驅。（嵇康〈琴賦〉《嵇康集校注》／98～99）

> 譬若離鵾鳴清池，翼若浮鴻翔層崖。紛文斐尾，慊縿離纚。微風餘音，靡靡猗猗。或摟批㧱（去石加才）擽捋，縹繚潎冽。輕行浮彈，明嬙睄慧。疾而不速，留而不滯。翩綿飄邈，微音迅逝。遠而聽之，若鸞鳳和鳴戲雲中；迫而察之，若眾葩敷榮曜春風。既豐贍以多姿，又善始而令終。嗟姣妙以弘麗，何變態之無窮。（嵇康〈琴賦〉《嵇康集校注》／101）

嵇康在將琴聲轉化為具體形象時，皆以一種浩大廣博之姿，來突顯琴聲的意境巍峨。所以其援用的譬喻符碼，皆引自自然物象的高闊形象。琴聲的多變如流星消逝於天際、如連綿的高山奔馳起伏、如風雲翻卷、如流水沛騰、如繁花盛開、如駿馬並列疾行。這些山川百岳、風雲駿馬的形象，勾勒出琴聲

〔註 118〕漢朝時期即以推崇悲樂為審美的標準，如阮籍〈樂論〉中所言：「漢桓帝聞楚琴，悽愴傷心，倚扆而悲，慷慨長息曰「善哉乎，為琴若此，一而已足矣」。順帝上恭陵，過樊衢，聞鳴鳥而悲，泣下橫流，曰「善哉鳥聲」。使左右吟之，曰「使聲若是，豈不樂哉。」夫是謂以悲為樂者也。」當時甚至將輓歌作為喜宴上助興的歌曲，《後漢書‧卷六十一‧周舉傳》：「陽嘉六年三月上巳日，商大會賓客，讌於洛水。舉時稱疾不往。商與親暱，酣飲極歡，及酒闌倡罷，繼以〈薤露〉之歌，坐中聞者，皆為掩涕。」（《新校本後漢書并附編十三種》，台北：鼎文書局，1978 年，頁 2028）再如廖國棟於《建安辭賦之傳承與拓新》一書中有言：「建安之崇美，除了上述追求華美的傾向之外，以悲為美更是當時普遍的文學風尚。……品讀建安時期的作品，無論詩文辭賦，總覺得常有一種悽愴悲涼潛藏在字裡行間。」（台北：文津出版社，2000年 9 月，頁 127～128）可見以悲為美於漢末時期成為一種普遍的風尚。

的壯麗非凡，有別其它賦作的哀淒之情。

前文舉成公綏〈嘯賦〉、孫楚〈笳賦〉、夏侯湛〈夜聽笳賦〉中的飛鳥，由於承自歷來的意象以及當時代對悲音的推崇，所以皆是哀傷悲涼、孤絕寂寞的形象。但嵇康〈琴賦〉中飛鳥符碼的反復出現，卻無悲寂之感，而開顯一種自得的意境。就算是孤鳥，或鳴於清池、或遨翔於重重山崖，都顯其超然高舉自由自在的生命象徵；若為雙鳥，則和鳴遊戲於雲中，更顯其悠然自得。嵇康對於飛鳥形象的運用，不僅行文於〈琴賦〉之中，在他的詩作中，飛鳥的意象更為豐富，可作為〈琴賦〉飛鳥符碼的輔助說明。

> 眇眇翔鸞，舒翼太清。俯眺紫辰，仰看素庭。凌躡玄虛，浮沈無形。（〈雜詩〉《嵇康集校注》／79）

> 嗈嗈鳴雁，厲翼北遊。順時而動，得意無憂。嗟我憤嘆，曾莫能儔。（〈幽憤詩〉《嵇康集校注》／31）

> 焦鵬振六翮，羅者安所羈？浮遊太清中，更求新相知。比翼翔雲漢，飲露餐瓊枝。多念世間人，凡駕咸驅馳。沖靜得自然，榮華何足為。（〈述志詩二首〉其一《嵇康集校注》／36）

> 鴛鴦于飛，肅肅其羽。朝遊高原，夕宿蘭渚。邕邕和鳴，顧眄儔侶，俛仰慷慨，優游容與。（〈兄秀才公穆入軍贈詩十九首〉《嵇康集校注》／6）

嵇康詩中的飛鳥，不管是鴻鵠、焦鵬、鴛鴦、鸞鳳，都是不受羈絆、超然高舉的自由生命的象徵，堪破雲漢，突入虛空，告別世俗鄉原，達到一種玄遠的意境，展示一個絕塵超世的理想天地。如此優遊容與、綢繆樂和的飛鳥象徵，正好與〈琴賦〉中的飛鳥相呼應。

嵇康認為「稱其材幹，則以危苦為上；賦其聲音，則以悲哀為主；美其感化，則以垂涕為貴」（《嵇康集校注》／83～84）的觀點皆是不瞭解音聲原理的表現，只是重複前人的審美體驗，未能究竟音樂的面貌，故曰「麗則麗矣，然未盡其理也。推其所由，似元不解音聲；覽其旨趣，亦未達禮樂之情也。」（《嵇康集校注》／84）嵇康認為歷代賦作皆以危苦之材、悲哀之音、垂涕之美為音樂審美的標準，這樣的樂賦創作雖以麗辭為尚，卻無法窮盡樂理，甚至是不瞭解音聲，不能通透禮樂之情。所以嵇康〈琴賦〉在不承襲前人舊習的情況底下，另外開闢一條音樂的審美之路。那嵇康所認為的音聲的

「理」與「旨趣」在於何？依前文對其譬喻符碼的分析可知，音樂鑑賞的「理」與「旨趣」在於「以和爲美」的追求〔註119〕。這樣的「和」是一種自然而然的呈現，所以當人對音樂進行鑑賞時，人的生命隨著音樂，同步進入一個和諧的世界，因爲和諧，人的生命才得到自由，才可隨山川百岳、風雲駿馬恣肆奔騰；才可化爲飛鳥堪破雲漢，突入虛空自在遨遊。所以「和」是音樂鑑賞的最高理想。

前人賦作，突出「以悲爲美」的特質，是基於情感的角度進行對於音樂的鑑賞，這樣的鑑賞方式容易受限於對於音樂悲感的要求，也容易造成對音樂安以「哀」、「樂」的標籤，於是人們受限於歷史積澱的審美體驗，而讓音樂之美狹窄化，也讓人在進行音樂鑑賞時，直覺性、自覺性的審美觀照受到了阻礙。嵇康所追求的，即是要打破音樂受限於情感的藩籬，進入一個自由自在的審美空間。所以在嵇康的觀念裡，音樂無哀樂之別、雅俗貴賤之分，展現一種對音樂鑑賞的全面態度，這是〈琴賦〉獨出於其他音樂賦之處。〔註120〕

三、小　結

樂賦作爲六朝賦作的一種類型，其特殊性展現在以一種文字的實踐，將聽覺的音樂轉型爲視覺的演出，透過其創作型態：結構模式與譬喻徵引之運用，讓音樂的鑑賞，顯得活靈活現，並於其中透顯出音樂審美體驗的文化意義：

（一）就樂賦的結構模式而言，共分爲五個進程，而這五個進程剛好架構出聆聽音樂時循序鑑賞的進路，首先必須講求樂器的優越材質，精密巧妙的製造，然後讓樂聲與鑑賞主體能充分交流，使得鑑賞主體的情感能得到傾洩與淨化，於音樂審美體驗中尋找到生命的本質意義，鑑賞者透過這五個進

〔註119〕嵇康於〈琴賦〉中亦明確地指出，琴的德性「性絜靜以端理，含至德之和平。」

〔註120〕鄭毓瑜對於嵇康的音樂審美觀有以下的言論：「不論『正聲』、『奇弄』，都能純就曲律本身，嘆賞其『瓌豔奇偉』、『姣妙弘麗』之無窮變態，展現一種不因情抑揚的全面性肯定、稱美之態度，這正是〈琴賦〉因涵融『聲無哀樂』觀而獨出於其他音樂賦篇之處。」（《六朝藝術理論中之審美觀研究》，國立臺灣大學中文研究所博士論文，1990年，頁46）由於了解到聲無哀樂，所以人對音樂的鑑賞才有脫離因人之情感而圈限音樂之美的可能，因此也就能輕易地跨過「以悲爲美」的美感束縛。

程，以一種儀式的方式，完成對音樂的鑑賞。而令人感到尋味的是，樂賦中所呈顯的鑑賞儀式帶著一種神性的意味，而這樣的神性意味代表著魏晉文人對於神境仙界的嚮往，而這個神境仙界的底本模式則是受了《楚辭》的影響。所以表現在音樂演奏生動臨場感的描寫時，營造出一種浪漫繽紛、神奇斑斕的迷幻狀態，因此樂賦中所描述的音樂鑑賞是奠基於：以一種神性的儀式造成現實與自我之間的距離，然後脫離理性的現實而進入對神話精神的召喚。魏晉樂賦神性式的創作型態，除了受《楚辭》神話影響外，亦與當時代的遊仙思潮相接軌，因此魏晉樂賦中那些「山林仙境」的描寫並非是天馬行空的雜亂幻想，它是創作者所自闢而出的審美精神國度，藉仙境幻遊轉移生存環境，以消融存在的悲情，讓人忘卻世俗的煩雜，而達心曠神怡。不管是神話精神或遊仙色彩，皆透顯出魏晉人在生存艱難的社會環境中對生命安頓的渴望，於是運用超現實的方法、借助無形的力量企圖改變生命進程，以取得自我超越現實的存在，彌補社會現狀的種種不足，整合生命，完善自我人格。

　　（二）至於譬喻徵引的修辭而言，其所呈顯的審美體驗可以分為歷史積澱以及個體直觀兩種。經由歷史積澱而來的譬類系統，有著歷史的痕跡，但這樣的痕跡經過文人就當時代的心態再運用時，化解了符碼的僵化，賦予了新的文化意義（如伯牙、鍾子期故事背後的我輩意識）。而個體直觀的審美想像，往往帶有一種反動性的新審美觀，提供一個音樂審美的新角度（如飛鳥的意象已脫離悲涼的氛圍）。

　　綜合魏晉人對於音樂審美的體驗，可知最完美的形式在於：對於歷史積澱的審美意象能有充分的體察，於是聆聽音樂時可以觸動情感而引發各種想像，再加以個體直觀的審美要保持沖和自然，如此才不致於受歷史積澱的審美意象所限，又能運用之、抽離之，最後與音樂融於一體，達於清遠、恬靜的意境。

第三章 魏晉樂論與樂賦之音樂審美理想

第一節 前 言

　　前一章針對魏晉樂論與樂賦的音樂審美體驗作分析，得知音樂審美是人的一種自由活動，無論樂論的超越式的體驗或樂賦的情感式的體驗，都可看到鑑賞主體在音樂審美的活動中展現出生命自由的能動力。

　　一個時代的審美體驗，是一個時代社會心理在藝術活動中的表現，在此同時，一個時代的審美體驗必然孳生出與此審美體驗相聯繫的審美理想來，審美理想不同於審美體驗的地方，在於它有更多的理性色彩並帶有向前的指向性，它從現有的審美體驗出發，對審美提出一種更高的要求。而一個審美理想的孕育，並非突然而發，它是一個民族在歷史的河流中慢慢醞釀而來，它可能有一特定歷史階段的萌發，但歸根到底，它是民族思維向上發展而在藝術領域上的映現，而民族的思維有歷史的積澱而予以成長，故特定歷史階段所萌發的審美理想，仍不能脫離歷史民族思維的影響，而其特發之處即特定時代所衝擊出的火花。所以，要對魏晉音樂的審美理想作研究時，一方面必以魏晉時代的音樂審美體驗做為根基，另一方面又要更深刻地從民族思維無論是歷史的或此特定時代上來把握。

　　人本能地趨向於對美的聲音的追求，於是人們依據對於美的聲音的感受，主動選擇聲音並對它們進行組織，於是形成了音樂。一旦人們在音樂的實踐中於內心建立起明確的聽覺審美結構，人們的聽覺審美需要也趨於具體

而明確，而一定的審美需要必產生相應的審美理想，因此對於什麼樣的音樂才是最美的？成爲音樂審美理想追求的目標。因此在音樂審美的理想上，首先就音樂本身而言，必須先符合人們對聽覺審美的需求所建立起聽覺審美結構，如音樂的音的高低、強弱、長短、音色，音樂的旋律、節奏、和聲、曲式結構等必須有序地形成一種和諧，所以音樂的審美理想，最基本的實現在於音樂美本身，然而對中國而言的音樂審美理想，不僅僅是在音樂形式或音樂結構上追求完美而已，還必須是人的理想實現、社會的理想實現，如此才算是音樂完滿的審美理想。因此我們可以看到中國音樂審美理想的實現往往與社會理想相結合。

第二節　魏晉樂論以「和」爲依歸的音樂審美理想

魏晉樂論以一種理性、辨證的方式論述對於音樂審美理想的追求，而審美理想的內涵並不會憑空出現，它必然會受到前人觀念的影響，並以此爲根基，然後隨著時代的思潮加以創造改變，在不斷的融入與創發的過程中，漸漸顯現音樂審美理想的時代意義。所以首先我們必須往前探究，對於魏晉之前中國的音樂審美理想必須有所理解。

中國古代音樂審美理想不僅僅是追求音樂形式或結構上的完美，最主要在促進音樂與人與社會之美的相結合，以達到音樂與人與社會的完美和諧。因此就中國而言，人格理想、社會理想成爲音樂審美的最終目標，人格理想與社會理想無非是追求個體在生活歷程中對人、己、事、物、環境，所顯現的個性的種種和諧，以及在人所形成的集合體中展示人與人之間的群體和諧，於是突顯了「和」在理想上的重要性，同樣地放在音樂審美的理想上也就以「和」爲終極關懷。

而且從「和」的古字作探源可知，「和」字的創字之初即與音樂有著密切的聯繫。「和」字初有「盉」、「龢」、「和」三字〔註1〕，段玉裁《說文解字注‧盉》時云：「調聲曰龢，調味曰盉，今則和行而龢、盉皆廢矣。」〔註2〕可見「和」字最早與「龢」通，「龢」者《說文‧龠部‧龢》解道：「龢，調也。

〔註1〕鐘華：〈"和"的探源〉，《世界文學評論》第二期，2007 年，頁 268。
〔註2〕許慎，段玉裁注：《段氏說文解字注》（台北：文化圖書，1979 年 5 月），頁 221。

從龠禾聲。」〔註3〕而《說文・龠部・龠》則言：「龠，樂之竹管，三孔，以和眾聲也。」〔註4〕郭沫若於《甲古文研究》一書中解釋"龢"：「龢之本義必當爲樂器，由樂聲之諧和始能引出協調義，由樂聲之共鳴始能引出相應義。」〔註5〕因此，「龢」的本義借由字形吹奏樂器的"龠"的具象符號來表示一種音樂形式上的和諧。「龢」雖本是一個修飾樂音特性的詞語，但更多的時候，它不是指音樂的和諧，而是指神與人、人與人之間的和諧。如陳雙新學者在〈樂器銘文"龢"、"協"、"錫"、"雷"、"霝"釋義〉一文中即點明，上古時期"龢"常指神與人，人與人之間關係的和諧：

> 金文材料如「盩龢於政」（史墙盤）、「龢會百姓」（沈兒鎛）、「康諧龢好」（蔡侯申盤）、「協龢萬民」（秦公鎛）、「龢戾民人」（王孫遺者鐘）等等。《尚書》中"和"字出現四十三次，除用人名外，其它也基本上都作此解，如「協和萬邦」（堯典）、「四方民大和會」（康誥）、「用咸和萬民」（無逸）、「治神人和上下」（周官）、「燮和天下」（顧命）。鐘鎛自名前大量的用"龢"作修飾語大概也隱含了這層意思，即以和諧的音樂娛樂賓朋百姓合上下，從而緩和各種矛盾，達到統治階級企求的社會穩定、百姓安樂的政治目的。〔註6〕

至於"龢"字以"禾"爲聲符，"禾"的採用應當不只是在於聲符的運用而已〔註7〕。中國原始的宗教祭祀往往以"禾"類作爲祭祀品，而祭祀的內容又以追求農作物的豐收爲目的〔註8〕，"龢"字以"禾"爲聲符，含有初民對於豐年的願望。

　　從以上對於"龢"（和）字的分析可知，"龢"字的產生與初民的原始宗教慶典活動有很大的關係，把活動上重要的樂器"龠"的具象符號來表示

〔註3〕同上註，頁87。

〔註4〕同上註，頁87。

〔註5〕郭沫若：《郭沫若全集》第一卷，考古編（《甲骨文研究》）（北京：科學出版社，2002年）。

〔註6〕陳雙新：〈樂器銘文"龢"、"協"、"錫"、"雷"、"霝"釋義〉，《古漢語研究》第一期，2006年，頁42。

〔註7〕許慎在《說文解字》序中給形聲字下的定義是「以事爲明，取譬相成，江河是也。」形聲字的形旁表意，聲旁表音，因此形聲字，它們的聲符含有詞義、提示語源的重要作用。

〔註8〕《周頌・豐年》：「豐年多黍多稌，亦有高廩，萬億及秭。爲酒爲醴，烝畀祖妣，以洽百禮。降福孔皆。」《周頌・載芟》：「有實其積，萬億及秭。爲酒爲醴，烝畀祖妣，以洽百禮。有飶其香。邦家之光。」

一種音樂形式上的和諧，把活動上重要的祭品"禾"的聲符來表示人在豐收底下生活的和諧。於是"龢"字的呈現，代表著初民在原始宗教祭祀的慶典活動上，歌舞娛神、歡慶豐收，歡天喜地的場景，在那場景上神與人、人與人之間共同歡樂的一種精神象徵。當然"龢"字的呈現不僅反映了初民對物質（如食物"禾"）滿足的要求，而且反映了原始先民審美意識（如音樂）的發展，以及初民在總體追求上，以「和諧」爲理想的訴求。於是，「和」也就成爲中國音樂審美理想上的重要指標。

「和」一詞最早出現於成篇成文的文章裡應爲《尚書》，如「無相奪倫，神人以和。」（〈舜典〉）〔註9〕「正德、利用、厚生、惟和。」（〈大禹謨〉）〔註10〕「庶政惟和，萬國咸寧。」（〈周官〉）〔註11〕有和諧，協調之意，不僅追求政治、社會、民生的和諧，亦將「和」理想放在人與神的關係上。之後「和」的概念慢慢開展衍生，而形成四個向度：自然（天）本身之和諧、天與人之和諧（天和）〔註12〕、人與人之和諧（人和）〔註13〕、人自身之和諧（養生）。當人們意識到「和」是社會存在的最高目標，人們很自然地對於生活周遭的事物會以「和」的角度加以評斷之。當人們發現音樂的成立必須調和各個聲律、音調，以形成一諧和的狀態，音樂才可聽。這樣的「和」正好與人們所嚮往的和諧相呼應，於是人們認爲音樂所體現的自然和諧可以感染人心、感染社會。因此，對於音樂審美的要求也就以「平和」、「和平」爲準

〔註9〕　《尚書》，《十三經注疏·整理本》（台北：台灣古籍出版，2001年），頁95。

〔註10〕　同上註，頁106。

〔註11〕　同上註，頁568。

〔註12〕　「天和」的思想爲道家所重視，《老子·五十五章》曰：「知常曰和」，「常」者，「復命曰常」（《老子·十六章》）復歸本原，復歸於道，循著萬物運作的規律，就能達到和諧的狀態。所以要達到萬物和諧的境地，並不是靠社會倫禮的規範、外在文明的薰陶，而是相對地要摒棄掉人文的價值判斷，道家所重視的不僅是「人和」，更重要的是物我一體的「天和」。故《莊子》曰：「夫明白於天地之德者，此之謂大本大宗，與天和者也；所以均調天下，與人和者也。與人和者，謂之人樂；與天和者，謂之天樂。」（《莊子·天道》／458）「人和」僅是均調於天下，「天和」才是大本大宗，心境與萬物冥合，宇宙天地自然而然地運行。

〔註13〕　「人和」的思想爲儒家所重視，儒家對「和」的觀念是兼容對立的兩端，也就是以「中庸」爲評論尺度。而「中庸」之道乃是以「禮」、「仁」思想作爲處事的判斷標準，而「禮」、「仁」是關注在「人」這一角色上內在自覺善的發揮與外在行爲藝術化的表現，故「中庸」思想所追求的「和」，主要著重在「人和」方面的盡善盡美。

則，「和」成爲音樂審美的最高理想，而音樂也成爲了和諧社會的作用者以及體現者，而有了「移風易俗，莫善于樂」的思想。由於音樂與社會的交互關係緊密結合，所以歷來樂論，很難只是音聲藝術的純美理論，最後必定關注於音樂的社會性問題。魏晉樂論也是如此，在談音論樂的背後，仍以「移風易俗，莫善于樂」爲思想焦點，魏晉人所關懷的問題仍在於「樂和」、「人和」、「天和」的理想。只是魏晉樂論以「和」爲依歸的音樂審美理想，有承自傳統，亦有出自於己者，在受有玄學思潮的影響下，顯現出當時代的音樂審美特色。

　　「和」爲中國音樂審美的最高理想，此「和」不僅是音樂本身聲律、音調的和諧，還代表了社會理想的和諧〔註14〕。當音樂之「和」涉入社會實踐的目標時，此時「和」的內涵即包含了人在實踐社會理想時對於社會期望的種種觀念，而這些觀念在傳統樂論中往往以一種道德思考的方式加以架設，如孔子聽《韶》樂、《武》樂時有言「子謂韶，盡美矣，又盡善也。謂武，盡美矣，未盡善也。」（《論語・八佾》）〔註15〕可見孔子對理想音樂的追求，並非在於音調之美，他認爲《韶》樂不但具有音樂美的形式，最重要的是它還

〔註14〕音樂之和與社會理想和諧的結合，此觀念在中國傳統的思想中發生的非常早，以齊相晏嬰與齊景公一段談話爲例：「公曰：『和與同異乎？』對曰『異，和如羹焉，水火醯醢鹽梅，以烹魚肉，燀之以薪，宰夫和之，齊之以味，濟其不及，以洩其過。君子食之，以平其心。……先王之濟五味，和五聲也，以平其心，成其政也。聲亦如味，一氣、二體、三類、四物、五聲、六律、七音、八風、九歌、以相成也。清濁大小、長短疾徐、哀樂剛柔、遲速高下、出入周疏、以相濟也。君子聽之，以平其心，心平德和。故詩曰：德音不瑕。』」（《左傳・昭公二十年》／1613～1619）在此段談話中，晏嬰注意到音樂的和諧不是相同事物的簡單相加，而是在於協調對立的兩極（清濁、大小、長短、疾徐、哀樂、剛柔、遲速、高下、出入、周疏），這樣的協調才能顯出和諧之美，此和諧之美不僅是音樂本身聲律、音調的和諧，還代表了社會理想的和諧，故提出"音和一心和一德和一人和一政和"的發展模式，使得音樂之和成爲人文諧和中的重要環節。再如伶州鳩則提出：「夫政象樂，樂從和，和從平。聲以和樂，律以平聲。……物得其常曰樂極，極之所集曰聲，聲應相保曰和，細大不踰曰平。……夫有和平之聲，則有蕃殖之財。於是乎道之以中德，詠之以中音，德音不愆，以合神人，神是以寧，民是以聽。若夫匱財用，罷民力，以逞淫心，聽之不和，比之不度，無益於教，而離民怒神，非臣之所聞也。」（《國語・周語下》／128）認爲政治和其它事物都應仿效音樂的和諧，才能蕃財、神寧、民聽。這樣的主張，不僅將音樂之和視爲人文和諧的重要環節，甚至是人文和諧所遵從的指標。

〔註15〕《論語注疏・上論》，《十三經注疏・整理本》（台北：台灣古籍出版，2001年），頁49。

具有善的內容。「美」和「善」分屬於不同範疇，前者爲藝術範疇；後者爲道德範疇，孔子將不同範疇的「美」、「善」加以結合，更確立了中國音樂審美理想在道德倫理上的展現，進而追求移風易俗，安上治民的理想。之後的《荀子・樂論》、《樂記》，莫不循著「美善合一」的觀點。如《荀子・樂論》云：「故樂行而志清，禮修而行成；耳目聰明，血氣和平；移風易俗，天下皆寧，美善相樂。」〔註16〕《樂記》云：「然則先王之爲樂也，以法治也，善則行象德矣。」（《樂記》／1284）「樂也者，聖人之所樂也，而可以善民心，其感人深，其移風易俗，故先王著其教焉。」（《樂記》／1285）

　　從孔子、《荀子・樂論》、《樂記》可知，中國音樂對音樂審美理想的追求，其實是用道德理想去實現音樂的審美理想，以追求人格之美，進而追求社會之美。然而道德爲一抽象概念，爲了讓人們在生活行爲中容易實行掌握，於是作爲內在道德顯現於外的「禮」的規範成爲人們掌握的方向，而追求道德理想的音樂，也就與禮形成了密切的關係。「禮」與「樂」最早期是無相關的單獨概念，到了周代，此兩者則成爲典章制度的重要內涵，到了春秋時期發展爲一組相互關聯的範疇並運用於音樂美學，後來爲儒家思想所借重，孔子認爲禮樂的基本精神，乃是仁的自覺、生命德性的參與，是一種由內往外擴充的生命事實，而荀子注意到音樂深感人心，對於性惡、情欲能起疏導的功能，所以注重禮樂的相併運用，而以「禮」爲主，以「樂」爲輔。到了《樂記》，禮樂則處於同等的地位，強調禮樂之間的密切關係，禮是規範人的外形生活，「禮以治躬」；樂是陶冶人的內心修養，「樂以治心」。外在行爲與內心陶冶必須相輔相成，才能成就內外一致的完美人格，進而達天下和樂，故曰：「大樂與天地同和，大禮與天地同節。和故百物不失，節故祀天祭地，明則有禮樂，幽則有鬼神。如此，則四海之內，合敬同愛矣。」（《樂記》／1267）董仲舒於《對策》中亦言：「而子孫長久安寧百歲，此皆禮樂教化之功。」《漢書・禮樂志》也強調禮樂思想：「樂以治內而爲同，禮以修外而爲異；同則和親，異則畏敬；和親則無怨，畏敬則不爭。揖讓而天下治者，禮、樂之謂也。二者並行，合爲一體。」〔註17〕到了魏晉時，仍有「夫禮樂者，爲治之大本也。」〔註18〕之語，可見「禮」影響音樂之深。

〔註16〕 李滌生：《荀子集釋》（台北：台灣學生書局，1994年10月），頁461。
〔註17〕 《新校本漢書并附編二種》（台北：鼎文書局，1976年），頁1028。
〔註18〕 高堂隆語，見《三國志・辛毗楊阜高堂隆傳》。

當我們理解到「和」為中國古代音樂審美的理想時，也正視到中國傳統音樂審美在人格實踐與社會實踐的追求底下對道德倫理的考量，而這樣的考量以內在道德顯現於外的「禮」作為音樂在移風易俗，安上治民的追求上最大的配合。因此，當我們對音樂審美理想進行研討時，不得不關注到「樂」、「禮」、「和」三者之間的相互關係。然而，中國傳統對「樂」、「禮」、「和」的觀念，並非一成不變地延續下去，尤其在士人試圖衝破禮法制度的魏晉時代，禮樂的關係必然有所改變，這樣的改變正突顯了魏晉音樂審美理想的時代性所在。因此，當我們視「和」為音樂審美理想時，則會牽涉到幾個議題：

第一、在音樂形式上，怎樣的音樂才可被稱為「和樂」也就是理想的音樂？

第二、從祭祀慶典活動引發而來的「和」的思想，含有「禮」的儀式於其中，因此「禮」與「和」兩者之間的相關性為何？對於「樂」的影響又為何？

第三、「和」常指神與人，人與人之間關係的和諧，那音樂如何連結神與人，人與人之間的和諧性？

針對以上的議題，再連結到魏晉樂論時，則融合為兩大主題進行研討：

第一、從魏晉樂論禮、樂觀念的歧義探討魏晉音樂人和之美。

第二、從「氣」之平和連結「樂和」與「人和」、「天和」的審美理想。

一、從魏晉樂論禮、樂觀念的歧義探討魏晉音樂人和之美

（一）曹魏時期在禮樂上的建立

「禮」的觀念萌芽於周初，顯著於西周之末，而流行於春秋時代。「禮」概念的初期如前所言多偏重在祭祀的「儀節」上，而祭祀的儀節，是由人祭祀的觀點所定出來，這便含有人文的意義。到了春秋則注重「禮」的內在意義，而與生活內容密切相關，許多的道德觀念都由禮加以統攝〔註 19〕。故禮是治國之本〔註 20〕，也是人倫遵循的軌則。所以「禮」不僅是食衣住行的生

〔註 19〕徐復觀：《中國人性論史》（台中：東海大學，1977 年），頁 36～48。

〔註 20〕《左傳・隱公十一年》：「禮，經國家・定社稷・序民人・利後嗣者也。」（頁 146）《左傳・僖公十一》：「禮，國之幹也。」（頁 418）《國語・晉語四》：「夫禮，國之紀也。」（頁 345）

活規範，它還代表著文明深度發展的象徵行為，甚至含有一種美學性質，即如徐復觀所言：

> 禮的最基本意義，可以說是人類行為的藝術化、規範化的統一物。〔註21〕

「禮」含有一種美學性質，這樣的美是一種秩序性、規則性、節度性、協調性的表現，就前言中國古代對美的追求是一種平和的理想，那禮的行為正符合這樣的理想。或者說，人對美感的追求早含有「和」的思想，故對禮的設置也朝「和」的理想前進。由於禮強調的是外在的一種行為，很容易讓人誤以為只要做到禮的規定，就是完成了「禮」趨於「和」的社會理想，而忽略了內在精神的涵融，於是外在的禮，成為一種僵化的形式，社會的平衡與和諧只是假象的狀態，沒有生命的活力之美，這時的「和」僅是一種機械式的「和」。只要人心一有波動，假象的和諧頓時瓦解。所以必須在精神層次上有所調和，才能穩定人心，於是音樂之和對心靈的安定恰好輔助外在分別的不足，於是歷來「禮樂」並舉。「禮」與「樂」作為一組相互關聯的範疇用於音樂美學，始於春秋時期。如郤缺曾言：「無禮不樂，所由叛也」（《左傳·文公七年》）〔註22〕蘊含樂以禮為內容，再如師曠認為樂應「修詩以詠之，修禮以節之」（《國語·晉語八》）〔註23〕，則明確要求樂受禮的節制〔註24〕。所以古代音樂涵義的完整構成，非僅在於音聲要素而已，因為樂的活動終成為一種文化模式，既是一種文化行為，故也就與禮的行為分不開。樂中有禮，與禮中有樂是相輔相成的。所以「禮樂」，成為儒家思想成就人文、人和之美的最高典範。於是「禮」、「樂」的相輔相成，成為最具人和之美的象徵意義，因此自周代以來，禮樂的建立乃受在上位者的重視，不管其用意是為了王朝成立後威權的象徵；或者真的是在推行禮樂文化，為了表現其「人和」的象徵，「禮樂」已成為各個朝代在王朝成立之時，必然納入思考、重建、推行的典章制度。我們可以從史籍資料中看到，曹魏建立之初，果然有重新制定「禮樂」制度的企圖。

《晉書》有一段記載：

〔註21〕徐復觀：《中國藝術精神》（台北：台灣學生書局，1973 年 1 月三版），頁 3。
〔註22〕《左傳正義·文公一成公》，《十三經注疏·整理本》（台北：台灣古籍出版，2001 年），頁 601。
〔註23〕《國語》（台北：里仁書局，1981 年 12 月），頁 461。
〔註24〕蔡仲德：《中國音樂美學史》（台北：藍燈文化，1993 年 2 月），頁 36。

永嘉之亂，海內分崩，伶官樂器，皆沒於劉、石。江左初立宗廟，尚書下太常祭祀所用樂名。太常賀循答云：「魏氏增損漢樂，以爲一代之禮，未審大晉樂名所以爲異。遭離喪亂，舊典不存。然此諸樂皆和之以鍾律，文之以五聲，詠之於歌辭，陳之於舞列。宮懸在庭，琴瑟在堂，八音迭奏，雅樂並作，登歌下管，各有常詠，周人之舊也。自漢氏以來，依倣此禮，自造新詩而已。舊京荒廢，今既散亡，音韻曲折，又無識者，則於今難以意言。」（《晉書‧卷二十二‧志第十二‧樂下》／697）

由賀循的一段話可知，自漢氏以來，所建立的禮樂制度，乃倣效周代而來，而魏氏時期又增損漢代雅樂，以作爲魏朝的禮樂之制。所以在曹魏初立之時，確實在雅樂禮教上進行了重建的工作，也就是賀循所言的「魏氏增損漢樂，以爲一代之禮」。而魏氏如何能增損漢樂，而成一代之禮？原因就在於獲漢雅樂郎杜夔，而能對雅樂有所創定，《宋書‧卷十九‧志第九‧樂一》有云：

漢末大亂，眾樂淪缺。魏武平荊州，獲杜夔，善八音，嘗爲漢雅樂郎，尤悉樂事，於是以爲軍謀祭酒，使創定雅樂。時又有鄧靜、尹商，善訓雅樂，哥師尹胡能哥宗廟郊祀之曲，舞師馮肅、服養曉知先代諸舞，夔悉總領之。遠考經籍，近采故事，魏復先代古樂，自夔始也。而左延年等，妙善鄭聲，惟夔好古存正焉。〔註25〕

顯然雅樂的建立非一人一時之工作，曹操時期以杜夔爲首招集了散騎侍郎鄧靜、尹商、歌師尹胡、舞師馮肅等音樂人才，從事了雅樂的創制。雅樂的創制，不僅爲曹魏時期樂府官署的重建和歌詩藝術的發展奠定了良好的基礎，而且在中古音樂和歌詩的發展上也具有承上啓下的作用。當然也代表了曹魏建立之初，對於禮樂的重視。但到了文帝時，曹丕對雅樂的重視就不及曹操，這可從《三國志‧卷二十九‧魏書二十九‧方技傳第二十九》的一段記載可知：

夔善鍾律，聰思過人，絲竹八音，靡所不能，惟歌舞非所長。時散郎鄧靜、尹齊善詠雅樂，歌師尹胡能歌宗廟郊祀之曲，舞師馮肅、服養曉知先代諸舞，夔總統研精，遠考諸經，近采故事，教習講肄，備作樂器，紹復先代古樂，皆自夔始也。黃初中，爲太樂令、協律

〔註25〕 沈約：《宋書》（北京：中華書局，1996年），頁534。

都尉。漢鑄鐘工柴玉巧有意思，形器之中，多所造作，亦爲時貴人
見知。夔令玉鑄銅鐘，其聲均清濁多不如法，數毀改作。玉甚厭之，
謂夔清濁任意，頗拒捍夔。夔、玉更相白於太祖，太祖取所鑄鐘，
雜錯更試，然〔後〕知夔爲精而玉之妄也，於是罪玉及諸子，皆爲
養馬士。文帝愛待玉，又嘗令夔與左顧等於賓客之中吹笙鼓琴，夔
有難色，由是帝意不悅。後因他事繫夔，使顧等就學，夔自謂所習
者雅，仕宦有本，意猶不滿，遂黜免以卒。弟子河南邵登、張泰、
桑馥，各至太樂丞，下邳陳頏司律中郎將。自左延年等雖妙於音，
咸善鄭聲，其好古存正莫及夔。

從這段引文可以觀察到幾個重點：

第一、杜夔制雅樂，非一人獨定，而延攬散騎侍郎鄧靜、尹商、歌師尹
胡、舞師馮肅等音樂人才從事歌舞的工作，可見雅樂的呈現，仍是詩、歌、
舞三位一體的形式。

第二、杜夔治樂嚴謹，故當柴玉鑄銅鐘清濁多不如法時，數毀改作。當
夔、玉二人辯白於曹操時，曹操雜錯更試，用謹慎的方式，證明杜夔的正
確。可見曹操對於雅樂的愼重。

第三、到了曹丕時，曹丕對於雅樂並不如曹操來的重視，所以試圖讓杜
夔與不符於雅樂的柴玉學習，但杜夔自認爲所習者雅，仕宦有本，不肯順
從，故遭曹丕黜免官職。可見雅樂的存在到了曹丕時，已失去了實質的意
義。

然而對於禮樂的堅持，在曹魏時期並不因爲杜夔的黜免以卒，或者帝王對
禮樂的不重視，就失去了支持的力量。在青龍年間（大約西元 236 年左右），
由於曹叡大治殿舍，西取長安大鐘，引發了高堂隆對於禮樂制度的重申：

青龍中，大治殿舍，西取長安大鐘。隆上疏曰：「昔周景王不儀刑文、
武之明德，忽公旦之聖制，既鑄大錢，又作大鐘，單穆公諫而弗聽，
伶州鳩對而弗從，遂迷不反，周德以衰，良史記焉，以爲永鑒。然
今之小人，好說秦、漢之奢靡以蕩聖心，求取亡國不度之器，勞役
費損，以傷德政。非所以興禮樂之和，保神明之休也。」是日，帝
幸上方，隆與下蘭從。帝以隆表授蘭，使難隆曰：「興衰在政，樂何
爲也？化之不明，豈鐘之罪？」隆曰：「夫禮樂者，爲治之大本也。
故箾韶九成，鳳皇來儀，雷鼓六變，天神以降，政是以平，刑是以

錯，和之至也。新聲發響，商辛以隕，大鐘既鑄，周景以弊，存亡
之機，恆由斯作，安在廢興之不階也？君舉必書，古之道也，作而
不法，何以示後？聖王樂聞其闕，故有箴規之道。忠臣願竭其節，
故有匡躬之義也。」（《三國志・卷二十五・魏書二十五・辛毗楊阜
高堂隆傳》）

高堂隆以單穆公、伶州鳩勸諫周景王的典故以勸諫曹叡，在本論文的緒論中
已有提到此段典故，故知單穆公與伶州鳩勸諫的用意在於訴求音樂之美非用
於娛樂，而是在於平和人心，使人能思慮純固，透過音樂之和，引向人之和，
然後達到政之和。所以音樂的制作在於「不過耳」、「不出節」、以「知和」為
原則，而不是用於享樂。因此當高堂隆舉此段典故為例，即重申單穆公、伶
州鳩的思想，故曰：「禮樂者，為治之大本也。故策詔九成，鳳皇來儀，雷鼓
六變，天神以降，政是以平，刑是以錯，和之至也。」以「和」作為禮樂的
最終理想。由於高堂隆對於禮樂之和的崇尚，推及到改正朔、營建郊廟、封
禪上也有著同等的意義，故言：

宜崇禮樂，班敘明堂，修三雍、大射、養老，營建郊廟，尊儒士，
舉逸民，表章制度，改正朔，易服色，布愷悌，尚儉素，然後備禮封
禪。歸功天地，使雅頌之聲盈於六合，緝熙之化混於後嗣。斯蓋至
治之美事，不朽之貴業也。然九城之內，可揖讓而治，尚何憂哉！

所有符於禮的典章制度、雅頌之聲，其最大的目標在於使天下和樂永保康業。
可見禮樂之制，在曹魏時期仍是有志之士所朝向的目標。到了景初年間（西
元 239 年左右）高堂隆對禮樂的重視，得到其他有志之士的呼應，如《三國
志・卷二十一・魏書二十一・王衛二劉傅傳》有載，劉劭於景初年間，受詔
作《都官考課》之後「又以為宣制禮作樂，以移風俗，著《樂論》十四篇，
事成未上。」

　　從以上的引文看來，似乎在曹魏時期，對於禮樂有著同等的重視，其實
曹魏時期對於禮的重視更甚於樂。從景初中，所發佈的一道詔令可知：「昔先
聖既沒，而其遺言餘教，著於六藝。六藝之文，禮又為急，弗可斯須離者也。」
（《三國志・卷二十五・魏書二十五・辛毗楊阜高堂隆傳》）是將禮視為最急
需者，尤勝於其它經典之上。當時學者如王肅者，亦極力為曹魏建立一套禮
治制度，企圖以“禮”來融合教化與名法。曹魏建國之初乃以名法為主：「魏
武好法術，而天下貴刑名。」（《晉書・卷四十七・列傳第十七・傅玄傳》／

1317）但隨著曹魏政權的逐步穩固，許多學者開始反思名法之治的弊端，如杜恕言：「今之學者，師商、韓而上法術，競以儒家爲迂闊，不周世用，此最風俗之流弊，創業者之所致慎也。」（《三國志‧杜恕傳》）〔註26〕開始轉向儒家教化的思想。而王肅即是在這種試圖兼教化與名法之利並抑兩者之弊的活動中，初步形成用"禮"來融合教化與名法的草案，成爲禮法之治理論最重要的建設者。〔註27〕

　　從以上的論述，對於曹魏的禮樂觀念，我們可以獲得一些訊息，而這些訊息正可推測到阮籍〈樂論〉與嵇康〈聲無哀樂論〉的創作背景動機。這些訊息就是，曹魏時期，有許多有志之士對於這個新建立的王朝，有著期望與願景，有些學者企圖以禮樂之治，以達到期望與願景的實現。然而，禮樂的建立就政治現實面而言，並非順利可行。以曹操而言，雖然重視雅樂的重建，但行政的基礎並非以雅樂精神作爲教化的指標，而是以刑名治理天下，可見雅樂的建立有其名而無其實，曹操對雅樂的重視都未進入雅樂的精神，更別說之後曹丕對雅樂的不重視，以及曹叡時借「興衰在政，樂何爲也？化之不明，豈鐘之罪？」模糊音樂與政治之間的關係，然後追求音色之美。再加上之後對禮教的越趨重視，使得禮的地位，更甚於樂，於是「雅樂」的精神在曹魏末期有了式微的情況，因此，也就形成了當時士人對於「樂」的熱列討論，如劉劭〈樂論〉、何晏《樂懸》（已佚）、夏侯玄〈辨樂論〉、阮籍〈樂論〉、嵇康〈聲無哀樂論〉皆成文於這一段時期〔註28〕。而我們藉由這段時期

〔註26〕陳壽撰，裴松之注：《三國志》（北京：中華書局，1982年），頁502。

〔註27〕在現存的王肅所上奏章論疏中，絕大部分都是對禮制的具體操作的解釋和與他人的爭論，在嚴可均校輯的《全三國文‧王肅集》中，共有表、議、疏、奏、答問等三十四篇，涉及禮制方面的有二十二篇，占一半以上的數目，而從此些文章可以看出，王肅是當時的禮學專家，以及積極推行禮治思想。

〔註28〕莊萬壽於《嵇康研究及年譜》一書在將嵇康〈聲無哀樂論〉的寫作年代定爲正始七年時，說了以下的理由：「從東漢到曹魏時代，民歌勃發，三曹、七子，無不受到民歌的洗禮，傳統廟堂的雅樂枯萎。曹叡以後，宮廷豪族漸漸淫侈……所以239年劉劭作〈樂論〉以移風俗，正始時，雅俗樂並轡而馳，大概對音樂有所論辯，何晏才有《樂懸》之作。阮籍站在儒家的觀點……後來夏侯玄〈辨樂論〉駁斥阮籍……嵇康也反對音樂本身可以移風易俗，或有哀、樂的作用，因此作文（〈聲無哀樂〉加入辯論）。」莊萬壽是從民歌駁發，俗樂盛行的角度以爲魏晉樂論的寫作多作於景初三年（239）年到正始七年（246）之間，筆者以爲魏晉樂論的寫作並非僅是俗樂盛行的關係，然而莊萬壽對魏晉樂論寫作的年代則爲筆者所認同。

對於禮樂的觀念，正可推測出阮籍〈樂論〉與嵇康〈聲無哀樂論〉的創作背景動機。

阮籍〈樂論〉是藉由劉子的提問，所展開的長篇回答。劉子問：

> 孔子云：『安上治民，莫善於禮。移風易俗，莫善於樂。』夫禮者，男女之所以別，父子之所以成，君臣之所以立，百姓之所以平也。為政之具，靡先於此。故安上治民，莫善於禮也。夫金石絲竹鍾鼓管弦之音，干戚羽旄進退俯仰之容，有之何益於政？無之政何損於化？而曰移風易俗，莫善于樂乎？（《阮籍集校注》／77）

劉子的問題，基本上已經先有立論，此立論在於，從政治的角度分析，認為禮已具有完善的政治功能，可別男女、成父子、立君主、平百姓，認為此禮者已達到安上治民的功用，並且進一步認為安上治民也已達到了政治的目的，既然政治目的已達到，那「金石絲竹鍾鼓管弦之音，干戚羽旄進退俯仰之容」又有何用呢？所以劉子問題的內蘊，其實已經先否定掉「樂」對於政治存在之必要。阮籍〈樂論〉會設定出禮、樂兩者在政治功用上存在與否的問題，突顯出當時政治制度重禮輕樂的情況，於是阮籍〈樂論〉在道出重禮輕樂的現實之餘，重申音樂在移風易俗上的重要性，以恢復禮樂同等地位的理想狀況。

至於嵇康〈聲無哀樂論〉，其論述的重點在於，強調「聲」、「情」不相經緯，也就是「聲」、「情」異軌的分判，突破傳統賦予音樂過多的功利效用，讓音樂回歸於本來面目，使得音樂從社會性、政治性與功能性的觀念中脫離出來。音樂與政治的脫離，並非嵇康的獨見，卞蘭難高堂隆時即有語：「興衰在政，樂何為也？化之不明，豈鐘之罪？」然而這樣的觀念，僅是表面、膚淺的看法，是為了音樂的享樂所尋求出的藉口，嵇康的〈聲無哀樂論〉顯然要打破這樣的模糊論調，讓音樂提升到追求絕對精神自由即「至人之境」的理想向度，而反駁流連於音聲之美的享樂。再來，由於當時禮法的標竿樹立，整個政治社會充斥在禮儀的桎梏之下，相對的人的精神自由也就更趨束縛，因此，嵇康〈聲無哀樂論〉不似阮籍〈樂論〉重申禮樂並重的問題，而有音樂的地位更甚於禮的思想。

（二）阮籍〈樂論〉中的禮樂關係

阮籍〈樂論〉對劉子的提問，「安上治民，莫善於禮也。夫金石絲竹鍾鼓管弦之音，干戚羽旄進退俯仰之容，有之何益於政？無之政何損於化？而曰

移風易俗，莫善于樂乎？」展開一長篇的回答。其中開頭一段的敘述，即作了扼要的答覆：

> 夫樂者，天地之體、萬物之性也。合其體，得其性，則和；離其體，失其性，則乖。昔者聖人之作樂也，將以順天地之體，成萬物之性也。故定天地八方之音，以迎陰陽八風之聲。均黃鐘中和之律，開群生萬物之情氣。故律呂協則陰陽和，音聲適而萬物類。男女不易其所，君臣不犯其位。四海同其歡，九州一其節。奏之圜丘而天神下，奏之方丘而地祇上。天地合其德，則萬物合其生。刑賞不用，而民自安矣。（《阮籍集校注》／78～79）

劉子的提問是將樂與禮相提並論的，然而阮籍的回答，卻直接從遠古未制定禮樂度數之前，也就是當「禮」與「樂」未合流之時談起，而直指「樂」之本身。阮籍認為，樂之本原就是「天地之體」、「萬物之性」，也就是內在於天地萬物本身的氣機律動，所以聖人順其體成其性，而定下的八方之音，當然能直接迎應陰陽八方之風，而依此開啓群生萬物之情性。換言之，是由鼓動宇宙變化的遍存本體來論樂的〔註29〕。之後的男女不易其所、君臣不犯其位，刑罰不用而民自安的政治機能，莫不循著宇宙的本體、律動而來，而其中的媒介者即是「樂」。由「樂」所達到的男女所、君臣位、民自安，可相類於劉子所強調的禮的政治功能：別男女、成父子、立君主、平百姓。因此，所謂禮的積極功能，阮籍認為，於社會形成之初，人心尚未紛亂之前，只要由「樂」這樣的方式即可達成。

　　所以在社會形成之初，人心尚未紛亂之前，「樂」的律動，帶領「禮」制的政治機能自然呈現，此時的「樂」相較於「禮」而言，處於主導地位。但當人心越趨於紛亂時（也就是〈樂論〉中所謂的「其後聖人不作」的後世），「樂」與「禮」的地位則有所易處，〈樂論〉云：

> 刑教一體，禮樂外內也。刑弛則教不獨行，禮廢則樂無所立。尊卑有分，上下有等，謂之禮。人安其生，情意無哀，謂之樂。車服，旌旗，宮室，飲食，禮之具也。鐘磬，鞀鼓，琴瑟，歌舞，樂之器也。禮踰其制，則尊卑乖。樂失其序，則親疏亂。禮定其象，樂平其心。禮治其外，樂化其內。禮樂正而天下平。昔衛人求繁纓曲懸，

〔註29〕鄭毓瑜：〈阮籍的音樂審美觀〉，《文學與美學》第一集（淡江大學中國文學研究所主編，文史哲出版社，1980 年 1 月），頁 71。

而孔子歎息，蓋惜禮壞而樂崩也。夫鐘者，聲之主也。懸者，鐘之
制也。鐘失其制，則聲失其主。主制無常，則怪聲並出。（《阮籍集
校注》／89～90）

當一個社會必須將刑、教、禮、樂落實於生活制度時，表示人類的心智已發
展到某一複雜的程度，必須以刑罰作懲戒、以禮制來規範行為，不似先民時
代可以「刑賞不用」，而人民自安。由於「禮」的規範性是一種外在行為的節
制，所以在知性活動紛起，社會生活已經相當地複雜化以後，「禮」的節制，
容易收到立見的安定效果。相對於「樂」，它講求的是對於人內在精神的陶
冶，這在純樸未開的先民時代容易收到效果，但在人心紛亂、物質文明複雜
化的社會，便不易為一般人所把握。因此，在社會生活複雜化的後世，「禮」
成為「樂」制立的標的，沒有「禮」，「樂」則無法成立，故曰：「禮廢則樂無
所立」。所以制樂的目的也以禮為標準，必須鞏固倫理秩序、必須分別親親尊
尊的原理原則，若「樂」失了倫理秩序，那親疏之間則會顛倒錯亂。所以「禮」
的完成，「樂」也就跟著完成，若「禮」壞，「樂」就跟著崩敗。

　　所以阮籍〈樂論〉，在論述禮樂關係時，分為兩個向度：在先民時期，聖
人作樂從天地出，循著宇宙的本體、律動而引發許多政治機能，使得男女
所、君臣位、民自安，自然而然形成和諧融洽的社會，這是由於人心單純，
所以音樂容易收到感化人心的效果。至於後世時期，「樂」的制作必須以
「禮」為準則，因為「禮」所維持的一定的行為模式，容易讓紛雜的社會
達到收攝效果，而方便管理、統治，因此在取決於迅速安置社會、平定混亂
的功能上，「禮」的地位則優先於「樂」。此兩個向度的禮樂關係，阮籍所
關注的是後一個向度，因為，先民時代已遠矣，阮籍所面對的，早就是一個
人心紛雜、物質文明發達的社會，所以在禮樂關係上，「禮」的地位優先於
「樂」。

　　「禮」優先於「樂」觀點乃承《樂記》而來。《樂記》常常將禮樂並舉，
強調禮樂之間的密切關係。禮與樂各有各的定義、屬性、功用、目的，最大
的分別在於，禮是規範人的外形生活，「禮以治躬」；樂是陶冶人的內心修養，
「樂以治心」，「樂也者，動於內者也；禮也者，動於外者也。」（《樂記》／
1331）外在行為與內心陶冶必須相輔相成，才能成就內外一致的完美人格，
故禮與樂等量齊觀，無有輕重、薄厚之分。若兩者有厚此薄彼的情況，則會
「樂勝則流，禮勝則離」（《樂記》／1264）、「樂極則憂，禮粗則偏矣」（《樂

記》／1272）。故曰「禮樂不可斯須去身」（《樂記》／1328）、「禮樂皆得，謂之有德」（《樂記》／1259）。「樂」的精神在於和；「禮」的精神在於序，和與序之間，有著相似的原理，若無序則不能有和的現象；若有和必定呈現有序的狀態，所以序與和之間彼此為用，內外相應，故禮樂也就必然地互相呼應。這種禮樂互重的觀念，即是儒家中庸之道的發揮〔註30〕。雖對禮樂無輕重厚薄之分，但由於《樂記》太過於重視人文的情況下，要求音樂必須要與人文相接軌，才有被肯定的可能，而因此將音樂做了等級差別的價值論定。音樂等級的差別即是「禮」的別異方式，如此一來，《樂記》所強調的禮樂同等，其實還是以「禮」為根本。阮籍〈樂論〉中「禮樂外內」、「禮定其象，樂平其心。禮治其外，樂化其內。」等語，皆承自《樂記》的思想而來，看似禮、樂互等，其實還是以「禮」為根本，故與《樂記》一樣，將音樂做了等級差別的價值論定，認為音樂有「淫」、「正」之分。「淫聲」，即不符於「禮」的規定，「各歌其所好，各詠其所為」（《阮籍集校注》／82）而造成「棄父子之親，弛君臣之制，匱室家之禮，廢耕農之業」（《阮籍集校注》／82）從根本上動搖了等級的統治，而且認為「淫聲」多悲樂，「猗靡哀思之音」（《阮籍集校注》／907）、「愁怨偷薄之辭」（《阮籍集校注》／90）有害人平和之心，人心不平和，「災害不生，亦難矣」。「淫聲」會產生是因為「正樂」廢棄的關係，而「正樂」廢乃是「正禮」未設的關係，也就是前文所言的「禮壞而樂崩」、「禮廢則樂無所立」，所以「正樂」的設立，必須有「正禮」為其導航，如此才能杜絕「淫聲」、「悲樂」，而達到「禮樂正而天下平」（《阮籍集校注》／89）的理想。

（三）嵇康〈聲無哀樂論〉中的禮樂關係

嵇康在〈太師箴〉一文中，提出了他對社會演化的看法，共分為五個進

〔註30〕儒家「中庸」之道的思想，乃是以「和」為核心，「中」只是用來輔助了解「和」的用詞。而對美的追求也離不開中庸的原則，故有「文質彬彬」、「盡善盡美」之語，對於音樂的審美也以此為標準，「樂而不淫，哀而不傷」（《論語·八佾》）不淫不傷的音樂，即是合乎「中」的音樂。儒家的「中庸」之道，並非簡單的過與不及的折中美學而已，其背後是以「禮」、「仁」思想作為處事的判斷標準，故放準於人格理想、政治理想、美學理想，能成就一種和諧的「中庸」狀態，乃是「禮」、「仁」思想的實現。而「禮」、「仁」是關注在「人」這一角色上內在自覺善的發揮與外在行為藝術化的表現，故「中庸」思想所追求的「和」，主要著重在「人和」方面的盡善盡美。而「禮樂」的互重的觀念即是中庸之道對於人和之美的最加發揮。

程：〔註31〕

　　第一、指人類肇興的洪荒時代「浩浩太素，陽曜陰凝。二儀陶化，人倫肇興。爰初冥昧，不慮不營。」這樣的原始自然狀態也就是〈難自然好學論〉中的洪荒之世：「洪荒之世，大朴未虧，君無文於上，民無競於下，物全理順，莫不自得。飽則安寢，饑則求食，怡然鼓腹，不知爲至德之世也。若此，則安知仁義之端，禮律之文？」這樣的一個時代，處於無社會、無政府的狀態，人與人之間互不侵擾而自得。所以此時的人們依循自然本性生活，在天人交泰底下，不知仁義爲何，更無須禮律之文來規範人的行爲。第二、隨著人類的心智越開，欲望與知識日趨增進，於是人與人之間難免會產生衝突，於是「宗長歸仁」、「必托賢明」，讓人民在漸失自然本性之時，能有一個導引歸於本性的方向。由於「大朴未虧」，所以先王「默靜無文」依然沉默安靜而不發布禮律之文，以保持完美樸質的原始狀態。第三、到了唐堯虞舜之世，仍然「體資易簡，應天順矩」，承自然之餘緒，以簡樸的無爲之治，讓人民享有寧靜自然的生活。第四、時至大禹之後，人們的心已紛雜到一定的程度「智慧日用，漸私其親」，天下已失道失德，所以爲政者「攘臂立仁」、「繁禮履陳」，必須建立仁義學說，也必須以繁重的禮儀來規範人的行爲。第五、到了殷商時期，人與人之間互相鬥爭，利害相交，君主「宰割天下，以奉其私」，這時候連禮義都被拋棄了。〔註32〕

　　綜觀〈太師箴〉一文中社會演進的五個階段，可以發現，前三個階段由於大道未虧，人心尚都純樸的情況下，故無須禮儀律文作矯正人心的動作。但到了後兩個階段，天下失道、失德，人心紛亂不已，智巧日用，利巧愈競，而喪失了自然天性和本眞，所以必須以「禮」加以節制荒亂的行爲，但等到人心紛亂到極點時，連「禮」都失去了規正的功能，而被人們所拋棄了。故在嵇康的思想裏，人類所生存的原始環境，因人心單純，沒有什麼欲望，只是順著天道而行，所以不須「禮」的存在。「禮」的發生，是因人失去了自然本眞，爲政者必須導人於正的方式。以此看來，嵇康並不反對「禮」的存在，但他也強調「全性之本，不須犯情之禮律。」（〈難自然好學論〉《嵇康集校注》／261）保全自然之性的根本，不須由侵犯性情的禮法所完成。所以「禮」的

〔註31〕參閱自曾春海《嵇康》（台北：輔仁大學，1994年8月），頁208～209。
〔註32〕〈太師箴〉以「主父棄禮」爲例，說明後世德衰，大道沉淪之後，連用來規範人的禮義都被拋棄了。

存在是一種非不得已的情況。

以上是嵇康對「禮」的看法，在〈聲無哀樂論〉中，亦秉持這樣的觀點。

> 古之王者，承天理物，必崇簡易之教，御無為之治。君靜於上，臣順於下，玄化潛通，天人交泰。枯槁之類，浸育靈液，六合之内，沐浴鴻流，蕩滌塵垢；群生安逸，自求多福；默然從道，懷忠抱義，而不覺其所以然也。和心足於内，和氣見於外，故歌以敘志，儛以宣情。然後文之以采章，照之以風雅，播之以八音，感之以太和，導其神氣，養而就之。迎其情性，致而明之；使心與理相順，氣與聲相應，合乎會通，以濟其美。故凱樂之情，見於金石；含弘光大，顯於音聲也。若以往則萬國同風，芳榮濟茂，馥如秋蘭，不期而信，不謀而成，穆然相愛，猶舒錦布綵，而粲炳可觀也。大道之隆，莫盛於兹，太平之業，莫顯於此。（《嵇康集校注》／221～222）

此段引文所表達的思想，與〈太師箴〉前三階段的敘述有著異曲同工之妙，都是溯本於人類最原始的狀態，人與人之間沒有分化對立，無是非好惡，無利害、無心機，此時無須「禮」的存在，因為平和的内心，帶動著外在行為呈現「和氣」的現象，所以人的行為沒有需要規正之處，每個人只是「默然從道，懷忠抱義，而不覺其所以然」，而過著無憂無慮的樸質生活。這樣的生活充滿著和樂的氣氛，於是人民將歡樂的情懷體現於音樂，用歌唱來敘述心志，用舞蹈宣洩感情，讓大道之隆、太平之業的宏大，能顯露在音聲之中。由此看來，在嵇康所認為的大道未衰的太平盛世裏，「禮」沒有存在的必要，但「樂」在此時，卻發揮了讓「大道之隆」、「太平之業」持續穩定的作用。為什麼音樂可以有這樣的作用？因為「聲音以平和為體」，「樂」與「道」同質，音樂承於道的特性而含有平和的特質〔註33〕，而洪荒之世人心以平和的狀態顯現，所以人的平和之心容易與音樂的平和之體相呼應，此時溝通兩者的不會是心知的思慮，而是橫貫於人聲的連結又能縱貫於道的「氣」，於是人聲相遇相融，「使心與理相順，氣與聲相應。」心順於天理而不起作用，人、心、聲、氣相符相應，進而會通於「和域」，故音樂成為人與天道之間的媒介，讓人至和的精神能充分顯現，上契於道，同歸於自然天地之和諧。

〔註33〕見第二章第二節「魏晉樂論完成人之復歸的音樂審美體驗」。

　　然而，人心在面對日趨複雜的環境時，為了防止行為的紛亂，顯然必須藉由一種制約，來調和人與人之間因複雜環境所產生的不平和行為，故在大道衰弊之後，「禮」也就因應而生。

> 是以古人知情之不可放，故抑其所遁；知欲之不可絕，故自以為致。
> 故為可奉之禮，制可導之樂。口不盡味，樂不極音，挾終始之宜，
> 度賢愚之中；為之檢則，使遠近同風，用而不竭，亦所以結忠信，
> 著不遷也。故鄉校庠塾，亦隨之使絲竹與俎豆並存，羽毛與揖讓俱
> 用，正言與和聲同發。使將聽是聲也，必聞此言；將觀是容也，必
> 崇此禮。禮猶賓主升降，然後酬酢行焉。於是言語之節，聲音之度，
> 揖讓之儀，動止之數，進退相須，共為一體。君臣用之於朝，庶士
> 用之於家。少而習之，長而不怠，心安志固，從善日遷，然後臨之
> 以敬，持之以久而不變，然後化成，此又先王用樂之意也。故朝宴
> 聘享，嘉樂必存。（《嵇康集校注》／223～224）

此引文中所描述的時期好比〈太師箴〉所言的第四個時期，人的情感與欲望已日見泛濫，但在「情不可放」、「欲不可絕」的情況下，為政者就必須「攘臂立仁」、「繁禮履陳」，設立可奉之禮與可導之樂，作為導引性情的方式，讓情欲不會過度浮濫流而不返。因此，此時的「樂」與原始自然時代的音樂不同，不再是「敘志」、「宣情」或「凱樂」的一種自然而然的體現，而是必須加入人為的意志，人為的方法，讓樂有更積極的引導性情的作用，於是與「禮」相結合。因為「禮」作為一種可以節制人的行為的規範，它必定對於人的情欲起了一定的抑制作用。但從前幾段引文中可以知道，嵇康認為「樂」是人們自然而發的一種行為，而「禮」卻是侵犯性情而非不得已而行的一種舉動，所以從人性角度來看人對「禮」與「樂」的接受程度，當然樂於接受音樂而排斥禮儀。但「樂」在衰弊之世已無法呈現心與理相順、氣與音聲相應，融會貫通，以成就其完美的理想，為政者以為，只要制定出可行之「禮」，才有抑止情欲防止人心浮濫的可能。所以為政者在人民樂於接受音樂而排斥禮儀的情況下，想了一個變通的方式，在音樂的表現形式上，加入了禮的因素，讓「絲竹與俎豆並存，羽毛與揖讓俱用，正言與和聲同發。」如此一來，人們在聆聽音樂時，不再只是純粹的音聲審美，還包含了人文美學「禮」的鑑賞，因此聆聽者、觀賞者，受了歌詞（正言）、舞容（羽毛）的聯想接受其中「節」、「度」、「儀」的暗示，於是「必崇此禮」，接受了「禮」在人文中所產

生的有節有度的和諧美感，因此「少而習之，長而不怠，心安志固，從善日遷，然後臨之以敬，持之以久而不變，然後化成。」久而久之，心安志固、仁善禮敬的人格即可養成，推之於社會，人文之美燦爛可觀。

由以上的分析，我們可以作這樣的推論，由於音樂與人性同承於自然而來，所以容易產生共和共鳴，再加上人的情感可以「遇和聲而後發」，讓人的性情有一個宣洩的管道，所以一個爲政者在追求符和於人性的政治機能時，不得不把「樂」放在「禮」之前，使得音樂的地位比禮儀還來的更重要。「禮」必須隨著「樂」才有存在與發揮效用的可能，「禮」必須夾帶在音樂之中，才能散播它的人文精神，必須用「樂」的律動來緩解「禮」的生硬形式，使人們「將聽是聲也，必聞此言；將觀是容也，必崇此禮。」使人們聆聽音樂時，就必定會接收到以「禮」爲準則所創作的歌詞，在觀看樂舞時，就會崇尚樂舞中所表達的禮儀。讓人民的生活中處處聆賞音樂，同時又處處耳濡目染「禮」的人文之美，因此，「故朝宴聘享，嘉樂必存」不管是朝覲、宴引、聘問、獻祭，嘉美的音樂必定存在，而此時「禮」也存在了。

（四）阮籍、嵇康禮樂觀點的比較

從阮籍、嵇康對於禮樂的觀點，我們可以歸納成幾個重點：

第一、阮籍、嵇康都認爲在自然純樸先民時期，無須「禮」的存在，人只是依順著自然本性而活動，人的生命呈現最純境原始的狀態，一切意識不受干擾，人對於事物便有最真切的掌握，於是在無造作、無矯飾底下，人心乾淨地如天道無爲，於是生命充滿著喜樂，喜樂之情即由音樂所流洩出來，所以無所謂「禮」的存在。

第二、阮籍、嵇康都認爲在大道虧損的後世時期，「禮」有其必然存在的重要性。後世時期人心情欲逐開，各種現象炫目亂耳，人如何在物質文明日趨複雜底下，尋找到自己的定位，於是「禮」因應而生，其目的是爲了讓人們的生活有適切可循的律則與方向。由於「禮」是爲了節度人的行爲，爲了讓人的行爲能展現有節有度的和諧狀態，於是所設立的許多儀則，含有一種和諧的美感存在。例如人的肢體動作揖讓升降、拱手作揖、舉手投足、不疾不徐，讓人的肢體動態呈現安祥柔和的美感；在祭祀上，那些簠、簋、俎、豆的器皿，不僅爲了實用，還包含造型設計的美感於其中；再如宴會上祭典上所呈現的歌舞形式，鐘磬、鞞鼓、琴瑟、歌舞、鐘鼓、管磬、羽籥、干戚，形成爲藝術的場域，極盡感觀的審美。所以「禮」所帶給人的不僅是人心紛

雜的收束，生活可循的律則與方向，還表現了人類在文化的發展上所賦予物質文明的藝術美感，以及追求一種人與人之間最完滿的和諧狀態，以人文之美展現社會群體的融和。

第三、雖然阮籍、嵇康都肯定「禮」的存在，但在禮樂關係的認定上卻有不同的看法。阮籍以為「樂」的制作必須以「禮」為準則，「禮」成為「樂」制立的標的，所以「禮」的地位優先於「樂」。嵇康以為「禮」必須隨著「樂」才有存在與發揮效用的可能，「禮」必須夾帶在音樂之中，才能散播它的人文精神，必須用「樂」的律動來緩解「禮」的生硬形式，所以有以「樂」為主以「禮」為輔的傾向。兩者對於禮樂關係歧異的看法，可以連結到上一章的觀念，阮籍對音樂的理解乃承自於《樂記》的架構，所以與《樂記》一樣有著層層遞進的音樂發展概念，在音樂審美上也分為「審聲」、「審音」、「審樂」三個層級。因此在禮樂的關係上也接收了《樂記》的思想，看似同等的禮樂關係，其實是以「禮」為根本。嵇康則解除《樂記》在音樂上所賦予的高低不平等的價值判斷，藉由《莊子‧齊物論》「天籟」、「道通為一」的思想，一一消解人類過度架設在音樂上的人為體制、文明形式、繁瑣思維、複雜情感，讓「聲」、「音」、「樂」回歸到平等的地位，以顯現出音樂本身自體性的觀照及獨立面貌。在反人文的心態下，嵇康在看待禮樂關係時，把出於自然的「樂」放在人為的「禮」之上，以「樂」為主，以「禮」為輔。

自漢武帝以來，儒學的教養對於士人而言何其重要，士人的人格養成以儒家倫理道德為圭臬，士人的規行矩步都對儒家的「禮」帶著虔誠的信仰。但這種對「禮」的恭敬誠心，隨著對名儒的推崇而更加嚴格恪守〔註34〕，再

〔註34〕《後漢書卷四十上‧班固列傳‧第三十上》：引班固上東平王劉蒼的奏記，推薦當時的名儒：「竊見故司空掾桓梁，宿儒盛名，冠德州里，七十從心，行不踰矩，蓋清廟之光暉，當世之俊彥也。京兆祭酒晉馮，結髮修身，白首無違，好古樂道，玄默自守，古人之美行，時俗所莫及。扶風掾李育，經明行著，教授百人，客居杜陵，茅室土階。京兆、扶風二郡更請，徒以家貧，數辭病去。溫故知新，論議通明，廉清修絜，行能純備，雖前世名儒，國家所器，韋、平、孔、翟，無以加焉。宜令考績，以參萬事。京兆督郵郭基，孝行著於州里，經學稱於師門，政務之績，有絕異之效。如得及明時，秉事下僚，進有羽翮奮翔之用，退有杞梁一介之死。涼州從事王雍，躬卞嚴之節，文之以術藝，涼州冠蓋，未有宜先雍者也。古者周公一舉則三方怨，曰「奚為而後己」。宜及府開，以慰遠方。弘農功曹史殷肅，達學洽聞，才能絕倫，誦詩三百，奉使專對。此六子者，皆有殊行絕才，德隆當世，如蒙徵納，以輔高明，此山梁之秋，夫子所為歎也。」（《新校本後漢書并附編十三種》，台北：

加上漢代察舉徵辟制度，多以名節爲考察〔註35〕，所以漢人的敦品勵節，處處以「禮」爲準則，作爲忠孝廉讓的美德，在爲了符合社會期待與追求功名利祿的情況下，內在德性的修養轉爲世俗名譽的角逐，在刻意修飾一己操行的情形下，禮儀變了調，成爲一種過度的整飾而不通於人情，甚至近於虛僞〔註36〕。之後隨著大一統政權的崩壞，儒學頓時失去政權的保護與支撐，儒學也就走向了衰亡之路。儒學束縛解除之後，各種對於儒學的反省活躍起來，所以阮籍、嵇康對「禮」的歧異地位的認定，即是在「禮」學崩解之後，爲「禮」尋求新的定位。這樣一個學術狀況，與春秋時代周文疲弊、禮壞樂崩的情形相似。周代末期整個文化現象已流於形式而成虛文，於是孔子將禮安放於內心的仁，使得制式的人文之禮充分展現生命的溫度，改造了「禮」的精神，爲外在形式的「禮」注入了內在之質，讓「禮」有繼續存在的意義與理想。阮籍、嵇康所面對的時代，也與孔子一樣必須對「禮」作重新的思考。所以阮籍、嵇康者如魯迅所言並非毀壞禮教之人〔註37〕，只是他們還在爲適合於當時代的「禮」作思量，所以在禮樂關係上，則出現了「禮」的歧異地位，可見當時的知識分子在「禮」的認定上還未有共識。但

鼎文書局，1978年，頁1331～1332）這些名儒規行矩步、廉潔志高，爲當時士人的典範。再加上漢代考選官員均以德行經學爲重，故士人皆砥勵名節，以符社會對儒者的期望，亦可兼顧達到求得功名的效果。

〔註35〕 漢代的官僚來源，大要不出「察舉」和「徵辟」兩途。「察舉」是由中央政府下詔規定政府所需要的人才性質，如「賢良方正」、「直言極諫」、「武猛康將帥」之類，要地方政府在其轄境內發現如此人才，即推薦上去，至於「徵辟」，即是各級官府選拔有才能的人做僚屬，或是中央政府直接從「布衣」、地方上卑微的官吏、或做過高官的人中挑選人才，給與高官的職位。參考自王仲犖《魏晉南北朝史》（上海：上海人民出版社，1979年），頁123～124。

〔註36〕 《後漢書卷二十七‧張湛列傳‧第十七》：「張湛……於嚴好禮，動止有則，居處幽室，必有修整，雖遇妻子，若嚴君焉。及在鄉黨，詳言正色，三輔以爲儀表。人或謂湛僞詐，湛聞而笑曰：「我誠詐也。人皆詐惡，我獨詐善，不亦可乎？」（頁928）《後漢書卷七十九下‧儒林列傳‧第六十九下》：「爲太常。清潔循行，盡敬宗廟。常臥疾齋宮，其妻哀澤老病，窺問所苦。澤大怒，以妻干犯齋禁，遂收送詔獄謝罪。」（頁2579）王符《潛夫論‧交際》：「凡今之人，言方行圓，口正心邪，行與言謬，心與口違，論古則知稱夷、齊、原、顏，言今則必官爵職位，虛談則知以德義爲賢，貢薦則必閥閱爲前，處子雖躬顏閔之行，性勞謙之質，秉伊呂之才，懷救民之道，其不見資於斯世也，亦已明矣。」

〔註37〕 魯迅：〈魏晉風度及文章與藥及酒之關係〉，收入《魏晉思想》乙編三種（台北：里仁書局，1995年8月），頁14。

由以上的分析我們可以發現一個共同的現象，即是阮籍、嵇康的「禮」已非孔子、孟子、荀子、漢儒的「禮」，而是多多少少滲入了道家思想於其中。這是一個很有趣的現象，道家崇尚自然故反對人文，而「禮」為人文所造，要將道家的自然納入於人文的「禮」之中，可說是一種自相矛盾的行為，但魏晉的玄學家就是有這樣的本領。所以在阮籍的〈樂論〉中雖然有著「樂」以「禮」為本的思想，似乎完全接納傳統以來的禮樂思想，但若以阮籍其它文章的思想作佐證，則會發現，〈樂論〉中的「禮」，並非當時世俗所認定的禮儀，即如〈大人先生傳〉中所言：「君子之禮法，誠天下殘賊、亂危、死亡之術耳。」（《阮籍集校注》／170）〔註38〕那些「戰戰慄慄」、「足履繩墨」、「唯法是修，唯禮是克」，圖的是「揚聲名於後世，齊功德於往古」，這些自以為謹守禮法的偽君子，才是天下真正的亂源。所以阮籍〈樂論〉中的「禮」是與〈樂論〉所強調的「自然一體」、「萬物一體」的主旨相通，故曰：「昔先王制樂，非目縱耳目之觀，崇曲之嬿也；必通天地之氣，靜萬物之神也。故上下之位，定性命之真也。故清廟之歌，詠成功之績。賓饗之詩，稱禮讓之則。百姓化其善，異俗服其德。」（《阮籍集校注》／92）所謂的「天地之氣」、「萬物之神」、「性命之真」，都代表著對於自然的回歸，所以「禮讓之則」的稱定也必須以此為標準，如此才能讓「百姓化其善，異俗服其德」以達天地萬物順其體性自然而然、和諧統一地存在。只是阮籍〈樂論〉中的「禮」其思路還是沿著《樂記》的理論，只是在肯定人文對社會理想的建設之後又安置了道家自然於其上，所以儒家色彩較道家色彩濃厚。是以一種溫和的方式與當時的偽禮相抵抗。

　　至於嵇康，從〈難自然好學論〉、〈太師箴〉、〈聲無哀樂論〉三篇文章中

〔註38〕時人所認為的君子：「天下之貴，莫貴於君子。服有常色，貌有常則，言有常度，行有常式。立則磬折，拱若抱鼓。動靜有節，趨步商羽，進退周旋，咸有規矩。心若懷冰，戰戰慄慄。束身修行，日慎一日。擇地而行，唯恐遺失。頌周、孔之遺訓，嘆唐、虞之道德，唯法是修，為禮是克。手執珪璧，足履繩墨，行欲為目前檢，言欲為無窮則。少稱鄉閭，長聞邦國，上欲圖三公，下不失九州牧。故挾金玉，垂文組，享尊位，取茅土。揚聲名於後世，齊功德於往古。奉事君上，牧養百姓。退營私家，育長妻子。卜吉宅，慮乃億祉。遠禍近福，永堅固己。此誠士君子之高致，古今不易之美行也，今先生乃披髮而居巨海之中，與若君子者遠，吾恐世之嘆先生而非之也。行為世所笑，身無自由達，則可謂恥辱矣。身處困苦之地，而行為世俗之所笑，吾為先生不取也。」（〈大人先生傳〉《阮籍集校注》／163）

對於洪荒時代、人類原始狀態的描述，可以了解到，嵇康對理想社會的憧憬在於大朴未虧、自理自得的生活。而這種無社會、無政府、人與人互不侵擾自足自得的時代，無須人文的「禮」的存在。所以在人心已開始分化、物質文明開始發展以後，「禮」非不得已必須存在的情況下，嵇康仍崇尚最不人為、最簡易的方式，讓「禮」成為一種自然而然的行為，使得已經人為化的人文社會，還能有與天道同行的可能。

二、從「氣」之平和連結「樂和」與「人和」、「天和」的審美理想

（一）魏晉之前的「氣論」發展以及「氣」以「和」為宗旨的思想

中國「氣」字產生的很早，於甲骨文、金文中即已出現。按許慎《說文解字》雲氣應是氣的原始意義。而後「氣」字隨著人類思維、經驗、體悟的過程中逐步擴展其涵義，而漸漸成為中國傳統哲學中一個重要的範疇。

在西周、春秋時期，人們以「氣」來解釋自然和社會的各種現象，使之初步具有哲學意義，如《左傳》、《國語》中的「氣」，不僅指的是天地自然所具有的某種細微物質，而且此物質的自身運動變化亦能導致其他事物的變化，故曰：「天有六氣，降生五味，發為五色，徵為五聲，淫生六疾。六氣曰：陰、陽、風、雨、晦、明也。分為四時，序為五節。」（《左傳·昭公元年》）〔註39〕、「夫天地之氣，不失其序；若過其序，民亂之也。陽伏而不能出，陰迫而不能烝，於是有地震。」（《國語·周語上》）〔註40〕由於「氣」包含於萬物之中，所以人體、感情、思想、意志也源於「氣」，「民有好惡喜怒哀樂，生于六氣。是故審則宜類，以制六志，哀有哭泣，樂有歌舞，喜有施舍，怒有戰鬥，喜生於好，怒生於惡。是故審行信令，禍福賞罰，以制死生。生，好物也；死，惡物也。好物，樂也；惡物，哀也。哀樂不失，乃能協于天地之性，是以長久。」（《左傳·昭公二十五年》）〔註41〕、「口內味而耳內聲，聲味生氣。氣在口為言，在目為明。言以信名，明以時動。名以成政，動以殖生。政成生殖，樂之至也。若視聽不和，而有震眩，則味入不精，不精則氣佚，氣佚則不和。於是乎有狂悖之言，有眩惑之明，有轉易之名，有過慝

〔註39〕 《左傳正義》，《十三經注疏·整理本》（台北：台灣古籍出版，2001年），頁1341～1342。

〔註40〕 《國語》（台北：里仁書局，1981年12月），頁26～27。

〔註41〕 《左傳正義》，《十三經注疏·整理本》（台北：台灣古籍出版，2001年），頁1674～1675。

之度。」(《國語・周語下》)〔註42〕

　　春秋時期的兩位哲學家，孔子與老子，孔子論「氣」以人之「血氣」的觀念看之，「君子有三戒：少之時，血氣未定，戒之在色；及其壯也，血氣方剛，戒之在鬥；及其老也，血氣既衰，戒之在得。」(《論語・季氏》)〔註43〕論述氣與心性之間的相互聯繫，爲後世儒家所發揮。老子論氣則從宇宙生成的過程觀之，「道生一，一生二，二生三，三生万物。万物負陰而抱陽，沖氣以爲和。」(《老子・第四十二章》)〔註44〕宇宙的生成，「氣」起著很重要的作用性，宇宙萬物的生滅變化都是因爲「氣」不停運動的特質，而這樣的特質，使萬物協和生長，讓宇宙天地呈現一片和諧狀態。

　　西周、春秋時期，「氣」爲普遍概念具有抽象性、概括性、功能性、根源性，人們試圖以自然運行變化的客觀秩序，來規範自然、社會、人生的規則性。所以自然的六氣、陰陽之氣不失其序，天地便能正常運行；人能保體內之氣，使其平和，則能耳聰目明，事業竟成；順氣之運行施政於天下，則政通人和，順世太平。而《老子》，更明確地將「氣」提高到哲學的範疇，成爲萬物根源的一環，加深了宇宙與人體之間的緊密關係，也加深了「氣和」的重要性。這種視「氣」爲自然、社會、人生的發生起源與遵行規則，以至以氣之調和作爲自然、社會、人生和諧共通的原理原則，已經描定出「氣」的思想輪廓，後代學者論「氣」以此爲基礎，而作更深入的考察與細密的分析。

　　戰國時期，「氣」的思想更轉精深，且更深化了「氣」對於個人修養的重要。以孟子而言，孟子繼承了孔子「血氣」的觀念，認爲氣充於體內，「氣」的培養，能影響人格的形成，「其爲氣也，至大至剛，以直養而無害，則塞于天地之間。其爲氣也，配義與道；無是，餒也。是集義所生者，非義襲而取之也。行有不慊於心，則餒矣。」「夫志，氣之帥也；氣，體之充也。夫志至焉，氣次焉。故曰：『持其志，無暴其氣。』」「志壹則動氣，氣壹則動志也。今夫蹶者趨者，是氣也，而反動其心。」(《孟子・公孫丑上》)〔註45〕孟子認

〔註42〕《國語》(台北：里仁書局，1981年12月)，頁125。
〔註43〕《論語注疏・下論》，《十三經注疏・整理本》(台北：台灣古籍出版，2001年)，頁258。
〔註44〕王弼：《老子》(台北：金楓出版，1986年)，頁142。
〔註45〕《孟子注疏・上》，《十三經注疏・整理本》(台北：台灣古籍出版，2001年)，頁90～91。

為人體的氣與人的心志同在，志一動，氣也就跟著動，所以人若意志堅定，正氣就服從於意志保持穩定，所以氣的保持，在於志的堅定，志的堅定是因為人的善心的存在。因此孟子將心、氣、志看成一體，把性善的心性觀灌注於氣論中，故人體內的始原之氣與性一樣皆是善的，所以「氣」，至大至剛、配義與道，「氣」的概念在此有了道德精神。

荀子論氣，仍以孔子的「血氣」觀念為重點，故曰：「治氣養心之術：血氣剛強，則柔之以調和；知慮漸深，則一之以易良；勇膽猛戾，則輔之以道順；齊給便利，則節之以動止；狹隘褊小，則廓之以廣大；卑溼重遲貪利，則抗之以高志；庸眾駑散，則劫之以師友；怠慢僄棄，則炤之以禍災；愚款端愨，則合之以禮樂，通之以思索。凡治氣養心之術，莫徑由禮，莫要得師，莫神一好。夫是之謂治氣養心之術也。」（《荀子‧修身》）〔註46〕荀子的血氣不似孟子的浩然之氣有著自身的道德精神，所以氣的治養不是靠意志的堅定、心念的專一，而是必須以禮來調節治理使能順暢平和，所以體內氣之調治與身心的修養，都必須以禮作為標準，如此才有血氣身心合洽的可能。

莊子的氣論有別於孟荀，他將人的軀體以完全氣化的方式觀之，所以不再是人的體內充滿著氣，而是人的本身就代表著氣，故曰：「人之生，氣之聚也。聚則生，散則死。」（《莊子‧知北遊》／733）人的軀體不只是和宇宙的氣息相通，人的軀體的本身就代表著濃厚的宇宙性。所以氣的培養不在於人格的養成或者是禮的實踐，而是藉由人生命的氣息流通，回歸到最初的本體，天地自然之道。故曰：「壹其性，養其氣，合其德，以通乎物之所造。夫若是者，其天守全，其神無郤，物奚自入焉！」（《莊子‧達生》／634）、「游乎天地之一氣」（《莊子‧大宗師》／268）。

到了漢代，融合先秦的各家學說，使得「氣」有了更具體的論述。西漢早期的《淮南子》，基本上繼承了先秦道家「道－氣－物」的模式，而言天地宇宙的生成：「天墜未形，馮馮翼翼，洞洞灟灟，故曰太昭。道始于虛霩，虛霩生宇宙，宇宙生氣。氣有涯垠，清陽者薄靡而為天，重濁者凝滯而為地。清妙之合專易，重濁之凝竭難，故天先成而地後定。」（《淮南子‧天文訓》）〔註47〕而人也為「氣」所生，故曰：「煩氣為蟲，精氣為人」，又言：「土地各以其類生，是故山氣多男，澤氣多女，障氣多暗，風氣多聾，林氣多癃，木

〔註46〕李滌生：《荀子集釋》（台北：台灣學生書局，1994 年 10 月），頁 27。
〔註47〕劉文典：《淮南鴻烈集解》（台北：文史哲出版社，1992 年 10 月），頁 79～78。

氣多傴，岸下氣多腫，石氣多力，險阻氣多癭，暑氣多夭，寒氣多壽，谷氣多痹，丘氣多狂，衍氣多仁，陵氣多貪，輕土多利，重土多遲，清水音小，濁水音大，湍水人輕，遲水人重，中土多聖人。皆象其氣，皆應其類。」（《淮南子‧墜形訓》）〔註48〕氣是同一的，但相應於不同的地方、不同的事物，則會產生不同的影響，以一種氣的精粗厚薄等特性來探索人的心性道德，開始了稟氣的觀念。漢代氣論在《淮南子》之後經董仲舒所強調的尊陽氣卑陰氣，求天之正、陰陽之平的中和思想〔註49〕、揚雄、張衡、王符的元氣學說，到了王充，算是漢代氣論學說的總結。王充的元氣觀點突出於前人的地方，在於對《淮南子》以氣的精粗厚薄來探索人的心性道德的思想的再延申，而發展出稟氣學說。王充認爲，人稟受元氣而生，其所稟之氣的精粗厚薄，對人體的強壯虛弱、壽命的長短夭壽、人性的是非善惡、人生的貧賤富貴，有決定性的影響〔註50〕。而王充也強調，從元氣具有相反相成的陰陽特性來看，認爲陰陽的調和是社會和平、百姓安寧、物豐人壽的最終理想〔註51〕。故漢代的氣論思想，都強調陰陽之氣的調和，此是爲了尋求統一國家長治久安的哲學根據。〔註52〕

　　歸納以上的論述可以發現，「氣」的概念在發展之初，即以一種追求「和

〔註48〕 同上註，頁141。

〔註49〕 董仲舒認爲，「天地之間，有陰陽之氣」（《春秋繁露‧天地陰陽》），並賦予陰陽二氣以貴賤尊卑的屬性，加上其天人感應的學說，故認爲在天貴陽而賤陰的情況下，人同樣必須尊陽而卑陰，才順化於天而化於人。雖然董仲舒強調陽貴陰賤，但其最終理想是爲了追求陰陽中和的法則，故曰：「和者，天之正也，陰陽之平也，其氣最良，物之所生也，誠擇其和者，以爲大得天地之奉也。」（董仲舒《春秋繁露‧循天之道》，台北：三民書局，2007年2月，頁1210）只是這個「中和」的呈現是以重陰輕陽的方式來完成。

〔註50〕 王充在《論衡‧氣壽第四》中有言：「夫稟氣渥則其體彊，體彊則其命長；氣薄則其體弱，體弱則其命短。」（王充，韓復智註譯《論衡今註今譯》，台北：鼎文書局，2005年4月，頁96）、「人稟氣而生，含氣而長，得貴則貴，得賤則賤。」（〈命義第六〉／140）、「至德純渥之人，稟天氣多，故能則天，自然無爲。稟氣薄少，不遵道德，不似天地，故曰不肖。」（〈自然第五十四〉／2024）

〔註51〕 王充在《論衡》中有言：「夫治人以人爲主，百姓安，而陰陽和；陰陽和，則萬物育；萬物育，則奇瑞出。」（〈宣漢第五十七〉／2135）

〔註52〕 以上對於氣論思想的論述，參考自張立文主編《氣》（台北：漢興書局，1994年5月）、小野澤精一、福永光司、山井涌等編著，李慶譯《氣的思想——中國自然觀和人的觀念的發展》（上海：人民出版社，1990年7月）、楊儒賓編著《古代思想中的氣論及身體觀》（台北：巨流圖書公司，1993年）。

諧」的姿態出現，所以，各代對「氣」的理解雖然依當時現況所需而有所變化，但對「氣和」的追求卻永遠不變。這是因為人們在面對天地間各種複雜事物時，從經驗角度，尋求一共通的原理原則，以解釋現象界所呈顯的各種跡象，於是擺落各個事物的獨立性、特殊性，企圖把事事物物融通為一體，而這一體的思維，則以一個抽象的「氣」來表達。企圖融洽通達各個事物，其動機無非是為了尋求各個事物間的和諧相處，物物之間若沒有共同的元素，就不會有交集，沒有交集就無法和平共處。因此「氣」即是物物之間的共同元素，是溝通物物之間的媒介。因此「氣」的思想的發生，是人類為了尋求自然、社會、人生的「和諧」而存在。

雖然各家的氣論學說都在追求「和諧」的存在，但卻有側重的不同。以儒家而言，較強調人自身的血氣調和，要懂得知言養氣（《孟子》）、治氣養心（《荀子》），血氣的調和帶動修身的層次，讓人的心性修養隨著氣的和諧達到一種道德化的人格理想，而從個體道德人格的實現，以推置到群體道德理念的完成，使現實社會臻於安詳、平靜的「人和」理想。以道家而言，則側重於自然之氣的調和，所以人之氣的保存善養，是為了透過生命底層的流通之氣，回歸到最初本體，自然之道，而回歸的方式，則必須擺落軀體自身的氣之外所有的人文附加，如此才能達到心境與萬物冥合，宇宙天地自然而然運行的「天和」境界。

（二）魏晉「氣」的思想以及「氣」在音樂審美的作用

1.魏晉氣論從個體性與美學意義對以往氣論的突破

「氣」的概念到了魏晉，對於前代的思想有所繼承，但又依當時的社會思潮又有所改造，而其改造最具代表之處，在於將哲學的「氣」的概念，與藝術美學的範疇相結合，使中國「氣」的思想開展出藝術美學的天地。

魏晉人論氣，仍本著「氣」為宇宙生成的根本，認為萬物的存在與變化皆出於「氣」的律動歷程，如以下三則引文：

> 嵇康〈太師箴〉：「浩浩太素，陽曜陰凝，二儀陶化，人倫肇興。」
> （《嵇康集校注》／309～310）

> 王弼《老子注·第四十二章》：「故萬物之生，吾知其主，雖有萬形，沖氣一焉。」〔註53〕

〔註53〕樓宇烈：《王弼集校釋》（台北：華正書局，1992年12月），頁117。

> 張揖《廣雅‧釋天》:「太初,氣之始也,生於酉仲,清濁未分也。
> 太始,形之始也,生於戌仲,清者爲精,濁者爲形也。太素,質之
> 始也,生於亥仲,已有素樸而未散也。三氣相接,至於子仲,剖判
> 分離,輕清者上爲天,重濁者下爲地,中和爲萬物。」

此處的「氣」爲一哲學概念,作爲構成天地初始的最基本物質,萬物能衍生乃出於「氣」不停地運動,源源不絕的力量。而萬物的衍生除了必須憑藉「氣」不息的動力之外,還有一個非常重要的原則,即是「氣和」的觀念。在陰陽之氣的調和下,才能「陽曜陰凝」肇生萬物;沖氣能一,乃因爲「沖氣以爲和」,以自然的規律來化解事物的矛盾;而「氣」雖有清濁之分,但必須相接相和,才能「中和爲萬物」。

魏晉氣論,除了用來解釋宇宙的生成之外,也用來解釋人與人之間個體性的差異,以劉劭所撰寫的《人物志》而言,他將人之生命、性情、情感、才能、智力……等個別差異,皆溯本歸源於「元一」、「陰陽」之氣:「蓋人物之本,出乎情性。情性之理,甚微而玄;非聖人之察,其孰能究之哉?凡有血氣者,莫不含元一以爲質,稟陰陽以立性,體五行而著形。苟有形質,猶可即而求之。」(《人物志‧九徵》)他從稟氣的觀念解釋個人的差別性,故他在《人物志‧流業》中把人的才能表現歸納出十二大類,而此十二大類皆是偏材,而「偏材之性,不可移轉」(《人物志‧體別》)。並且認爲最理想的人格,在於「中和之質」、「中庸之質」〔註54〕,是出於天地精粹、最清和的陰陽之氣,是一般偏材之人無法達到的境界,且唯有中和、中庸之質的人,才能「達眾材」(《人物志‧流業》)全方位平衡發展。這種因稟氣不同而言才性差異以及才性不可改近於宿命的觀點,所採取的是王充以氣論性的路數〔註55〕。雖然劉劭其核心理論承王充的自然原氣論,但其細致而系統地考

〔註54〕 《人物志‧九徵》有云:「凡人之質量,中和最貴矣。中和之質,必平淡無味;故能調成五材,變化應節。是故,觀人察質,必先察其平淡,而後求其聰明。聰明者,陰陽之精。陰陽清和,則中睿外明;聖人淳耀,能兼二美。知微知章,自非聖人,莫能兩遂。」「夫色見於貌,所謂徵神。徵神見貌,則情發於目。故仁目之精,愨然以端;勇膽之精,曄然以彊;然皆偏至之材,以勝體爲質者也。故勝質不精,則其事不遂。是故,直而不柔則木,勁而不精則力,固而不端則愚,氣而不清則越,暢而不平則蕩。是故,中庸之質,異於此類:五常既備,包以澹味,五質內充,五精外章。是以,目彩五暉之光也」、「是故:兼德而至,謂之中庸;中庸也者,聖人之目也。」

〔註55〕 王充《論衡‧本性第十三》:「人性有善有惡,猶人才有高有下也,高不可

察分析人的內在的智能、德性、情感、個性在人的形體、氣色、儀容、動作、言語上的種種表現，卻是空前未有，且跳脫漢人對於人物考察的相術迷信〔註56〕，爲魏晉的人物鑑賞開出一條與藝術審美相通之路。

　　劉劭《人物志》這種以「氣」來解釋人與人之間個體性差異的論述，在曹丕《典論・論文》中，則用於文與氣的關係。曹丕《典論・論文》云：

　　文以氣爲主，氣之清濁有體，不可力強而致。譬諸音樂，曲度雖均，

　　節奏同檢，至於引氣不齊，巧拙有素，雖在父兄，不能以移子弟。

此段引文雖區區幾十字，但卻代表了幾點重要的意義：(1)「氣」的思想首次與文章、文學的創作精神相連結，第一次把「氣」引入文藝美學領域。(2)由「氣」之稟賦，以解釋藝術創作者的氣質、個性、才能、風格的不同，突出了藝術創作者主體性地位，強調每個個體的獨特創作。(3)超越了儒家「立言」的道德本位思想，而進入文學藝術的審美本質。讓原本含有倫理道德屬性的「氣」，轉化爲具有美學意義的「氣」。

　　曹丕認爲藝術創作上的優劣出於創作者的自然稟賦，是無法加以移轉或教授的，所以文學家所稟賦的「氣」的「清濁」不同，作品的高下也就不同，所以「氣」對藝術創作者在文藝創作上的優劣成敗起了決定性的作用。這種「不可力強而致」的思想，與王充所認爲的人因稟氣不同而高下不可改的思想相通。人因稟氣不同，故所顯現的氣質、個性、才能不同，而氣質、個性、才能的不同則影響了作品風格的不同，這於《典論・論文》、《與吳質書》中皆有論述〔註 57〕。所以曹丕以氣論文的方式與劉劭《人物志》一樣，採取的是王充以氣論性的路數。

　　　　下，下不可高。」（頁 371）「性有善不善，聖化賢教，不能復移易也。」（頁
　　　　357）

〔註56〕 王充《論衡・骨相第十一》：「相或在內，或在外，或在形體，或在聲氣」（頁
　　　　320）、王符《潛夫論・相列第二十七》：「人之相法，或在面部，或在手足，
　　　　或在行步，或在聲響。」劉劭論人空前未有及跳脫漢人相術迷信的觀點，參
　　　　考自李澤厚、劉綱紀《中國美學史・第二卷（上）》（台北：谷風出版社，1987
　　　　年），頁 85。

〔註57〕 《典論・論文》：「王粲長於辭賦，徐幹時有齊氣，然粲之匹也。……琳瑀之
　　　　章表書記，今之儁也。應瑒和而不壯，劉楨壯而不密，孔融體氣高妙，有過
　　　　人者，然不能持論，理不勝詞，至於雜以嘲戲，及其所善，楊班儔也。」《與
　　　　吳質書》：「孔璋章表殊健，微爲繁富。公幹有逸氣，但未遒耳。其五言詩之
　　　　善妙絕時人。元瑜書記翩翩，致足樂也。仲宣獨自善於辭賦，惜其體弱，不
　　　　足起其文。至於所善，古人無以遠過也。」

從以上的論述，對於魏晉「氣」的思想，可以歸納出三個重點：

(1) 繼承秦漢時期「氣」的觀念，以氣作爲構成天地萬物的基本物質，天地萬物的存在是氣化流行的一種具體面相。「氣」作爲天地萬物的基本元素，故與客觀自然萬物有著內在的、必然的聯繫，於是氣之調和，也就影響著天地萬物間的和諧。因此尋求「氣和」的理想，仍爲魏晉氣論的主要目的。

(2) 承自漢朝氣化宇宙論的思想，萬物稟受精微的元氣而生，故人與人之個性、形貌、才能因稟受不同而有分殊性與差異性，以及聖人爲天生，偏材不可改的想法。而魏晉以稟氣觀念在對人物作分析時，不僅比漢代更細密，且更尊重個體的獨特發展，而呈顯了多樣個體生命的審美特徵、氣質風貌。跳脫漢人對於人物考察的相術迷信，轉爲對人物鑑賞、品藻的美學向度。

(3) 秦漢時「氣」的概念，在儒家的觀點上傾向於道德意識，在道家觀點則爲一種自然本始物質。魏晉氣論，降低「氣」的道德意識，而以道家自然本始的觀點爲基礎，並提出一種新的概念，「氣」具有美學上的意義，從此以氣論藝成了文學藝術審美的重要範疇。

2. 「樂和」與「人和」、「天和」所交融呈顯的個體生命與群體和諧

曹丕由「氣」的概念來理解、詮釋文藝創作者天賦才能與作品風格，表述了個人化的生命氣質與其創作理想、品味的密切關聯，打開一條以「氣」審美之路。有了曹丕將「氣」用於文藝審美的範例，同爲藝術一環的音樂，也就自然而然地與「氣」作了相當的結合。

(1) 以《樂記》、《呂氏春秋》爲例說明樂與氣的關係

用氣論樂，在《呂氏春秋》中即有論述，《呂氏春秋》以爲十二律的抵定乃由天地的風氣而來〔註58〕，所以音樂與自然之間有著密切的關係。所以天地間的陰陽之氣，可藉由音樂加以調和，如《呂氏春秋·古樂》云：「昔古朱襄氏之治天下也，多風而陽氣畜積，萬物散解，果實不成，故士達作爲五弦瑟，以來陰氣，以定群生。」〔註59〕陰陽之氣若不諧調，萬物漫散崩解，農

〔註58〕《呂氏春秋·音律》：「天地之風氣正，則十二律定矣。」（林品石註譯《呂氏春秋今註今譯》，台北：台灣商務印書館，1990 年 9 月，頁 151）

〔註59〕林品石註譯：《呂氏春秋今註今譯》（台北：台灣商務印書館，1990 年 9 月），頁 137。

作物無法生長，若要群生安定，必須讓陰陽之氣諧和融洽，此時音樂就起了調節的作用。音樂不僅在自然之氣上能起作用，對於人的血氣亦有很深的影響，如《呂氏春秋·侈樂》云：「為木革之聲則若雷，為金石之聲則若霆，為絲竹歌舞之聲則若譟。以此駭心氣、動耳目、搖蕩生則可矣，以此為樂則不樂。」〔註60〕、《呂氏春秋·音初》亦云：「流辟誂越慆濫之音出，則滔蕩之氣、邪慢之心感矣」〔註61〕若雷、若霆、若譟的音樂，會使人的心氣駭動驚恐；音調輕佻、放縱無度的音樂，則使人的血氣搖動晃蕩，邪惡輕慢之心起。《呂氏春秋》認為不當的音樂，就會讓人的血氣不順動蕩不安。

　　《呂氏春秋》之後的《樂記》，也認為音樂不僅與自然有著密切的關係，對於人的血氣亦有影響，故曰：「地氣上齊，天氣下降，陰陽相摩，天地相蕩，鼓之以雷霆，奮之以風雨，動之以四時，暖之以日月，而百化興焉。如此，則樂者天地之和也。」（《樂記》／1277）天地之間瀰漫著氣，氣的鼓動流蕩構成了宇宙的生成、動力與和諧，而音樂隨著宇宙萬物的生動變化應感而生，故具有天地自然之氣運作和諧的本質。在音樂與人的血氣方面，《樂記》有云：

> 凡姦聲感人，而逆氣應之，逆氣成象，而淫樂興焉。正聲感人，而順氣應之，順氣成象，而和樂興焉。倡和有應，回邪曲直，各歸其分。而萬物之理，各以類相動也。是故，君子反情以和其志，比類以成其行。姦聲亂色，不留聰明，淫樂慝禮，不接心術，惰慢邪辟之氣不設於身體。使耳目鼻口心知百體，皆由順正以行其義。（《樂記》／1292）

音聲與人的血氣可以互相響應，凡是姦聲感染於人時，人內心的逆氣就會應和姦聲；若是由正聲感染於人，那人內心的順氣就會應和於正聲，聲氣的「倡和互應」，是同類者才會互相響應，所以姦、正、逆、順各歸其類。因此君子者不聽於姦聲，讓「惰慢邪辟之氣」不置於身體之中，而是聆聽正聲，讓音聲與身體中的正氣相互引發，使得耳、目、鼻、口、心、知皆隨著正氣各行其正、各得其義，一切的行為動作皆正道合宜。

　　《樂記》以氣論樂時與《呂氏春秋》一樣，將樂、氣與自然之氣、人之

〔註60〕　林品石註譯：《呂氏春秋今註今譯》（台北：台灣商務印書館，1990年9月），頁129。

〔註61〕　林品石註譯：《呂氏春秋今註今譯》（台北：台灣商務印書館，1990年9月），頁158。

血氣作結合，並依此而認爲音樂之和能影響人世運作、天地運行的和諧。但《樂記》進一步指出音樂有轉換血氣心志爲道德意識的作用。所以《樂記》氣的概念與孟子氣的概念比較接近，「氣」具有道德精神，同樣認爲人必須順著正氣而行，如此才能展開道德仁義的精神。

先就《樂記》、《呂氏春秋》以氣論樂的例子來說明音樂爲何能與「氣」相關。

從西周、春秋以來，人們爲了尋求天地間各種複雜事物的統一根源，於是撇開事物的個別性、特殊性，將紛紜繁雜事物的聯繫抽象爲「氣」。「氣」成爲冗雜事物的生成根源，爲普遍的、一般的各個事物的共同本質。因此，天地萬物有著同根共源的同一性，天地萬物在縱貫的同根性下，有了內在的相互聯繫與感通，也就是說，「氣」提供了萬事萬物橫向縱向的感通基礎。如此而言，從縱向的角度來看，音樂與萬事萬物一樣可與自然之氣相聯繫，而且在人們的思想裡，音樂又比其它事物更貼近於自然之氣，並且認爲樂氣與自然之氣能相互影響。爲何音樂比其它事物更貼近於自然之氣？原因在於音樂與氣有著共同的特質「和」。就前文的分析可知，「氣」的思想的發生是人類爲了尋求自然、社會、人生的「和諧」而存在，「氣」的流動影響著天地萬物的和諧，但「氣」爲一抽象的概念，抽象的概念難以把握，所以對於「和」的追求，不得不以一較具體的事物來代表「氣」的和諧與否。此具體之物，必須擁有「和」的特質，但不可太過具象而破壞了「氣」的抽象理想，「音樂」正符合此兩個條件，故成了表徵、調節自然之氣的器具，故《國語》、《左傳》皆有「省風」之說〔註62〕，肯定人爲的聲律與自然的風、氣可以相通，音律可以透過風、氣而判斷國運的徵兆，且肯定了音樂對於陰陽的調節。到了《呂

〔註62〕　《國語・周語上》記載，虢文公對周宣王勸諫行田禮以勸農事時有言：「先時九日，太史告稷曰：『自今至于初吉，陽氣俱蒸，土膏其動。弗震弗渝，脈其滿眚，穀乃不殖。』稷以告王曰：『史帥陽官以命我司事曰：「距今九日，土其俱動，王其祗祓，監農不易。」』王乃使司徒咸戒公卿、百吏、庶民，司空除壇于籍，命農大夫咸戒農用。先時五日，瞽告有協風至（韋昭注：「瞽，樂太師，知風聲者也。協，和也，風氣和、時候至也。立春日融風也。」），王即齋宮，百官御事，各即其齋三日。……是日也，瞽帥、音官以風土（韋昭注：「音官，樂官。風土，以音律省土風，風氣和則土氣養也。」）。廩于籍東南，鍾而藏之，而時布之于農。稷則遍誡百姓，紀農協功，曰：『陰陽分布，震雷出滯。』」（頁16～17）《左傳・襄公十八年》記載，楚師北伐時，師曠曾透過省風的方式安定晉之軍心：「吾驟歌北風，又歌南風，南風不競，多死聲，楚必無功。」（頁1094）

氏春秋》仍然認爲音樂能調節陰陽之氣安定群生,《樂記》則認爲音樂能充分顯現天地之氣的融和。

再從橫向的角度來看,音樂與人的血氣又如何能相通?唐君毅在〈禮記中之禮樂之道與天地之道〉一文中,解釋樂與體氣的關係,甚爲合理〔註63〕,而楊儒賓在《儒家身體觀》一書中對於唐君毅的論述有著精闢的見解,在此援以徵引:

> 由唐先生文,我們可看出情動於身→體氣轉動→聲音高下→樂音相繼,這種系列是連串而下,不可割列的。由體氣介於情動與成樂中間,而且成爲其間由隱至顯不可分割的有機性組成因素,我們可以理解《樂記‧樂本》開宗明義所主張的:「心生音起、聲形樂成」之大綱架,此大綱架意味著任何顯相後面都有氣流貫其間。直言之,其背後乃預設著「心與氣並起」及「氣與感觀之聲並顯」兩義。而依據這兩義推衍,我們很自然地可以得到一種結論:人精神的意向、內在體氣的流轉、外在感官的顯現三者有種有機的關聯,甚至,我們還可將它們視爲一個整體的三個展現面相,而這三種面相基本上是由內而外、由隱而顯的歷程攤展。……依據公孫尼子的體現論,隨著心志——聲氣之動,人的意向——氣機隱涵的精神及生理之內容,會逐層地滲透到人的全身上來。「心生則樂,樂則安,安則久,久則天,天則神」所描述的,正是樂不斷彰顯、不斷擴充的面向,及乎天、神之境,其層以臻乎超自覺之化境。此時意志與體氣合一,人軀體的存在及標舉著一種精神的客觀化。〔註64〕

由楊儒賓對《樂記》樂與氣的分析可以知道,體氣溝通著情動與音樂之間,形成一股帶領人的生理律動與精神意向的流動原力,認爲音樂的律動能引發

〔註63〕唐君毅〈禮記中之禮樂之道與天地之道〉:「人之言語,始於自表情,則又由於聲之出於吾人之體氣轉動。體氣之轉動,與吾人之身體之生理變化相依。而此生理之變化,又與吾人心之情之變化相依。故情動於身,而有生理之變化,此生理之變化,或直接引起身體之動作,或只引起一體氣之轉動。身體之動作有序有則,而爲禮之規範。體氣之轉動,爲聲之高下,有一定之比例,而成樂音。樂音之相繼,有節奏而相和,即成樂。……人可以合禮之態度行爲,以培養人之善情,使人之成其善德;則人亦可以音樂養之善情,以使人成其善德。」(《中國哲學原理‧原道篇二》/661)

〔註64〕楊儒賓:《儒家身體觀》(台北:中央研究院中國文哲研就所籌備處,1996年11月),頁108~109。

內在生理的律動，於是在心、志、聲、氣同時引向善情善德，意志與體氣合一時，人即可達到一種超自覺之化境。體氣與音樂的結合，讓心志、意向不斷地彰顯擴充而展現一種精神價值，這種彰顯擴充體氣的認定，與孟子的養氣說毫無二致，顯然將《樂記》中的體氣比擬爲孟子的浩然正氣，故直養而無害，「情深而文明，氣盛而化神，和順積中，而英華發外。」(《樂記》/ 1295～1296)

（2）魏晉樂論中氣之平和與個體修養、群體和諧的關係

阮籍論樂以氣化的觀點作爲樂論的哲學基礎，認爲樂之本源就是「天地之體」、「萬物之性」，也就是內在於天地萬物本身的氣機律動，故如前引文「夫樂者……」一段，聖人作樂必順天地之體，成萬物之性，並迎陰陽八風之聲，始得律呂協則陰陽和；再如另一則引文，則言先王制樂「必通天地之氣」，可見音樂與天地萬物同爲一體，故聖人所作之樂，可與天地之氣相通，能使陰陽之氣調和。

如此以氣化哲學、元氣說的一體觀，在阮籍的後期作品仍然存續延申，如第二章中曾引〈達莊論〉「天地生於自然，萬物生於天地……」一段，即可補充說明阮籍的氣論觀念。阮籍認爲從宇宙本質表現形態的角度而言，天地萬物存在的形態各不相同，故有升陽、降陰、地理、天文、蒸雨、散風、炎火、凝冰……之別，而異名異狀的萬物皆由一「氣」所生，因此，外物既可以就其異而各安其位，互不相涉；也因同出一「氣」自然而可通爲一體。所以萬物的形成是「一氣盛衰，變化而不傷」的成果，然後由於「一氣」讓萬物連結爲一體。

當阮籍將音樂推溯到氣化宇宙的一體觀，即把「樂」與「氣」作了緊密的結合。這種將「樂」與「氣」加以結合的方式，已有前例可循，可追溯到西周、春秋時當人們視「氣」爲普遍事物的生成根源、共同本質時，從縱向的角度來看，即把音樂與自然之氣作了聯繫。在西周、春秋時音樂與自然之氣的聯繫往往賦有天人感應的思想，甚至還帶有神秘色彩（如省風說）。這種天人感應式的調和論，到了《呂氏春秋》、《樂記》時仍保有影響，在阮籍〈樂論〉中亦可看到痕跡，如前引文有言：「律呂協則陰陽和」(《阮籍集校注》/79)，再如：「夫是謂以悲爲樂者也。誠以悲爲樂，則天下何樂之有？天下無樂，而有陰陽調和。災害不生，亦已難矣。」(《阮籍集校注》/99)認爲悲樂會使得陰陽失調、災害頻生。阮籍這樣的言說系統，乃承自西周、春秋時

期至《呂氏春秋》、《樂記》的論述一脈而來。但阮籍「樂」與「氣」的關係又並非僅有氣化感應此一理論系統，他還有另一個論述脈絡，乃承自於道家學說而來。

從〈達莊論〉自然一體、萬物一體的氣化宇宙論觀點，與《莊子》「通天下一氣」的意旨相通，《莊子》有云：「至陰肅肅，至陽赫赫；肅肅出乎天，赫赫發乎地，兩者交通成和而物生焉，或為之紀而莫見其形。」（《莊子·田子方》／712）莊子認為，宇宙間充滿著「氣」，「氣」是構成萬物的基本元素。「氣」在演化過程中，分化成兩種不同性質的陰陽二氣，陰陽兩者交互作用，便生成宇宙萬物，所以說天下的一切事物只不過是同一氣的不同存在形態而已。故說，阮籍自然一體、萬物一體的氣化宇宙觀與《莊子》「通天下一氣」的意旨相通。但阮籍道家式的氣化論在過渡到音樂觀時，卻一時無法消化傳統音樂天人感應學說，於是以道家的思想來消化儒家的音樂美學，而區分成兩種樂、氣關係。

第一種樂、氣關係即是前文所言的傳統以來天人感應式的調和學說，第二種樂、氣關係即是滲入道家思惟企圖回歸自然本體的一體觀思想。阮籍在樂、氣關係上，對道家思想援用的目的，是為了淡化漢代以來過於濃厚的天人感應色彩，從自然形上的角度抬高音樂的地位，擺脫音樂的工具屬性，以及企圖將儒家道德意識的音樂審美轉向以自然之道的審美體驗（此於文後再作敘述），只是阮籍融攝儒道的方式實行的並不完整，使得阮籍樂論在儒家的綑綁以及道家的浮鬆下，很難構成新的音樂審美體系。

嵇康與阮籍一樣，皆從氣化的角度來看待宇宙的生成，物物的生成乃陶化於原始的「元氣」或「太素」，至而開展為「陰陽」、「二儀」，然後「眾生」、「萬物」漸漸形成。嵇康在尋求音樂的起源時，也推溯到「天地合德」與五行之變〔註65〕。嵇康通過自然的形質來表現音樂的起源，然而，卻不單純地將音聲視為自然界產物，而是直探現象界背後的本質。嵇康在音聲的溯源上，從天地自然中去尋找音樂的根源，主張聲音產生於「天地合德」陰陽五行的變化，有著「其體自若」的不變本質，故不受人類情感、文化、體制的影響，使聲音從人文的過度束縛中超拔出來，破除「聲」、「音」、「樂」不平等的價值判斷，然後回歸於「聲」、「音」、「樂」自然平等地位。前文有言〈聲無哀樂論〉立旨於《莊子·齊物論》「天籟說」的思想，所以當嵇康將「聲」的產

〔註65〕請參閱第二章第二節之「魏晉樂論完成人之復歸的音樂審美體驗」。

生推溯到與「氣」、「道」相連結的情況下，嵇康的氣化思想雖然受有道教、漢儒氣化宇宙論的影響，那僅是順著傳統觀點而言說，並非其哲學根基所在，嵇康哲學思想的基礎乃成立於《莊子》思想之上。所以嵇康氣化宇宙論的觀點同阮籍一樣，與《莊子》氣化本體論的意旨相通。嵇康對《莊子》氣的思想的繼承，尤其可從以氣養生的觀點得到印證。此印證前一章已有論述，於下文中再作進一步的分析。

　　阮籍與嵇康對《莊子》氣化思想的繼承，除了作為哲學論述的礎石之外，是為了援用道家的自然觀，以消弱漢代以來天人感應的神祕色彩，以及作為個體修為的理論基礎。所以阮籍、嵇康的樂論，除了將音樂與自然之氣在《莊子》思想的基礎上作了縱向關係的貫通外，在樂氣與人之血氣的橫向關係上也以《莊子》的思想為根基而作了連結。

　　唐君毅與楊儒賓在解析《樂記》樂與體氣如何相通時，承著《樂記》樂出於人心之動的觀點，而將體氣作為情動與樂氣之間的聯繫，認為心生音起、聲成樂成的任何顯相後面都有「氣」流貫其間。因此，人的精神意向（心、志）、內在體氣的流轉、外在樂氣的呈顯，把它堅定在善情善德的理想，那人的修為透過心志聲氣的堅定努力，不斷彰顯、不斷擴充，必達到一種精神價值，而成就純善的道德人格。由此可知，《樂記》藉由樂氣對人之體氣的培養與調養，乃是孟子性善養氣說的一脈相傳。因此，我們可以作如此的歸納，儒家在觀看人的血氣時，是將人之血氣賦予道德精神，它與「心」一樣，是人生命本能的活動力量。儒家思想最重要的目標，就是對於生命活動的意義、目的給予方向，這個方向由「性」定之，「性」的內涵為仁、為善，所以仁義之性的發揚為生命活動貞定的方向。因此，儒家人格的臻善，為內在根源的往外擴充，所以樂氣與血氣的契合，乃是人內在根源純善本質的彰顯與擴充。

　　阮籍與嵇康在看待樂氣對個體修為的影響時，卻有別於儒家的傳統。先就阮籍而言，在〈樂論〉中有一段孔子在齊聞韶三月不知肉味的審美境界的詮釋：

> 故孔子在齊聞韶，三月不知肉味。言至樂使人無欲，心平氣定，不以肉為滋味也。以此觀之，知聖人之樂和而已矣。（《阮籍集校注》／95）

韶樂是儒家音樂的典範，孔子在齊聞之而三月不知肉味，是一種審美境界的

呈現，而此審美境界超越了感官的愉悅，進入一種藝術的精神享受。這種藝術精神的享受，是「美」與「善」的統一，《論語‧八佾》有云：「子謂韶，盡美矣又盡善矣。」「『美』是屬於藝術的範疇；『善』是屬於道德的範疇。」〔註66〕所以藝術的精神享受不僅是美的呈現而已，還必須包含善的成分，也就是「文質彬彬」中庸理想的追求。所以自孔子以降，孔門對理想之樂的追求，無非是中庸、中和的探求，而中庸、中和的背後，必以「善」為根基。所以孔子三月不知肉味的審美情境，是人之善與樂之善的交融，透過樂的音律、人的文質彬彬，而呈顯「樂」與「人」的極至之美。但阮籍卻以「無欲」、「心平氣定」來詮釋孔子的「三月不知肉味」。阮籍的「無欲」顯然與儒家的主張不同，而是近於道家虛靜修養的工夫，此可再舉〈樂論〉中的一段文字作印證：

> 乾坤易簡，故雅樂不煩。道德平淡，故無聲無味。不煩則陰陽自通，
> 無味則百物自樂，日遷善成化而不自知，風俗移易而同於是樂。此
> 自然之道，樂之所始也。（《阮籍集校注》／81）

此處的「道德」並非儒家所謂的「道德」，而是道家視之天地自然的道德，如《老子‧五十一章》：「道生之，德畜之，物形之，勢成之。是以万物莫不尊道而貴德。道之尊，德之貴，夫莫之命而常自然。」〔註67〕、《莊子‧天道》：「夫虛靜恬淡寂漠無為者，天地之平而道德之至也。」（頁457）阮籍對於雅樂「道德」的認定乃是取自道家的思想，故之後才接「平淡」之語，是與其「天地之體，萬物之性」的相接相合，必須以自然無為、恬淡平和的方式以顯現其本性，故對於音樂平淡、無味的評準，乃是對於「自然之道」的追求。因此，對照到阮籍所謂的孔子聞韶「無欲」的音樂審美，即非儒家思想中「以道制欲」〔註68〕的方式，而是道家虛寂、損道的工夫，企求回到最素樸的本真〔註69〕。如此而言，〈樂論〉中所提的孔子另一個音樂審美，「心平氣定」也非建立於儒家思想，儒家的心志血氣強調的是道德精神的轉化，故對於血氣的培養，必須與道德精神相增相長，然後不斷地彰顯，追求由內而外擴充的生命實踐。但阮籍基於道家思想，所強調的不是心志血氣道德轉化的增益

〔註66〕徐復觀：《中國藝術精神》（台北：台灣學生書局，1973年1月三版），頁13。
〔註67〕王弼：《老子》（台北：金楓出版，1986年），頁171。
〔註68〕《荀子‧樂論》：「樂者，樂也。君子樂得其道，小人樂得其欲。以道制欲，則樂而不亂；以欲忘道，則惑而不樂。」（頁462）
〔註69〕《莊子‧馬蹄》有言：「同乎無欲，是謂素樸，素樸而民性得矣。」（頁336）

之道，而是「損」道，「使心志血氣在『損之又損』的過程中，去除其執持私欲，去除其盲動的特殊相，使心志澄靜、血氣淡漠，而回歸到渾一、遍在的道（自然）的體驗與審美的享樂。」〔註70〕

　　〈樂論〉中對孔子在齊聞韶三月不知肉味的審美境界的詮釋，還有一處必須進一步討論，在於詮釋的結語：「以此觀之，知聖人之樂和而已矣。」由此語可知，「無欲」、「心平氣定」的審美境界，乃是由「樂和」音樂的和諧所引領出生命樸質的根源以及心志血氣的平和。因此阮籍音樂審美的理想，在於音樂「和」的表現，故曰：「均黃鐘中和之律」（《阮籍集校注》／78）、「建平和之聲」（《阮籍集校注》／84）、「歌詠詩曲，將以宣平和」（《阮籍集校注》／85）、「至于樂聲，平和自若」（《阮籍集校注》／93），而阮籍「和」的觀念與其自然觀互為表裡，從萬物自然而然進而論萬物一體之和諧。所以樂之「和」亦取之於天地自然，故言先王對於「樂」之制作，必與天地之氣相通，如此「樂」也就蘊含了天地氣動的運作和諧。於是樂氣之和引領人之血氣時，「言正樂通平正易簡，心澄氣清」（《阮籍集校注》／95）、「樂者，使人精神平和，衰氣不入，天地交泰，遠物來集，謂之樂。」（《阮籍集校注》／99）樂能使人內心澄淨血氣清通，精神獲得平正和諧，因此衰氣不入於身心，而入於身心者為天地自然之氣，於是個體生命的實踐，透過樂氣的「樂和」引領血氣的平和，而達到平淡無味體悟樂之和的聖人境界，讓個體生命能進入宇宙天地交泰的諧和，達到天人合一的「天和」理想。然後阮籍再從個體生命的實踐，推至於社會群體和諧之實現，「入於心、淪於氣，心氣和洽，則風俗齊一。」（《阮籍集校注》／85）人人的心氣若能和諧融洽，那風氣習俗則能整齊劃一，社會呈現「人和」的太平盛世景象；若「音異氣別，曲節不齊」（《阮籍集校注》／84），則會導致「九州異俗，乖離分背」（《阮籍集校注》／84），人心不安，亂象繁起。而社會所呈現太平盛世的「人和」景象，又由於是個體生命實踐通往「天和」的結果，因而「人和」與「天和」共同呈顯而無所分。因此，從「氣」的角度對阮籍的樂論作分析，可以知道，在阮籍的思想裡，「樂和」能引領著「人和」與「天和」的實現。

　　阮籍「樂和」、「人和」、「天和」融為一體的思想，乃根基於《莊子》的氣化流變說。在《莊子》的思想裡雖然未明確道明「道」與「氣」的關係，

〔註70〕此處引文引自林朝成《魏晉玄學的自然觀與自然美學研究》，臺大哲學所博士論文，1992 年 6 月，頁 59。

但從其「道通爲一」（〈齊物論〉）、「通天下一氣」（〈知北遊〉）的概念，則可知《莊子》將「道」、「氣」相涵爲一體性的存在。「道」爲本體存有，是整體存在界的出現、發展、規律等總體概念性的表述，不可名、不可狀。於是「道」的具體呈顯必須藉由「氣」的出現、聚合、與落實，以解釋現象界的存在與變化。由於道、氣爲天下所以生的本根，那人與天地萬物本屬於同根同源，皆具有道、氣的同一性。因此，從形上的道、氣同一觀點，提供了個體生命實踐上，可通與天地，與道爲一的理解基礎。於是，天人不是對立而是緊密的關係，同理，個體與他者、他物具有聲氣相通、休戚與共的感通性。《莊子》的氣化論提升了個體生命的圓融以達天地精神相往來、天人共逍遙的理想。只是如前文所言，阮籍融攝儒道的方式實行的並不完整，所以企圖將儒家道德意識的音樂審美轉向以自然之道的審美體驗時，一時無法消化傳統音樂天人感應學說，所以雖然以《莊子》氣化學說爲音樂審美理想的根基，但與《莊子》思想無法作完全的契合。

在嵇康的思想裡，「氣」的觀念非常重要，除了先前已論述的「氣」爲宇宙生成的根基之外，「氣」在個體生命上更顯重要，它是實踐主體境界的根本元素。

人身的「氣」在嵇康的學說中，有兩種意涵；一爲屬於形體範疇的血氣；一爲屬於精神範疇的神氣〔註71〕。「血氣」，決定人的生理機能、健康狀況，重在養生上的運用：

> 愛憎不棲於情，憂喜不留於意。泊然無感，而體氣和平，又呼吸吐納，服食養身。（〈養生論〉《嵇康集校注》／146）

> 性氣自和，則無所困於防閑；情志自平，則無鬱而不通。（〈答難養生論〉《嵇康集校注》／176）

嵇康認爲人的情感若無愛憎、喜憂，則可保持身體的血氣平和，並且強調內心若不受外物所困，則性情與血氣都可平和。此處「性氣」與「體氣」同屬形體的範疇，指的是人身體本然的生理機能與感官所需。而當人對於外界的事物不伎不求、讓生理需求與感官享受當降至最低的程度時，那人的血氣也

〔註71〕此處對於人之自然之「氣」的兩種區分，參考自林朝成《魏晉玄學的自然觀與自然美學研究》，臺大哲學所博士論文，1992年6月，頁23，以及盧桂珍〈生命的存在、限制與超越──嵇康學說中有關個體存有狀態之顯題化〉，《台大中文學報》第二十三期，2005年12月，頁11～12。

就趨於和平，也就符合了養生的功效。

　　另一屬於精神範疇的神氣，嵇康把它視為比意識的心更根源之物，它具有自發的和諧力量，使身心得到平衡、延續與更新：

> 外物以累心不存，神氣以醇白獨著。(〈養生論〉《嵇康集校注》／156)

> 遊心乎道義，偃息乎卑室。恬愉無遌，而神氣條達。(〈答難養生論〉《嵇康集校注》／172～173)

「神氣」一詞，嵇康經常用於個體修養工夫與境界的論述上。前兩條引文，皆描述人內在的精神狀況。當心不受外界的影響，身外之物不復存在時，那內在精神呈顯純境空明的狀態。若心能與道義同遊，恬淡愉快，不受塵網所糾纏，那人的內在精神，暢達無礙。

　　嵇康在看待人之自然之「氣」的兩種屬性時，是以「神氣」為主；「血氣」為輔。血氣平和的重點在於養形；神氣平和的重點在於養神。而嵇康所認定的形神關係，「神」內存於「形」之中，「神」為「形」的主宰。因此養生之道必須從神與形兩方面著手，但又重神甚於形。嵇康於〈釋私論〉中有言：

> 夫氣靜神虛者，心不存於矜尚；體亮心達者，情不繫於所欲。矜尚不存乎心，故能越名教而任自然；情不繫於所欲，故能審貴賤而通物情。(《嵇康集校注》／234)

可見「氣靜神虛」為越名教而任自然的前提，是「任自然」的工夫論與實踐論。「任自然」是一種境界型態，要達此境界必須透過虛靜的修養，使心不措於是非、不繫於所欲、好惡，是一種損之又損的工夫。因此唯有「氣靜神虛」才能順任自然，而達到「順天和以自然，以道德為師友，玩陰陽之變化，得長生之永久；任自然以託身，並天地而不朽者。」(〈答難養生論〉《嵇康集校注》／191)形體能長生永久，精神則同乎大順，與天地精神同往來。

　　在嵇康的樂論中，我們可以發現，提到樂與氣的關係時，往往注重的是樂對於「神氣」的影響：

> 可以導養神氣，宣和情志。(〈琴賦〉《嵇康集校注》／83)

> 然後文之以采章，照之以風雅，播之以八音，感之以太和，導其神氣，養而就之。迎其情性，致而明之；使心與理相順，氣與聲相應，合乎會通，以濟其美。故凱樂之情，見於金石；含弘光大，顯

于音聲也。若以往則萬國同風，芳榮濟茂，馥如秋蘭；不期而信，不謀而成，穆然相愛，猶舒錦布綵，燦炳可觀也。大道之隆，莫盛于茲；太平之業莫顯於此。（〈聲無哀樂論〉《嵇康集校注》／222～223）

為什麼音樂可以導養神氣？因為「樂氣」與「神氣」來自於共同的根源「道」。嵇康將音樂的根源溯源於天地自然，因此，音樂之本體隸屬於道之本體，而音樂的本質必定涵蘊了「道」之運作時氣體流行的和諧，即如《莊子》所言：「夫明白於天地之德者，此之謂大本大宗，與天和者也；所以均調天下，與人和者也。與人和者，謂之人樂；與天和者，謂之天樂。」（《莊子・天道》／458）《莊子》將天地之和作為天地萬物存在的最高指歸。故嵇康以「和」為音樂的本體所在：「音聲有自然之和」、「克諧之音，成於金石；至和之聲，得於管絃也」、「五味萬殊，而大同於美；曲變雖眾，亦大同於和」、「聲音雖有猛靜，猛靜各有一和」、「聲音以平和為體」。宇宙自然以和為體，音樂之本體隸屬於道，自亦須歸本於自然之和。

而「神氣」，是「道」下化於人時，保留於人形體內的種子，也就是《莊子・天地篇》中所謂的「形體保神」中的「神」〔註72〕。故人之「神氣」是人通於「道」的依據所在，它涵蘊著「道」的自然之和，因此也就具有自發的和諧力量。所以當「聲」回歸於本質的「和」時，可以與人本身「神氣」的「和」相應，「和心足於內，和氣見於外。」人的本性回歸於道，也就平和而無哀樂，因此，「樂氣」與「神氣」的相應，向上提升則與「道」、「理」相順。如此而言，聆聽音樂時，與之相應的非哀樂之情，而是人之「神氣」，人之「神氣」與「樂氣」相應只顯「躁靜」反應而不顯「哀樂」之情。也就是《莊子》所謂的「若一志，無聽之以耳而聽之以心，無聽之以心而聽之以氣。聽止於耳，心止於符。氣也者，虛而待物者也。唯道集虛。虛者，心齋也。」（《莊子・人間世》／147）「耳→心→氣」是自我不斷純化虛靜的過程，超越生理的感官，而以整個形體與精神浸潤在道聽之中。嵇康所謂「終得躁靜」亦然，當聆樂時讓樂氣導引「神氣」以達「氣靜神虛」的狀態，擺落生理感官、心知思慮，僅是應氣而行，順任自然，以通和域的理境。嵇康亦從個體

〔註72〕《莊子・天地》：「泰初有無，無有無名。一之所起，有一而未形。物得以生，謂之德；未形者有分，且然無間，謂之命；留動而生物，物成生理，謂之形；形體保神，各有儀則，謂之性。性修反德，德至同於初。」（頁424）

生命的實踐而推置到群體和諧的理想，認為當人們的心都達到一種精神上的超越，無須道德禮義加以規範，而自然而然地擁有道德，讓「心無措乎是非，而行不違乎道者也。」(〈釋私論〉《嵇康集校注》／223) 心裡不預先存有主觀的是非之見，行為也都不違背自然之道，也就是人人皆為君子的情況下，則能聞天籟、和聲的無聲之樂，御無為之治的太平盛世。

嵇康氣聲相應的審美經驗類於《莊子》的「心齋」思想，強調必須消解生理感官的知能，讓心在沒有被任何欲望擾動的精神狀態下，呈顯一片純化虛靜，由虛靜把握到人生本質，同時把握到了道的本質，而與天地萬物和融為一。既然氣聲相應的審美經驗必須透過消融的作用，因此也就不極形式曲調之美，而追求虛靜平和的音樂，所以嵇康特別宣揚能使人「虛心靜聽」、「導養神氣，宣和情志」的琴瑟之樂。〔註73〕

從以上的分析，對於魏晉樂論中樂與氣的關係可以歸納出以下三個重點：

第一、阮籍、嵇康皆從氣化宇宙論的角度，連結音樂與天地自然的關係。而其氣化的觀點雖然承自漢代而來，但哲學根基卻展現於自然和理的道家向度上。對道家自然觀的援用，是為了擺落漢代以來天人感應的神秘色彩。但由於阮籍的樂論思想仍具有儒家傳統的樂教觀念，所以仍保留了天人感應的部分。而嵇康元氣的觀念僅看成純粹的宇宙生成論，並未雜揉天人感應思想，而把樂與氣的關係，視為原始自然的相應相和。

第二、阮籍、嵇康受到魏晉氣論潮流的影響，尊重個體的獨特發展，故在音樂的鑑賞上落實於主體境界的追求。主體境界的實踐是透過「氣」溝通於「樂」與「人」之間，從天地自然的氣之平和，引領著「樂」、「人」的平和，讓人「氣」隨著樂「氣」回歸到原始和諧之中，展顯個體生命的圓融以及與天同和的理想。阮籍與嵇康並把主體境界的實踐意義推置於群體和諧的實現意義，可見兩者音樂思想的終極關懷，仍放在音樂的移風易俗上，只是其移風易俗的進路有別於傳統儒家的樂教，儒家樂教從道德倫理的教化，以達「人和」之旨；阮籍、嵇康則從道家的自然觀，讓音樂回歸於自然之和，而音樂自然之和的作用引領著「人和」、「天和」的實現。故作為溝通「樂」、「人」平和的「氣」，也就不似儒家的「氣」具有明顯的道德意識，而是直指於天地萬物的根源，甚而賦予一種純粹性的自然美感。

〔註73〕關於嵇康「氣聲相應」的說法，請參考第二章第二節。

　　第三、從以上的分析可知，嵇、阮兩者皆重元氣，而且皆企求尋回人類意識未發展前的原始和諧，只是「自然」的根源已被人類的造作所破壞，所以，嵇、阮只好把復歸的可能寄託在音樂自然之和的本質上，認爲透過人與樂同根同源的「氣」，可以把人氣與樂氣作緊密的結合，人只要依循著「氣」，順任自然，就可以歸於天理流行，回到原始和諧的狀態。但在追求樂聲之和的純美上，則突顯了嵇、阮樂論的差異。阮籍從氣之平和而崇雅樂不煩之美，認爲正樂能使人「心澄氣清」、「心平氣定」；悲樂則使人「衰氣入」、「嘘唏傷氣」〔註74〕，故受儒家樂論的影響，仍認爲樂有哀樂。嵇康在「自然」的觀點下，讓音樂掙脫人文枷鎖，以顯現出音樂本身自體性的觀照及獨立面貌，故聲無哀樂。只是爲了讓音樂的鑑賞者可以透過平和之聲以握到虛靜的生命本質，所以不極形式曲調之美，而推崇虛靜平和的音樂。

三、小　結

　　魏晉隨著大一統政權的崩壞，呈顯自繼春秋、戰國後，另一時代的大動盪。阮籍、嵇康身爲當時代的知識分子，面對政治、文化失序的情況下，企圖透過哲學思索，提出能讓社會安定有序的理論系統，使失序的社會重新整頓，展現和諧融洽的泰平盛景，所以「和」成爲魏晉士人促成玄學思潮時重要指標之一。

　　此節，筆者透過對魏晉樂論中「禮」與「氣」的分析，了解到魏晉樂論在音樂審美理想中對於「和」的重視，此種重視若放在「禮」的角度上，則走出了一種人和的人文美感，若放在「氣」的角度上，則展現一種人和與天和共融的自然之美。

　　「禮」是人類在文明進路上的一種思想沉澱，代表著文明深度發展的行爲象徵。「禮」的有節有度，含有一種美學性質，是人用行爲態度所表現的美學要求，是人爲了促進社會和諧的根基。所以「禮」對於社會秩序的建立能起一定的作用。因此，當魏晉時期由於儒家的崩解而造成「禮壞」的現象時，阮籍、嵇康，開始爲「禮」尋求新的定位。所以當他們還在爲適合於當時代的「禮」作思量時，在禮樂關係上，也就出現了「禮」的歧異地位，或「禮」的地位優先於「樂」（阮籍）、或以爲「禮」必須隨著「樂」才有存在與發揮

〔註74〕　〈樂論〉：「今則流涕感動，嘘唏傷氣，寒暑不適，庶物不遂。雖出絲竹，宜謂之哀。」（《阮籍校注》／99）

效用的可能,「禮」必須夾帶在音樂之中,才能散播它的人文精神,必須用「樂」的律動來緩解「禮」的生硬形式,所以有以「樂」為主以「禮」為輔的傾向(嵇康)。可見當時的知識分子在「禮」的認定上還未有共識。但我們可以發現一個共同的現象,即是阮籍、嵇康的「禮」已非孔子、孟子、荀子、漢儒的「禮」,而是多多少少滲入了道家思想於其中。若說孔子為「禮」的內在本質注入了仁的精神,而讓人文之禮能展現生命的溫度,那魏晉士人為「禮」的內在本質又注入了「自然」的理想,而讓人文之美降低人為造作的僵化而更顯生動自然。魏晉士人對「禮樂」的討論,是為了尋找出促進社會和諧的方向,以及重建漢代文明崩壞後新的人文美感。

「禮樂」所呈現的「和」,是一種群體和諧的人文之美,但這樣的「人和」並不能滿足於一個剛從束縛走出充滿思想自由,又崩解敗壞等待重建的矛盾社會,因為這種恢復禮樂制度追求「人和」的理想,於先秦時期孔子已極力呼籲,但被當權者過度利用的結果,淪落為綑綁人心的工具,所以,在禮樂的討論上魏晉士人對於禮有越來越輕忽的傾向。為了淡化「禮」在禮樂中的作用,除了為「禮」的內在本質注入道家的「自然」理想外,越加重視人(個體)與樂的相互關係。從阮籍與嵇康的樂論中可以發現,他們將人與樂的關係建立在主體境界的實踐上,所以樂的作用不僅能促進「人和」,樂之存在最大的意義在於讓人可以超越現象界而與天地精神同往來,以達「天和」的理想。人如何透過音樂以達天和,阮籍、嵇康援用莊子氣化的觀念,認為與「道」同一的「氣」,是「道」生萬物時下注於萬物個體的精微之質,是萬事萬物縱向橫向的感通基礎。所以人之氣與樂之氣能透過橫向的感通方式,達到人與樂的結合,也可以透過「氣」的縱向感通,而與「道」冥合。道、氣在統攝、調節陰陽的歷程中產生一種「和」的全體觀照,使得音樂與人因同根、同構的「氣」而交感共鳴,而呈顯「和」之全體觀照的審美理想境界。此時每一個個體生命都以「天和」的主體境界處於人世間,於是群體的集合奠基於每個個體的諧和上,那社會自然而然也就呈現人人相和的景況,「人和」的理想也隨之實現。在阮籍、嵇康的思想裡,「人和」的實現無須依靠外在的禮樂制度,只要通過內在個體生命的實踐,即可達到。這樣的思想非常強調主體的能動性,以及強調社會和諧的實現在於個體的主動追求,因此也就破除了當權者對禮樂制度的利用,以及對於人心的控制。這種對主體能動性的強調、以及破除當權者對禮樂制度的利用,肯定了人的生命活力以及精神自由的期

許。於是，在肯定人的生命活力以及精神自由底下，魏晉樂論完成了音樂審美的最終理想，「樂和」、「人和」、「天和」的同一。

第三節　魏晉樂賦音樂審美理想中空間與人格的論述

就人的生存而言，現實總是充滿矛盾與不圓滿的，於是通過人不斷地反思，不斷突破現實的存在而向理想的存在轉化。由於有了這種轉化的意識，人在生存中才會滿懷希望與熱情。因此，理想之於人類，是在物質欲望之外，於精神上更立崇高的目的，努力求其實現，以達人生真正的意義。

每一時代，都有其努力實現的理想，魏晉時代亦不例外。本節對於魏晉樂賦的研究旨趣，即是由「理想」的追求出發，力求從文化背景的角度探索魏晉人對於理想空間以及人格理想的追求，將此兩個論題合併討論的用意在於，人與空間有著緊密的關係。人可以感知到人事物的存在，是人透過了感官系統對於空間訊息的接收，人能察覺到自身生命的存在與處境，是先從身體的所有感官去感覺到我的身體對於空間的佔領，然後才將感官的觸角向外延伸，去感覺各種有形有狀、有色有味、有聲有氣的實有，一個萬千景致的複雜體系，環繞我之形體而存在。於是，我之快樂與否、幸福與否、歡喜與否，都與空間反應予我的感受有關。故一個理想的空間成為我之幸福的追求。而理想空間的實現，必須由理想的人共同經營之，如此理想才能延續下去。

魏晉樂賦透過對音樂的審美，以達到一種理想的實現，而此種理想根植於社會實踐和審美實踐，有別於魏晉樂論以理性、辨證的方式論述對於音樂審美理想的追求，樂賦以一種感性形式來成就實踐的過程，因此帶有濃厚的想像性和憧憬性。想像是人的一種生存方式，理想以想像虛構為其內在的生命活力，不斷開拓和建構本身。所以樂賦的音樂審美理想，雖涉及社會實踐，但有別於一般社會理想的理性和信仰認同，而是以情感體驗為基礎〔註75〕，以具體可感的形式想像來表現應有的完善的理想表象。魏晉樂賦將情感式的理想凝鑄在音樂的審美之中，借助音樂形式而獲得感性表現，感性的想像具體展現為有利於人的生存和發展的美好的生活圖景，凝具為富有個性特徵和具有人格典範的形象。魏晉樂賦，透過情感的體驗、感性的想像，成功地將

〔註75〕關於情感體驗的部分可與第二章第三節相互參看。

音樂與人與社會推向一個完美的境地。以下即對魏晉樂賦如何透過情感的體驗、感性的想像，成功地造就理想空間與人格理想進行探討。

一、締造原始自然的理想空間

一個書寫模式的確定，是透過讀／寫雙方不斷地閱覽與創作，於累積交集後最終所形成的固定模式，因此一個慣用性的書寫模式，其中必使讀／寫者能產生熟稔度與認同感，不管其撰寫對象同或不同，一旦被寫進這慣用模式，必能引起共鳴並絡繹感染當時代的心靈。所以一個固定的文類結構，不該被看待為創作者的簡易套用或反覆模擬，而必須從集體性的觀點深入裡層，了解到形式之外所潛隱的意涵，亦即體現出當時代的某種共識，某些知識分子、文人的發聲，以及當時代的一個文化表徵。

於第二章中即討論到，魏晉樂賦的書寫有一定的創作模式：首先描寫器物不凡的生長環境，次寫取材與製作之艱辛與精細，復次描摹音聲展演時的動人聽聞以及樂聲帶給人的聯想，然後述以音聲具有感化、感通作用，末以讚揚樂聲以結。這樣的創作模式依第二章的分析可知，它代表了音樂審美的循序過程，其中的審美意識包含了《楚辭》神話精神的繼承，以及當代游仙文化的引進，除了以上兩種審美意識之外，那些描寫器物生長環境的自然山水的締構，亦象徵著回歸原始自然的想望。「回歸原始自然」可說是魏晉時代文人的集體共識，只是這個共識的背後，是怎樣的集體心態所造就而成，乃是本節探討的重點所在。

在魏晉樂賦創作模式的五個步驟中，器物不凡的生長環境以及取材、製作的艱辛，於賦作中重疊率最高、描寫的景象也最一致。彷彿魏晉文人的心中有一個共同的國度，這個國度代表著一種嚮往，甚至是理想世界的實現。且看賦作中的描述：

> 爾乃採桐竹，翦朱密，摘長松之流肥，咸崑崙之所出。（夏侯淳〈笙賦〉《藝文類聚》／793）

> 其制器也，則取不周之竹，曾城之苞。生懸崖之絕嶺，邈隆峰以崇高。（王廙〈笙賦〉《藝文類聚》／793）

> 惟嘉桐之奇，生於丹澤之北垠。下脩條而（《全三國文》作「以」）迴迴（《全三國文》作「固」），上乣紛而干雲。開鍾黃（《全三國文》作「黃鍾」）以挺幹，表素質於倉春。（孫該〈琵琶賦〉《藝文類

聚》／789）

> 河汾之寶，有曲沃之懸匏焉。鄒魯之珍，有汶陽之孤篠焉。若乃綿
> 蔓紛敷之麗，浸潤靈液之滋，隅隈夷險之勢，禽鳥翔集之嬉，固眾
> 作者之所詳，余可得而略之。（潘岳〈笙賦〉《文選》／742）

> 嶧陽之桐，殖穎巖標，清泉潤根，女蘿被條。（曹毗〈箜篌賦〉《藝
> 文類聚》／788）

器類所生長的地方，都託身於重險崎嶇、懸崖、絕嶺、巍峨的地域，且強調
原生材質對於天地精華、日月休光的吸收，如此超脫人世、注重自然的描寫，
除了賦予縹緲仙境的幻想〔註76〕以及天然之質的追求外，其實還包含創作者
對理想國度的締造。尤以嵇康〈琴賦〉的描述最具代表：

> 惟椅梧之所生兮，托峻嶽之崇岡。披重壤以誕載兮，參辰極而高
> 驤。含天地之醇和兮，吸日月之休光。鬱紛紜以獨茂兮，飛英蕤於
> 昊蒼。夕納景于虞淵兮，旦晞幹於九陽。經千載以待價兮，寂神跱
> 而永康。且其山川形勢，則盤紆隱深，磪嵬岑嵒。互嶺巉巖，岝崿
> 嶇崟。丹崖嶮巇，青壁萬尋。若乃重巘增起，偃蹇雲覆，邈隆崇以
> 極壯，崛巍巍而特秀。蒸靈液以播雲，據神淵而吐溜。爾乃顛波奔
> 突，狂赴爭流。觸巖抵隈，鬱怒彪休。洶涌騰薄，奮沫揚濤。瀄汨
> 澎湃，蜿蟺相糾。放肆大川，濟乎中州。安回徐邁，寂爾長浮。澹
> 乎洋洋，縈抱山丘。詳觀其區土之所產毓，奧宇之所寶殖。珍怪琅
> 玕，瑤瑾翕赩。叢集累積，奐衍於其側。若乃春蘭被其東，沙棠殖
> 其西。涓子宅其陽，玉醴涌其前。玄雲蔭其上，翔鸞集其巔。清露
> 潤其膚，惠風流其間。竦肅肅以靜謐，密微微其清閑。夫所以經營
> 其左右者，固以自然神麗，而足思願愛樂矣。（《嵇康集校注》／84
> ～88）

見那「梧桐」所生處的地方極為幽靜美麗，山則巍巍特秀、時有雲霧繚繞；
水則澎湃激昂，後歸於寂靜平廣。每日的生活平靜美好，早晨迎接著日初；
黃昏則送走日落。生活不虞匱乏，物產豐富，叢集累積，取之不盡，用之不
竭。週遭植以香草奇樹，擺列珍玉怪石，時有鳳凰相伴，又有仙人涓子為鄰。
在如此的環境底下，可以聳立而靜謐、自然而清閑。在此，嵇康無疑將「梧

〔註76〕詳見第二章第三節之「樂賦架構的背景意義」。

桐」擬人化了，以「人」的角度去感受「身體」對於空間的接觸。

　　所有生命的形成必以佔據空間的方式以宣示，縱然如蜉蝣活不過數時，但仍然奮力讓自身適應環境的各種條件以生存。只是生命所佔據的空間，若僅就生存而言，這是屬於最低層次的空間，若能將身體的觸角去感知空間的確立，並深入思考空間自由的問題，這才能突破對低層次空間的要求而進入高層次的空間範圍〔註77〕。嵇康〈琴賦〉即是以身體的知覺去感發出一個高層次的空間：眼之所見山川特秀、耳之所聽清泉鳥鳴、鼻之所聞奇樹香草、膚之所觸清露微風。感官所及無非自然，而此自然背後的深意在於「寂神跱而永康」，指精神在無外界的干擾下，能寂靜而永保安康。生命在這個空間裡，是隨著宇宙的移動而生長，「夕納景于虞淵兮，旦晞幹於九陽。」生命活力在「夕」、「旦」的循環下默默展現，沒有外力的干涉，一切順其自然。雖然嵇康以「自然神麗」之物，創造出一個幻化的空間，但排除那些神化之物，落實於人間，隱約中則透露出「日出而作，日入而息，帝力於我何有哉！」〔註78〕的景象。

　　就魏晉士人而言，身處於政治壓迫且戰亂不已的環境，不管就生理空間、精神空間而言，都處於不安全的狀態。所以在蓬轉播遷、恐懼不安的環境刺激下，對於「安身何處？」成為最迫切的思考點，因此「理想空間」成為士人必須認真思考的問題。只是現實空間一時之間無法成就善美的生活環境

〔註77〕關於低層次與高層次空間的論述，藉用於卡西勒的說法。卡西勒認為每一個有機生命都生活在某種環境中，並且必須不斷地使自身適應這種環境下的各種條件才能存活下去，卡西勒將這個環境稱之為有機體的空間（organic space），這是屬於最低層次的空間。而屬於高級動物的知覺空間（perceptual space）。知覺空間並不是一種簡單的感性材料，它具有非常複雜的性質、包含著所有不同類型的感官經驗的成分——視覺的、觸覺的、聽覺的以及動覺的成分在內（卡西勒，甘陽譯《人論》，台北：桂冠圖書，1994年10月，頁64）。卡西勒將空間分有機體空間與知覺空間，其分辨的基礎在於有機生物與高極動物的區別。本文藉用卡西勒空間的概念而加以轉化，而把低層次與高層次空間的分辨，放在對於生存的基本要求以及對空間的精神感受，或可稱之為生理空間與精神空間。將此處的空間論述與前文「軀體」、「身體」的觀念相聯結，又可分為軀體空間與身體空間。低層次空間、生理空間、軀體空間同屬一個範疇；高層次空間、精神空間、身體空間同屬一個範疇，而筆者以為樂賦中所描繪出的空間乃出於魏晉士人在現量空間中所創造出無限的空間體驗，故歸於高層次空間、精神空間、身體空間此一範疇。

〔註78〕無名氏，擊壤歌：「日出而作，日入而息，鑿井而飲，耕田而食，帝力於我何有哉！」

時，於是魏晉士人只好退隱到心中自由的殿堂，勾勒那理想的生活環境以自慰，這是人面對惡劣環境時，最穩當的方式。於是魏晉士人憑藉著無限的神思，構築一個別有洞天的人間仙境，有別於現實空間的動亂不安、逼迫殘害，在這個理想國度裡，展現出一個原初的、無邊際的空間意象，彷彿喚起遠古的記憶，讓人回到生命之初，與遼闊的宇宙相聯結，使心靈得到無盡的解放，幽靜美好，生命更顯有力。

漢代樂賦中，對於器類的原生環境雖然也以崇山峻嶺為描繪空間，但其主要目的不是對於一個理想空間的嚮往，或者追求器類與天然的聯結，而是為了解說器類「以悲為美」的本質。如王褒、馬融所述：

> 原夫簫幹之所生兮，於江南之丘墟。洞條暢而罕節兮，標敷紛以扶疏。徒觀其旁山側兮，則崛嶔巋崎，倚巇迤（山靡），誠可悲乎其不安也。……秋蜩不食，抱樸而長吟兮，玄猿悲嘯，搜索乎其間。處幽隱而奧屏兮，密漠泊以猭。惟詳察其素體兮，宜清靜而弗喧。幸得謚為洞簫兮，蒙聖主之渥恩。可謂惠而不費兮，因天性之自然。
>
> （王褒〈洞簫賦〉《文選》／689）

> 惟鐘籠之奇生兮，于終南之陰崖。託九成之孤岑兮，臨萬仞之石磎。特箭槀而莖立兮，獨聆風于極危。……山雞晨群，壄雉朝雊。求偶鳴子，悲號長嘯。由衍識道，嘹嘹讙譟。經涉其左右，咇㗲其前後者，無晝夜而息焉。夫固危殆險巇之所迫也，眾哀集悲之所積也。（馬融〈長笛賦〉《文選》／711）

魏晉人對於音樂的審美，其實也帶著「以悲為美」的觀感[註79]，但對於樂聲悲音的欣賞多訴諸於聆聽音樂之時，並未如漢人，追溯到器類的原生環境，因此魏晉人彷彿宣告著，唯有當音樂從「仙境」落入「凡間」時，才感染到人間的氣息，而有喜、怒、哀、樂……等情緒之分。因此，魏晉樂賦與漢樂賦雖然器類的原生環境上，有著相同的創作模式，但兩者所代表的意義卻不同。漢樂賦是以器類的原生環境作為樂器悲音形塑的基礎，因此，原生材質所依傍之山，其崎嶇嶮巇的可悲不安，以及猿猴、山雞、野雉的悲號長嘯，都累積成樂器的天性自然，而成就了「眾哀集悲之所積」，所以音樂也就逃不過以悲示顯的命運。而魏晉樂賦中器類的原生環境仍強調山勢的危崖嶮巇，

〔註79〕詳見第二章第三節之「歷史積澱與個體直觀的審美形象——譬喻符碼的文化意義」。

但透露出的並不是可悲不安的情緒，而是表達出一種對於現實空間的阻隔，以及暗示樂器特出奇峻的風格。至於那些飛禽走獸，到了魏晉樂賦裡，則呈現悠遊自在的景象（「禽鳥翔集之嬉」、「翔鷺集其巔」），那是一幅呈顯自然幽境的山水畫作。因此，雖然魏晉樂賦承自漢賦的創作模式，但其內涵與意義已經不同於漢人之思考，而轉化爲符合魏晉士人的想望。於是，同樣是對原生環境的想像描寫，但魏晉人則賦予理想國度的追求。

　　魏晉樂賦一再出現空間意象的書寫，反映的正是自由精神、安定和樂、豐盛圓滿等在現實世界的闕如，這種闕如引發主體的存在焦慮，透過書寫則可將焦慮安撫，於是讓自我暫時從現實社會抽離，然後建構一個與現實世界分庭抗禮的理想世界〔註 80〕。這樣的動作已擺脫日常性的自我與社會角色，跳脫出既有空間的權力關係〔註 81〕，打破束縛而自由移動，有著鬆動既有權威的意涵。時空想像的轉變，讓時空的觸角向以往、向未來延伸，活動領域不再局限於「現在」，也不再局限於「此處」，當意志脫離了常化時空的限制，精神忽然得到完全的自由，於是樂賦中原始自然的空間想像成爲一種跨越權力臨界點的顛覆行爲。當理想空間的想像一旦建立無論出於自覺或不自覺，其實已產生了種種越界和重構自我邊界的可能。因此在這個理想的空間裡，一方面標示著眞實的地點（曾城、河汾、曲沃、汶陽），一方面混雜著天庭仙境（崑崙、不周）〔註 82〕、香草奇樹，這些現實與虛幻的交錯地點，並不是

〔註80〕不僅魏晉樂賦中出現對於理想空間的打造，在其它的文學作品中，也經常出現游離自現實生活而進入一個幻象的空間，如酒國、仙界、異域、世外桃源等，這些豐富的空間書寫，爲生命創設出多元且又不斷深入的藝術空間。可見對於「安身何處」，以及理想空間的追求，是魏晉時人共同的思考趨向。相關的分析討論可參考尤雅姿老師《魏晉士人之思想與文化研究》（台北：文史哲出版社，1998 年 9 月），頁 67～78。

〔註81〕權力是藉由空間展佈開來的，猶如毛細管一般遍佈。權力不只是集中在國家或國家機器之中，而是無所不在的權力關係，每個人都處於其中某個位置，只是有優劣之分。處在優越的位置者，空間權力的掌握遍佈，相對的，處在低劣位置者，則有限。所以在現實的環境裡形成了「空間即是權力」的現象。關於空間權力的討論可參考黃應貴《空間、力與社會》（台北：中央研究院民族學研究所，1995 年 12 月），頁 19；王志弘《流動、空間與社會》（台北：田園城市文化事業，1998 年 11 月），頁 9。魏晉樂賦將現實空間異質化、虛構化，已跳脫了現實空間的權力配置，以求得精神的自由展延。

〔註82〕「崑崙」，山之名，亦稱「昆侖」。於古代文獻如《穆天子傳》、《楚辭》、《山海經》中，多與神話相連結。「不周」，古代神話傳說中的山名。楚辭屈原離騷：「路不周以左轉兮，指西海以爲期。」王逸注：「不周，山名，在崑崙西

單純的風物景觀，尤其當它內化為集體想像時，它顯然已成為魏晉士人自我追尋的「地理認同」。換言之，原本屬於自然景物、地理圖誌的名目概念，已形成一種意在言外的「空間隱喻」（spatial metaphor）〔註83〕。這個「空間隱喻」所展現的即是對於原始自然的理想追求。

但必須進一步探究的是，當魏晉士人對於現實加以否定進而締造一個原始自然的理想空間，其背後的心態為何？

將對於現實的否定表現於文學時，它可以是譏諷、哀憐、寓言、寫實……等等方式以表達，但當它以一種虛擬式的理想國度在文人間形成一股潮流、匯聚成集體共識時，理想國度虛擬描寫也就不全然只是滿足個人創作衝動的文字想像，而是士子文人對生存領域的想望。我們會發現到，這虛擬的理想國度，總是設定在遠方，甚至在飄渺的仙境之中，它不是發生在現實週遭那樣地舉手可得，它必須通過艱苦的跋涉：

> 於是遯世之士，榮期、綺季之儔，乃相與登飛梁，越幽壑，援瓊枝，陟峻崿，以遊乎其下。周旋永望，邈若凌飛。邪睨崑崙，俯闞海湄。指蒼梧之迢遞，臨迴江之威夷。（嵇康〈琴賦〉《嵇康集校注》／88）

當人們要前往那個理想國度時必須：登棧道、跨深谷、攀瓊枝、陟山巔。經過重重的難關，千里跋涉，才能到達光明幸福的人間天堂。這樣的描寫，將人帶入一趟非比尋常的旅行路程，行旅者必須擺脫掉人事、家國、政治……的牽扯，以遠離現世為啟程點，踏上自我放逐的旅程。

只是這一個自我放逐的旅程並不是實質地點的地理涉足，不是身體的力行而是精神的悠遊。魏晉士人由於無法在現實空間中得到善美的生活，於是消極地退隱到心中的丘壑之間，連真正的退隱行為都讓他們感到疲累，畢竟無處不是王土，再怎麼隱藏，都躲不掉國家機制、政治壓力。於是退隱到心中的丘壑是與現實最乾淨俐落的切割方式，隨著無限的想象，將自

北轉行也。」

〔註83〕 「空間隱喻」（spatial metaphor）此一名詞藉用於吉拉汀‧普瑞特（Geraldine Pratt）。吉拉汀‧普瑞特（Pratt, G.）於 1992 年在《社會與空間》（Environment and planning D, Society & space Vol. 10, pp. 241~244）期刊發表的評論文章〈空間隱喻與發言位置〉（Spatial Metaphors and Speaking Positions）從「位置性」的角度切入空間議題，主張空間在建構社會理論時具有核心的位置。參考自王志弘《流動、空間與社會》（台北：田園城市文化事業，1998 年 11 月），頁 45。

我精神放逐到虛幻的理想空間之中，那裡奇石怪樹、山水壯麗，禽鳥翔集嬉戲，空氣中瀰漫著香草的芬芳，山中無歲月，幽靜自樂，遠離了紛亂與硝煙。

　　魏晉樂賦中所潛隱的自我放逐與傳統放逐有別，這種精神性的放逐，不是身軀的移動、不是具體的空間圖誌的改變、也沒有明確旨令的政治迫害。而是以一種文學的手法，闢造在現實中不存在的「純境」、建構自我放逐的精神堡壘。這種自我放逐的想像其實只是一種批判現實的消極手段，以一種精神勝利的方式來抵抗、控訴對於現實的不滿，所以，傳統的放逐是國家、君王對於知識分子的捨棄，魏晉樂賦中的自我放逐剛好角色對調是知識分子對於國家、君王的捨棄。透過精神上對於國家、君王的捨棄方式，以顛覆現實中種種的界限與權力，讓理想國度的實現又回到知識分子手中。因此，魏晉樂賦的理想空間裡我們看不到國家機制也看不到君王的身影〔註84〕，我們可以看到的是自然而然的悠遊生活。

二、樂賦中的樂器、樂音理想與理想人格

（一）樂賦中以人為喻的「典型」意義

　　魏晉樂賦往往以譬喻的方式，比擬於音聲，而取譬設喻的過程，常常以人物、物象作一個慣用性的取引，使得重複取引的符碼，漸漸地構成一批具代表性、象徵性的意象群組〔註85〕。關於物象方面的徵引於第二章中已作許多的分析討論，在此不再贅述。而關於以人為喻的方面，由於與樂賦中對於理想人格的追求有著較密切的關係，故於此再作補述。

　　魏晉樂賦常常會出現人物的身影穿梭於美麗的音符之中，人物的引用重複率相當高，彷彿必定要有某些人物的出席，才能成就一場盛宴。將魏晉樂賦中人物的引喻歸納分類列表如下：

〔註84〕漢樂賦中對於原生材質的環境雖然也賦予山水自然的描寫，但它構不成理想國度的原因，除了前文所言，山水自然的描寫只是為了聯結樂器「以悲為美」的特質外，而另一個構不成理想國度的原因，在於漢樂賦在原生材質的環境上還突出了「蒙主渥恩」之特質：「惟詳察其素體兮，宜清靜而弗諠。幸得謚為洞簫兮，蒙聖主之渥恩。」（王襃〈洞簫賦〉），樂器所有一切的成就、理想，全都歸功於君主，可見山水自然的空間呈現，仍歸於王之天下，而不是另闢的理想國度。

〔註85〕詳見第二章第三節之「音樂形象化的過程──譬喻符碼的審美想像」。

歸　　類		人名	賦　　作　　徵　　引
重其人格	隱　者	子喬 榮期 綺季 列子	潘岳〈笙賦〉：「子喬輕舉」（《文選》／745） 嵇康〈琴賦〉：「於是遯世之士，榮期、綺季之儔」（《嵇康集校注》／87） 嵇康〈琴賦〉：「要列子兮爲好仇」（《嵇康集校注》／96）
	不遇者（戰敗、諷諫不成、被放逐者……）	荊王 楚妃 伯奇 微子 甯子	潘岳〈笙賦〉：「荊王喟其長吟，楚妃歎而增悲」（《文選》／745） 夏侯湛〈笳賦〉：「來楚妃之絕歡」（《藝文類聚》／796） 孫該〈琵琶賦〉：「伯奇執軛」（《藝文類聚》／789） 嵇康〈琴賦〉：「終詠微子」（《嵇康集校注》／95） 嵇康〈琴賦〉：「王昭、楚妃」（《嵇康集校注》／104） 成公綏〈嘯賦〉：「甯子檢手而歎息」（《文選》／756）
重其技藝	巧　匠	班公 離子 匠石 倕	成公綏〈琵琶賦〉：「爾乃託巧班爾」（《藝文類聚》／789） 孫該〈琵琶賦〉：「託乎公班」（《藝文類聚》／789） 嵇康〈琴賦〉：「離子督墨」（《嵇康集校注》／90） 嵇康〈琴賦〉：「匠石奮斤」（《嵇康集校注》／90） 嵇康〈琴賦〉：「般倕騁神」（《嵇康集校注》／90） 晉鈕滔母孫氏〈篌簧賦〉：「微班輸之造器」（《藝文類聚》／787）
	音樂家	伯牙 君山 泰容 夔 師襄 伶倫 田連 師曠	成公綏〈琴賦〉：「伯牙奏弄」（《初學記》／108） 成公綏〈琴賦〉：「君山獻曲」（《初學記》／108） 嵇康〈琴賦〉：「欽泰容之高吟」（《嵇康集校注》／89） 嵇康〈琴賦〉：「夔襄薦法」（《嵇康集校注》／90） 嵇康〈琴賦〉：「伶倫比律，田連操張」（《嵇康集校注》／92） 陳窈〈箏賦〉：「后夔創制、子野考成」（《藝文類聚》／786） 陳窈〈箏賦〉：「牙氏攘袂而奮手」（《藝文類聚》／786） 賈彬〈箏賦〉：「伯牙同節」（《藝文類聚》／786） 阮瑀〈箏賦〉：「伯牙能琴」（《藝文類聚》／786） 晉鈕滔母孫氏〈篌簧賦〉：「超子野之白雪」（《藝文類聚》／788） 晉鈕滔母孫氏〈篌簧賦〉：「後夔正樂」（《初學記》／109）

　　從以上的表格可知，魏晉樂賦以人爲喻的徵引，人物的重複性很高，並且大致上可以歸納爲兩大類、四大項。在重其技藝方面，器類制作的水準，確實必須訴諸於優異的巧匠；音樂優質的表演，也必須出於名師之手，因此巧匠、音樂家的出現，對於樂賦有著加分的效果，是此賦的品質保證，代表創作者有著深厚的音樂鑑賞背景，運用此些人物的出現，引起鑑識者的共鳴與回響。如此而言，巧匠與音樂家成爲樂賦人物徵引中的必然符碼，此些符碼與音樂的關係密切，於是徵引動作也就成爲理所當然。至於另一類重其人格方面，隱者與不遇者的徵引不似巧匠、音樂家有著音樂鑑賞當背景，故沒有必然出現的理由。再加上隱者與不遇者的取引不是某個創作者的孤例演出，其大量的運用顯然已構成一個意象表徵，因此，此些人物的出現就值得

深入探究。

　　隱者與不遇者似乎爲兩類型之人，但此兩者於隱約中透顯著相通繫的因子，暗示著，可將此兩者作一連貫性的聯想。

　　士的不遇於先秦時期已構成一文化現象，不遇的發生，是由於社會政治結構以君權制度的方式存在，知識分子若要將己身的才華運用於世，就必須獲得君王的賞識。但眞正的知識分子往往憑藉道德信念批評社會而與王侯相抗衡，往往堅持自己所相信的「道」，而保持不隨俗浮沉、不與世同流的獨特姿態，正因爲這個獨特姿態，知識分子往往成爲社會群體的極少數，而且明顯成爲權勢體制的威脅，面對專制君王、腐敗官僚、昏濁世俗尤其形成無法避免的對立局面〔註86〕。而這樣的對立局面造成個人生命價值的實現與現實之間的矛盾，於是「不遇」的情況隨即發生。

　　所謂的「遇」，指的是受君王的賞識而得「仕」，所謂的「不遇」，指的是在堅持己道下，與權勢的抗衡。「仕」、「不仕」成爲「遇」、「不遇」的指標，然而如蔡英俊所言：

> 士與仕之間在現實層面上並沒有必然的關係，「遇合」問題的存在已顯示其偶然性，甚且可以說，知識分子所懷抱的理想與客觀的政治體制之間，永遠存在著不可避免的衝突。〔註87〕

這個「不可避免的衝突」，說明了知識分子不可避免的「不遇」命運。當知識分子遭受「不遇」而無法「仕」時，有些知識分子開始產生退隱的觀念。「隱」本就是相對於「仕」而言的，所謂的隱士應指的是有資格出仕，但卻因基於客觀因素，或是個人性格的堅持與執著，而不肯出仕的理想主義者〔註88〕。因此「隱者」與「不遇者」在堅持理想的情況下，不管被動或主動都走上「不仕」之途，然後以一種獨特的姿態，與現世作抵抗。所以看似兩類型的人物，其實本質上都潛藏著以「不遇」爲主題的背景意義。

　　雖說於先秦時即有「士不遇」的情況，並化作「悲士不遇」的主題於楚

〔註86〕關於知識分子以「道」與王侯、俗世相抗衡的情況，請參考鄭毓瑜〈獨立的忠誠──直諫論述與知識份子〉，《性別與家國──漢晉辭賦的楚騷論述》（台北：里仁書局，2000年），頁210。

〔註87〕蔡英俊：〈人與社會──文人生命的二重奏：仕與隱〉，收入蔡英俊主編：《抒情的境界》（台北：聯經出版事業公司，1987年），頁172。

〔註88〕相關論述可參見王文進《隱逸與中國文學──六朝篇》（台北：臺灣書店，1999年2月初版），頁14；王仁祥《先秦兩漢的隱逸》（台北：臺灣大學出版委員會，1995年5月初版），頁1。

騷中透顯端倪，但「不遇」的問題於兩漢時更爲突顯〔註89〕，且漸漸型塑成固定的心靈模式展現於文學當中〔註90〕。這種「悲士不遇」的文化現象自兩漢一直延續到魏晉〔註91〕，因此魏晉樂賦中「隱者」與「不遇者」的交錯出現，表示「士不遇」的傳統深烙於文學之中，連描寫音樂的作品，都可以突顯這樣一個主題。

　　既然人物事典的引用與創作者自身的「不遇」遭遇以及個人的道德信念密切相關，那人物的引用必定具備「典型」的意味，如此才能與己身的獨立人格、清高信念相結合，而最重要的是能引起其他知識分子的共鳴。因此魏晉樂賦中所舉的「典型」人物：楚妃、伯奇、微子……雖然命運令人可歎，但志節清高；子喬、榮期、綺季的形象則飄逸絕俗、自由瀟灑。於是「典型」的意義，不只停留在具體事件中，而是經過歷史積澱後知識分子們對於「典型」人物的共同懷想，如此人物事典的引用才有感知默會的回響。

〔註89〕廖國棟於〈從「士不遇」到「歸去來」──試論兩漢辭賦對京城的趨附與偏離〉一文中認爲，周初時，士是最基層的貴族，無所謂「遇」與「不遇」的問題。春秋之世，士已轉爲知識分子階層的代稱，他們以「游士」的身分游走在各國之間，可以選擇自己要依託的君主，所以也沒有「遇」與「不遇」的問題。直到了漢代，士人失去了「游」的環境，皇帝是他們唯一效忠的對象，於是，是否受到皇帝的寵信，成了左右他們仕途的重要關鍵，「遇」與「不遇」的問題自然而然就產生了。此一論點可作爲兩漢「士不遇」情況越顯突出的參考。此文收入《第三屆國際辭賦學學術研討會論文集》（台北：政治大學文學院，1996 年 12 月），下冊，頁 763～764。

〔註90〕顏崑陽於〈論漢代文人「悲士不遇」的心靈模式〉一文中有言：「『士不遇』這一文化現象雖已屢見於先秦時代，但卻必須到兩漢，才被作爲文學上反覆出現的主題，而逐漸型塑成固定的心靈模式。兩漢之後，這一文化現象當然還是不斷在發生，而文學創作上也同樣以它作爲主題，但大致上仍是漢代文人所形成的此一心靈模式的延續發展。因此，討論中國古代文人『悲士不遇』這一心靈模式，應當以漢代爲中心，再向上追溯其源流，向下觀察其演變。」收入《漢代文學與思想學術研討會論文集》（台北：文史哲出版社，1991 年 10 月），頁 210。

〔註91〕魏晉文學中有許多擬騷抒憤或論時釋命的書寫，在在都呈顯「士不遇」的主題。如嵇康〈卜疑〉、阮籍〈大人先生傳〉、劉伶〈酒德頌〉、陸機〈遂志〉、張衡〈思遠〉、陶潛〈士不遇賦〉……等，都流洩著時運無常的吟詠。此方面的討論可參考廖國棟於〈從「士不遇」到「歸去來」──試論兩漢辭賦對京城的趨附與偏離〉，《第三屆國際辭賦學學術研討會論文集》下冊（台北：政治大學文學院，1996 年 12 月），頁 763～764。以及鄭毓瑜〈獨立的忠誠──直諫論述與知識份子〉，《性別與家國──漢晉辭賦的楚騷論述》（台北：里仁書局，2000 年），頁 180～209。

　　「不遇」的發生，是知識分子堅持道德信念而與王侯抗衡的結果，知識分子寧願「不遇」也不願妥協同流合污，這樣一個不遇傳統，造就知識分子更專注於個人獨立人格的完成，以抵抗權勢體制的威脅，於是，一個知識分子應具備怎樣的人格，才能突顯自己的志氣與尊嚴，成為魏晉士人極力尋求的答案。儘管，不遇者的典型歷歷在目，但一個懂得自我追尋的知識分子，並不會全然複製。「典型」的意義只是對己身「不遇」的安慰，以及堅持信念的動力，因此，在不同時空、不同環境底下，魏晉的「不遇者」，重新型塑、想像符於當時代的理想人格。

（二）樂與人的呼應

1.魏晉士人的人格特質與理想人格的追求

　　牟宗三在《才性與玄理》一書中，有一段分析魏晉名士基本特質的文字：

> 名士者，清逸之氣也。清則不濁，逸則不俗。……俗者，風之來而凝結於事以成為慣例通套之謂。……精神落於通套，順成規而處事，則為俗。精神溢出通套，使人忘其在通套中，則為逸。逸者離也。離成規通套而不為其所掩沒則逸。逸則特顯「風神」，故俊。逸則特顯「神韻」，故清。故曰清逸，亦曰俊逸。逸則不固結於成規成矩，故有風。逸則洒脫活潑，故曰流。故總曰風流。風流者，……不主故常，而以自在適性為主。……是則逸者解放性情，而得自在，亦顯創造性。故逸則神露智顯。逸者之言為清言，其談為清談。逸則有智思而通玄微，故其智為玄智，思為玄思。……是則清逸、俊逸、風流、自在、清言、清談、玄思、玄智、皆名士一格之特徵。〔註92〕

牟宗三此段文字對於魏晉名士的人格特質有著深刻的詮釋，其文中所謂的「溢出通套」、「洒脫活潑」、「自在適性」、「解放性情」，在在顯示出魏晉人對生命的自主性，以及澎湃的自由精神，而「清」、「逸」、「風流」、「神韻」，又在自由精神上賦予了虛靈的意境。人格的產生是內在的自我在社會化的過程中，不斷變化與調和，終成為一特色的身心組織〔註93〕。所以人格的可貴，在其

〔註92〕牟宗三：《才性與玄理》（台北：台灣學生書局，1980年3月），頁68～69。

〔註93〕陳仲庚、張雨新編著《人格心理學》對於人格心理學家阿爾波特（Allport）在《人格心理學》一書中所列舉人格的五十種定義，一一詳列，並作最後的

獨特性的發揮。魏晉人在人格的特質上，確實充分發揮了獨特性的效果，故「卿自君我，我自卿卿；我自用我法，卿自用卿法。」〔註94〕每一個體皆獨立自由，展現最眞切的自我。這可從《世說新語》中所描述各具特色的人物可以得到印證。

自我肯定、追求獨特成爲當時人的共識，每一個體在自覺意識的刺激下，衝破束縛，極力尋找自我的獨立之姿。在《世說新語‧品藻》中提到：「桓公少與殷侯齊名，常有競心。桓問殷：『卿何如我？』殷云：『我與我周旋久，寧作我。』」(《世說新語‧品藻》／464) 這種「寧作我」的強烈自覺，使得士人對於自我爲何種人有相當的認知，並且與相同認知的人形成一種「我輩」意識：

阮籍嫂嘗還家，籍見與別。或譏之，籍曰：「禮豈爲我輩設也！」(《世說新語‧任誕》／658)

阮步兵喪母，裴令公往弔之。……或問裴：「凡弔，主人哭，客乃爲禮。阮既不哭，君何爲哭？」裴曰：「阮方外之人，故不崇禮制。我輩俗中人，故以儀軌自居。」時人歎爲兩得其中。(《世說新語‧任誕》／660)

王戎喪而萬子，山簡往省之。衍悲不自勝，簡曰：「孩抱中物，何至於此！」王曰：「聖人忘情，最下不及情；情之所鍾，正在我輩。」簡服其言，更爲之慟。(《世說新語‧傷逝》／583)

見吏部郎許允，求爲小縣。允謂芭曰：「卿是我輩人，當相引在朝廷，何欲小縣乎？」芭還歎息，不意允之知己乃如此也。(《晉書‧卷三十三‧列傳第三‧石芭傳》／1001)

孫興公作天台賦成，以示范榮期，云：「卿試擲地，要作金石聲也。」范曰：「恐子之金石，非宮商中聲。」然每至佳句，輒云：「應是我輩語。」(《世說新語‧文學》／246)

概念界定如下：「人格是個體內在的在行爲上的傾向，它表現一個人在不斷變化中的全體和綜合，是具有動力一致性和連續性的持久的自我，是人在社會化過程中形成的給予人特色的身心組織。」(遼寧人民，1987 年，頁 31～45)

〔註94〕《世說新語‧方正》：「王太尉不與庾子嵩交，庾卿之不置。王曰：『君不得爲爾。』庾曰：『卿自君我，我自卿卿；我自用我法，卿自用卿法。』」

由於魏晉士人皆視自我生命爲獨特，所以「我輩」的成立，必須建立在相互理解、彼此欣賞、相互認同的情形下才可稱之。於是一個「我輩」的形成，成爲魏晉文化的特殊風景，亦是魏晉知識分子對於人格認定的展現。

「我輩」就王衍所言，是介於「聖人」與「最下人」的中間，所以「我輩」之人格不同於「聖人」也不同於「最下人」。就「人格」的追求而言，「最下人」當然不可論，而「聖人」之人格亦非魏晉人所追求。所以儘管魏晉士人對於「聖人」多有談論，但並不視爲可追求的形象，而區分爲「聖人」與「我輩」的差別，這可藉由吳冠宏的論述加以說明：

> 漢魏以來強調聖人乃天縱之聖，具有特殊的稟賦與能力，而魏晉人尤善闡聖人生命之理境，因此聖人論在玄學家之思想內涵上常扮演著深層與關鍵的角色，而「我與我周旋久，寧作我。」「情之所鍾，正在我輩耳」、「我輩俗中人，故以儀軌自居」、「第一流是誰？正是我輩耳」諸語，皆是魏晉名士的自我標榜與自我定位，可以「我輩說」統稱之，代表魏晉名士的作爲與心聲。〔註95〕

魏晉士人認爲聖人形象不可學不可致，其先天質性異於常人〔註96〕，魏晉人對於聖人生命理境的闡釋，是爲了成就思想內涵，而非提供人格培養的方向。人格的理想必須落實在「我輩」本身，那是了解到「我輩」與「聖人」之別，正視己身性分上的限制，又不被此限制所鉗固，仍追求其圓滿與理想。

魏晉士人在自我意識的覺醒下，各自豁顯其生命質性，並由超越的智慧開展出哲學玄思，扭轉性分的局限，追求生命的圓滿與理想，這種圓滿與理想彷彿達致可比聖人的逍遙之道〔註97〕。於是嵇康講循性而動、郭象講適性安命、張湛講達生肆情，均基於對生命與自然質性的透徹了悟，而賦予生命逍遙自在、虛靈自由。於是魏晉人格理想之產生，在才性生命的原始自然本

〔註95〕 吳冠宏：〈從余英時〈名教危機與魏晉士風的演變〉一文中「情」之論述及其商榷談玄論與魏晉士風的合理關涉〉，《東華人文學報》第八期（2006 年 1月），頁 21～23。

〔註96〕 嵇康〈明膽論〉：「賦受有多少，故才性有昏明。唯至人特鍾純美，兼周外內，無不畢備，降此已往，蓋闕如也。」

〔註97〕 關於魏晉士人如何突破性分達到與聖人同等的逍遙，請參閱王岫林《魏晉士人之身體觀》〈第六章：魏晉的理想身體〉之〈第二節：理想身體與現實身體的接榫——中人的理想身體〉（國立中山大學中國文學系研究所博士論文，94年）。

質上，開發多元的因子，而孕育出完美的清暉。

所以魏晉士人在自覺意識的刺激下，展現許多不同的人格特質，或清逸、或俊逸、或風流、或自在……看似相異的人格特質，事實上在有其內在的一致性，即是對虛靈自由的追尋。因此，當聖人之境成為不可學不可及的情況下，魏晉人反而能好好落實於對己身人格理想的追求，而這個理想人格必須接榫於人格特質的虛靈自由，才能讓魏晉士人的人格發展有一連貫性的完成。再說，聖人之境雖不可學不可及，但聖人人格畢竟是一種理想的終極指標，故「聖人論」與「我輩說」在人格的追求上必有趨於一致的情況。

魏晉士人一旦落實於己身人格理想的追求，往往會將這樣的理想投射於萬物之中，讓我與萬物能冥合同化，打破物我的界限，同遊於天地之間。魏晉士人在聆聽鑑賞音樂時，即是秉持這樣的想法，因此我們在樂賦中，可以看到對於樂器理想的追求，與人格理想追求相吻合的情況。

2. 樂器美與人格美的相互交融

當人類滿足於最基本的生理需求之後，面對於現象界，開始帶著一種審視的眼光，這個審視的眼光即是「美」發生的起源。所以「美」是因為人的存在而存在，它是透過人類的價值評斷才出現的觀念。而「美」的觀念一旦成形，即與人的生命發展有著密不可分的關係，「美」是從生理需求轉向精神需求的關鍵點，是成就人類文明發展的主要原因。而「美」的詮釋與觀點沒有一定，是隨著人類文明的不斷變化而有所調整，因此，某一時代所產生的審美意識，即代表某一時代特有的文化風景。就魏晉而言，由於整個文化思潮展現一種對於人之個體的重視，於是個體開始在文化的舞台上展演起來，漸漸成為一個被欣賞、品鑑的目標。「人」在這個時期，不再只是一個實質的「形體」存在，而是被當作藝術品來鑑賞，所以每一個人將自己的身體當作素材，用心創作形塑獨特的藝術想像，讓身體以一種美的形式在天地間呈現。由於魏晉人對於「人」的重視，於是許多的審美意識皆從「人」的角度出發，但又不顯人為於其中，而是讓物與人和諧交融。在樂器的鑑賞上，我們則可發現物人交融的情況。

魏晉樂賦中，在器類的形制上，有著豐富光采的描繪如下：

> 延脩頸以亢首，厭瑤口之陸離。舞靈蛟之素鱗，銜明珠於帶垂。（王廙〈笙賦〉《藝文類聚》／793）

望儀鳳以攉形。寫皇翼以插羽，摹鸞音以屬聲。(潘岳〈笙賦〉《文選》/742)

柄如翠蚪之仰首，盤似靈龜之觜觜(此改唯)。臨樂則齊州之丹木，柱則梁山之象犀。魂(石改才)以玫瑰，格以瑤枝。(成公綏〈琵琶賦〉《藝文類聚》/789)

華繪彫琢，布藻垂文；錯以犀象，藉以翠綠；弦以園客之絲，徽以鍾山之玉。爰有龍鳳之象，古人之形。(嵇康〈琴賦〉《嵇康集校注》/91)

列柱成陣，既和且平；總八風而熙泰，羌貫微而洞靈。(陳窈〈箏賦〉《藝文類聚》/786)

請徵其喻，剖狀同形，兩象著也；設弦十二，太簇數也；列柱參差，招搖布也；分位允諧，六龍御也。(賈彬〈箏賦〉《藝文類聚》/786)

龍身鳳形，連翩窈窕，纓以金采，絡以翠藻。(曹毗〈箜篌賦〉《藝文類聚》/788)

樂賦中對於器類形制的描寫，除了如實地陳述外，卻又給予一種特立清高的讚賞。故對器類的形容，訴諸於蛟、蚪、龍、鳳等神物，別於一般平凡庸俗，以展現靈秀之氣、玄乎縹緲之特質。除了強調器類靈秀、縹緲的特質外，器類的形貌往往也以一種光采耀人之姿奪人眼目，彷彿眾物在其光芒燦爛底下都失去了色彩，於是明珠、玫瑰、瑤枝、犀象、金采、翠藻增添了器類外形的光麗，器類先以外形的亮眼震攝人的視界，隨之才以聲攏聚人的聽覺。可見，魏晉人在對音樂進行鑑賞時，並非僅以聽覺的角度來作評判，對於器類的外形也訴諸於極高的審美標準。

魏晉人對於「形」的重視，來自於對於「美」的自覺。在漢朝時期，由於獨尊儒術，且又處於空前統一、繁榮、強盛的氣象當中，於是，人們對於「美」的感受，往往以儒家所提倡的道德思想為指標，重群體勝於個體，重精神內容勝於外在形式，並在大一統的盛況下，都將「美」的標準指向於生氣勃勃的強盛氣象。但儘管漢朝的美氣魄宏偉，卻缺少了個性精神和自我情感的融注。到了魏晉，帝國的宏大事業破滅了，於是，人們的眼光也就自然而然地從對大帝國的關注轉向為個人自我的觀照。因此美的標準也產生了變

化，人們開始發掘小而美的細膩感受，擺脫掉道德實用的美感追求，而轉向
個體情感、形式尚美的發揮。故魏晉人對於樂器的鑑賞，非止於音質之內容，
對器類本身的外觀形制亦追求視覺上的審美感受。

　　魏晉人對於「形」的重視，同樣地運用在「形體美」的追求，以展現自
我的姿態與風神。故時人熱衷於自身的修容，常塗以胭脂粉末、著以華服美
飾，好突顯己身之容行，如何晏喜修飾容貌，粉白不去手〔註 98〕，再如《三
國志‧魏志‧王粲傳》注引《魏略》論及曹植一段：

> 太祖遣淳詣植。植初得淳甚喜，延入坐，不先與談。時天暑熱，植
> 因呼常從取水自澡訖，傅粉。遂科頭拍袒，胡舞五椎鍛，跳丸擊劍，
> 誦俳優小說數千言訖，謂淳曰：「邯鄲生何如邪？」於是乃更著衣幘，
> 整儀容，與淳評說混元造化之端，品物區別之意，然後論羲皇以來
> 賢聖名臣烈士優劣之差，次頌古今文章賦誄及當官政事宜所先後，
> 又論用武行兵倚伏之勢。乃命廚宰，酒炙交至，坐席默然，無與伉
> 者。及暮，淳歸，對其所知歎植之材，謂之「天人」。〔註 99〕

可見魏晉上流階層的男子多有傅粉、著華服，重視修容的情況，並且有意識
地將形體外表的修飾與個人精神表現相結合。故曹植的傅粉是為了弄舞擊
劍、誦俳優小說，此些皆是光采熱鬧的行為，形體的修飾也就跟著絢爛。一
旦論及混元、品物區別等清談之事，則「更著衣幘，整儀容」，隨及表現出魏
晉名士風範。曹植所展現的時而絢爛時而沉著的形體之美，正散發出其簡易
放達、率性而為，毫無矯飾的獨特人格魅力，故邯鄲淳直讚為「天人」。這種
注重形體美而賦以嚴妝華服的行為，是有別於漢代審美意識的一種審美自覺
〔註 100〕，擺脫群體指標的審美理想，而回歸到對個體「自我」的主動欣賞。
大陸學者張志春在《中國服飾文化》一書中，對於魏晉人的嚴妝整飾有以下
的分析：

> 魏晉風度的初始層面是嚴妝境界，即塗脂抹粉、華衣美服，以上流

〔註 98〕《三國志‧魏志‧何晏傳》裴松之注引《魏略》：「晏性自喜，動靜粉白不去
　　　　手，行步顧影。」

〔註 99〕《三國志‧魏志‧王粲傳》裴松之注引《魏略》。

〔註 100〕陳靜容在〈「觀看自我」的藝術──試論魏晉時人「身體思維」的釋放與轉向〉
　　　　一文中提及，魏晉人「嚴妝華服」的行為對於漢代的服儀傳統是一種突破。
　　　　並舉漢代李固與馬融為例。漢人對於李固的「胡粉飾貌，搔頭弄姿」以及馬
　　　　融的「居宇器服，多存侈飾」多有批評與譏誚，可見漢人多無法接受「嚴妝
　　　　華服」的行為。（《東華人文學報》第九期，2006 年 7 月，頁 20）

社會的男子爲主，形成了熱衷自身修容美飾的新潮流。……是從美
化人體自身、從對自身生命的珍愛與欣賞的角度出發的。這是對先
秦服飾倫理格局的反叛與發展。〔註101〕

依張志春的分析，魏晉人對人體的美化，不是一種追求表面性感官娛樂的審
美快感，而是發自於個體生命深沉的審美理念，一種從自我肯定轉而自我欣
賞的美感審視。

　　魏晉人對「形體美」的熱衷，影響到對人物的賞鑑品評。以往漢代人觀
人的首要原則偏重於待人接物的種種行爲表現，主要鑑察其人品是否合於道
德禮義〔註102〕。到了魏晉，對於人的品鑑已脫離實用性的人才舉薦，故也就
漸漸地忽略以禮儀法度爲內容的行爲模式。當人物的賞鑑脫去了道德外衣，
人們拋掉經驗法則的察行知性，於是「觀人」，眞的回到了「觀看」的動作，
從「觀看」而「直覺」出被品賞者的獨特形象。既然「觀看」所及先於經驗
法則的多方考察，那麼在評鑑者與被品賞者之間，無非以一場純粹的形體照
面進行交流。於是「形體美」成爲第一個被鑑賞評價的關鍵。如此一來，個
體姿形的審美，開拓了人物品評的新領域，人物外形之美，成爲如其爲人的
獨特姿態：

王公目太尉：「巖巖清峙，壁立千仞。」(《世說新語》〈賞譽〉)

王戎云：「太尉神姿高徹，如瑤林瓊樹，自然是風塵外物。」(《世說
新語》〈賞譽〉)

裴令公有俊容儀，脫冠冕，麤服亂頭皆好。時人以爲「玉人」見者
曰：「見裴叔則如玉山上行，光映照人。」(《世說新語》〈容止〉)

庾子嵩目和嶠：「森森如千丈松，雖磊砢有節目，施之大廈，有棟梁
之用。」(《世說新語》〈賞譽〉)

時人目王右軍：「飄如遊雲，矯若驚龍。」(《世說新語》〈容止〉)

〔註101〕張志春：《中國服飾文化》(北京：中國紡織出版社，2001年)，頁319。
〔註102〕漢代人物的品評往往與人才的選舉任用發生關聯，因此宗族鄉閭和名士的品
　　　　評，直接影響到士人的升遷提拔。既然人物品評關係到國家人才的舉用，因
　　　　此，品評的標準也就重個人的道德行爲，而朝廷對於賢德的薦舉也就設了許
　　　　多品目，如《後漢書‧卷六十一》：「漢初詔舉賢良、方正，州郡察孝廉、秀
　　　　才，斯亦貢士之方也。中興以後，複增敦樸、有道、賢能、直言、獨行、高
　　　　節、質直、清白、敦厚之屬。」(頁 2042)可見漢代品評人物莫不以修德勵
　　　　行爲依歸。

> 公孫度目邴原：『所謂雲中白鶴，非燕雀之網所能羅也。(《世説新語》〈賞譽〉)
>
> 張華見褚陶，語陸平原曰：君兄弟龍躍雲津，顧彥先鳳鳴朝陽。(《世説新語》〈賞譽〉)
>
> 魏明帝使后弟毛曾與夏侯玄共坐，時人謂「蒹葭倚玉樹。」(《世説新語》〈容止〉)
>
> 王夷甫容貌整麗，妙於談玄，恒捉白玉柄麈尾，與手都無分別。(《世説新語》〈容止〉)
>
> 有人詣王太尉，遇安豐、大將軍、丞相在坐；往別屋見季胤、平子。還，語人曰：「今日之行，觸目見琳琅珠玉。」(《世説新語》〈容止〉)

透過「形」的視看，人如清峙千仞、如瑤林瓊樹、如玉山上行、如千丈松、如龍躍鳳鳴、如琳琅珠玉，每一個被品鑑的人物，以形骸的獨特，展現自身特有的美感而得到評鑑者的欣賞。被品賞者皆以外形的光采震攝人的眼界，而得到高度的評價，故「形」的超卓出群、光映亮眼，成爲審美的首要前提。

　　從以上的論述我們可以發現，人物品評與器類鑑賞在審美的進行上有著共同的傾向，傾向對於「形」之美的首要追求，企求以獨特炫麗的形象來攝取、吸引他人的眼光。如前所述，重「形」是當時社會思潮所趨，於是展現在人物品評與器類鑑賞上則突顯了人之外形、器之外觀上的美感追求。如此對於「形」的重視，放眼到其它藝術人文的領域，依然可以發現重「形」的跡象，例如詩賦欲麗的唯美趨向〔註103〕、繪畫「以形寫神」〔註104〕的理論，都是對於「形」之美觀的追求。「形」之重視能成爲一股思潮，來自於魏晉人對於「美」之自覺，而此自覺又來自於「人」之自覺，因此，所有魏晉美學的發展皆與「人」有關，而人物品鑑也就成爲魏晉美學的發源。於是，當我們在解析魏晉人對於音樂的審美時，也就離不開以「人」爲基底的美學觀。

〔註103〕曹丕〈典論論文〉云：「夫文本同而末異，蓋奏議宜雅，書論宜理，銘誄尚實，詩賦欲麗。」

〔註104〕東晉顧愷之《魏晉勝流畫贊》云：「人有長短、今既定遠近以矚其對，則不可改易闊促，錯置高下也。凡生人亡（無）有手揖眼視而前亡所對者，以形寫神而空其實對，荃生之用乖，傳神之失矣。」

如此，我們看到了人物品評與器類鑑賞同樣對於「形」之美的追求，甚至在外形的描述上有著類似的符碼：

> 器類：瑤口、瑤枝、鍾山之玉、明珠；儀鳳、皇翼、六龍、龍身鳳形。
>
> 人物：瑤林、玉人、玉樹、白玉、珠玉；矯若驚龍、龍躍雲津、鳳鳴朝陽。

珠玉、龍鳳為器類與人物的外形描述上最常引用的物象，這些物象為何成為器類與人物鑑賞時，反復援引、重疊運用的素材，則耐人尋味。

玉以其美質成為一種高潔的象徵，甚至被用來代表高尚的人品與精神〔註105〕。龍鳳皆為神化的靈物〔註106〕，龍在遠古神話中是英雄或領袖人物的代表，是權力、力量、精神的象徵；鳳則自古被視為富貴吉祥的神鳥，是罕見、珍貴之靈物。因此，珠玉、龍鳳等物象有著脫於凡俗的清高之美，當器類、人物於鑑賞時加以援用時，立刻以珠玉、龍鳳美貴白潔、光麗亮彩的形象突顯器類與人物的秀色奪人之姿，宣示器類與人物在外形上的獨特超凡之美。

魏晉人對於「形」的重視，不全然是一種表面的欣賞，反而是企圖透過「形」，而一眼看出「天質自然」的內在精神。從器類與人物的鑑賞中對於珠玉、龍鳳等物象的援引可知，此些物象不僅賦予外形的美貴白潔、神采耀人，其援引的最終目的在於此些物象的精神象徵：高潔、美德、超群、脫俗……。顯示魏晉人有別於傳統以內容為依歸的審美方式，企圖透過即「形」的視看，一眼就可看出「天質自然」的體勢形態，進而看到一切天性本質、精神意氣在眼中隨著形體而朗朗呈現，所以，真正看見的是形而上的、物質與精神的「本來面目」〔註107〕。於是，我們可以如此說，魏晉對於器類、人物的鑑賞雖從「形」著眼，卻是形神同步進行的審美方式。因此一個人物能達到被鑑

〔註105〕玉，不僅是貴族、士人所喜愛的佩帶飾品，甚至成為德性修養的象徵目標，如儒家思想中即以為「君子以玉比德」，認為在精神修養達致一定境界時，精神外貫於身，而使身體產生一種「玉化」的情形，故有「溫其如玉」的說法。此「玉化」的身體，詳見楊儒賓《儒家身體觀》（台北：中研院文哲研究所，1996年11月），頁279～286。

〔註106〕《禮記‧禮運》：「麟、鳳、龜、龍，謂之四靈。」

〔註107〕關於魏晉人藉由「觀看」而能「見貌徵神」、「即形知性」，「一見」即可觀照本質天性的論述，請詳見鄭毓瑜《六朝情境美學》（台北：里仁書局，1997年12月），頁132～137。

賞的可能，首先在外形上必須躍然耀目，奪人眼視，才能引起他人品鑑的興趣，而其外形的耀眼，往往是由內在精神、天性本質的顯發。所以從「形」與「神」的結合，以及「一見」即可看出「天質自然」本來生命，說明了魏晉時對於「人」的欣賞，在於「人」毫無「飾屬」的展現，於是，如此順任自然的審美觀也就成為魏晉時對於人格美、人格理想的建構標準。這種順任自然的審美，無非就是前文所言的「寧作我」的自我肯定的思想，在自我肯定底下，發展成許多不同的人格特質，或清逸、或俊逸、或風流、或自在，而其內在的一致性，即是對虛靈自由的追尋。因此我們可以如此言，魏晉「我輩」所追求的理想人格：豁顯原始純然的生命本質，自覺性地操持、存養、擴充，以達虛靈自由的完美之境。

　　既然魏晉對於人格理想的追求在於虛靈自由的完美，從器類鑑賞與人物鑑賞相類似的審美理念來看，純然的生命本質、虛靈自由的完美也成為音樂審美時的理想指標。如樂賦中對於樂聲之美的形容：

> 惟簧也能研群聲之清，惟笙也能摠眾清之林。（潘岳〈笙賦〉《文選》／747）

> 緩調平弦，原本反始，溫雅沖泰，弘暢通理。（孫該〈琵琶賦〉《初學記》／109）

> 清飆因其流聲兮，遊弦發其逸響；窮變化於無極兮。（成公綏〈琴賦〉《初學記》／108）

> 詳其風聲，器和故響逸，張急故聲清；間遼故音庳，弦長故徽鳴。性潔靜以端理，含至德之和平。（嵇康〈琴賦〉《嵇康集校注》／105）

> 音要妙而流響，聲激嚁而清屬。信自然之極麗，羌殊尤而絕世。（成公綏〈嘯賦〉《文選》／756）

對於樂聲的讚揚，或曰清、逸、自然；或曰溫雅沖泰、弘暢通理、潔靜端理、至德和平，每一樂賦作者對於其所鑑賞的樂器，莫不以其樂器不同於凡器而讚揚，並以本質自然而言絕世超倫，故樂器、樂音之理想，訴諸於一種虛靈自由、清新脫俗之感。如此的樂器理想正與魏晉的人格理想作了緊密的聯結，而魏晉人則在此聯結上建構起樂人合一的審美境界。

　　前文有言，魏晉樂賦中「典型」人物的重複援引，暗示著魏晉人的「不

遇」心理。「不遇」的發生，讓魏晉士人更專注於個人獨立人格的完成，以抵抗權勢體制的威脅。於是魏晉士人在人格的呈現上，卸除了傳統以「道德美」為目標的人格理想，而傾向於個人藝術生命的經營，以一種難以言說的美感，突出在政治現實之外。這是一種奇特的「不遇」情懷，不因「不遇」而自怨自艾，惆悵憂傷，反而更顯俊逸灑脫，成就人格美的德性清輝。如此因「不遇」而顯的人格特質，魏晉人巧妙地訴諸於音樂審美之中，於是往後的讀者，可藉由樂賦的創作，隱約地感受到魏晉士人那種對於命運的接受，又傲然揮灑的韌性與自得。

三、小　結

　　追求幸福理想是人類一種自然的傾向，每一個人心中都有一個理想的國度。然而理想之所以存在，乃是因為現實的不完滿，於是，當現實越是困窘難堪、越是殘酷不已，理想國度也就越趨於虛幻現象。就魏晉士人而言，身處於政治壓迫且戰亂不已的環境，不管就生理空間、精神空間而言，都處於不安全的狀態下，刺激著士人對於「理想空間」的思考。只是現實的迫窘非一時一刻所能改善，於是只好退隱到心中自由的殿堂，勾勒那理想的生活環境以自慰，這是人面對惡劣環境時，最穩當的方式。現實環境越惡劣，理想國度的呈顯也就越反差，彷彿是為了一種心境上的調和，因此在魏晉樂賦中所構築的理想空間，以人間仙境的虛幻方式呈現。

　　魏晉士人透過對音樂審美的行為，然後擺脫日常性的自我與社會角色，跳脫出既有空間的權力關係，打破束縛而自由移動，移動出一個虛幻的理想空間，讓精神的觸角在這個空間裡，向以往及未來延伸，使得意志脫離常化時空的限制，得到完全的自由，於是樂賦理想空間的想像成為一種跨越權力臨界點的顛覆行為。而如此顛覆行為背後的心態，是一種類似自我放逐的行為，只是這一個自我放逐的旅程並不是實質地點的地理涉足，不是身軀的移動，也沒有明確旨令的政治迫害，故與傳統放逐有別。而是以一種文學的手法，闢造在現實中不存在的「純境」、建構自我放逐的精神堡壘。故魏晉樂賦中所潛隱的自我放逐，是透過精神上對於國家、君王的捨棄方式，重建一個自然而然、悠遊自在的理想國度。

　　一個理想的國度，必須有理想的人居於其中，因此魏晉樂賦在營造音樂審美的理想情境時，我們可以發現樂器理想正與魏晉的人格理想有著緊密的

聯結，不管是在形之美、或者在聲之美的讚賞上，都與魏晉的人物品鑑運用相同的符碼。魏晉人對音樂審美的理想，是透過對樂器形、神的鑑賞，聯結到魏晉對人格美的追求，依此而溝通了樂與人之間同情共感的可能。於是建立起樂與人之間異質同構〔註108〕的審美感應機制，讓人能藉由音樂進入到一個完滿的理想境界。

從以上的論述可以發現，「自由」是魏晉樂賦建構理想空間與理想人格時的主要基調。魏晉人處在戰亂的時代，再加上自覺意識方興，使他們比任何人都迫切獲得自由，脫出這人世的糾葛。而在實現「自由」的進程中，魏晉人並不單單追求自由的基本目的：依照自己的意志行事，不受外力拘束或限制，而是讓此「自由」的展演帶著一種美感，這是魏晉人最令人激賞之處，掙脫束縛不僅是要得到一個自由的靈魂而已，他們進一步把靈魂推向一個藝術境界，一個彰顯美感、虛靈自由的境界。

〔註108〕「異質同構」一詞借用於西方心理學界格式塔學派（Gestalt Psychology），「異質同構論」又稱爲「同型論」，同型論認爲心與物均有一種「力的結構」，當主體的知覺結構與客體的物質結構處於對應的軸線時，主體與客體間可「同化」，主體利用自身的結構張力對客體的結構張力進行過濾、改變，並將之吸收於自身的結構張力；主體與客體間亦可「調節」，主體對自身的結構張力進行過濾、改變，創立新的結構，與客體取得平衡，適應環境。經由同化或調節，心與物兩相契合，主體可由客體獲得新的「完形」（即「格式塔」），將完形物態化則可表現爲藝術創作。參閱考夫卡（Kurt Koffka, 1886～1941）著，黎煒譯《格式塔心理學原理》（"Pinciple of Gestalt Psychology"）（台北：昭明出版社，2000 年）。

第四章　從文體特徵與比較觀點研討魏晉樂論與樂賦的音樂審美取向

第一節　前　言

　　一個作品的完成，是作家透過各種形式與技巧，以發揮其豐富的想像力或哲理的闡發。所以在一個富有表現力的作品中，作品所要表達的意義瀰漫於整個結構間，結構中的每一個環節都折射出作品所要表達的情感或哲思。也就是說，一個絕妙、令人讚嘆的傑作，必定有一完整的「形式」，而有此一「形式」才可恰如其分地表達出作者的思想與情感。因此，當我們被「內容」中的思想、情感所吸引時，也必須理解到一個作品的「形式」其背後所蘊含的與「內容」中的思想、情感相與倫比的意義。

　　形式作為作品呈現的一種符號，從性質或功用上說，它是表達性的、傳釋性的、結構性的、語言性的，它是作品外在美感的表現，而各種文體因其不同的美感目的，而有不同的形式特徵。當一個表達形式的出現與流行，往往正意味著某種美感意識的形成。在某種文體生氣勃勃不斷發展的年代中，作家們不斷地在隱然存在的形式原則中，創造出更符於當代思潮的作品，運用多樣的技巧，語言藝術、結構模式、風格特徵……等，以更完整的形式承載最撼動人心的義蘊，而作家的美感意識也隨著存在於文體形式之中。因此，某個時代的文體流行，從作家對文體的選擇，以及形式上所作的努力，也就呈顯了當時代的作家們在美感取向上的表達。於是，文體特徵的掌握，可作為深入理解作品意義、作家美感取向的一個切入角度。

從現存魏晉的作品來看，魏晉「賦體」與「論體」皆是頗受當時作家所青睞的文體，本章欲透過對魏晉樂論與樂賦的文體特徵的探討，以釐清兩者在音樂審美取向的異同。

第二節　魏晉樂論之文體特徵所呈顯之音樂審美型態

就前兩章的論述，已先對魏晉樂論在音樂審美上作一基礎性的分析，在第二章中我們理解到魏晉樂論的音樂審美體驗在析理、論證、評斷的過程中，必定有一音樂審美準則於其中，音樂審美準則的抵定，讓音樂審美體驗有一實現的方向，這個實現方向在魏晉樂論中呈現一種共同趨勢，即是在追求自然人性的復歸，而這個復歸有著「同歸老莊」的思想傾向。在第三章中則以「樂」、「禮」、「和」為切入點，理解到魏晉樂論在理性、辨證的方式之下，展開對於音樂審美理想的追求，並藉由《莊子》氣化流變的思想，相互連結「樂」、「人」、「天」的關係，以完成音樂審美的最終理想，「樂和」、「人和」、「天和」的同一。從前兩章的論述可以了解到魏晉樂論作為探討當時音樂議題的論體文章，以析理、論證、評斷的方式傳達出魏晉人對於音樂審美體驗與理想的追求，本章基於前兩章的論述，進一步深入探討，從「論」體的文體特徵，魏晉樂論將呈顯如何的音樂審美型態。

一、魏晉樂論之文體特徵所在

「論」體，為中國古代散文重要文體之一，且由來已久，依劉勰《文心雕龍・論說》所言：

> 聖哲彝訓曰經，述經敘理曰論。論者，倫也；倫理無爽，則聖意不墜。昔仲尼微言，門人追記，故抑其經目，稱為《論語》。蓋群論立名，始于茲矣。……是以莊周《齊物》，以論為名；不韋《春秋》，六論昭列。至石渠論藝，白虎通講，述聖通經，論家之正體也。及班彪《王命》，嚴尤《三將》，敷述昭情，善入史體。〔註1〕

劉勰認為「論」作為一個文體，其文體淵源應首推於先秦的子學與子書，並認為《論語》是第一部以論為題的著作，接著即有莊周的《齊物論》和《呂氏春秋》之〈開春〉、〈慎行〉等六論，而其定型則完成於漢代的石渠論藝、

〔註1〕劉勰，王更生注譯：《文心雕龍讀本・上篇》（台北：文史哲出版社，1984年），頁332～333。

白虎通講……等。可見論體寫作自先秦時代已出現，並且隨著時代的轉變而越趨成熟。

劉勰以《論語》爲第一部以論爲題的著作，無意中透露出孔子對論體的產生有著直接或間接的貢獻，而且劉勰認爲「論」的發展與「述聖通經」分不開，指出了「論」的「述經」性質，再加上劉勰對「論」的解釋：「論者，倫也；倫理無爽，則聖意不墜。」「倫」是秩序、條理，而秩序與條理的獲得要通過「彌綸群言，而研精一理」（《文心雕龍・論說》）〔註2〕即「論」來實現，這就是說人類語言的條理是一切秩序的依據，「論」的最終目的即是「倫」，既然論體文就是爲了探討倫理，而倫理之道與天地之道相通，那麼論體文也就自然指向「道」，通過對「論」的一番「釋名以章義」，也就符於了劉勰原道、徵聖、宗經的核心理念，如此無非提高了論體的地位。〔註3〕

論體定型於漢代，而眞正蓬勃發展以及出色的論體寫作則在魏晉之際：

> 魏之初霸，術兼名法：傅嘏、王粲，校練名理。迄至正始，務欲守文；何晏之徒，始盛玄論。於是聃、周當路，與尼父爭塗矣。詳觀蘭石之〈才性〉，仲宣之〈去代〉〈伐〉，叔夜之〈辨聲〉，太初之〈本玄〉，輔嗣之兩例，平叔之〈二論〉，並師心獨見，鋒穎精密，蓋人倫之英也。至如李康〈運命〉，同〈論衡〉而過之：陸機〈辨亡〉，效〈過秦〉而不及；然亦其美矣。次及宋岱、郭象，銳思於幾神之區；夷甫、裴頠，交辨於有無之域；並獨步當時，流聲後代。然滯有者，全繫於形用；貴無者，專守於寂寥；徒銳偏解，莫詣正理；動極神源，其般若之絕境乎！逮江左群談，惟玄是務。雖有日新，而多抽前緒矣。至如張衡〈譏世〉，韻似俳說：孔融〈孝廉〉，但談嘲戲；曹植〈辨道〉，體同書抄：言不持正，論如其已。（《文心雕龍・論說》）〔註4〕

據劉勰所述，魏初時從名法到名理，照劉勰看來並無突出的論體寫作，到了正始之後，才開始論體大盛。就劉勰所舉魏晉論體的典範，例如傅嘏的〈才

〔註2〕劉勰，王更生注譯：《文心雕龍讀本・上篇》（台北：文史哲出版社，1984年），頁332。

〔註3〕關於"論"、"倫"的相關解釋，參考自林春虹〈論劉勰的"論"體散文觀〉（《東嶽論叢》第五期，2007年）。

〔註4〕劉勰，王更生注譯：《文心雕龍讀本・上篇》（台北：文史哲出版社，1984年），頁333。

性〉、王粲的〈去伐〉、嵇康的〈聲無哀樂論〉、夏侯玄的〈本無論〉、王弼的
〈周易略例〉、何晏的〈無名論〉、〈無爲論〉，此些文章若細加分析則可發現，
文章所辨析的內容如才性、聲無哀樂、有無之辨等，幾乎涵蓋了魏晉玄學的
大部分課題，故劉勰才言「何晏之徒，始盛玄論」，可見魏晉論體的興盛與玄
學的發展密不可分，玄學思想涵括在玄論之中，魏晉論文的主要內容即在闡
發玄學思想。而劉勰又言：「於是聃、周當路，與尼父爭塗矣。」指出論體的
發展到了魏晉，本以儒家述經爲內容的「論」已轉爲以老莊思想爲主，突顯
出魏晉玄論的時代特徵。

　　論體雖源於子書、子學，但劉勰在辨析文體觀念時，特立「論」體，並
進而將諸子與之劃分，可見論體雖從子書、子學而來，最後的文體特徵必然
有別於諸子，而自創一格。劉勰對論體與諸子最簡易的區劃即是：「博明萬事
爲子，適辨一理爲論，彼皆蔓延雜說，故入諸子之流。」也就是說，諸子散
文往往旁涉駁雜，而「論」則專辨於一理。「專辨於一理」不僅是論體有別於
諸子散文之處，亦是其文體特徵之所在，在此針對魏晉時人對於論體的體認，
以歸納出魏晉論的文體特徵所在：

　　　書論宜理。（曹丕《典論・論文》）

　　　論精微而朗暢。（陸機〈文賦〉）

　　　研覈名理，而論難生焉。論貴於允理，不求支離。若嵇康之論，成
　　　文美矣。（李充《翰林論》）

曹丕、陸機、李充對論體的敘述，雖都內容簡短，但三者的看法大致上一致，
故還是可以尋得一些魏晉人對論體觀感的線索：論體寫作，首先必須以理性
爲基礎，在內容上的構思能精深微妙，文意的表達能條理清晰，簡明流暢，
且必須集中問題焦點，不以支離碎義之語炫人耳目，當然最主要的就是論文
的討論必須掌握「理」的發揮。

　　劉勰《文心雕龍・論說》在前人論述的基礎上，更進一步分析論體的形
式特徵：

　　　原夫論之爲體，所以辨正然否；窮于有數，追于無形，跡（鑽）堅
　　　求通，鉤深取極；乃百慮之筌蹄，萬事之權衡也。故其義貴圓通，
　　　辭忌枝碎，必使心與理合，彌縫莫見其隙；辭共心密，敵人不知所
　　　乘；斯其要也。是以論如析薪，貴能破理。斤利者，越理而橫斷；
　　　辭辨者，反義而取通；覽文雖巧，而檢跡如妄。唯君子能通天下之

　　志，安可以曲論哉。〔註5〕

以上引文可從幾個層面加以理解：以「論」爲體，首先，要「跡（鑽）堅求通，鈎深取極」，也就是對具體問題要進行透徹的研究探討，並深入追究抽象的道理，把論述的難點攻破鑽透，以發掘出理論的終極所在。其次，在理論的基礎上必須注意到「辭忌枝碎」、「辭共心密」，也就是說在遣辭造句上最忌支離破碎，在文意上貴在圓融通達，必須使思想內容和章法結構緊密銜接，達到思想和道理的統一。複次，劉勰以「析薪」作例，「論如析薪，貴能破理」論述若能條析縷陳，正如破開木柴的紋理，自然迎刃而解，若只是仰賴斧斤的銳利來截斷橫面，那只是巧于文辭以虛妄的道理強詞奪理，並非在「理」上取得勝利，而僅是在「辭」上取得暫時的領先而已。

　　綜言之，「論」體的內容最初與儒家思想述經、解經有關，後來才漸漸拓展至許多層面，如政治、史傳、文學等；到了魏晉論體，突顯其時代特徵，在內容上從儒家述經轉爲探討老莊思想，與當代玄學思潮有著緊密的結合；在論證方式上，強調對具體問題要進行透徹的研究探討，集中問題焦點，據「理」而行，圓融通達，以發掘出理論的終極所在；而就語言的使用方面來說，則條理清晰，簡明流暢，不以支離碎義之語炫人耳目。

　　經由上述分析，我們大約能掌握魏晉論體的文體特徵，若進一步探討可發現魏晉論者在針對問題進行論辯解析的過程中，似乎存在某些可依循的模式。或只有單篇立論；或導致一連串的論難文章。就單篇文章而言，主要有兩種情形：一是據題推論的形式，一是主客問答的形式〔註6〕。由於本論文所探討的阮籍〈樂論〉、嵇康〈聲無哀樂論〉乃屬單篇立論主客問答的形式，故就範圍作解說。主客問答的形式的論題文章往往虛設賓主問答，藉由賓的問題入正題，作者的主張透過主人的回答展現。有些篇章只有一問一答，如阮籍〈樂論〉即是；有些篇章則數問數答，嵇康〈聲無哀樂論〉即是。一問一答的形式往往將討論的焦點集中在提問本身，提出自我主張之時，有著「因爲……所以」的結果論述，藉此證明自我觀點的立腳。數難數答、往復論難型的論體散文，所展現的是一個思辨的過程。主客雙方分別針對對方論證上的謬誤進行批駁，或指出謬誤所在，或者就對手的論證，順著正常的

────────────

〔註5〕劉勰，王更生注譯：《文心雕龍讀本·上篇》（台北：文史哲出版社，1984年），頁334。

〔註6〕對於魏晉論體的模式，參考自吳曉清〈魏晉論體散文形式及寫作方視管窺——以嵇康的作品爲中心〉（《中華學苑》第四十五期），頁137～149。

推理法則層層發揮，最後由主人推出一個結論，作爲此論題的最終、最完善的結果。在此略說魏晉論體的寫作的模式，是爲了說明魏晉論體在形式上與當時清談參與的方式頗爲近似。《世說新語‧文學》記載王弼參與清談的情形：

> 何晏爲吏部尚書，有位望，時談客盈坐。王弼未弱冠，往見之。晏聞弼名，因條向者勝理語弼曰：「此理僕以爲極，可得復難不？」弼便作難，一坐人便以爲屈。於是弼自爲客主數番，皆一坐所不及。（《世說新語‧文學》／175）

清談的問答往來作難方式，與魏晉論體所進行的方式可相互參照。依近人研究，亦認爲清談、論體二者相生相發的依存關係〔註7〕，如劉永濟在《文心雕龍校釋‧論說》中所言：

> 魏晉之際，世極亂離，學靡宗主，俗好臧否，而論著之風鬱然興起。於是周成、漢昭之優劣，共論於廟堂；聖人喜怒之有無，竟辨于閑燕。文帝兄弟倡其始，鍾、傅、王、何繼其蹤。迨風會既成，論題彌廣。〔註8〕

將「竟辨于閑燕」和「論著之風」相提並論，即反映了當時的實際情形，清談、論體相互引發。不僅清談方式與論體形式相似，清談的內容亦與論體內容相符，如顏之推《顏氏家訓‧勉學篇》篇即說道：

> 何晏、王弼，祖述玄宗，遞相誇尚，景附草靡，皆以農黃之化，在乎己身，周孔之業，棄之度外。……直取其清談雅論，剖玄析微，賓主往復，娛心悅耳，非濟世成俗之要也。洎於梁世，茲風復闡，莊、老、周易，總謂三玄。〔註9〕

可見清談的內容以莊、老、周易三玄爲主，而前文有言魏晉玄論以聃、周當路。於是清談、玄學、玄論連成一系，而皆以老莊思想爲主軸。

江建俊在〈論四玄〉中言：

> 魏晉士人處於滄海橫流的時代，急於找到身心的棲泊處，而援引《老》、《莊》、《易》，以全其性、養其眞，使內心得以不受外在事務

〔註7〕 清談與論體的關係，請參考彭玉平〈魏晉清談與論體文之關係〉（何沛雄教授榮休紀念中國散文國際學術研討會，2000年10月），頁2〜45。

〔註8〕 劉永濟：《文心雕龍校釋‧論說》（上海：中華書局，1962年3月），頁65。

〔註9〕 顏之推，李振興等注譯：《顏氏家訓》（台北：三民書局，1893年），頁135〜136。

所累。可見「三玄」並非虛無之論，而出於當時士人深刻的人生實感，思尋求一本體的支持有關。而本體與人生的關係，已蘊含在士人對「三玄」的闡發中。故史傳中對當時以謙沖清慎、貞素寡欲，或任達不拘者，每言為「與老莊之旨合」，或逕言「擅老莊」而盛「玄論」。前者乃就其移老莊之智慧於應世接物上，如放情肆志、隱身自晦之類；後者則指玄學家對《老》、《莊》、《易》三書作整體的理解與衍繹，若表現為文，則有像通《老》、通《易》或達《莊》之類，屬於剖玄析微的論文，為純就個人理密境會後，給予恰如其分、合於時代的注疏；並在清談玄辯時引為談資，以堅其理，表現為應對周給、無可攻之勢。〔註10〕

此段言論，仍說明了清談與玄論相輔相成的關係，並且進一步說明清談與玄論在以《老》、《莊》、《易》為主要內容時，其背景意義在於魏晉士人援引老莊的智慧，用於應世接物上作為身心的棲泊，以求全其性、養其真，使內心不受外在事務所累，而達謙沖清慎、貞素寡欲、任達不拘。再如余英時在〈我與中國思想史研究〉中所言：

「名教」與「自然」的爭論是漢末至南北朝「清談」的中心內容，這是史學界的共識。但多數學者都認為「清談」在魏、晉時期與實際政治密切相關，至東晉以下則僅成為紙上空談，與士大夫生活已沒有實質上的關聯。我則從士的群體自覺與個體自覺著眼，提出不同的看法。「名教」與「自然」之爭並不限於儒、道之爭，而應擴大為群體秩序與個體自由之爭。〔註11〕

從余英時的這段言論可知，魏晉清談或許與實際政治有著相關性，但其精神所在則表現於魏晉士人的群體自覺與個體自覺。其實也就是江建俊所言的，魏晉士人處於滄海橫流的時代，急於找到身心的棲泊處，透過清談、玄論對三玄的闡發，以深刻的人生實感，尋求一本體的支持，而展現個體的生命自由。

二、魏晉玄論與魏晉樂論音樂審美取向的關係

當我們將魏晉論體作一解析之後，從文體特徵到與清談、玄學的連成一

〔註10〕江建俊：〈論四玄〉，《成大中文學報》第八期，2000年6月，頁184。
〔註11〕余英時：〈我與中國思想史研究〉，《思想》第八期（聯經出版事業公司，錢永祥編輯）。

系，我們可以得到這樣的結論，魏晉玄論重「理」之發揮，而此「理」的發揮乃以老莊思想爲依據，並透過論辯的撰文過程，呈顯個體自覺以及生命的自由精神。因此，當我們在探討魏晉樂論的音樂審美時，若回歸到魏晉論體本身的精神內涵，其探討的方向必然從「理」，也就是思想內涵的角度，以探究出魏晉樂論如何以「玄論」的體式，來展現對音樂審美型態的涉取。

　　王葆玹《玄學通論》在探討玄學各派的共同思想傾向及其主題時如此言：

> 今按「玄」又兩義，其一曰「深」，意即在自然哲學領域推到極其抽象的境地；其二曰「遠」，意謂在社會政治思想領域憧憬一理想王國。這便是玄學各派共同的思想傾向，玄學的主題亦可由此而得到界定。……由玄學的主要思想傾向，可以界定玄學的主題。玄學的論題很多，包括「有無之辨」、「言意之辨」、「性情之辨」、「本末體用之辨」、「名教與自然之辨」等，其中「名教與自然之辨」較爲全面，在魏晉思想界顯得十分尖銳，應當是玄學的主題。〔註12〕

就王葆玹所言，魏晉論題甚夥，而這樣的議題與魏晉美學又可作怎樣的聯繫？依李澤厚的看法，認爲玄學與美學的聯結點在於「超越有限去追求無限」〔註13〕，玄學爲魏晉美學提供了形而上、方法論上的基礎，並使得審美意識獲得哲學上的昇華。李澤厚又根據魏晉玄學的論題歸納出與魏晉美學的關係，分爲：(1)「有」與「無」；(2)「言」、「象」與「意」；(3)「無情」與「有情」；(4)「形」與「神」；(5)「名教」與「自然」進行討論，而得出三個結論：〔註14〕

> 第一、玄學通過有無、形神的討論，比過去任何時期都更爲明確地區分和論述了現象與本體、外在與內在、有限與無限的哲學關係。而這種區分與論述，對於理解美與藝術是很重要的。因爲任何一個美的對象或藝術品，仔細分析起來，都包含著現象與本體、外在與內在、有限與無限這樣兩個方面。

> 第二、玄學關於有情與無情、名教與自然的討論，比過去的哲學更爲明顯突出地考察了個體的情感、人格與外在的事物、自然

〔註12〕王葆玹：《玄學通論》（台北：五南出版，1996年），頁27、33。

〔註13〕李澤厚、劉綱紀編：《中國美學史》第二卷（台北：谷風出版社，1987年12月），頁122。

〔註14〕同上註，頁172～174。

　　　　的欲望和社會倫理道德的關係，並強調了個體的情感、人格
　　　　的純任自然的表現具有超出於外物、欲望、倫理的獨立意義
　　　　和價值。
第三、玄學關於言、象能否盡意的討論，突出地強調了有限、確定
　　　　的語言、形象是難於直接地表達、規定、窮盡無限的觀念的，
　　　　從而提出了借助於語言、形象，但又突破它的局限而訴之於
　　　　內心的體驗和領悟的看法。

依李澤厚的論述，玄學思想提供了魏晉美學在哲學上的基礎，並由此而讓魏
晉美學展現出與以往不同的美學觀。由魏晉的玄學美學觀，回到本論文所關
注的焦點魏晉樂論，魏晉樂論既然以玄論的體式展現，魏晉樂論的本身必然
含有玄學的思想，並在玄學與美學有所聯結的情況下，將玄學接軌到音樂審
美，而展現有別於樂賦以賦作體式所表達的審美取向，以及不同於以往的美
學觀。由於玄學議題有許多面向，此些面向並非與美學皆有相關，故此節並
沒有對每一玄學議題一一作檢視，而是以兩個標準而言：一、與樂論的音樂
審美有密切相關者；二、能突顯樂論在玄學影響下所展現的審美特徵。基於
前兩章對魏晉樂論的音樂審美所作的研討，擬定兩個主題進行研討：其一、
平和淡雅的自然之美、其二、超越言象的無聲之美。

（一）平和淡雅的自然之美

　　王葆玹認爲，在眾多的玄學議題中，其中「名教與自然之辨」較爲全面，
在魏晉思想界顯得十分尖銳，應當是玄學的主題。漢代時以儒學爲尊，建立
起一套緊密的「名教」〔註15〕思想，然而由於漢代朝政的滅亡，儒家名教所

─────────────

〔註15〕「名教」一辭依今人張蓓蓓考證，最早出現於嵇康〈釋私論〉（張蓓蓓《中古
　　　　學術論略》，台北：大安出版，1991 年，頁 3～12）。而對「名教」最早的解
　　　　釋可見於晉袁宏《後漢紀·獻帝紀》中所言：「夫君臣父子，名教之本也。然
　　　　則名教之作，何爲者也？蓋準天地之性，求之自然之理，擬議以製其名，因
　　　　循以弘其教，辯物成器，以通天下之務者也。」關於「名教」一詞的定義，
　　　　歷來說法紛紜，而以下列三者之說爲基本：陳寅恪：「名教者，依晉人解釋，
　　　　以名爲教，即以官長君臣之義爲教，亦即入世求仕者所宜奉行者也。」（陳寅
　　　　恪《陳寅恪先生論文集·陶淵明之思想與清談之關係》，台北：三人行出版，
　　　　1974 年，頁 311）。余英時：「魏晉所謂名教乃泛指整個人倫秩序而言，其中
　　　　君臣與父子兩倫更被看作全部秩序的基礎。」（余英時《中國知識階層史論》，
　　　　台北：聯經出版事業公司，1980 年，頁 332）。湯一介：「『名教』則指人們所
　　　　作所爲的，人們爲調整人與人之間的關係，而設得等級名分與教化。」（湯一
　　　　介《郭象與魏晉玄學》，台北：谷風，1987 年，頁 47）

相連的君君、臣臣、父父、子子的關係、政治等級名分與教化、人理倫常與秩序也隨著社會的動亂而陷於動搖，魏晉士人，開始重新思考「名教」的意義。於是爲了掙脫名教的僵化與束縛，援引老莊自然，建立新的社會制度與理想。然而，魏晉人一方面輕視以致反對「名教」，另一方面卻並未從根本上否定「名教」，其對「名教」的批判，其實質是對東漢繁瑣不近人情的「名教」的批判，玄學家們是以超越現實的精神來對待名教與自然的問題，故不是直接探討名教禮制該如何革新，而是先解決信仰或信念的問題，超越名教而構築理想世界的模式及形上世界的系統，再根據這種理統來改革名教，使與理統相吻合〔註 16〕。既然是援引老莊自然對名教的改革，於是一改東漢以來將名教禮制視爲信仰和信念的支撐，轉而以「自然」作爲生活行爲的根基，因此，魏晉玄學家對「自然」的重視也就勝於對「名教」的重視。而魏晉玄學家對「自然」的觀點爲何？舉以下引文作爲理解的基礎：

> 天地以自然運，聖人以自然用。（張湛《列子・仲尼注》引何晏《無名論》中夏侯玄語）

> 自然者，道也。道本無名，故老氏曰：彊爲之名。仲尼稱堯蕩蕩無能名焉。下云：「巍巍成功」則彊爲之名，取世所知而稱耳。豈有名而更當云無能名焉者邪？夫唯無名，故可得徧徹以天下之名名之；然豈其名也哉？（張湛《列子・仲尼注》引何晏）

> 自然不動，萬物生焉。（何晏《論語・庸也篇》注）〔註17〕

> 道不違自然，乃得其性，法自然也。法自然者，在方而法方，在圓而法圓，於自然無所違也。自然者無稱之言，窮極之辭也。（王弼《老子》二十五章注）〔註18〕

> 論太始之原以明自然之性。（王弼〈老子指略〉）〔註19〕

> 夫喜、懼、哀、樂，民之自然。（王弼〈論語釋疑・泰伯〉）〔註20〕

〔註16〕 王葆玹：《玄學通論》（台北：五南出版，1996 年），頁 33。
〔註17〕 何晏注「仁者樂山」時所云。（《論語注疏・上論》，《十三經注疏・整理本》，台北：台灣古籍出版，2001 年，頁 87）
〔註18〕 樓宇烈：《王弼集校釋》（台北：華正書局，1992 年 12 月），頁 65。
〔註19〕 同上註，頁 196。
〔註20〕 同上註，頁 625。

自然親愛爲孝，推愛及物爲仁也。(王弼〈論語釋疑‧學而〉)〔註21〕

順自然也，萬物無不由爲以治以成之也。(王弼《老子》第三十七章
注)〔註22〕

從以上的引文可以發現，魏晉名士對自然的理解、重視與崇尚，而「自然」
一詞，在魏晉人的觀點裏，據今人李清筠的歸納，大約具有以下幾個涵義：

　　1. 非出於人爲。

　　2. 無意識、無目的、無爲造作、自己如此的本然狀態。

　　3. 道，天地萬物生化的動力，天地萬物運行之理。

　　4. 人（乃至萬物）的自然本性和自然情感。〔註23〕

　　由以上幾個涵義可知，魏晉人將「自然」視爲一切事物的原理原則，視
爲人類的思想宗旨、行事的最高準則。然而，魏晉玄學雖援引老莊自然，但
其「自然」的內涵已有所改變。在先秦老莊的觀念中，「自然」一詞不僅是指
自然的事物，而且還指自然事物的本來存在狀態。在這個意義上，自然的概
念具有一種規律和法則的內涵，體現了一種必然，又表現在偶然中。客觀事
物的生成、發展，就是這個法則的顯現。從萬物的獨立存在及其獨立運行這
一點來說，自然的意思就是「天然」、「本然」、「自然而然」，又可以說是「無
爲」〔註24〕。先秦道家創造「自然」詞語，用來說明道家哲學中無爲的精神，
但「自然」一詞在《老子》、《莊子》中出現的頻率，遠不如「道」或「無」，
是一個尚爲成熟的哲學概念〔註25〕。但老、莊自然觀仍作了重要性的觀念開
啓之功。先秦老莊的自然觀，都涵蓋在魏晉玄學的名教與自然的論辯當中，
但從前面的引文可知，玄學家的觀點，企圖溝通儒道兩家的言論，如何晏認
爲自然就是道，是天地運轉的法則，也是聖人治世順應的圭臬，聖人順自然
之道而行，其功業巍巍，就是道體自然的具體表現，但是聖人順民之自然治
民，所以功業爲民所不察，何晏藉「自然」的觀念會通了儒家的理想人格與

〔註21〕同上註，頁621。

〔註22〕同上註，頁91。

〔註23〕此處魏晉人對於「自然」一詞涵義的解釋，參考自李清筠《魏晉名士人格研
　　　　究》（台北：文津，2000年），頁122。

〔註24〕章啓群：《論魏晉自然觀——中國藝術自覺的哲學考察》（北京：北京大學，
　　　　2000年8月），頁11～12。

〔註25〕錢穆於《莊老通辨》中即言：「自然二字，在先秦道家觀念中，尚未成熟確立，
　　　　亦因不占重要之地位可知。」

道家的形上道體。再如王弼，將孝悌仁愛、爲政之舉皆出於自然，其所謂「自然」超越名教的道德又是名教道德所以立之本，充分表現儒道互補的思想性格。於是，魏晉玄學的自然觀，把自然法則與人類社會政治、道德規範調和起來，即把老莊自然與孔子的尚禮思想作結合。魏晉自然觀對於老莊自然的轉變，明確肯定了人的自然本性和生活行爲的合理結合，於是魏晉玄學自然觀的重點放在人應該怎樣地「自然地」生活？「自然的」人生，成爲魏晉玄學家的信仰與信念，這樣的信念體現在魏晉玄學家的人生上，他們「要求那種人生自然化的解放生活」〔註 26〕於是率性、曠達、瀟灑、自在成爲魏晉士人的生活寫照。

在講求「自然」的風行之下，魏晉人的審美觀也朝著「自然」發展，以最直接的方式，透視到鑑賞物的本質，發掘事物自然形質之美，因此在音樂的鑑賞上，魏晉樂論亦以自然之美作爲審美的追求。

1. 阮籍自然觀與〈樂論〉對自然之美的追求

阮籍認爲自然生天地，天地陰陽變化，形成紛陳的萬物，萬物雖異名異狀，但同處天地，同出自然，因此，萬物既可以有其異而各安其位，也因同出自然而可通爲一體，所以個體與整體之間有著密切的依存關係，個體與整體其實同爲一體，故曰：「萬物一體」也。而「萬物一體」又根基在「自然」上，於是「萬物一體」也就是「自然一體」〔註 27〕。阮籍以自然爲萬物體性，所謂自然即是自然而然，萬物歸本自然，就能眾美並陳，和諧一體。因此阮籍極爲強調「一」的觀念，這個觀念在第二章時已有提及，無論是早期作品的〈樂論〉或後期作品的〈達莊論〉皆重視「一」的觀念，而「一」的觀念即與「自然」的觀念相連通。於此再以早期的另一作品《通易論》作以上觀念的補充。《達莊論》中有言「故至道之極，混一不分，同爲一體，乃失無聞。」（《阮籍校注》／150）、《通易論》中有言「順天地，序萬物，方圓有正體，四時有常位，事業有所麗，鳥獸有所萃，故萬物莫不一也。」（《阮籍校注》／130）爲了達成「萬物莫不一」的群體和諧理想，於是阮籍爲現實社會提出順應自然的方式，其在《通易論》中有言：

> 先王何也？大人之功也。故建萬國，親諸侯，樹其義也；作樂薦上

〔註 26〕劉大杰：《魏晉思想論》，收於賀昌群、劉大杰、袁行霈《魏晉思想》甲編三種（台北：里仁書局，1975 年），頁 114。

〔註 27〕請參照第二章第二節。

帝，正其命也；省方觀民，施其令也；明罰勅法，督其政也；閉關
不行，靜亂民也；茂時育德，應顯其福也；享帝立廟，昭其祿也。
稱聖王所造，非承平之謂也。后者何也？成君定位，據業修制，保
教守法，畜履治安者也。故自安者也。故自然成功濟用，已至大通，
后成天地之道以左右民也。成化理決，施令誥方，因統紹衰。中處
將正之務，非應初受命之事也。上者何也？日月相易，盛衰相及，
致飾則利之未捷受，故王后不稱，君子不錯，上以厚下，道自然也。
（《阮籍校注》／127～128）

阮籍認為聖王制作設施都是根據自然之道，自然之道包括「天之道」與「人
之德」，因此，聖王「明乎天之道」、「審乎人之德」〔註28〕而設計的禮法規範，
雖是人為制作，但卻合乎自然，而非妄作；人們循理依法，就是隨順自然，
無損於天性的本真，故能「道自然」、「自然成功濟用，已至大通」、「萬物莫
不一」也。

　　從上文所述可知，阮籍以自然為根、以萬物為一體，因此重視群體的理
想和諧，他尊重個體各職所司、各異其位的存在，但個體之妄作，會造成群
體和諧的破壞，於是阮籍肯定聖王禮法規範的制作，而此禮法規範乃根據自
然之道而來，於是當人們有一理法可循之時，也就不會有妄作的行為，而讓
每一個體都融於自然和諧的一體之中。

　　阮籍的自然觀，也影響到他對音樂審美的追求，不僅將音樂發生與自然
之道作結合，並且以為無論樂器之材料、音樂之制作皆從自然而來，阮籍指
出自然之道是音樂的本源，故曰：「自然之道，樂之所始也」（《阮籍校注》／
81），阮籍所謂的自然就是天地之體、萬物之性，也就是以自然為根、以萬物
為一體的觀念，也是指天地萬物自己如此的本性而言。

　　　故八音有本體，五聲有自然，其同物者以大小相君。有自然，故不
　　　可亂，大小相君，故可得而平也。若夫空桑之琴，雲和之瑟，孤竹
　　　之管，泗濱之磬，其物皆調和淳均者，聲相宜也。故必有常處。以
　　　大小相君，應黃鐘之氣，故必有常數。有常處，故其器貴重。有常
　　　數，故其制不妄。（《阮籍校注》／85～86）

────────────────
〔註28〕　《通易論》：「明夫天之道者不欲，審乎人之德者不憂。在上而不凌乎下，處
　　　卑而不犯乎貴，故道不可逆，德不可拂也。是以聖人獨立無悶，大羣不益，
　　　釋之而道存，用之而不可既。」

阮籍以爲如果要使樂歸本於自然之道，就必須在制作時把握「順天地之體，成萬物之性」的原則，因此「八音有本體，五聲有自然」。

所謂「八音」，指的是中國古代對樂器的分類，即按製作材料分爲金、石、土、革、絲、木、匏、竹八類，如鐘屬金，磬屬石，琴、瑟屬絲，簫、笛屬竹，笙屬匏，塤屬土，鼓屬革，柷、敔屬木。阮籍認爲樂器的製材須以最能保持其自然本性的材料來制作，所以這些製材「必有常處」，即有恆定的出產地方，故琴出於空桑之山、瑟出於雲和之山、管則以孤竹所製、磬則出於泗濱的石材，出於這些「常處」之地的樂器，其音質都能「調和淳均」，因爲這些材料最能保持純正的質性，能表現出自然本然的聲音。

至於「五聲」，「五聲」指中國聲樂宮、商、角、徵、羽五個音階，「五聲有自然」之意，乃是五聲法自然以確定音調。又其言「以大小相君，應黃鐘之氣，故必有常數。有常處，故其器貴重。有常數，故其制不妄。」「數」之所以有常，「制」之所以不妄，都是由於它們可以使人正確地順成聲音的本性，此中自有天地陰陽的氣化原理作爲根據，是不允許妄作失眞〔註 29〕。所以所謂的「常處」、「常數」都是在強調不管是樂器或音律都必須以自然爲根據，不允許妄作失眞，以回到自然的本性，如此而達「自然一體」、「萬物一體」的境地。

阮籍經由這樣的自然觀而認爲能歸本於自然之道的樂，出於其自性之本然，必定易簡不煩、平淡無味、有常而不妄、不容造作或僞飾，而阮籍將這樣的音樂稱爲「雅樂」、「正樂」。而雅樂除了以上所言的自然屬性之外，其又言：「夫雅樂周通則萬物和，質靜則聽不淫，易簡則節制全，靜重則服人心。此先王造樂之意也。」（《阮籍校注》／97～98）雅樂質靜的特性，其實與易簡不煩、平淡無味屬於同一性質。

由以上的論述可知，阮籍從「自然一體」、「萬物一體」的自然觀，衍生出對音樂審美的追求是一種質靜、易簡、平淡、無味的自然之美。然而這樣的自然之美，並不完全天生自然，仍有其人爲之處，也就是先王參與。阮籍認爲「聖人之作樂也，將以順天地之體，成萬物之性也。」（《阮籍校注》／78）是根據自然之道而制樂，然而其制樂的目的在於：「下不思上之聲，君不欲臣之色，上下不爭而忠義成。」（《阮籍校注》／88）可見樂的制作含有禮

〔註29〕 戴璉璋：《玄智、玄理與文化發展》（台北：中央研究院中國文哲研究所，2002年 3 月），頁 172。

法規範於其中，誠如前文所言，阮籍的自然觀仍肯定聖王禮法規範的制作，並認為此禮法規範乃根據自然之道而來。因此在音樂自然之美的追求上，並非追求音樂未鑿人文痕跡的原樸，而是人對於自然之體認然後以禮化之的自然之美。如此一來，人才可循著聖人對自然之體認所制作之樂，展現自己自然之本性，各自發展而莫知其宰，隨著天地之體、萬物之性的原始和諧、自然的律動，以達「一天下之意」、「萬物莫不一」和諧融洽的本然狀態。

2. 嵇康自然觀與〈聲無哀樂論〉對自然之美的追求

嵇康的自然觀可從兩個角度來看，一個是從漢代的元氣論；另一則是從老莊思想。此於前兩章中已有敘述，在此加以歸納概要。

嵇康承襲漢人的思想，以一種氣化宇宙論的觀點，來看待萬物的生成，嵇康認為，由太素這種元氣分化為陰陽，再由陰陽錯以五行，章為五色、五音，然後演化為人類萬物，嵇康從自然元氣出發，以論說萬物存在的現實依據。嵇康這種氣化思想，承漢人而來，並無新意之處。但嵇康把這種元氣論觀點運用到人性的論辯上，嵇康從「元氣陶鑠」的自然觀出發，認為人稟受元氣多少，則有多少的差別，故以此論材質之性。而人之材質之性，是由元氣凝結而成個體時所呈現之自然之質，故才性之顯現，皆是自然之顯現，故言「性命自然」，此「自然」即是在氣化宇宙論下所言之自然〔註30〕。當嵇康把這種元氣論觀點運用到人性的論辯上時，則顯玄學論辯的特徵，而深化了元氣自然觀的思想。

嵇康元氣論的自然觀，是為了說明物物存在稟性不同的現狀，故並非其思想的核心，其自然觀的重點擺在援用老、莊的自然觀上。如以下三條引文：

> 順天和以自然，以道德為師友，玩陰陽之變化，得長生之永久，任
> 自然以託身，並天地而不朽者。（〈答難養生論〉《嵇康集校注》/
> 191）

> 至人遠鑒，歸之自然。萬物為一，四海同宅。（〈兄秀才公穆入軍贈
> 詩十九首〉《嵇康集校注》/ 19～20）

> 沖靜得自然，榮華何足為。（〈述志詩〉《嵇康集校注》/ 37）

此處的「自然」顯然不是氣化宇宙論的自然，而是與老莊思想相近之自然。

〔註30〕見第二章第二節。

如「天和」者，《莊子》亦有言：「夫明白於天地之德，此之謂大本大宗，與天和者也。所以均調天下，與人和者也。與人和者，謂之人樂；與天和者，謂之天樂。」（《莊子‧天道》／458）如「萬物爲一」者，《莊子》亦言：「天地與我並生，而萬物與我爲一。」（《莊子‧齊物》／79）而「沖靜」一語則與《老子‧十六章》「致虛極，守靜篤。」〔註31〕相符。此處的「自然」從老莊思想而來，有一種因任萬物、自生自化的的觀念於其中。再從嵇康對養生的看法，則可更明白嵇康自然觀受老莊的影響：

> 善養生者，則不然矣。清虛靜泰，少私寡欲。知名位之傷德，故忽而不營；非欲而強禁也。識厚味之害性，故棄而弗顧；非貪而後抑也。外物以累心不存，神氣以醇白獨著。曠然無憂患，寂然無思慮。又守之以一，養之以和。和理日濟，同乎大順。然後蒸以靈芝，潤以醴泉，晞以朝陽，綏以五絃。無爲自得，體妙心玄。忘歡而後樂足；遺生而後身存。若此以往，庶可與羨門比壽，王喬爭年。何爲其無有哉？（〈養生論〉《嵇康集校注》／156～157）

嵇康對養生的看法，不是求長生而已，是就形之輔神，而言養生。嵇康所謂的養生其實重點在於養心，必須使心「清虛靜泰，少私寡欲」，必須不受外物所累，也就是說心接物時不起作用，而只是「循性而動」〔註32〕，不求社會經驗的價值判斷、或感官聲色名位的欲望追求，而以「曠然無憂患，寂然無思慮」之姿，「守之以一，養之以和」，讓心恢復其獨立自如、自足自在之自己，如此則可「和理日濟，同乎大順」。故養心之工夫，必在自然無爲，才可復返於自己之主體。

　　這種自然無爲的修爲工夫，顯然來自於老莊思想。《老子‧四十八章》云：「爲學日益，爲道日損。損之又損，以至於無爲。」〔註33〕所謂的「損」就是要「虛其心」、「弱其志」〔註34〕；是要「絕聖棄智」、「絕巧棄利」、「見素抱朴，少私寡欲」〔註35〕；也就是說心必須「致虛極，守靜篤」，進而「輔萬物之自然」〔註36〕，藉無爲而歸於自然，與道相契。再引嵇康〈答難養生論〉

〔註31〕 王弼：《老子》（台北：金楓出版，1986 年），頁 49。
〔註32〕 見第二章第二節。
〔註33〕 王弼：《老子》（台北：金楓出版，1986 年），頁 161。
〔註34〕 王弼：《老子‧三章》（台北：金楓出版，1986 年），頁 16。
〔註35〕 王弼：《老子‧十九章》（台北：金楓出版，1986 年），頁 61。
〔註36〕 王弼：《老子‧六十四章》（台北：金楓出版，1986 年），頁 205。

為例：

> 君子識智以無恆傷生，欲以逐物害性。故智用則收之以恬，性動則
> 糾之以和，使智（上）〔止〕於恬，性足於和。然後神以默醇，體以
> 和成，去累除害，與彼更生。（《嵇康集校注》／175）

嵇康從去累除害、收之以恬、糾之以和來成就恬默自足的主體，仍以一種致虛靜心的方式，歸返於樸素自然之理想。由以上之論述可知，嵇康所謂的「自然」，是一種工夫修為；亦是一種主體境界，是對於主體自在自足的呈顯。

　　由於嵇康守持著致虛靜心的自然無為，所以面對於當時名教的有為方式，而提出了「越名教而任自然」的思想：

> 夫稱君子者，心無措乎是非，而行不違乎道者也。何以言之？夫氣
> 靜神虛者，心不存於矜尚；體亮心達者，情不繫於所欲。矜尚不存
> 乎心，故能越名教而任自然；情不繫於所欲，故能審貴賤而通物情。
> 物情順通，故大道無違；越名任心，故是非無措也。是故言君子，
> 則以無措為主，以通物為美。（〈釋私論〉《嵇康集校注》／234）

名教以名分等級造就了社會的人倫秩序、禮法綱常，於是符合名教者為是，不符於名教者為非，社會上充滿了價值次第的判斷，然而這樣的判斷，往往造成人心紛亂、偽情假意叢生。因此嵇康認為必須「超越於名而依歸無形無名的本體，亦即超乎形下而達形上。」〔註37〕超越形名的方式，就嵇康而言仍在心的修養工夫，當心「氣靜神虛」時則是非無措、矜尚不存，於是能通物情，不牽於外物，不累於內欲，出處進退皆合於自然，沒有一絲勉強造作、純任天真。如此一來，「無措之所以有是，以志無所尚，心無所欲，達乎大道之情，動以自然，則無道以至非也。」（《嵇康集校注》／243）在「動以自然」的情況下，能達於道的絕對真理，故心志行為也就無所謂「非」的存在，超越了形下的是非價值判斷，而達不受判斷準則束縛的自在主體，而顯無是無非的形上境界。

　　嵇康的自然觀，也影響到他對音樂審美的追求。如前文，嵇康從元氣自然論以肯定物物化生的本質，而對於音樂的本源，亦追溯到天地元氣之產生。雖然嵇康本漢儒陰陽五行的宇宙論，而認為五音也是陰陽五行的產物，但並未如漢儒將五行比附五音作牽強聯想，而是強調音聲生於自然而有自然不變之本體，獨立於人的主觀意志之外，故其「不變的自體性」、「善與不善」不

―――――――――――――――――――――――――――――――
〔註37〕王葆玹：《玄學通論》（台北：五南出版，1996 年），頁 425～426。

會因爲人情哀樂而易操改度。故又曰：

> 五色有好醜，五聲有善惡，此物之自然也。（《嵇康集校注》／197）

> 然皆以單、複、高、埤、善、惡爲體，而人情以躁靜，專散爲應。（《嵇康集校注》／216）

> 此爲聲音之體，盡於舒疾；情之應聲，亦止於躁靜耳。（《嵇康集校注》／216）

> 聲音雖有猛靜，猛靜各有一和，和之所感，莫不自發。（《嵇康集校注》／217）

在在強調音聲的自然本質，與人情哀樂無關。而音聲生於自然，有其殊性面貌如「善惡」、「單複」、「高埤」、「舒疾」、「猛靜」皆爲音聲之爲音聲的特質所在，跳脫人情哀樂，而注重音樂自體性的表現。然而，嵇康對於音聲之自然，與嵇康對自然的認定一樣，並非僅從元氣自然的部分來看待音聲，而是將音聲之自然放在自然無爲的道家向度上，而將音樂與「氣」與「道」相連結，使音樂在超脫主體情感、並消解主體心理意識之後，所發顯的自然之美。因此嵇康對於音樂審美的取向，不在音樂窈窕姚冶、至妙感人的追求，而是趨於「樂不極音」的平和淡雅之美。

嵇康雖然強調音聲有其自然本質，與人情哀樂無關，但他並不否認音聲有「至和之聲，無所不感」、「兼御群理，總發眾情」的作用，因此音聲的殊性面貌「善惡」、「單複」、「高埤」、「舒疾」、「猛靜」等若調節創制，則能成「克諧之音」，而音聲的美妙容易引起人之「情感」與「欲望」，而一旦「情感」與「欲望」被挑撥而起，就不能自己。因此嵇康認爲，那些音聲至妙者，如美色惑志，容易使人耽戀沉溺，因此，必須捐窈窕之聲，音樂的制作必須「樂不極音」不能極盡音樂之美；必須「哀不至傷，樂不至淫」、使悲哀不至於傷身，歡樂不至於放蕩。也就是必須制作「託於和聲」的雅樂，作爲引導人民心志的音樂。

當然妙音感人所導致的「耽槃荒酒，易以喪業」（《嵇康集校注》／224）的行爲，究其原因，罪不在音聲，而在聽者。陳允鋒在〈嵇康音樂審美主體觀發微〉一文中即言：

> 嵇康說："自非至人，孰能御之？""御"即駕馭之義，"之"指鄭聲；又認爲："淫之與正同乎心，雅正之體亦足以觀矣。"按，

> 所謂"同"，就是"哀樂正等"之義，與《莊子‧齊物論》之"齊"
> 亦有相通之處。可見，"至人"之所以能"御"至妙之鄭聲，原因
> 在於具備有齊哀樂、同淫正的心理能力以及由此而得的平和之心。
> 所謂"亦足以觀"，是指對於"至人"而言，無論雅音或秦客所說
> 的淫樂，都同樣值得觀賞。〔註38〕

嵇康並沒有將"惑志"、"喪業"的根源歸結於鄭聲的內容上，而仍然回到審
美主體上來談鄭聲，音樂並無淫邪與純正之分，所分者在於人心。如此，即
回到嵇康主體自在自足的自然觀思想，人聆聽音樂時，心若不起作用，超越
情感的哀樂之別以及世俗的淫正之分，則能走向「然隨曲之情，盡於和域」
純美之和域的理境上。

　　然而，至人之心非人人皆有，在常人要達於至人的過程中，聆聽音樂難
免會引起情感的反應，因此，為了讓心接觸於音聲時盡量能處於平和的狀
態，所以避免音樂的極音至妙，而以「樂不極音」、「不瀆其聲」、「不窮其
變」的音樂，來引導人心。而「不極」、「不瀆」、「不窮」、「不變」的音樂，
也就呈現一種平和、平淡的自然之美。當平和之心有接應於音聲至和之域
的可能時，才能進一步「使心與理相順，氣與聲相應，合乎會通，以濟其
美。」心順於天理而不起作用，人、心、聲、氣相符相應，在相互會通之
下，呈顯自然之美。

（二）超越有限而達無限的無聲之美

　　崇有的裴頠，在談論當時的玄學之風時說：

> 而虛無之言，日以廣衍，眾家扇起，各列其說。上及造化，下被萬
> 事，莫不貴無。

可見當時以貴無為當時玄學之所在。《晉書‧王戎傳》亦云：

> 魏正始中，何晏、王弼等祖述老莊，立論以為：天地萬物皆以無為
> 本。無也者，開物成務，無往不存者。（《晉書‧卷四十三‧列傳第
> 十三‧王戎傳》／1236）

於是近代學者把何晏、王弼視為玄學貴無論的創始者。從何晏的一些論述可
知，何晏明確地認為「無」是現象世界背後的本體：

> 夫道者，惟無所有者也。自天地以來皆有所有矣，然猶謂之道者，

以其能複用無所有也。故雖處有名之域，而沒其無名之象。(《張湛《列子・仲尼》注引何晏〈無名論〉)

有之爲有，恃無以生。事而爲事，由無以成。夫道之而無語，名之而無名，視之而無形，聽之而無聲，則道之全焉。故能昭音響而出氣物，色形神而章光影。玄以之黑，素以之白，矩以之方，規以之圓，圓方得形，而此無形，白黑得名，而此無名也。(張湛《列子・天瑞》注引何晏〈道論〉)

依引文可知，何晏認爲「道」和「無」是同義的。這樣的道具有無限的力量：一方面它雖是事物之所以爲事物的理由，但自身卻始終無形、無名；另一方面，它又是事物生存和發展的依據。道的「無所有」並非指「什麼都沒有」，也不是「非存在」而是一種無形的客觀存在狀態。正因爲「道」的無形無名，於是不受某一確定事物的限定，而卻能包羅一切可能的有限事物，強調了「無」的無限可能。

然而，能進一步發揮「無」的思想者，應屬王弼。王弼於《老子》注中有云：

故不可道，不可名也，凡有皆始於無，故未形無名時，則爲萬物之始。及其有形有名時，則長之、育之、亭之、毒之，爲其母也。言道以無形無名始成萬物。(王弼《老子》一章注)〔註39〕

天地雖廣，以無爲心。(王弼《老子》三十八章注)〔註40〕

天下之物皆以有爲生，有之所始以無爲本，將欲全有，必反於無也。(王弼《老子》四十章注)〔註41〕

王弼以「無」(也就是「道」)表無形無名的本體，乃是相對於有形有名的萬有而言。「無」並不是空無一物的「沒有」，也不是指否定意味上的「無」。這「無」(「道」)既先物而存在，並且是萬物之所由出。因此，「無」(「道」)爲萬有所賴以成長、運作、變化的存在根據與形上規律，天下莫不本「無」(「道」)以成始成終，因此，爲了成全萬有的存在，就必須歸返於「無」。而王弼於〈老子指略〉中又云：

〔註39〕樓宇烈：《王弼集校釋》(台北：華正書局，1992 年 12 月)，頁 1。
〔註40〕同上註，頁 93。
〔註41〕同上註，頁 110。

夫物之所以生，功之所以成，必生乎無形，由乎無名。無形無名者，
萬物之宗也。不溫不涼，不宮不商。聽之不可得而聞，視之不可得
而彰，體之不可得而知，味之不可得而嘗。故其爲物也則混成，爲
象也則無形，爲音也則希聲，爲味也則無呈。故能爲品物之宗主，
苞通天地，彌使不經也。若溫也則不能涼矣，宮也則不能商矣。形
必有所分，聲必有所屬。故象而形者，非大象也；音而聲者，非大
音也。然則，四形不象，則大象無以暢；五音不聲，則大音無以至。
四象形而物無所主焉，則大象暢矣；五音聲而心無所適焉，則大音
至矣。故執大象則天下往，用大音則風俗移也。無形暢，天下雖往，
往而不能釋也；希聲至，風俗雖移，移而不能辯也。〔註42〕

王弼認爲天下萬物皆由「道」所生，而當道之體下化於萬物時，萬物各承其所
承而發展成不同的特質，故聲者有宮有商、物者有溫有涼，所以萬物所同者在
於「道」，所異者在於各自的屬性不同，故「溫也則不能涼，宮也則不能商」。
而天地萬物的存在，除了「道」之本身的「無名」、「無形」外，也必須讓萬物
有所呈顯，讓萬物的屬性能各自發展，這樣「道」才能眞正成就其「道」，讓
「大象」得以暢，「大音」得以至，故言「然則四象不形則大象無以暢，五音
不聲則大音無以至。」所以王弼的大音，尊重有形音樂的各種方式存在，認
爲大音須藉由五音的自然發展，才能呈顯「大音」必然的存在，但是五音還
是必須以「大音」爲本，不能失其本，失其本者，五音則不可現。

　　王弼「大音」、「大象」一詞出自於《老子‧四十一章》：「大方無隅，大
器晚成，大音希聲，大象無形」〔註43〕王弼注解此段時，本著老子的本意，
從「無」的觀念，來體認「道」的根本特性。但王弼更進一步地探討物體本
身的質分問題，或者說，強調了各個物體在「道」之「無」的根據底下，所
可以形成的各種屬性。王弼於《老子‧四十一章》底下注曰：「聽之不聞名曰
希，（大音）不可得聞之音也。有聲則有分，有分則不宮而商矣。分則不能統
眾，故有聲者非大音也。有形則有分，有分者，不溫則涼，不炎則寒，故象
而形者非大象。」〔註44〕這裡所說的「有分」，即指一定的性質、範圍和區
別，而有聲的樂音即會有「分」，有形象的物也會有「分」，因爲有了聲調的

〔註42〕同上註，頁 195。
〔註43〕王弼：《老子》（台北：金楓出版，1986 年），頁 142。
〔註44〕樓宇烈：《王弼集校釋》（台北：華正書局，1992 年 12 月），頁 113。

區別，所以宮調的音就不會是商調的音，或其它聲調的音；因爲有某種具體的屬性，所以如溫涼等屬性，不是溫的就是涼的，不是涼的就是溫的。當王弼體認到「如一種物體既是溫的就不能又是涼的，溫的不可能成爲涼的存在的依據；一種音調是宮調就不會又是商調，亦不能成爲商調存在的依據。」所以「可以成爲宇宙萬物存在依據的只能是『無』，即『道』，道無形無名，即『大音希聲』，『大象無形』，無聲才能形成各種聲音，而成爲有聲的根據；無形才能構成各種形狀，而成爲有形的根據。」〔註45〕在王弼貴無的思想底下，說明了「無」（「道」）的無限性，而這個無限正是有限的超越，因此，若要超越有限以達無限就必須「將欲全有，必反於無」，故曰：「執大象」、「用大音」，讓萬物之有與本體之「無」呈現平衡的狀態，如此則能「天下往」、「風俗移」讓天地萬事萬物因任自然，太平和諧。

　　何晏、王弼的貴無思想，在玄學初期引發了玄學家們對於「無」的重視，這種對於有無的玄學論辯，也就影響了魏晉樂論在音樂審美上的思想。尤其王弼那種「以無爲本」、「將欲全有，必反於無」的「大音」思想，在阮籍〈樂論〉以及嵇康的〈聲無哀樂論〉皆可看到痕跡。

　　阮籍〈樂論〉認爲樂源於自然之道，尤以其所推崇的雅樂而言，阮籍認爲雅樂能移風易俗，就在雅樂源於自然，而當人對它有所感應時就能歸本於自然，和諧一體。基於阮籍對音樂功能講求「自然一體」、「萬物一體」的要求，於是將「汩湮心耳」、「煩奏淫聲」、「妖淫之曲」以及以哀爲樂的音樂都排斥在外，因爲這些音樂只會造成人心的不平和「夫煩奏淫聲，汩湮心耳，乃忘平和」（《阮籍校注》／95），人心一旦不平和，也就無法達到「自然一體」、「萬物一體」的和諧理想。於是阮籍對於音樂的審美，以雅樂爲尚：「乾坤易簡，故雅樂不煩。道德平淡，故無聲無味。」（《阮籍校注》／81）雅樂之美美在「不煩」、「平淡」，因爲「不煩」、「平淡」故能使人「心澄氣清」、「心平氣定」、「心氣合洽」，而這種「不煩」與「平淡」則幾近於「無聲」的狀態，於是雅樂的無聲之美也就與煩奏淫聲、妖淫之曲、以悲爲樂的有聲成爲強烈的對比。

　　然而就阮籍所述，在禮壞樂崩之後，天下皆以煩奏淫聲、妖淫之曲、以悲爲樂的音樂爲流行，這就離自然之道越形遙遠。於是，阮籍讓雅樂從此些流行的俗樂中超拔出來，而歸本於「自然之道」。阮籍視「自然」爲天地萬物

〔註45〕孔繁：《魏晉玄談》（台北：洪葉出版，1994年2月），頁48。

生出的依據「天地生於自然，萬物生於天地」（〈達莊論〉《阮籍校注》／138），阮籍的「以自然爲本」與王弼的「以無爲本」類似，都是講求從萬事萬物的紛雜之中，回歸到一種原始天地之初的本源，王弼講「返於無」；阮籍講「返於自然」。當然我們不能簡易地將阮籍的「自然」就等同於王弼的「無」，只能說阮籍的「自然」含有「無」的性質於其中。就以阮籍所提倡的雅樂來說，出於自然之道的雅樂，由於符於「自然」，所以以一種最簡易、平淡的方式呈現，這樣的呈現是爲了剝落過度人爲的音樂裝飾，於是對於過度人爲的剝落到歸返自然的無爲，以及自然無爲之後卻成全了「日遷善成化而不自知，風俗移易而同於是樂」（《阮籍校注》／81）移風易俗的效果。可見阮籍對於雅樂的提倡，是以自然之道的自然無爲來成全雅樂的種種功能，這就類於王弼「將欲全有，必反於無」（王弼《老子》四十章注）〔註46〕，「五音聲而心無所適焉，則大音至矣。……用大音則風俗移也。」（王弼〈老子指略〉）〔註47〕的思想。

　　阮籍歸本於自然的雅樂，在自然無爲的情況下，呈現一種幾於無聲之美，超越俗樂中對於煩淫爲美、悲樂爲美的有限的感官追求，而達於與無聲之美相應而顯「無聲無味」、「至樂無欲」的無限的精神追求。

　　阮籍〈樂論〉在音樂審美的取向上，有類於王弼以無爲本、返無全有的思想，但這樣的思想並未充分顯現，只是幽微於其中。至於嵇康的〈聲無哀樂論〉則比較突顯了貴無的玄理性格。

　　嵇康認爲「音聲有自然之和」（《嵇康集校注》／208），此「自然之和」即是音聲之本體「聲音以平和爲體」（《嵇康集校注》／217），其特質在於「和聲無象」、「音聲無常」（《嵇康集校注》／199、198），由於音聲以自然之和爲本體，「聲音自當以善惡爲主，則無關於哀樂」（《嵇康集校注》／200）只有好、壞之分，而無關於哀樂。哀樂乃心之情，「自以事會，先遘於心」（《嵇康集校注》／204），人接觸事物時，會引起喜怒哀樂等感受，這些情感蘊藏於心中，遇到無象的和聲就會有所感應，有所流露。正因爲「和聲無象」、「音聲無常」，這樣的無象與無常才能引導出聆聽者心中蘊藏的不同情感，若音聲有形有象則不可能如此，它只能以它有限的象、有限的常去感染同一情感。此種看法與王弼所體認的「無」相同，唯有無聲才能形成各種聲音，唯有無形才能構

〔註46〕樓宇烈：《王弼集校釋》（台北：華正書局，1992 年 12 月），頁 110。
〔註47〕同上註，頁 195。

成各種形狀，唯有「無」才能容納萬物。嵇康從玄學的思想中體認到，音樂有「無」的性質，此「無」正好使審美主體能發揮更多的音樂審美藝術。

嵇康〈聲無哀樂論〉「以無爲本」的玄理應用，使得音樂的鑑賞不再只是單純的感官享受，因此，當人聆聽音樂時，若只是情感的激發而沒有體悟到音樂與玄德、與自然之道的連結，以及「以無爲本」的承載，那就僅能落於有限的感官層面的體驗；相對地，若能體悟到音樂與玄德之理、自然無爲之用的連結，則能將體驗昇華，使人與「道」結合，以達精神之無限。

嵇康提出聲無哀樂，以突顯聲音的自然之理，並不是爲了倡導「各師所解」、「以自顯發」落於感官層面的音樂體驗，雖然這樣的體驗展現出多姿多彩的音樂審美藝術，但這樣的體驗於現實狀況中已發揮淋漓，故無須多加強調。嵇康所追求者在於人之精神與音樂之道的結合，而這樣的結合立基於「以無爲本」的思想上，則能與王弼「返於無」的思想作連結。嵇康在論述雅鄭時，認爲鄭聲至妙感人，「先王恐天下流而不反」（《嵇康集校注》／224），因此「具其八音，不瀆其聲，絕其大和，不窮其變。」（《嵇康集校注》／225）先王所返者爲何？又返於何處？「妙音感人，猶美色惑志，耽槃荒酒，易以喪業」（《嵇康集校注》／224）可見所欲返者爲被迷惑的心志、耽溺沉湎的心；讓心返回最初的「和心」狀態，不受感官情感的波動，而達到「心與理相順，氣與聲相應」、「感之以太和」（《嵇康集校注》／222）的和域境地。而這樣的回返必須擯棄音聲的至妙美感、必須擺落人的情感功利，以最簡易的方式讓音樂呈現、讓心安然虛靜而近於「無」。故曰：「移風易俗，莫善於樂。樂之爲體，以心爲主。故無聲之樂，民之父母也。」（《嵇康集校注》／223）嵇康認爲大道之隆、太平之業的實現，並不在於有形之樂的導引，而是在於人們「和心足于內，和氣見於外」一種精神上的超越，當此超越與音樂相應和時，則能「播之以八音，感之以太和」感受到音樂的自然之和。此時音樂與人心的應和並不在於有形、有象上，而是在其真正的精神「自然之和」，那是一種不可聞的「沉默」與「無聲」。因此，對於音樂自然之和以及心之本然的回歸，也就成全了聲音移風易俗的作用，開展和樂、和氣一體流行的太和境界，這裡也有返於「無」（即自然之理）以全「有」（即太平之業）的思想。〔註48〕

〔註48〕關於阮籍、嵇康樂論中「返於無」的思想，戴璉璋於《玄智、玄理與文化發展》一書中亦有此等看法（台北：中央研究院中國文哲研究所，2002 年 3

　　〈樂論〉、〈聲無哀樂論〉受玄學「以無爲本」的思想，都漠視可見可聞的形色音色，以超於形色音聲之美，而追求「以無爲本」的無聲之美，也就是超越有限的人爲音聲裝飾、人情感受而達無限的「自然之道」、「自然之和」的深邃精神。魏晉樂論所追求的美，脫離了平庸現實的表面上的美，而提供一種更高的純淨而深的境界美。這種「無聲之美」由於對「無」的強調，也就呈顯一種平淡無味的美，這種平淡無味之美正與前文所論述的「平和淡雅的自然之美」相呼應。可見魏晉樂論將音樂之美定論在一種平淡、玄遠的空靈之美。

第三節　魏晉樂賦之文體特徵所呈顯之音樂審美型態

　　就前兩章的論述，已先對魏晉樂賦的音樂審美作一基礎性的分析，在第二章中，透過創作型態深入解析出魏晉樂賦經由結構模式與譬喻徵引的運用，讓失去原音的曲調，以文字的描寫重現臨場的感受，並於其中透顯出魏晉人對於音樂審美體驗的要求，以及背後所代表的文化意義。在第三章中則由空間與人格爲切入點，審察出魏晉樂賦企圖表達出魏晉人在進行音樂鑑賞時，對音樂審美理想的追求即是對完滿理想境界的追求。從前兩章的論述可以了解到樂賦作爲對音樂審美的文學表達，必定符合於文學的要求，以藝術的手法，不僅達到形式（結構模式）、修辭（譬喻徵引）之美，也於其中傳達出對魏晉人對於音樂審美的要求，以及背後所透顯的文化意義。再從樂賦所要追求的理想來看，則與魏晉時代的文化思潮有著緊密的結合，以「人」的自覺爲主，將人之精神推向一個藝術境界，一個彰顯美感、虛靈自由的境界。在了解到魏晉樂賦的文學表達與精神追求之後，本節基於前兩章的論述，進一步深入探討，從文學表達而言，魏晉樂賦以一個「賦」體的文體特徵，其所呈顯的音樂審美型態，將如何展現其特別之處。

一、魏晉賦之文體特徵所在

　　「賦」作爲一種文體名稱正式出現於戰國末期，並且與詩有著緊密的關係，故自漢至魏晉往往詩賦並稱，並以爲「賦」乃源於詩而來〔註49〕。賦乃

　　　　月），頁 196～197。

〔註49〕劉勰《文心雕龍‧詮賦》：「然則賦也者，受命于詩人，而拓宇于《楚辭》也。于是荀況《禮》《智》，宋玉《風》、《釣》，爰錫名號，與詩畫境，六義附

古詩之流的說法，今人論之甚多〔註 50〕，且不管定論爲何，對於賦的起源，倒是前人劉熙載所言甚爲精闢：「賦起於源於情事雜沓，詩不能馭，故爲賦以鋪陳之，斯於千態萬狀，層見迭出者，吐無不暢，暢無或竭。」（《藝概·賦概》）正因詩之文體，無法表達出人們日益豐盛的情事、描述日益複雜的生活所需，於是賦體以更精微描寫、更放肆暢吐的文字，取代詩的概括與斂肅，而成爲一新的文學體制，其文體特徵也就越趨與詩有所分別。但賦體特徵並非一開始就抵定完成，賦體特徵是一個不斷發展變化的概念〔註 51〕，隨著歷史文化積澱層的加厚，賦體的內涵會不斷更新和拓展，並開掘出新的表達方式和審美功能。由於本文乃是針對魏晉樂賦所作之研究，故此處所謂的賦體特徵，即魏晉時人對賦體之認定。其特徵大致可歸類如下：〔註 52〕

（一）變大賦爲小賦：漢賦在規模體制上多宏偉壯篇，從東漢時期出現抒情化的傾向，而有抒情小賦的出現。整個魏晉（甚而到南北朝時期），抒情小賦進入成熟階段，而蓬勃盛行。

（二）取材的擴大：漢賦題材多以描寫都城、宮廷、山川、打獵、祭祀的內容爲主，到了魏晉時期，賦的題材大大擴展，抒情、說理、詠物、敘事、寫景、抒情……，各種內容都出現，各種題材，諸如登臨、憑弔、悼亡、傷別、遊仙、招隱、飛禽、走獸、奇花、異草……，皆可入篇。

（三）注重意境的創造：魏晉賦往往特別注意景物的烘托和氣氛的渲染，

庸，蔚成大國。遂述客主以首引，極聲貌以窮文。斯蓋別詩之原始，命賦之厥初也。」（頁 132）班固《兩都賦序》：「賦者，古詩之流也。」

〔註 50〕 程章燦，《魏晉南北朝賦史》將近人對賦乃古詩之流的論說列舉要說如下：「或謂詩六義說出於賦體產生之後，不得視爲賦體淵源（方師鐸）；或謂賦有二義，一爲修辭法門，實爲動詞，二爲文體，實爲名詞，貌同心異（陶秋英）；或謂賦體兼用比興，與六義之賦專指鋪陳不同（褚彬杰）。」（南京：江蘇古籍出版社，2001 年，頁 4）

〔註 51〕 對於賦體發展依目前學者的看法大致可分其如下：漢時的騷賦、散體賦——魏晉時漸形成的俳賦（駢賦）——唐時流行的律賦——宋時盛行的文賦。請參閱馬積高《賦史》（上海：上海古籍出版社，1998 年）、曹明綱《賦學概論》（上海：上海古籍出版社，1998 年）。

〔註 52〕 請參閱高光復〈論漢賦和魏晉南北朝賦〉，收錄於蘇瑞隆、龔航主編《二十一世紀漢魏六朝文學新視角》（台北：文津出版，2001 年），頁 191～195；簡宗梧〈魏晉南北朝的散文和賦〉，收錄於中華文化復興運動推行委員會，國家文藝基金管理委員會主編《中國文學講話（五）魏晉南北朝文學》（台北：巨流出版，1982 年），頁 297～300；葉幼明《辭賦通論》（湖南：湖南教育出版社，1991 年），頁 92～97。

以幾筆景物的描繪，達到對情懷烘托的作用。

（四）語言錘煉優美精湛：由於魏晉以抒情小賦爲賦體創作的主軸，於是在語言方面比起漢賦的鋪排、氣勢，則更顯提煉、情韻，故重辭采精美，甚而有以駢入賦的情況。

（五）作者個性的顯現：漢代賦作多由帝王招攬賦家所創，故有規勸、諷諫於其中。到了魏晉，賦不再專獻於帝王欣賞，而以抒發自我情感爲主，故少了規勸、諷的色彩。因此，魏晉賦乃是一個創作個性化的時期。

以上所列之特徵，乃近代學者對於魏晉賦作通盤考察後所歸納之結果。若將以上特徵放在本文所討論的魏晉樂賦上加以檢示，則可發現，魏晉樂賦的創作，確實符合以上特徵。以魏晉樂賦現存最完整的三篇賦作，嵇康〈琴賦〉、潘岳〈笙賦〉、成公綏〈嘯賦〉來看，與漢賦〈子虛賦〉、〈上林賦〉等宮廷大賦比較，篇幅確實較爲短小精美，且辭藻情巧鮮麗，意境高潔清遠，在作品的情調上，也顯現了作者個性，嵇康〈琴賦〉從批判角度重申琴德之優；成公綏〈嘯賦〉強調人格的超然絕世與嘯聲的奇妙至極作結合；潘岳〈笙賦〉則將生命的感慨中與笙樂所演奏的悲悽、歡暢相融和。此三篇雖同爲音樂類的賦體寫作，但風格各異，突顯出作品的個性。

由以上舉例可知魏晉人對於賦的創作型態、體式的要求，已取得相當的共識，使得賦體創作以一種成熟的文學樣式，在魏晉時期流行開來。

一個文學體式的共同認定，已經突顯出當時代的審美知覺，若再透過此一文體形式，傳頌固定主題——固定文體加固定主題——不斷地反覆抒寫、重複創作的結果，不僅深化了文體特徵的美學形式，也深化了此一共同主題的審美觀感。一個文學主題，會成爲共同性的創作方向，並不是偶發的，從歷史面向而言，必然有所繼承才有所發揚；從共時面向而言，則受了文化情境的影響。因此，一個文學主題經過文人的集體關注與創作之後，經由不斷精進的作品，累積出豐富的文學想像、美感經驗，而勾勒出當時代對此一主題所要表達的美學意義。於是，固定文體加固定主題其背後所承載的美學意義，不僅是一種文學美學上的追求，也是一種文化美學上的追求。

魏晉樂賦即是固定文體加固定主題的文學創作，所以魏晉樂賦的美學意義必含文學美學與文化美學。文學美學者，即前文所言的賦體特徵的美學形式；文化美學者，當然根據魏晉樂賦以音樂爲主題的情況下，所追求的音樂美學觀。而文化美學的呈顯又必賴於文學美學的展現才有發生的可能。因此，

若要探究魏晉樂論的音樂美學觀，必以理解文體特徵、文體之美爲進路，才可深探其背後所透顯的文化美學意涵。

二、文體的語言風格與魏晉樂賦審美取向的關係——從共通的審美意念談起

上文所列的樂賦文體特徵，是近代學者歸納的結果，其中又以語言風格爲首要。袁行霈在《中國文學概論》中有言：

> 文體特徵就是一種文體運用語言不同常規之處，也就是「變異」之處。或者雖無超常之處，而只是突出地頻繁地使用著某些常規，而造成「強調」。某一種文體的語言「變異」和語言「強調」，也就是這種文體的特徵、這種文體的語言風格。〔註53〕

依袁行霈所言，文體的特徵在於語言的「變異」和「強調」，這些「變異」和「強調」造成文體分類的標準，以及不同風格的展現。袁行霈解釋完文體特徵之後，舉曹丕《典論論文》的「詩賦欲麗」、陸機《文賦》的「詩緣情而綺靡，賦體物而瀏亮。」、劉勰《文心雕龍‧詮賦》的「賦者，鋪也，鋪采摛文，體物寫志也。」〔註54〕爲例，說明文體特徵的呈現與語言風格有密切的關係。因此本文既以魏晉樂賦之文體研究爲切入點，那必從語言風格著手，才可切入重點。

當一個作家選擇以賦體的形式來描寫對器樂的欣賞時，首先必須符合賦體的文學要求，遵守體制形式、語言風格，落筆爲文時，隨著文體的展現，不但模式呈顯了，語言風格也隨之呈顯。而語言風格的成立，代表此一文體的審美意念，代表此一文體的藝術表徵。因此語言風格最基本的意義，莫過於運用文辭，以使作品之旨意透過文體形式恰切地、明白地表達出來，以達到一個完滿的藝術樣貌。因此，當作家選用某一文體創作時，代表此一作家接受此一文體的語言風格，以及接受語言風格連帶而來的審美意念。於是，當我們對魏晉樂賦的音樂美學觀進行研究時，不得不注意到賦體創作與音樂美學二者在審美意念上的實質關連。所以，在下文，筆者將討論的範圍鎖定在語言風格的審美意念對魏晉樂賦音樂美學觀的影響，而審美意念的範圍則限定在語言風格與音樂美學可共通的審美字詞上，如「悲」、「麗」等，如此

〔註53〕袁行霈：《中國文學概論》（台北：五南出版，1988 年），頁 185。
〔註54〕劉勰，王更生注譯：《文心雕龍讀本‧上篇》（台北：文史哲出版社，1984 年），頁 132。

不僅能避免意象繁多、難以歸類的困擾，而且經由此些詞語基本意涵的掌握，也可明確地了解到文體的語言風格與魏晉樂賦音樂美學二者具有同一之審美意念，並依此突顯樂賦音樂美學觀的特殊所在。

（一）以「悲」為美下的「樂（快樂）」之美

　　陸機於《文賦》裏曾說：「詩緣情而綺靡，賦體物而瀏亮。」說明詩是用來抒發主觀感情的，要寫得華麗而細膩；賦是用來描繪客觀事物的，要寫得爽朗而通暢。陸機對於詩賦的區別，表面上看來似乎是說詩是一種情感語言；賦是一種描繪語言。前文已提到劉熙載於《藝概·賦概》已說明賦體寫作「賦以鋪陳之，斯於千態萬狀，層見迭出者，吐無不暢，暢無或竭。」這是歷來對於賦體寫作的觀念：賦以敷陳的手法描寫千態萬狀的事物。魏晉人也是抱持這樣的觀念：

> 故有賦焉，所以假象盡辭，敷陳其志。（摯虞《文章流別論》）

> 賦也者，所以因物造端，敷弘體理，欲人不能加也。（皇甫謐〈三都賦序〉）

> 賦者，貴能分賦物理，敷演無方。天地之盛，可以致思矣。（成公綏〈天地賦序〉）

但我們不能忽略的是，魏晉人所謂的賦之敷陳，並非不依賴人的主觀情感再現事物的客觀存在。其能敷陳就在於人能「體物」，人若不能體認、體察、體驗、體會、體貼、體悟到事物的存在，其所敷陳者，宏則宏矣、麗則麗矣，但卻是無關痛癢的事物再現，漢代的散體大賦大多是此類作品。而魏晉人所謂的賦之敷陳，必須人參與到事物之中，感受體悟到事物與切身的聯繫，才一一鋪展開來，因此「敷陳」、「敷弘」是以「其志」、「體理」為根基，天地之盛的敷演無方，也是基於人之所思與所感。所以魏晉賦的敷陳必以體物為根基，而體物又以人之主觀情感的參與而展現。故魏晉賦有別於漢的宮廷大賦重諷諫規勸，而走向注重抒發個人情懷的抒情小賦。

　　人之情感有喜、怒、哀、樂……等之分，魏晉賦既為抒情之作，也就包含以上種種情感的抒發。只是在魏晉時期，抒情的方向有一種共同傾向，傾向於悲情的寫作。魏晉賦的悲情傾向，不是文人刻意哄抬的文學效果，而是從賦體文學發展的繼承與轉化當中，再透過對當代環境機制的回應，所凝聚而成的悲情氛圍，是藉由文人不斷大量抒寫的活動，所共識出賦體風格趨於

以悲爲美的審美風尚。

　　劉勰《文心雕龍・詮賦》言：「然則賦也者，受命于詩人，而拓宇于《楚辭》。」〔註55〕賦的發展與楚辭有很深的關係，不管是書寫形式或精神內容都影響到賦體的發展。就精神內容而言，楚辭以屈原的寫作爲主，多抒憂國傷民、懷才不遇之感，作品情調淒涼悱惻。既然楚辭從哀傷出發，受楚辭影響的賦體文學，難免也就隱含悲悽的因子。因此魏晉賦理所當然地繼承了楚辭的悲悽情懷，在書寫創作的過程中，往往帶有一種深情的悲傷。再加上當時的環境機制處於戰亂動盪，政治鬥爭頻仍的情況，讓時人對生命的掌握有著莫可如何的無奈之感。這種感受成爲文人抒發情懷的主調，於是當魏晉賦作作爲對環境機制的回應時，則生死憂患之悲被突顯而出。故說，魏晉賦繼承楚辭的哀怨悲音，再透過對當代動盪不安的回應，其抒情即以悲哀爲主調，或寫傷夭悼亡、感時嘆逝、丘墓之悲、死亡之恨；或寫吟生離的痛苦、憐寡婦的孤寂、慨官場的污濁、哀鄉土的隔絕〔註56〕，皆充滿哀傷淒切之音。因此，筆者以爲魏晉賦的抒情風格乃在於「以悲爲美」的風尚〔註57〕。庾信於〈哀江南賦序〉中即言：「楚歌非取樂之方，魯酒無忘憂之用。追爲此賦，聊以記言，不無危苦之辭，唯以悲哀爲主。」庾信之語，以代表說明了魏晉賦「以悲爲美」的美學風格。

　　從魏晉賦語言風格以「悲」爲審美風尚的角度來看，樂賦的創作也以此作爲情感抒發的方向。由於樂賦的創作設定在對於音樂的鑑賞，因此音樂的審美實踐必藉由文字以闡發，而此文字風格必忠於賦體特點不能相悖，因此當賦體的語言風格以「悲」爲審美意念時，樂賦對音樂美的鑑賞也必趨於

〔註55〕劉勰，王更生注譯：《文心雕龍讀本・上篇》（台北：文史哲出版社，1984年），頁132。

〔註56〕以悲哀爲抒情主調的賦作甚多，列舉數作如下：楊修〈傷夭賦〉、曹丕〈悼夭賦〉、向秀〈思舊賦〉、潘岳〈悼亡賦〉、〈寡婦賦〉、陸機〈嘆逝賦〉、陸機〈感丘賦〉、〈懷土賦〉、張協〈登北邙賦〉、江淹〈恨賦〉、陶淵明〈感士不遇賦〉。

〔註57〕魏晉賦「以悲爲美」的觀點，可以近代學者何新文的論述相佐參照：「魏晉南北朝反映生命主題的辭賦作品，突破"賦體物"的傳統，而將人之生死這一重大的人生問題作爲抒寫對象，相當深廣地表現了賦家自己乃至當時人民的生存環境、人生態度和眞實的思想情緒。辭賦家們將"極言其哀"的情感表現與"終之以達"的理性思索融通交匯，將辭賦作品抒情性的特點與以悲爲美的風尚盡情發揮，取得重要的藝術成就。」（何新文〈辭賦散論〉，北京：東方出版社，2000年1月，頁139）

「悲」。當然音樂「以悲為美」的審美意念，並不是藉由賦作悲悽的語言風格而發生，對於悲音的鑑賞早已蔚然成風，只是在賦作悲情風格的創作下有了雙重的意義。

東漢時期，奏樂以生悲為美已成為風向。如王充《論衡‧自紀第八十五》中有言：「悲音不共聲，皆快於耳。」〔註58〕阮籍〈樂論〉亦記載：「漢桓帝聞楚琴，悽愴傷心，倚扆而悲，慷慨長息曰『善哉乎，為琴若此，一而已足矣』。順帝上恭陵，過樊衢，聞鳴鳥而悲，泣下橫流，曰『善哉鳥聲』。使左右吟之，曰『使聲若是，豈不樂哉。』」（《阮籍校注》／99）可見時人皆以「悲音」、「悲聲」為善、為美。甚至將輓歌作為喜宴上助興的歌曲，如《後漢書‧卷六十一‧周舉傳》：「陽嘉六年三月上巳日，商大會賓客，讌於洛水。舉時稱疾不往。商與親暱，酣飲極歡，及酒闌倡罷，繼以〈薤露〉之歌，坐中聞者，皆為掩涕。」〔註59〕應劭《風俗通義》說漢靈帝時：「京師賓婚嘉會，皆作魁櫑，酒酣之後，續以挽（輓）歌。」〔註60〕可見對於悲音的欣賞，已成為東漢時期最重要的美學觀。因此，以音樂鑑賞為創作的樂賦，也傳遞出這樣的訊息。

嵇康〈琴賦〉曾云：「八音之器，歌舞之象，歷世才士，並為賦頌，其體制風流，莫不相襲。稱其材幹，則以危苦為上；賦其聲音，則以悲哀為主，美其感化，則以垂涕為貴。」（《嵇康集校注》／83）嵇康指出歷來樂賦的創作在體制上都是一種因襲、模擬的情況，因此在音樂的鑑賞上也承自先人而來，以「危苦」、「悲哀」、「垂涕」的悲傷美感為主流。溯源樂賦的創作，根據馬融〈長笛賦序〉，枚乘〈笙賦〉為今日所知最早的一篇音樂賦，但〈笙賦〉已亡佚，故王褒〈洞簫賦〉為今日所能看到的第一篇音樂賦〔註61〕。王褒〈洞簫賦〉中有言「故知音者，樂而悲之，不知音者，怪而偉之，故聞其悲聲，莫不愴然累欷，撋涕抆淚。」（《文選》／694）指出了「奏樂以生悲為善音，聽樂以能悲為知音。」〔註62〕不僅肯定悲樂之美，進而認為悲樂更為感人，

〔註58〕王充，韓復智註譯：《論衡今註今譯》（台北：鼎文書局，2005 年 4 月），頁3197。

〔註59〕《新校本後漢書并附編十三種》（台北：鼎文書局，1978 年），頁 2028。

〔註60〕應劭，吳樹平校譯：《風俗通義校譯》（天津：天津人民出版，1980 年 9 月），頁 443。

〔註61〕參考自劉至偉〈《文選》音樂賦創作程式與美學意蘊發微〉，《西北師大學報（社會科學版）》第三十三卷第五期，1996 年 9 月，頁 21。

〔註62〕錢鍾書：「奏樂以生悲為善音，聽樂以能悲為知音，漢魏六朝，風尚如斯。」

因而「悲」可作為「美」的代詞。這樣的描寫除了道出當時「以悲為美」的風氣之外，也帶動了漢代樂賦多以此為尚。如馬融〈長笛賦〉云：「放臣逐子，棄妻離友……泣血泫流，交橫而下，通旦忘寐，不能自禦。……惆悵怨懟，窳圛實頗。」（《文選》／713～715）蔡邕〈琴賦〉云：「然後哀聲既發，祕弄乃開，左手抑揚，右手徘徊，指掌反覆，抑案藏摧。一彈三歎，悽有餘哀……哀人塞耳以惆悵，轅馬蹀足以悲鳴。」〔註63〕侯瑾〈箏賦〉云：「微風漂裔，泠氣輕浮，感悲音而增歎，愴顇悴而懷愁。」〔註64〕對音樂的鑑賞，無論是簫、笛、琴、箏，都如嵇康所言「以危苦為上」、「以悲哀為主」、「以重淚為貴」（《嵇康集校注》／23～24）。

如此「以悲為美」的風尚，成為樂賦創作的主調，於是魏晉文人在進行樂賦創作時，也就自然而然地，承續此一主調：

> 哀起清羽，樂混大宮。（傅玄〈箏賦〉《初學記》／108）

> 路嶮悲秦，道難怨蜀。遺逸悼行邁之離，秋風哀年時之速。陵危柱以頡頏，憑哀弦以躑躅。於是數轉難測，聲變無方。（晉鈕滔母孫氏〈箜篌賦〉《藝文類聚》／788）

> 飛纖指以促柱兮，剏發越以哀傷。……哀聲內結，沉氣外澈。（傅玄〈琵琶賦〉《初學記》／109）

> 相和兮哀諧，慘激暢兮清哀。（夏侯湛〈夜聽笳賦〉《藝文類聚》／796）

> 銜長葭以汎吹，噭啾啾之哀聲。奏胡馬之悲思，詠北狄之遐征。（孫楚〈笳賦〉《藝文類聚》／796）

> 或悽悽以憔殺。（杜摯〈笳賦〉《藝文類聚》／796）

由以上的引文可知，魏晉人對於音樂的鑑賞，將哀音識為重要的審美指標。只是，魏晉士人視美好的音樂為悲樂，其很大的意涵是針對於聽樂或奏樂之後所引起的審美體驗，並不單指音樂的憂傷成分，而是著重在進行音樂活動

《管錐篇‧全上古三代秦漢六朝文‧全漢文卷四十二‧好音以悲哀為主》（香港：中華書局香港分局，1979年10月），冊三，頁946。

〔註63〕費振剛、胡雙寶、宗明華輯校：《全漢賦》（北京：北京大學出版社，1993年），頁581。

〔註64〕同上註。

時的心理反應。所以他們往往在晏飲游樂之娛，藉由淒哀的音樂，生起悲涼哀怨之情，這是魏晉人在動盪不安、生命短暫的現實下，雖帶著及時行樂的心理，但又不免懷有人生無常的悲情。所以在極度歡樂的晏飲下，又不免奏奏哀樂來宣洩心情。如潘岳的〈笙賦〉即描寫哀淒的笙樂在歡宴上演奏的情形：

> 樂聲發而盡室歡。悲音奏而列坐泣。搭（合改爾）纖翮以震幽簧。越上箭而通下管。應吹翕以往來。隨抑揚以盧滿。勃康慨以慅量。顧躊躇以舒緩。輟張女之哀彈。流廣陵之名散。詠園桃之夭夭。歌棗下之纂纂。歌曰：「棗下纂纂。朱實累累。宛其落矣。化爲枯枝。人生不能行樂。死何以虛謚爲。」（潘岳〈笙賦〉《文選》／744）

在一悲一喜，情緒高低起伏之際，鑑賞者從音樂的聆聽之中感悟到生命的無常，這樣的感悟，不再只是壯闊、洶湧、哀淒、歡樂、澎派、幽細……等表面的音樂之美的鑑賞，而是深入音樂的底層，發掘出對生命的觀照。既然人生是如此地短暫，且充滿著許多生離死別的哀傷，所以爲何不抓緊生活，盡情享受？人生若不能及時行樂，那死去的空洞謚號又有何用呢？表面上看來，似乎是貪圖享樂、腐敗與墮落，但實際上卻表現了對人生、生活的極力追求。這種對生命留戀追求的情感，發揮在音樂的鑑賞上，深化了音樂的內容，使得將音樂的高揚跌宕與生命的高低起伏相比擬的情況下，賦予音樂一種生命的色彩。如此的審美觀點，已細膩地發現到內在審美心靈的悲喜變化，發現到音樂帶給人的情緒影響。故並不排斥所謂的哀樂，而正視音樂有哀情的存在，猶如正視人生有悲情的一面。

　　因此魏晉樂賦與漢樂賦雖然皆是「以悲爲美」，但其審美內涵卻有所不同。漢賦中的「悲」，多是一種情緒、情感的表達，並且以感化爲基礎〔註65〕，強調音樂「化風俗之倫」（王褒〈洞簫賦〉《文選》／694）的功能。而魏晉樂賦的「悲」則從人生命的底層挖掘而出，使「悲」跳脫情緒的簡淺解釋，賦予「悲」最深沉的生命體認。因此，音樂之悲的體會，最主要的用意，不是

〔註65〕如王褒〈洞簫賦〉：「故聽其巨音，則周流汜濫，并包吐含，若慈父之畜子也。其妙聲，則清靜厭瘱，順敘卑達，若孝子之事父也。」（《文選》／692）將簫聲的美妙之音比喻爲父慈子孝；馬融〈長笛賦〉「故聆曲引者，觀法於節奏，察變於句投，以知禮制之不可踰越焉。」（《文選》／718）認爲聆聽長笛者，必須觀看那節奏的法則，從每句音節的抑、揚、頓、挫來觀察變化的技巧，由此來推知禮樂制度不可踰越的道理。

在於感人或化人，而是從個體生命中自然而然散發出來的一種感受。這種感受是對於生命無法掌握的虛無之感，這是一種無可避免的無奈，所以可悲。然而這樣的「悲」，魏晉人懂得去慢慢接受，慢慢品嚐，甚至將「悲」轉化成一種美感，沖淡「悲」的傷害性而成為一種安慰的力量。

從潘岳〈笙賦〉的引文中可知，在「以悲為美」的音樂鑑賞下，也有「以樂為美」的欣賞，只是「悲」的力量來得比「樂」強勁，因為洞悉生命的生離死別之痛，於是即時行樂才有可為的必要，歡樂才顯其可貴。因此音樂有哀音之美，才顯得樂（快樂）音的悅耳。再舉成公綏〈嘯賦〉為例：

> 唱引萬變，曲用無方。和樂怡懌，悲傷摧藏。時幽散而將絕，中矯厲而慨慷。徐婉約而優遊，紛繁騖而激揚。……喟仰抃而抗首，嘈長引而慘亮。或舒肆而自反，或徘徊而復放。或冉弱而柔撓，或澎濞而奔壯。橫鬱鳴而滔涸，冽飄眇而清昶。逸氣奮湧，繽紛交錯。列列飆揚，啾啾響作。奏胡馬之長思，向寒風乎北朔。又似鴻鴈之將鶵，群鳴號乎沙漠。（成公綏〈嘯賦〉《文選》／752～754）

嘯聲的吹奏以悲喜交錯的心理反應，來展現音樂的美感。有時和諧快樂令人娛悅，有時又深沉悲傷時使人意氣摧折；有時情緒的激昂如潮水澎派、江水滔滔，有時則如北方的駿馬升起思鄉之愁；和樂中隨著悲傷；幽散中隨著慷慨；優游中隨著激昂；舒肆中隨著徘徊；鬱鳴中隨著清昶……，音樂所引發的悲歡交疊，正突顯出生命的虛無及無常之感。因此，魏晉樂賦中所呈顯的音樂美學，不專以哀音為鑑賞的標準，而是在「以悲為美」的基底下，反彈出「以樂為美」的追求。只是「以悲為美」仍為主軸，因此也就淡化了「以樂為美」的鑑賞痕跡。

鄭毓瑜曾言：

> 所有的模擬都不全然是複製，因此對於典型的種種回應就必然含帶著迴旋於古今之間的離合引生；換言之任何擬作同時也糾纏著因為世代遷移、處境變換而引發的個別生命反思。〔註66〕

因此魏晉樂賦對於漢樂賦文體的模擬與悲音典型的繼承，經過世代遷移、處境變換，引發而出的悲音美學，因個別生命的反思而有所不同。漢樂賦中的「以悲為美」著重情感、情緒的闡發，並帶有一種「化風俗之倫」的政治功

〔註66〕鄭毓瑜：《性別與家國——漢晉辭賦的楚騷論述》（台北：里仁書局，2000年），頁6。

能。魏晉賦中的「以悲爲美」不僅跳脫情緒的簡淺釋意，也擺落了政治的功能，讓「悲」從生命底出發，與生命作緊密的結合，成爲個別生命的特寫。並且在此特寫之外，反思出生命的種種可能，以「悲」爲基底，反彈出生命的光輝與歡愉，於是「樂」不再是「悲」的反面，而是隨著悲而來的必然效應。因此「以悲爲美」的生命特寫所連帶而來的「樂」之美正彰顯了魏晉的音樂美學切合於時代情境的獨特風貌。

（二）以「麗」為美下的「清」之美

　　《文心雕龍‧辨騷》中有言「《招魂》、《大招》，艷耀而采華。」〔註 67〕《文心雕龍‧時序》亦言「屈平聯藻於日月，宋玉交彩於風雲。觀其艷說，則籠罩《雅》、《頌》。」〔註68〕從此兩段引文可知，劉勰認爲《楚辭》具有文辭豐贍華美的特點，以「豔」作爲《楚辭》藝術風格的概括，認爲「豔」超越了「金相」、「玉式」即文與質兩方面，從美學角度上它「籠罩《雅》、《頌》」，已經超過了以《詩經》爲代表的典雅文風。總之，劉勰認爲正是「豔」這一風格使《楚辭》取得了如此突出的文學成就、具有如此深遠的藝術魅力，「豔」成爲《楚辭》藝術的典型特徵，對同時及後代的作家創作都產生了極大的影響，故曰：「效《騷》命篇者，必歸豔逸之華。」（《文心雕龍‧定勢》）〔註 69〕，所以劉勰舉漢代辭賦大家司馬相如的賦作爲例「師範屈、宋，洞入誇豔，致名辭宗。」（《文心雕龍‧才略》）〔註70〕可見受有《楚辭》影響的賦體文學，必以「豔」之風格爲其特徵，「豔」者即「麗」也，故揚雄在《法言‧吾子》中說：「詩人之賦麗以則，辭人之賦麗以淫。」〔註71〕此爲揚雄對於賦的劃分與評價，以「則」與「淫」區分了詩人之賦與辭人之賦的界線，而不管「則」或「淫」，皆先以「麗」爲準則，可見漢人對於賦作語言風格的認定在於「麗」矣。再如班固於《漢書‧藝文志》說宋玉、枚乘、司

〔註67〕劉勰，王更生注譯：《文心雕龍讀本‧上篇》（台北：文史哲出版社，1984年），頁 66。

〔註68〕劉勰，王更生注譯：《文心雕龍讀本‧下篇》（台北：文史哲出版社，1984年），頁 270。

〔註69〕劉勰，王更生注譯：《文心雕龍讀本‧下篇》（台北：文史哲出版社，1984年），頁 62。

〔註70〕劉勰，王更生注譯：《文心雕龍讀本‧下篇》（台北：文史哲出版社，1984年），頁 319。

〔註71〕揚雄，李守奎、洪玉琴譯注：《法言》（黑龍江：黑龍江人民出版社，2003年1月），頁 17。

馬相如、揚雄之賦「競爲侈麗宏衍之詞」〔註72〕，可見賦體文學早以「麗」
作爲文字的藝術型態。

只是文字之麗可分爲多種樣式，而漢賦之麗則呈現一種宏偉壯麗的風
格，在此藉高光復的論述爲佐證。高光復在釐清漢賦的美學特徵時，有一段
話如此言：

> 從麗的方面說，漢賦之麗，既有別於風、騷之麗，又有別於六朝抒
> 情小賦和某些唐詩、宋詞之麗；它是一種與宏大的形象結合在一起，
> 在氣度上顯得富麗堂皇。一般地說，漢賦是從偉大的楚辭中脫胎而
> 來的……但漢賦這種宏麗的特質卻是楚辭所不具備。……楚辭所描
> 繪的境界，所用的辭藻宏偉壯麗，這固然是現實激發出來的，但卻
> 帶有比興和神化性質，在精神上與現實是對立的。這是一種奇幻瑰
> 麗的美。漢賦的錯綜古今，其描繪的博大境界和鋪飾的千類萬物，
> 固然仍有浪漫誇張甚至某些神異色彩，但在本質上卻是現實圖景的
> 一種藝術再現，與現實在精神上是一致的。〔註73〕

從高光復的分析可知，漢賦的藝術特質在於以宏偉壯麗爲美。而這種宏麗之
美，與漢賦的宮廷化有關。漢賦宮廷化的結果，以一種文學服務的方式，供
帝王娛樂。因此爲了取悅於帝王，賦作的題材在選擇上受到了侷限，而多以
京都、宮殿、苑獵、聲色、車馬、遊樂生活爲主，爲了匹配帝王的盛業，文
字的描寫自然也就朝著宏偉壯麗發展。而漢賦文學家司馬相如於〈上林賦〉
有言「君未睹夫巨麗」，以「巨麗」來形容上林；到了王延壽的〈魯靈光殿賦〉
有言「何宏麗之靡靡」，以「宏麗」來形容靈光殿，兩者皆已明確地點出自己
的美學追求和自己作品的語言風格〔註74〕。

語言風格追求「麗」的藝術特徵，成爲賦體寫作的典型風格，只是傳統的
典型風格歷經時世變易會有鬆動的情況。當然基本的書寫特徵仍予以保留，
並不會全然反對傳統的典型風格，畢竟「麗」的語言藝術，爲賦體之爲賦體的
特徵所在。所以「麗」的語言表現，只是隨著時世變易而鬆動，並非連根拔
起。因此，當我們閱讀魏晉賦時，「麗」仍爲賦作家所追求的形式美化。如曹
丕〈典論論文〉言：「詩賦欲麗」；皇甫謐〈三都賦序〉言：「然則賦也者，所以

〔註72〕《新校本漢書并附編二種》（台北：鼎文書局，1976年），頁1756。
〔註73〕參閱請參閱高光復〈論漢賦和魏晉南北朝賦〉，收錄於蘇瑞隆，龔航主編《二
十一世紀漢魏六朝文學新視角》（台北：文津出版社，2001年），頁188。
〔註74〕同上註，頁189。

因物造端，敷弘體理，欲人不能加也。引而申之，故文必極美；觸類而長之，故辭必盡麗。然則美麗之文，賦之作也。」兩者的言論，說明了賦作乃是美麗之文，故文必極美，辭必盡麗。對於賦體文字「麗」的突出要求，跳脫了揚雄麗則或麗淫的寓教評判，也跳脫了漢賦對「麗」予以宏巨的要求。

　　既然魏晉賦已跳脫了漢賦的宏麗之美，那魏晉的「麗」又是屬於哪一型態呢？這可藉陸機：「賦體物而瀏亮」（〈文賦〉）一語加以說明。「體物」，李善《文選注》：「賦以陳事，故曰體物。」也就是說賦以描狀外物為主，是針對賦的內容而言；「瀏亮」，李善《文選注》：「瀏亮，清明之稱。」瀏亮，針對賦的語言風格而言，指語言須清晰明朗，也就是說賦在描狀外物時，要求刻畫事物清晰細緻，形象鮮明，文字爽朗通暢。陸機「瀏亮」之語，表達了賦體文字須清晰明朗的要求，這表示賦體文字之「麗」須建立在「清明」的標準上。「賦體物而瀏亮」一語，讓賦體之「麗」離開漢賦典重宏麗的傳統而標舉了魏晉小賦清新明麗的新風格。

　　魏晉賦一轉漢賦的宏麗而轉為清麗，其轉化的動力，乃是受了當時代審美潮流的影響。魏晉時期，以清為美的邏輯軌迹是從漢之清議而來，然後轉為魏晉之清談，只是清談已淡化了清議中「清」這一概念的公正平允，而增加「雅」的意味〔註75〕。既然清談為雅，故也就越來越脫離功利，而純以尋求精神理想為依托，因此清談的內容多以玄思為主，而魏晉玄學以崇尚自然為上，於是在談玄風氣的流行之下，回歸自然成為魏晉士人的理想追求。由於重自然，於是與人為雕琢相對立的「清新」便成了時代的風尚。而「清」與人為雕琢相對，也就是與世俗相對，所以「清」者遠離世俗之外，超世絕俗、介然不群。以「清」為核心的審美精神，展現出與先秦兩漢追求規矩（禮）、質實（仁）的美有所不同。先秦兩漢那種規矩、質實的審美精神其指歸在現實世界，是在社會所認可的規範底下所體現的美感。而「清」的審美體驗重飄逸，重一種超越形體的精神感受，追求自由翱翔的審美領域。由於注重精神自由，所以尊重個體生命，讓自我意識能充分發揮，讓天地萬物能呈現自身獨特的美感。於是「清」者成為魏晉品評人物時的讚譽，如「裴楷清通」（《世說新語・賞譽》／372），「王公目太尉：巖巖清峙，壁立千仞。」

〔註75〕關於魏晉「清」從漢清議而來的邏輯軌迹，請參閱王葆玹《玄學通論》（台北：五南出版，1996年），頁187～193，以及李春青《魏晉清玄》（北京：北京師範大學，1993年10月），頁20～36。

（《世說新語・賞譽》／392），「撫軍問孫興公：劉眞長何如？曰：清蔚簡令」、「謝仁祖何如？曰：清易令達。」「袁羊何如？曰：洮洮清便。」（《世說新語・品藻》／465），「嵇康身長七尺八寸，風姿特秀。見者歎曰：蕭蕭肅肅，爽朗清舉。」（《世說新語・容止》／553）對「清」的審美注重，儼然成爲尚「清」的人格精神追求。

尚「清」的審美精神，以其巨大的力量滲透到魏晉文化的各個層面，於是導致文學在美學的情趣上也起了對「清」的普遍追求。再加上文學的品藻與人物的品鑑相關密切，文學的品藻常轉用於人物品藻的名詞、觀念而來〔註76〕，因此，「清」既然爲人物品評時的重要審美標準，於是也就造成文學品藻以「清」爲美學標準的連帶效應。於是才會有陸機「賦體物而瀏亮」之語，甚至到了梁時文學仍以清美爲主，故劉勰云：「賦、頌、歌、詩，則羽儀乎清麗。」（《文心雕龍・定勢》）〔註77〕。因此，當我們閱讀魏晉賦作時將會發現，無論是寫悼亡（如潘岳〈悼亡賦〉、向秀〈思舊賦〉）、詠物（如成公綏〈鸚鵡賦〉），或寫美人（如曹植〈神女賦〉）、登臨（王粲〈登樓賦〉），莫不呈現辭采華麗、清新明朗之美。

從魏晉賦語言風格以「清麗」爲審美風尚的角度來看，樂賦的創作也以此作爲形式美化的方向。前文已有提到，樂賦的創作設定在對於音樂的鑑賞，因此音樂的審美實踐必藉由文字以闡發，而此文字風格必忠於賦體特點不能相悖，因此當賦體的語言風格以「清麗」爲審美意念時，樂賦對音樂美的鑑賞也必趨於「清麗」。先就音色之麗的描寫作舉例：

飾聲成文，彫音作蔚。（陸機〈鼓吹賦〉《全晉文・卷九十七》）〔註78〕

〔註76〕徐復觀於《中國文學論集》中認爲誘發魏晉文體自覺的重大因素來自於對人物的品鑑上，因此「把由人的活地形相而來的名詞觀念，轉用到文學的鑑賞批評上，正接上了文學形相的特性，所以對文學的品藻，幾乎都是轉用品藻人物的名詞、觀念。」（徐復觀《中國文學論集》，台中：中央書局，1966年3月，頁25）可見人物品鑑與文學欣賞有著相同的審美意念。再如鄭毓瑜於《六朝文氣論探究》第三章，第三節〈魏晉間人物品鑑之發展與辭氣品鑑的關係——從相同的批評術語談起〉也認爲人物品鑑與文學品鑑上運用相同的批評術語，故兩者應該擁有同一的鑑賞觀點或是審美的意念。（鄭毓瑜《六朝文氣論探究》，台北：國立台灣大學，1988年6月，頁159～168）

〔註77〕劉勰，王更生注譯：《文心雕龍讀本・下篇》（台北：文史哲出版社，1984年），頁63。

〔註78〕〔清〕嚴可均校輯，《全上古三代秦漢三國六朝文》（北京：中華書局，1958年12月），頁2014。

豐融披離，斐韡奐爛；英聲發越，采采粲粲。或間聲錯糅，狀若詭
赴；雙美並進，駢馳翼驅……瑰豔奇偉，殫不可識。(嵇康〈琴賦〉
《嵇康集校注》／98～99)

浮沉抑揚，升降綺靡，殊聲妙巧，不識其爲。(阮瑀〈箏賦〉《藝文
類聚》／786)

爛熠爚以放艷，鬱蓬勃以氣出。(潘岳〈笙賦〉《文選》／747)

無論是鼓吹、或琴、或箏、或笙，對其音聲的描寫，以「文」、以「蔚」；以
「綺靡」、「熠爚」、「放艷」；以「采采粲粲」、「瑰豔奇偉」的字眼，展現出對
於音聲之「麗」的追求。音麗之美，於漢賦中已有所展露，如王褒〈洞簫賦〉
形容簫聲「優嬈嬈以婆娑」(《文選》／692)，馬融〈長笛賦〉形容笛聲「紛
葩爛漫」(《文選》／715)，皆肯定了音聲之麗的美感追求。誠如前文所言，
賦體創作，以「麗」爲其藝術特徵，故當樂賦中的音樂鑑賞要與賦體的文字
相體貼時，那文字風格中的「麗」也就悄然浮現。因此樂賦的文字之麗不能
單視爲逞才競藻的修辭用心，同時也是音樂鑑賞的美學體驗。

只是魏晉樂賦中的「麗」，在音質的判斷上比漢樂賦更顯細微，加入當時
代尚「清」的審美精神，把「清」設定爲音色的基本要求，因此阮瑀〈箏
賦〉言：「稟清和於律呂，籠絲木以成資。」(《藝文類聚》／785)潘岳〈笙
賦〉言：「惟簧也能研群聲之清，惟笙也能摠眾清之林」(《文選》／747)然
後將「清」、「麗」兩種審美意念安置在一起，形成一種炫彩卻又清朗的獨特
風格：

清氣獨轉，妍弄潛移。(袁崧〈歌賦〉《藝文類聚》／780)

適清響以定奏，期要妙於豐會。(陸機〈鼓吹賦〉《全晉文・卷九十
七》) 〔註79〕

君子喜其斌麗，知音偉其含清。(顧愷之〈箏賦〉《藝文類聚》／786)

管攢羅而表列，音要妙而含清。(潘岳〈笙賦〉《文選》／742)

音要妙而流響，聲激曜而清厲。信自然之極麗，羌殊尤而絕世。(成
公綏〈嘯賦〉《文選》／756)

〔註79〕〔清〕嚴可均校輯，《全上古三代秦漢三國六朝文》(北京：中華書局，1958
年 12 月)，頁 2014。

從引文中可以發現，魏晉樂賦認為在音聲的精微麗美之中，必須含融清朗的特質。但有趣的是，「清」與「麗」的字義為兩個不同性質指向的內涵，甚至兩者字義呈現矛盾的現象。「清」者，《說文解字》言：「朖也。澂水之皃。從水青聲」〔註80〕本指水清之貌，既然形容水清，故有潔淨、透白、無雜質之意，若運用於美感的體會上，為一種明朗、簡易、不繁複、平和恬淡之美。「麗」者，《說文解字》言：「旅行也。鹿之性，見食急則必旅行。從鹿丽聲。」〔註81〕指鹿成對，並駕的情況，所以本意在於成群結對。既然「麗」的本意在於成群結隊，因此「麗」的美感意涵，應為一種繁複、茂盛之美。「清」之簡易與「麗」之繁複，本為兩種不同且矛盾對立的審美感受，但魏晉人卻將兩者結合運用。

這種矛盾的結合，在魏晉人的眼中卻再自然不過了，因為「矛盾」正是魏晉時代的表徵。魏晉處於漢帝國的解構之後欲待重組的時代，在解構與重組的過程中，許多矛盾的現象必然駁雜呈現，矛盾現象一時之間無法獲得釐清與消解，於是魏晉人也就學會了接受生命中矛盾的事實並與之共處，並由此發展出最富有藝術精神的一個時代〔註82〕。而在透徹生命的矛盾後所產生的藝術之美，其融合性也就越強，因此，「清」與「麗」雖顯矛盾，卻又顯得自然融和。於是，當我們現在重新理解魏晉「清麗」的審美觀時，必須納入時代經驗、時代潮流，才能深入魏晉的審美核心，而此核心莫不從對生命的思考出發。尤其，「清」的審美意念從生命的體驗而來，注重精神自由，尊重個體生命，追求形體超越的精神感受，自由翱翔的審美領域，因此，當魏晉樂賦中將「清」、「麗」兩種審美意念融會在一起時，其意義不僅在音樂理想的追求，而是將生命體貼於音樂，使得音樂鑑賞在音色之麗的追求之外，還包含了一種從生命理想而來，崇尚自然、清新絕俗的審美精神。

〔註80〕 許慎，段玉裁注：《段氏說文解字注》（台北：文化圖書，1979 年 5 月），頁572。

〔註81〕 許慎，段玉裁注：《段氏說文解字注》（台北：文化圖書，1979 年 5 月），頁491。

〔註82〕 宗白華曾言：「漢末魏晉六朝是中國政治上最混亂、社會上最苦痛的時代，然而卻是精神史上極自由、極解放，最富於智慧、最濃於熱情的一個時代。因此也就是最富有藝術精神的一個時代。」（宗白華《美學散步》，上海：上海人民，2000 年 3 月，頁 208）

第四節　從比較觀點評析魏晉樂論與樂賦所呈顯的音樂審美觀

　　在經過前文對魏晉樂賦進行研討之後可以發現，魏晉樂賦隨著賦作文體的特徵，爲了體貼於賦體的文字風格，於是音樂鑑賞時的美感要求也就隨之文字的藝術特徵而展現，並且加入當時代的文化思潮，於是在有所承的書寫體式底下，又有所創新，而發展成獨特的音樂美學觀。而樂賦以體貼於文體特徵而來的音樂美學觀，相較於文章體式以玄論方式呈現的樂論的音樂美學觀，兩者應有不同之處。因此，此節從比較觀點的角度，分析樂賦與樂論在音樂美學上的異同之處。

　　比較，乃是針對比較對象之間的相似性或相異性的研究與判斷的方法，在比較的過程中，追求「同中求異」、「異中求同」，如此才能於「同」中尋求出比較對象發展的共同規律；於「異」中突顯比較對象發展的特殊性。而比較不能盲目沒有方向，必在共同的比較前提下，確定比較內容，如此才有比較之意義。因此，此節以樂論、樂賦的音樂審美爲比較前提，並根據本論文所深入的幾個音樂美學議題爲比較內容，藉由比較的方式，評析魏晉樂論、樂賦所呈顯的音樂審美觀。

一、樂論與樂賦的相異觀點

（一）樂與悲的歧異

　　前文提及，在東漢時期，奏樂以生悲爲美成爲一種風尚，人們欣賞音樂以悲爲美，以能否感受音樂中的悲感作爲是否懂得音樂的標誌。這種以悲爲美的觀念，一直延續到魏晉時期仍爲風尚。

　　雖然在東漢時期以悲爲美成爲一種風尚，但這樣的審美觀念卻與漢朝以儒爲尊的儒家樂論有所悖行。儒家的音樂思想認爲「治世之音安以樂，其政和。亂世之音怨以怒，其政乖。亡國之音哀以思，其民困。」（《樂記》／1254）儒家從音樂可以表情的觀點，認爲聲有哀樂，並進一步以爲國家的治亂與否，音聲可以應之，若音聲安以樂，則國爲治；若音聲哀以思，則國爲亡。而這樣的觀念一直以來被一般人所接受〔註83〕，到了魏晉時期阮籍〈樂論〉依然

〔註83〕悲樂亡國的思想其實可以追溯到春秋戰國時期，如季札曾言：「音大悲，使衛亂乃此矣」以及師曠說晉平公喜好「新聲」（新聲多悲樂）是「明兆於衰」。關

從聲有哀樂的角度，論述對喜樂之樂的支持，雖然阮籍並沒有強調亡國與音樂有必然的關係，而是從人心的平和與否，否定哀音之流行，但從喜樂之樂有益於人之身心精神甚而有益於天地萬物的情況之下，自然推崇喜樂之樂而否定哀傷之樂。故曰：「樂者，使人精神平和，衰氣不入，天地交泰，遠物來集，故謂之樂也。今則流涕感動，噓唏傷氣，寒暑不適，庶物不遂，雖出絲竹，宜謂之哀。奈何俛仰歎息以此稱樂乎。」（《阮籍校注》／99）尤其當人處於末世之時（如〈樂論〉中所言的「夏后之末」、「殷之季」、漢末的「桓帝」、「順帝」），人心已經不和，結果又以悲樂爲風尚，悲淒的旋律、節奏是過度的別與變，是失去常、一的不和，當不和的人心遇上不和的音樂時，只能一直陷溺而無法跳脫，於是一再地在惡的循環上打轉，於是終於走向亡國之路。要停止惡性的循環，重新拉回正軌上，就必須改變不和的人心與音樂，由於人心是一個抽象的概念，難以具體把握，所以從具象的音樂著手，先將哀傷之樂導向喜樂之樂，喜樂之樂能體現「平和」的「天地之體，萬物之性」，體現宇宙自然的和樂精神，因此，人心也就受喜樂之樂的引導而走向和、走向音樂之初的天地本體，重新擁有人心之和，如此，又可回復到天下昇平的和樂景象。所以阮籍承認悲樂的存在，但並不以此爲賞，認爲能引發人喜樂之感的音樂才是值得推展的音樂。

阮籍是從聲有哀樂的角度，肯定喜樂之樂的必然推展，而同時期的嵇康與阮籍相反，認爲聲無哀樂，於是嵇康對於音樂的終極審美也就脫離了哀樂的考量。

嵇康從聲無哀樂的角度，突破傳統以來以哀樂作爲欣賞音樂的唯一心得，認爲「人情不同，自師所解，則發其所懷。」（《嵇康集校注》／216）由於人的情感狀態不同，所以聆聽一首曲子時，各自依就自己的理解，抒發個人的情懷，可見審美主體在音樂鑑賞時的重要性，因此嵇康相當肯定音樂鑑賞的多元化。但音樂審美的多元變化並非嵇康對音樂審美的終極追求，追求音樂的自然之和才是審美的最高境界。因此，嵇康要求審美主體在進行音樂鑑賞時，必須以虛靜的方式隔離情感的糾纏，以進入音樂之和的純然境界，因此那些經心而動的審美情感（哀樂）並非其所追求，音樂的終極審美必須解脫於哀樂之外，讓「聲」未經過心的作用，使心呈現虛空的狀態以

於春秋戰國時期悲樂亡國的論說請詳見蔡仲德，《中國音樂美學史》（台北：藍燈文化事，1993 年），頁 34～35。

待聲，人則以一種氣應的方式與和聲規律地運動著，循著自然之道，達於「和域」之境，故曰：「使心與理相順，氣與聲相應，合乎會通，以濟其美。故凱樂之情，見於金石；含弘光大，顯於音聲也。」（〈聲無哀樂論〉《嵇康集校注》／222）這種「和域」之境含有一種和樂的氣氛，這種「凱樂之情」是天地萬物融和時一種自然而然的喜樂表現，只是這種「樂」，是「大樂」、「至樂」，非關人之情感，是一種超越悲喜的命題，是一種最後回歸與道同流的境地。

阮籍從聲有哀樂而言喜樂之樂的必然推行，並以哀音有損人之身心而加以摒棄。嵇康從聲無哀樂的角度，肯定「各師所解」的審美情感，因此沒有所謂的「治世之音安以樂，亡國之音哀以思」。只是雖然肯定「各師所解」的美感存在，但並不以此為審美所在，故對於那些因情感而發的審美感受，嵇康並不推崇，他甚至認為聆賞音樂時必須摒絕一切主觀情感的介入，讓心不起作用，以一種氣應的方式進入音樂的自然之和，進而與萬物同體、與天地精神合而為一的「大樂」、「至樂」境界。

從以上的論述可知，魏晉樂論無論從聲有哀樂或聲無哀樂的角度，對於音樂鑑賞時所引發的審美情感都帶著有所保留的態度，或摒棄哀音的存在，追求喜樂之樂對人心的引導；或摒絕一切主觀情感而追求「大樂」、「至樂」境界。顯然審美情感並非魏晉樂論所重視，甚至有摒棄的現象，這種現象與魏晉樂賦大量審美情感的描述大異其趣，尤其在「以悲為美」的鑑賞上。

魏晉樂賦將音樂鑑賞時的感受落實於文字時，往往會描述聆賞音樂時所引發的種種情感：

> 其始奏也，寒澄疏雅，若將暢而未越。其漸成也，抑按鏗鏘，猶沉鬱之舒徹。（賈彬〈箏賦〉《藝文類聚》／786）

> 纏綿約殺，足使放達者循察；通豫平曠，足使廉規者棄節；沖靈冷澹，足使貪榮者退世；開明爽亮，足使慢惰者進竭。（夏侯淳〈笙賦〉《藝文類聚》／793）

> 奏烽燧之初驚，展從絲之歡乖。（夏侯湛〈夜聽笳賦〉《藝文類聚》／796）

> 和樂怡懌，悲傷摧藏。時幽散而將絕，中矯厲而慨慷。徐婉約而優遊，紛繁騖而激揚。（成公綏〈嘯賦〉《文選》／752）

在進行音樂審美的活動中，音樂若能引發聆聽者內在審美的強烈共鳴，則能讓聆聽者處於一種感奮的心理狀態，並依此而引發聆聽者的種種情感。於是我們可以看到以上的引文，樂賦將聆聽音樂時種種情感的引發以優美的文字記錄下來，或沉鬱、或思念、或纏綿、或怡樂；或者訴之於愁緒、或者描以開明爽亮的心情……。這時審美主體透過音樂，牽引著情感的流動，在音樂的催化下，人的情感得以盡情的宣洩，並賦予豐富的審美想像，完成了生命情感與音樂審美的結合。

樂賦對於審美情感的描述，雖有多元情感的傾向，但仍有一審美主調，此主調即是前文所言的「以悲爲美」的審美追求。因此不管任何樂器的鑑賞，往往以悲音爲尚，於是箏之美「哀起清羽」（傅玄〈箏賦〉《初學記》／108）、琵琶聲「發越以哀傷」（傅玄〈琵琶賦〉《初學記》／109）、笳聲之樂「嗷啾啾之哀聲」（孫楚〈笳賦〉《藝文類聚》／796）、「慘激暢兮清哀」（夏侯湛〈夜聽笳賦〉《藝文類聚》／796）……，對於音樂的鑑賞莫不以哀音爲美。魏晉人對於音樂的鑑賞，將哀音識爲重要的審美指標，其很大的意涵是針對於聽樂或奏樂之後所引起的審美體驗，並不單指音樂的憂傷成分，而是著重在進行音樂活動時的心理反應（如前文所引的潘岳〈笙賦〉）。這種心理反應是魏晉人在動盪不安、生命短暫的現實下，所顯的無常悲情。因此，對音樂「悲」之美的推崇，是將生命無法掌握的虛無之感，轉嫁到音樂的鑑賞上，企圖藉由音樂之悲，宣洩生命中無可奈何、人力不可爲的深層悲傷。

自東漢末年以來，由於朝政黑暗、戰爭頻繁，疫癘並生，所以人的覺醒第一個所要面對的就是現實的殘酷，於是一種憂生懼死，依戀人生的自然生命意識也就油然而生，這種對生命強烈的執著，可從前述的古詩十九首中尋出痕跡，而這種對人生遷逝、憂生懼死、珍重自我個體生命的意識，不僅成爲整個東漢後期的社會思潮，也深刻影響著魏晉人。魏晉時期，朝政的不穩定，戰亂頻仍，疫癘並生的現象並沒有少於漢末，於是長期積累現實殘酷而憂生懼死的心態，使得魏晉人對歲月奄忽的生命意識尤甚於漢末，但他們並沒有因爲憂生厭世而走向絕路，他們的「憂生只是對生命短暫的憂慮，並非對生命的價值和意義毀滅的絕望。」〔註84〕於是士人們轉而對生命美的追求，盡情享樂人生，宴飲遊樂成了時尚風氣。如：

良辰啓初節，高會極歡娛。通天拂景雲，俯臨四達衢。羽爵浮象

〔註84〕趙輝：《六朝社會文化心態》（台北：文津出版社，1996 年 1 月），頁 136。

樽，珍膳盈豆區。清歌發妙曲，樂正奏笙竽。曜靈忽西邁，炎燭繼望舒。翊日浮黃河，長驅旋鄴都。(曹植〈孟津〉)

清夜延貴客，明燭發高光。豐膳漫星陳，盈酒盈玉觴。弦歌奏新曲，遊響拂丹梁。餘音赴迅節，慷慨時激揚。獻酬紛交錯，雅舞何鏘鏘。羅纓從風飛，長劍自低昂。穆穆眾君子，和合同樂康。(曹丕〈於譙作〉)

這些美酒珍肴、女色音樂、酣嬉狂歡的描述，表現出及時行樂、縱欲歡娛的心態。而宴飲遊樂時，音樂成為必備的助興工具，只是這樣的助興，並非以歡樂曲調為主，而是以哀音為尚，如前文所引的潘岳〈笙賦〉，在極度歡樂的晏飲下，卻奏起哀樂讓列坐哭泣。這種音樂「以悲為美」的風尚，彷彿與縱欲歡娛的宴飲遊樂成了強烈的對比，但這樣的對比，才顯現出魏晉人對生命意識的深刻體認，就如羅宗強在《玄學魏晉士人心態》中所說的：

> 士人的縱樂，其中卻還包含有對於人生的深切眷戀和對於人性的體認。禮的束縛解除了，自我得到了很大程度的認可，感情也在放縱中得到豐富的發展。士人從皓首窮經，規行矩步的桎梏中解脫出來之後，忽然體認到自己還有如此豐富的內心世界，驚喜於人間還有如許之歡娛！於是盡情縱樂，感受到生的可貴。但是，當自我覺醒，體認到生之可貴的時候，卻同時也是戰亂不斷、人命危淺的時期。於是生的歡樂便伴隨著人生短促的悲哀，在縱樂的時候便常常瀰漫著一重濃重的悲涼情思。〔註85〕

因此，音樂「以悲為美」的風尚，其背後有著對生命的深刻體認，而魏晉人試圖透過哀音的淒美，為自己無可奈何的生命進行淨化的作用〔註86〕，當生

〔註85〕羅宗強：《玄學與魏晉士人心態》(台北：文史哲出版社，1992 年 11 月)，頁51～52。

〔註86〕亞里斯多德在《政治學》「論音樂教育」一節中，提到音樂淨化的問題：「憐憫、恐懼、熱情這類情感對有些人的心理感應特別敏銳的，對一般人也必有同感，只是或強或弱，程度不同而已。我們可以看到這些人每每被祭頌音節所激動，當他們傾聽興奮神魂的歌詠時，就如醉如狂，不能自己，幾而甦醒，回復安靜，好像服了一帖藥劑，頓然消除了他們的病患。(用相應的音樂)也可以在另一些特別容易感受恐懼或憐憫情緒或其他任何情緒的人們，引致同樣的結果；而對其餘的人，依各人感應程度強弱，實際上也一定發生相同的影響；於是，所有的人們全都由音樂激發情感，各個在某種程度上拔除了沉鬱而繼以普遍的喜悅。」(亞里斯多德：《政治學》，台北：商務印書

命之憂與音樂之悲相遇時，人之情緒頓時爆發，或哭、或泣、或哀、或傷，人的情感起伏隨著音樂的抑揚強弱，盡情宣洩無餘，直至音樂停止，人之情感也回復平靜，因此，進行一場音樂活動，彷彿進行了一場生命淨化的儀式，如成公綏〈嘯賦〉中所言：「舒蓄思之悱憤，奮久結之纏綿。心滌蕩而無累，志離俗而飄然。」（《文選》／754）讓鬱結的憂思得以發散，心靈則得到滌蕩而無煩累，遠離凡俗而豁然逍遙。因此，生命透過音樂的洗滌之後，在某種程度上拔除了生命的沉鬱，繼而以一種輕鬆的喜悅所代替。當然，這樣的喜悅可能只是一時，而這樣的「一時」卻讓魏晉人能暫時解脫生命的憂傷。

由以上的論述可知，魏晉樂論與樂賦在音樂鑑賞的悲、喜美感上有著不同的看法。兩者對於音樂的悲喜會有鑑賞上不同的原因，可從文體的角度進一步分析。從不同文體而言：不同的文體，其抒寫風格也就不同，樂論為議論體，故重在議題論證的嚴密準確，以及議題的最終目的；樂賦為賦體寫作，故注重精微描寫，以及豐富的想像。因此，樂論從理性的角度，肯定了音樂的喜樂之美；樂賦從感性的角度，肯定了音樂的悲悽之美。再加上，一個主題的重複討論或模寫，往往會受傳統的風格、思想所影響。歷來對音樂的探討，離不開音樂、人心、政治、社會的結合討論，因此，魏晉樂論最終的研討目的，無法避免地必須面對到音樂對移風易俗的影響，而魏晉樂論也都肯定了音樂對移風易俗的作用〔註87〕。既然音樂可移風易俗，那音樂必走上平和之路，如此才可導引人心，讓社會的和諧安樂得以實現。因此，悲感的音樂也就被排斥在平和喜樂之外，而樂論所審美的對象，即以「雅樂」為主。而樂賦在歷來的主題模寫上，皆標榜悲音為上。這種悲情的描寫心態，可追溯到賦體的發源，如前文所言，賦體發展源自於楚辭，而楚辭從哀傷出發，受楚辭影響的賦體文學，難免也就隱含悲悽的因子。因此魏晉樂賦理所當然地繼承了楚辭的悲悽情懷，在書寫創作的過程中，往往帶有一種深情的悲傷。再加上當時的環境機制處於戰亂動盪，政治鬥爭頻仍的情況，讓時人對生命的掌握有著莫可如何的無奈之感。這種感受成為文人抒發情懷的主調，故使得音樂「以悲為美」的風尚，其背後有著對生命的深刻體認，並藉由音樂對

館，1987 年，頁 431）因此，此處論及音樂的淨化作用類似於亞里斯多德的觀點。

〔註87〕請參見第三章第二節。

悲情的宣洩，讓生命得到淨化的可能。而這些「以悲爲美」的音樂，必然與追求人心和諧的「雅樂」甚遠，故樂賦所審美的對象，即以「俗樂」爲主。由於樂論、樂賦文體之異，讓魏晉人對音樂的鑑賞在悲喜上各有支持時，可以藉由不同的文體作適合的闡述。

（二）雅與麗的歧異

自周代制禮作樂以來，建立起中國歷史上第一個比較明確的宮廷雅樂體系。所謂雅樂，指的是中國古代祭祀天地、神靈、祖先等典禮中所演奏的音樂。周代對不同場合的儀式運用的曲目均有嚴格的規定，因爲這些曲目帶有教育意義於其中，用來配合道德方面的引導，以和平中正爲原則，以莊重肅穆爲標準〔註88〕。但到了春秋末期，禮壞樂崩，雅樂漸漸式微，並於此時出現新的音樂風貌〔註89〕，「新聲」與舊樂有著迥然不同的美學特徵，注重變化、淫麗，與雅樂的和平中正呈現強烈的對比。之後雅樂與新聲（淫樂），一直是音樂史上被關注的焦點。

魏晉樂論繼承歷來樂論的傳統，提倡雅樂。如阮籍〈樂論〉闡述的更爲明白，並對淫樂加以譴責：

> 故造始之教謂之風，習而行之謂之俗。楚越之風好勇，故其俗輕死，鄭衛之風好淫，故其俗輕蕩。輕死，故有蹈水赴火之歌。輕蕩，故有桑間濮上之曲。各歌其所好，各詠其所爲。歌之者流涕，聞之者歎息，背而去之，無不慷慨。懷永日之娛，抱長夜之忻，相聚而合之，群而習之，靡靡無已。棄父子之親，弛君臣之制，匱室家之禮，廢耕農之業，忘終身之樂，崇淫縱之俗。（《阮籍校注》／82）

阮籍以爲那些好勇輕死、好淫輕蕩的風俗，會影響音樂的創作，而出現蹈水赴火之歌、桑間濮上之曲。當人不當的行爲又與創作不當的音樂相應時，兩相激盪下成爲惡性循環，終至道德淪喪，社會秩序紊亂不堪。因此在音樂會

〔註88〕關於雅樂的敘述請參考劉再生《中國古代音樂史簡述》（北京：人民音樂出版，1989年12月），頁42。

〔註89〕所謂春秋末期的音樂新風貌，指的是當時所流行的「新聲」。「新聲」一詞始見於《國語・晉語八》「平公說新聲」之語。依蔡仲德的考據，此時的「新聲」有淫樂之意，其美學特徵在內容上表情範圍擴大，悲樂空前增多；在形式上採用新的音階，出現「煩手淫聲」的效果。而此「新聲」也就是稍後孔子所說的「鄭聲淫」的鄭聲（《中國音樂美學史》，台北：藍燈文化事，1993年，頁44～46）。因此，「新聲」、「鄭聲」、「淫聲」從廣義而言成爲相通的詞語，代表與樸質反義，與雅樂相對的華麗之音。

影響人心的觀念底下，阮籍認為必須斥退淫樂興雅樂，因為雅樂有以下的特徵：不煩、質靜、不淫、易簡，這樣的特性是雅樂體現天地之性的結果，所以，當雅樂通行時不但能達到節制人心的效果，也可使人在不聞不知之中慢慢地潛移默化，日遷善成，進而與天地萬物同樂。由上述可知，阮籍對鄭聲淫樂的觀點其實並不脫傳統的看法。

嵇康也辨鄭聲與雅樂，但他並不像阮籍如此貶抑鄭聲，甚至從純音樂的角度肯定鄭聲的至妙。故言「若夫鄭聲，是音聲之至妙」（《嵇康集校注》／224），「齊楚之曲多重，故情一；變妙，故思專。姣弄之音，挹眾聲之美，會五音之和」（《嵇康集校注》／216）這些鄭聲齊楚之音，技巧繁複、音節活潑，展現華麗多變的旋律，是音聲中極為至妙者。然而，對一般人而言，「妙音感人，猶美色惑志，耽槃荒酒，易以喪業。自非至人，孰能御之？」（《嵇康集校注》／224）妙音的感人就如美女對於人的誘惑一樣，讓人容易耽溺於游樂，迷亂於酒色，而喪失掉自我。只有至人，面對鄭聲時，其心不起作用，純粹欣賞其旋律之美，但不會陷溺於情感的淫亂之中。只是這個社會，一般見識者多，至人者少，所以，如果社會風氣以鄭聲至妙之音為流行，那社會大多數人會陷溺於華麗的音樂之中，不能自拔而流連忘返，最後的結果必使社會動亂綱紀無存。所以嵇康雖然肯定鄭聲的美妙，但並不推崇。他所推崇的還是雅正之樂，故曰：

> 先王恐天下流而不反，故具其八音，不瀆其聲，絕其大和，不窮其變。損窈窕之聲，使樂而不淫，猶大羹不和，不極勺藥之味也。若流浴淺近，則聲不足悅，又非所歡也。……託於和聲，配而長之，誠動於言，心感於和，風俗一成，因而名之。（〈聲無哀樂論〉《嵇康集校注》／224～225）

先王擔心天下流於放蕩而不能歸返樸真，於是捐棄窈窕冶豔之聲，而造不追求無窮變化近於和諧的「大和」之聲。因此嵇康雖肯定鄭聲的至妙之音，並且擺脫傳統將「亡國」的根源歸結於鄭聲的看法，而是從審美主體的角度，分判人心在雅樂與鄭聲上的把持，因此，認為雅樂比鄭聲更適於一般人所聆聽。

魏晉樂論對雅樂的推崇，除了接受傳統的觀點外，還提出不同的見解，讓雅樂與鄭聲的辯解更趨精密。在魏晉樂論推崇雅樂的平和、質靜、簡易之時，魏晉樂賦則朝向相反的鑑賞方式，極力表現音樂演奏時「麗」的美感。

　　前文已提，「麗」自傳統以來為賦體寫作的典型風格、藝術特徵，因此魏晉樂賦的創作也以此作為形式美化的方向。而樂賦的創作設定在對於音樂的鑑賞，因此音樂的審美實踐必藉由文字以闡發，而此文字風格必忠於賦體特點不能相悖，因此當賦體的語言風格以「麗」為審美意念時，樂賦對音樂美的鑑賞也必趨於「麗」。於是，無論是鼓吹、琴、箏、笙的音聲描寫，皆訴諸於「綺靡」、「熠爚」、「放艷」、「采采粲粲」、「瑰豔奇偉」等的華麗字眼，展現出對音聲之「麗」的追求。「麗」的美感意涵，為一種繁複、茂盛之美，其音節活潑，華麗多變的旋律，對照雅樂的單調平淡，成為強烈的對比。這種繁複華麗的演奏，對一般人而言，必定引發多元的情感，必造成心的不平和，也就是醫和為晉平公視疾所言：「煩手淫聲，慆堙心耳。乃忘和平，君子弗聽」的音樂，也就是廣義而言的「新聲」、「鄭聲」、「淫聲」，也就是「俗樂」。這樣的音樂是歷來樂論家所排斥的，但於樂賦中卻得以呈現。原因就在於為了貼近賦體寫作「麗」的藝術特徵，音樂之麗也就隨著賦體創作而一一展現。只是音樂鑑賞的文字落實，可以運用其它文體來呈現，當賦作家選擇賦體作為音樂鑑賞的創作模式時，乃是文人有意識的擇選，也就是文人肯定音樂鑑賞中「麗」的美感追求，故特意與賦體之麗作結合，以呈現音樂的豐彩之姿。

　　魏晉樂賦中的「麗」，並不只是「麗」而已，它還加入當時代尚「清」的審美精神，把「清」設定為音色的基本要求，如阮禹〈箏賦〉言：「稟清和於律呂，籠絲木以成資。」（《藝文類聚》／785）潘岳〈笙賦〉言：「惟簧也能研群聲之清，惟笙也能摠眾清之林」（《文選》／747）將「清」、「麗」兩種審美意念安置在一起，形成一種炫彩卻又清朗的獨特風格。於是我們在魏晉樂賦之中往往會看到「清」、「麗」並舉的美感描述，如：「音要妙而含清」（潘岳〈笙賦〉《文選》／742）、「音要妙而流響，聲激喔而清屬」（成公綏〈嘯賦〉《文選》／756），「君子喜其斌麗，知音偉其含清」（顧愷之〈箏賦〉《藝文類聚》／786）。「清」有明朗、簡易、不繁複、平和恬淡之意，近於雅樂的特徵，然而「清」與「雅」仍有所區別，由於雅樂在政治面、社會面過度強化的結果，讓「雅」之美蒙上了道德的框架，而「清」則源於自然，以一種自然之資，展現音樂獨立的風格，沒有功利的包袱於其中。因此，魏晉的音樂之麗，在「清」美的調節下，沖淡了「麗」的庸俗，沖淡了「麗」的淫靡，於是魏晉對於音樂之麗的鑑賞，在「清」的保護層底下，降低了淫聲惑志的

道德批判。

　　魏晉樂論推崇音樂之雅，魏晉樂賦追求音樂之麗，此兩種相異的美感會並存於魏晉時期，是自春秋末期以來雅、淫辯證的縮影。當然雅正之樂與淫邪之聲的對抗在魏晉時期並沒有得到解決，但是魏晉人提供新的見解企圖為雅正、淫邪解套。所以我們可以看到嵇康的〈聲無哀樂論〉首先突破傳統以來聲有哀樂的論調，讓音樂從政治教化的附庸地位中獨立出來，故化解了鄭聲亡國的說法，但在肯定樂能移風易俗的角度下，為了審美主體的心性修養，還是回歸到雅樂的推展。至於魏晉樂賦，明白表達了對音樂之麗的喜愛，追求音樂演奏時的繁複技巧、至極之音，甚至追求能激發悲傷情緒的曲調。因此，魏晉樂賦，從某一個角度而言，其音樂鑑賞的目的，要的是情感的翻騰，心境的不平和，不僅追求音樂形式上的至極之美，也追求音樂形式美下，所引發的情感享受。然而為了防止音樂之麗流於庸俗與淫靡，於是融入尚「清」的審美精神，讓音樂在華麗之美下，又帶有一股清新的自然。

　　或許我們可以作這樣的比擬，魏晉樂論代表支持雅樂的一方；魏晉樂賦代表支持新聲的一方〔註90〕，我們可以發現到，支持雅樂者已有人提出肯定新聲的看法；支持新聲者則以清美的精神將音樂之麗帶離奢淫、糜爛的泥淖。無論樂論或樂賦，兩方都在為音樂雅、麗的鑑賞上提供新的嘗試。

二、樂論與樂賦的共同觀點

（一）以「自然」為美

　　自然和人為是既對立又必須相濟的力量，但由於兩漢以來種種人為的力量勉強於政治、社會、道德、人倫、文明……，讓自然離人性越來越遠，不僅使人在人為的指導原則底下失去了自由，社會環境也在過度人為的情況底下出現疲態而現各種危機。於是到了魏晉，為了扳轉兩漢以來對人性的扭曲，便有著崇尚自然的傾向。所謂的人為，在魏晉時期可以「名教」概括之，「名

〔註90〕從阮籍〈樂論〉、嵇康〈聲無哀樂論〉中可知，兩者皆認為「雅樂」出於先王所制，非一般人民私自創作者。此處會將樂賦視為支持新聲的一方，原因在於樂賦中所出現的樂名多以民間創作為主，如廣陵、止息、梁父（漢樂府相和歌辭楚調）、王昭、楚妃（歌錄曰：吟歎四曲：王昭君、楚妃歎、楚王吟、王子喬，皆古辭。為樂府音樂）、鶤雞（古相和歌）、白紵（起源於漢之民間舞曲）、東武、太山（左思齊都賦注曰：《東武》、《太山》，皆齊之土風謠歌，謳吟之曲名也）等。

教」指政治等級名分與教化、人理倫常與秩序，擴而大之，則可泛指因人為而來的規矩法常、文明制度。而魏晉自然思想，是透過對名教世界的反思而逐漸成熟的思惟。雖然魏晉人懂得自然與人為（名教）必須相輔相成，必須融以貫通，但由於兩漢的名教之治根深蒂固，於是魏晉人為了矯正過度的人為，首先必須突顯自然的重要，而魏晉人將「自然」視為一切事物的原理原則，視為人類的思想宗旨、行事的最高準則，如前文所揭。在講求「自然」的風行之下，魏晉人的審美觀也朝著「自然」發展，以最直接的方式，透視到鑑賞物的本質，發掘事物自然形質之美。因此在音樂的鑑賞上，無論是樂論或樂賦都注重音樂自然之美。

1. 玄學角度的自然美

魏晉樂論在探討音樂的本體時，皆有將音樂本體與宇宙本體相聯結的傾向。企圖以本體的觀念，來融通音樂與人與宇宙的關係。無論阮籍明確地指出「樂」的本體即「天地之體」、「萬物之性」〔註91〕；以及嵇康認為音樂乃從天地合德而來〔註92〕，皆強調音樂本體與宇宙本體的關係，因此也就視宇宙本體的自然之質為音樂本質的內容。呈顯對於音樂自然之美的追求。阮籍從音樂之始的本體來評斷音樂的自然之美。阮籍論音樂之所始，在於「自然之道」，從天地的精神決定了音樂的審美標準。天地易簡，音樂也必定平定簡省；道德平淡，音樂也必定平淡無味，因而不應有繁手淫聲的可欲之音，阮籍由此規定了音樂的審美準則，在於自然平淡。在音樂自然之美的認定上，嵇康也從音樂的本體出發。他認為音樂的本體是自然，故有其自律的自然之和，其本質不在它與人的關係之中，而在音樂自身之中，因此音樂的自然之美與人的感情無關，是一種自身的和諧表現。

魏晉樂論在談論音樂的自然本質之時，與人之性本於自然相聯結，依此而說「論樂須得性」（阮籍）、「論樂須循性」（嵇康）〔註93〕。將音樂與人性透過自然本體作聯結的用意，在於聲明音樂能移風易俗的可能。

阮籍提出論樂須得性，所謂的得性，即是得自然之性，也就是本著超越人性以萬物之性為性的觀念，強調音樂的制作，必須順其萬物的體性自然而

〔註91〕阮籍〈樂論〉：「夫樂者，天地之體、萬物之性也。」（《阮籍集校注》／78）

〔註92〕嵇康〈聲無哀樂論〉：「夫天地合德，萬物貴生。寒暑代往，五行以成。故章為五色，發為五音，音聲之作，其猶臭味在於天地之間。」（《嵇康集校注》／197）

〔註93〕請見第二章第二節。

然地存在。唯有符合自然之道的音樂才能使人與音樂有所感應，讓人透過「易簡」、「平淡」、「質靜」、「不煩」的正樂，使心性能達到「心澄氣清」、「心平氣定」、「精神平和」、甚而「使人無欲」，於是「日遷善成化而不自知」（〈樂論〉）的自然效應，開始在人的內心發酵，將人帶往與天地萬物同為一體的境地，因此移風易俗也就自然而然呈現了。

嵇康認為，「性」從自然之道而來，故含有先天自然精神狀態，所以人要「循性而動」、「任自然」才能尋得生命安定之處，才能與天理相一致與萬物為一體。因此音樂必須循性而動，讓「聲」、「性」、「心」融為一體，循著自然之道，達於「和域」之境。因此認為移風易俗不在於那些「八音會諧，人之所悅」的有聲之樂，而是在於樂之本質以平和為主的無聲之樂，當人們的心都達到一種精神上的超越，也就是以「循性而動」、「任自然」的方式與太和之音相感應，默然從道，大道興隆的太平之業自然而然呈現。

樂論從玄學角度去論證音樂本體與宇宙本體的聯結，然後推論出音樂既然來自於天地自然，故必含自然的本質，而人性亦來自於天地自然，於是音樂與人性有著異質同構的關係，因此唯有當音樂與人性皆順任自然，才能融合而達到和平歡樂的精神境界，於是樂論的玄學家們，將音樂之美歸於自然之美。

2. 文學想像的自然美

在魏晉樂賦的寫作上，我們會發現到樂賦所描述的音樂鑑賞，與樂論一樣，有著以自然為美的傾向。而樂賦對自然美的追求，不似樂論從玄學角度去探討音樂本體的原本自然，而是符合文學創作的方式，以豐富的想像追溯音樂的自然之美。

首先，樂賦對音樂自然美的追求，從樂器的鑑賞上出發，從樂器的材質，追溯於天然，認為唯有自然的材質才能造就自然之音色。因此魏晉樂賦在描寫樂器時，往往會追溯到樂器的製作之初。此「初」是樂器承自天地而來的證據，是造就音色美感的原因。如潘岳〈笙賦〉：

> 河汾之寶，有曲沃之懸匏焉。鄒魯之珍，有汶陽之孤篠焉。若乃緜蔓紛敷之麗，浸潤靈液之滋，隅隈夷險之勢，禽鳥翔集之嬉，固眾作者之所詳，余可得而略之也。突觀其制器也，則審洪纖，面短長，㳿生絆，裁熟黃，設宮分羽，經徵列商。泄之反謐，厭焉乃揚，管攢羅而表列，音要妙而含清。（潘岳〈笙賦〉《文選》／742）

笙的產生並非隨意而來的，製作笙的孤筱（竹），必須生長在花草鮮美、飛鳥翔集且地勢夷險的地方，受到天地的滋潤之後才可製器。並在製作的過程中審度粗細，量方圓短長，設定宮調，笙管攢聚羅列之後，才能展現「音要妙而含清」美妙清朗的聲音。從材質的選定，到樂器的成形，以抵定樂器音色的好壞。再如孫該的〈琵琶賦〉：「惟嘉桐之奇生，于丹澤之北垠，下修條而迥迴，上瘁紛而干雲，開鐘黃以挺幹，表素質於倉春。」（《藝文類聚》／789）琵琶的製作亦是追溯到桐木的生長，此桐樹不僅是美好的且是奇特的，並受水澤的滋養，高大如能攀天上的雲，枝條則向下扎根錯眾盤雜，如此奇特的桐木才能製成琵琶，才能展現「清朗」（「清朗緊勁，絕而不茹」）的音色。如此注重天然之質的觀點，在嵇康〈琴賦〉中，更發揮的淋漓盡致：

> 惟椅梧之所生兮。託峻嶽之崇岡。披重壤以誕載兮。參辰極而高驤。含天地之醇和兮。吸日月之休光。鬱紛紜以獨茂兮。飛英蕤于昊蒼。夕納景于虞淵兮。旦晞幹于九陽。經千載以待價兮。寂神跱而永康。且其山川形勢。則盤紆隱深。嵯巋岑嵒。互嶺巉巖。岝崿崛鲞。丹崖嶮巇。青壁萬尋。若乃重巘增起。偃蹇雲覆。邈隆崇以極壯。崛巍巍而特秀。蒸靈液以播雲。據神淵而吐溜。爾乃顛波奔突。狂赴爭流。觸巖觝隈。鬱怒彪休。洶湧騰薄。奮沫揚濤。澜汩澎湃。蜿蟺相糾。放肆大川。濟乎中州。安回徐邁。寂爾長浮。澹乎洋洋。縈抱山丘。詳觀其區土之所產毓，奧宇之所寶殖。珍怪琅玕，瑤瑾翕赩。叢集累積，奐衍於其側。若乃春蘭被其東，沙棠殖其西。涓子宅其陽，玉醴涌其前。玄雲蔭其上，翔鸞集其巔。清露潤其膚，惠風流其間。竦肅肅以靜謐，密微微其清閑。夫所以經營其左右者，固以自然神麗，而足思願愛樂矣。（《嵇康集校注》／84～88）

嵇康將製作琴面材料的梧桐樹的生長環境，巨細靡遺地加以描寫。首章先從梧桐樹本身敘述起，梧桐樹衝開厚厚的土壤而誕生，吸收著日月的光輝，飽含天地間純淨諧和之氣，展現出梧桐樹與自然之間的相融和。接著描寫梧桐樹週遭的環境，其周圍有山有水。嵇康對山水的描寫有動處亦有靜處，山之靜在於「盤紆隱深」區折回環幽僻深邃；山之動在於「重巘增起」、「崛巍巍而特秀」山峰之間猶如競賽，一個而高過一個地聳出雲端。水本就是動者，水的形勢「狂赴爭流」、「洶湧騰薄」競相奔流洶湧奔騰；而水亦有靜處，靜

時「安回徐邁。寂爾長浮。」慢慢流淌寂靜無聲。嵇康對梧桐樹生長的環境作如此細密的描寫，已在說明琴聲所擁有的特性，琴聲的展現宜靜宜動，宜動者「闔爾奮逸，風駭雲亂」、「參譚繁促，複疊攢仄；從橫駱驛，奔遯相逼。」音節緊湊繁促，猶如風雲翻卷，令人來不急聽聞，僅覺萬馬奔騰的感受從耳邊呼嘯而過，如此驚心動魄的琴聲，顯現其「瑰豔奇偉」的特性。若宜靜者「翩綿飄邈，微音迅逝。」「清和條昶，案衍陸離，穆溫柔以怡懌，婉順敘而委蛇。」琴音清和流暢，和穆溫柔，婉轉諧和，那飄邈的琴聲飄向遠方，然後細微的聲音在遠方消逝，如此悠柔細遠的琴聲，顯現其「清雅」的一面。再來如梧桐樹週遭的描寫，以自然神麗囊括之：有香草奇樹、珍玉怪石，時有鳳凰相伴，又有仙人涓子為鄰。因此當「鍾期聽聲」、「伶倫比律」時能展現「發采揚明，何其麗也」、「新聲嘐亮，何其偉也」的偉麗之音。

樂賦從樂器材質生長地之自然，而說音色對自然之體現，因此自然界中的純淨諧和、天然之質帶給音色清朗之美；自然界的紛敷之麗、神麗奇物則帶給音色瑰麗之美。這種對「清」與「麗」的音色描寫，與前文所論相呼應，在此正好解答魏晉樂賦中的「清」、「麗」審美意念為何能在矛盾中求其融合？原因就在，魏晉樂賦將樂之清與樂之麗視為同出於自然，於是在自然此一基礎上，清與麗有了結合，不管是清或麗都是音樂來自於天生自然的闡發。故清必須訴諸於自然、麗亦必須訴諸於自然，非自然之音，即構不成音色之美。有意思的是，這些構成自然之音的天地山川，或有真實地理之存在（如曲沃、汶陽等），但當文人落筆為文時，還是得透過想像的建立，更別說有些原生環境只是傳說中的地域（如不周、崑崙）〔註 94〕。再加上對器類原生環境的描寫，都託身於重險崎嶇、懸崖、絕嶺、巍峨的地域，如此超脫人世，人跡罕至的地域，彷彿是脫於人世縹緲如幻的仙境，甚至賦予一種神話性質〔註 95〕。因此，樂賦用文學想像的方式，建立起對音樂自然美的鑑賞。

〔註94〕 夏侯淳〈笙賦〉：「爾乃採桐竹，翦朱密，摘長松之流肥，咸崑崙之所出。」、
王廙〈笙賦〉：「其制器也，則取不周之竹，曾城之筠。生懸崖之絕嶺，遶隆
峰以崇高。」崑崙」，山之名，亦稱「昆侖」。於古代文獻如《穆天子傳》、《楚
辭》、《山海經》中，多與神話相連結。「不周」古代神話傳說中的山名。楚辭
屈原離騷：「路不周以左轉兮，指西海以為期。」王逸注：「不周，山名，在
崑崙西北轉行也。」
〔註95〕 詳見第二章第三節。

　　樂賦首章必寫樂器生長環境的書寫模式，於漢樂賦已然成形，魏晉樂賦會承而用之，在某個程度上而言，代表某些背後的書寫意識已獲得歷代文人普遍認同〔註96〕。但共同的書寫模式因時代不同，其背後的書寫意識也會隨之變動〔註97〕。但不可否認的是，漢樂賦樂器生長環境書寫模式的抵定，激發了魏晉樂賦的創作，筆者甚至認爲提供了「清」與「麗」兩種審美意念融合的方便之路。漢樂賦書寫樂器生長空間的用意，是爲了解說器類「以悲爲美」的本質。漢樂賦是以器類的原生環境作爲器樂悲音形塑的基礎，因此，原生材質所依傍之山，其崎嶇嶮巇的可悲不安，以及猿猴、山雞、野雉的悲號長嘯，都累積成器樂的天性自然，而成就了「眾哀集悲之所積」，所以音樂也就逃不過以悲示顯的命運。這種原生環境作爲器樂悲音形塑基礎的觀點，提供了魏晉樂賦融合「清」與「麗」兩種審美意念的契機。雖然魏晉樂賦也有「以悲爲美」的觀念，但我們看不到原生環境悲哀之描述，而是轉以自然幽靜、紛敷壯麗的山水呈現。而依此說原生環境之自然、神麗形塑出既「清」且「麗」的音色，「清麗」既同出於自然，也就消解了矛盾。筆者以爲，魏晉樂賦對漢樂賦原生環境作爲器樂音色形塑基礎的借用，或許也就因此消弱聆聽麗樂時的罪惡感。畢竟歷來皆貶抑「煩手淫聲」的音樂，以淡雅爲上，既然音樂之麗由自然而來，那音樂的美妙妍麗也就會自然而然地呈現，藉此降低人爲的操弄或欲求。

　　玄學角度的自然，很容易將音樂之美與人的移風易俗相提並論，因爲魏晉思想家所關心的重點在於人，以解決之人問題爲目的，所以樂論看似以音樂爲主題，但眞正的主角爲人，因此音樂自然之美的追求，乃是爲了解說移風易俗的可能。至於樂賦所追求的音樂自然，雖然在魏晉人之自覺的風潮底下，並不脫從人之生命來豐富音樂自然之美，但少了哲學邏輯的背景，樂賦

〔註96〕如楊佩螢《從六朝樂賦再探文學抒情傳統》中所言：「仙境式的開場白在歷經漢魏文人傳通擇定，到下筆爲文時，竟可以立於不敗之地，豈非暗示著這個共通性已獲得歷代文人普遍認同，並且，其認同非唯取材背景而已，而是藉由對材質不凡產地之共識，建立起音聲神秘性之基礎，這是樂賦書寫共識性仙境開場時，最深沉而隱微的意念。」（國立臺灣師範大學國文研究所碩士論文，2004年，頁71）

〔註97〕於第三章時已討論到，漢樂賦與魏晉樂賦雖然在器類原生環境上同以崇山峻嶺爲描繪空間，但兩者的「空間」卻引發出不同的意義，漢樂賦是爲了解說器類「以悲爲美」的本質，而魏晉樂賦則於一個理想空間的嚮往，或者追求器類與天然的聯結。

的音樂自然多了神話式的想像空間，讓人對器樂之美有一種神秘的嚮往。從魏晉樂論以玄學角度深化音樂自然的思考，以及魏晉樂賦以文學角度豐富音樂自然的想像，皆可以看出魏晉人在音樂鑑賞上對自然的推崇。

（二）以「和」為美

音樂尚和的觀念由來已久，「和」的意義一開始從互相對立因素諧調統一中去認識事物的美，深刻認識到異物矛盾的相輔相成，對立統一，所展現的平和狀態，是事物最美好的高度表現，而這樣的思考模式，以樂音的清濁、大小、長短、疾徐……可做最好的比擬，故「和」的闡述，就常與音樂相連結。並且開出了「音和－心和－德和－人和－政和」的發展模式，使得音樂之和成為人文諧和中的重要環節，再加上先秦儒道，各自從「人和」、「天和」的角度深化了「和」的意義，確立了「和」的人格理想、社會理想。而這樣的理想運用在音樂審美上，即以「和」為審美的最高準則，因此，歷來的音樂論述莫不以「和」為研討重點，故魏晉樂論、樂賦亦承續傳統，以「和」之美為音樂鑑賞的核心所在。

先就樂論而言，列舉數例如下：

> 故聖人立調適之音，建平和之聲。（〈樂論〉《阮籍校注》／84）

> 若夫空桑之琴，雲和之瑟，孤竹之管，泗濱之磬，其物皆調和淳均者，聲相宜也。（〈樂論〉《阮籍校注》／86）

> 至于樂聲，平和自若。（〈樂論〉《阮籍校注》／93）

> 然聲音和比，感人之最深者也。（〈聲無哀樂論〉《嵇康集校注》／198）

> 克諧之音成於金石，至和之聲得於管絃也。（〈聲無哀樂論〉《嵇康集校注》／208）

> 聲音以平和為體。（〈聲無哀樂論〉《嵇康集校注》／217）

> 美有甘，和有樂，然隨曲之情，近乎和域。（〈聲無哀樂論〉《嵇康集校注》／216）

從以上的引文可知，「和」為魏晉樂論論述音樂時的關注重點。不管是音樂本身即以平和為體；或者各種器樂皆呈現調和淳均之音；以及克諧至和之聲得於金石管弦，都在在強調音樂具有「和」之美感。當然魏晉樂論「和」的觀

點必有承自傳統的思想，但隨著時代思潮的演進，而有所開展，因此，此「和」又非僅是傳統儒家的翻版，而是在當時代的文化潮流底下，所另生的一種觀念，此觀念則含有道家的思惟在其中。因為當時整個魏晉的玄學思想，以會通孔老為基調，企圖把儒道兩者調和起來。所以音樂美學受玄學的影響，將音樂之和以儒道相融之方式，不僅追求人和亦追求天和。因此魏晉樂論中的「和」，並非僅強調音樂本身內部規律的審美，而是將音樂與天和、人和的實踐相聯繫，企圖以音樂之和引領人與人、人與天地萬物融為一體之實現。

　　而魏晉樂論人和、天和的追求，乃建立在音樂鑑賞對於主體境界實現的追求，認為主體境界的實踐可以透過音樂之和使人回歸到原始和諧之中，展顯個體生命的圓融以及與天同和的理想，注重個體之昇華勝於聖王制樂之感化。並把主體境界的實踐意義推至到群體和諧的實現意義上，而達到移風易俗的效果，只是此移風易俗的進路有別於傳統儒家的樂教，儒家樂教從道德倫理的教化，以達「人和」之旨；魏晉樂論則從道家的自然觀，讓音樂回歸於自然之和，然後藉由音樂自然之和的作用引領著「人和」、「天和」的實現。〔註98〕

　　既然「和」為歷來傳統音樂鑑賞的準則，魏晉樂賦在描述音樂之時，亦以「和」作為音樂鑑賞之一：

> 伊夫箏之為體，惟高亮而殊特，應六律之修和。（陶融妻陳氏〈箏賦〉《藝文類聚》／786）

> 初進飛龍，重繼鵾雞，振引合和，如潰（《初學記》作「會」）如離。若夫纏綿約殺，足使放達者循察；通豫平曠，足使廉規者棄節；沖靈冷澹，足使貪榮者退世；開明爽亮，足使慢惰者進竭。豈眾樂之能倫，邈奇特而殊絕。（夏侯淳〈笙賦〉《藝文類聚》／793）

> 或縕縕以和懌，或悽悽以燋殺，或漂淫以輕浮，或遲重以沉滯。（杜摯〈笳賦〉《藝文類聚》／796）

此三條引文中的「和」，偏向於音樂本身內部規律的審美，無論是「應六律之修和」應和音律的和諧；或者「振引合和」音聲的振動能引發符合和諧的旋律；或者「縕縕以和懌」含蓄而和諧悅懌，皆用「和」來顯示出，音樂具有

〔註98〕詳見上篇第三章第二節。

平和之美感。但「和」在此為音樂美感之一，而不是鑑賞的唯一，故於「振引合和」之後有所謂的「纏綿約殺」、「通豫平曠」、「沖靈冷澹」、「開明爽亮」；於「縕縕以和懌」之後有所謂的「悽悽以燋殺」、「漂淫以輕浮」、「遲重以沉滯」。說明音樂於平和之外，另有千變萬化之美感。由此可見，此些賦作在進行音樂鑑賞時，不但追求音樂平和之美，亦追求音樂千變萬化之美。由此來看，似乎說明了樂賦有別於樂論將「和」視為最高原則，而是將平和之樂，視為音樂審美之一。然而，此些樂賦文本的保留狀態並不完整，有許多缺漏之處，若以保留狀態完整的樂賦而言，仍以音樂之和為音樂鑑賞的最高原則。

如潘岳〈笙賦〉最後的結語，將笙樂的美歸結於：「衛無所措其邪，鄭無所容其淫，非天下之和樂，不易之德音，其孰能於此乎！」（潘岳〈笙賦〉《文選》/747）用「和」與「德」來突顯笙樂勝於它樂之處，這種思考模式，顯然受傳統儒家樂論思想的影響，不管賦作之初如何描寫笙樂的繁複華美、悲歡交集，最後還是回歸到「和樂」、「德音」之中，宣揚笙樂之正能辟淫邪之音。可見魏晉人對音樂的鑑賞本有開發多元的想法，但在長久以來以和樂為正統音樂的思想下，對於音樂的多元鑑賞難免心虛、不踏實，於是在一場豐富多采的音樂鑑賞之後，還是回歸到以和為美的傳統思想底下。這種從多元鑑賞為始，以和樂思想為終，企圖呈顯音樂審美的多元性，又怕被冠以邪樂、淫樂的名目，於是最終以平和之樂為歸宿的賦作，還可舉成公綏〈嘯賦〉與嵇康的〈琴賦〉為例。

> 唱引萬變，曲用無方。和樂怡懌，悲傷摧藏。時幽散而將絕，中矯厲而慨慷。徐婉約而優遊，紛繁騖而激揚。情既思而能反，心雖哀而不傷。總八音之至和，固極樂而無荒。（成公綏〈嘯賦〉《文選》/752）

「嘯聲」沒有固定的音聲，所以它也不代表什麼個別的情感，故嘯聲可表現為各種情懷，可以是悲、也可以是樂；可以是「幽散」、「矯厲」；亦可以是「慨慷」、「婉約」，嘯聲所引發的各樣情懷，正突顯嘯聲「唱引萬變，曲用無方」變化多端之美。但這種變化多端之美並不是作者所真正追求的，他所追求的是「總八音之至和，固極樂而無荒」唯有至和之聲才是音聲極樂極美之處。所以作者將悲、樂、豪邁、婉約等美感，最後總結到音樂的至和之聲，認為嘯聲的至和之質，對於起伏的情感具有調和的作用，所以「情既思而能反，

心雖哀而不傷」。而此至和之聲甚至可以達到此引文之前賦文所提及的「玄妙
足以通神悟靈，精微足以窮幽測深」體悟玄妙之理，通神悟靈之門，以及探
測深沉的精微之思。此處雖肯定嘯聲「唱引萬變，曲用無方」變化繁多，難
以預測之美，但最終仍歸結於音聲至和之質。再如嵇康的〈琴賦〉：

> 若論其體勢，詳其風聲；器和故響逸，張急故聲清；間遼故音庳，
> 絃長故徽鳴。性絜靜以端理，含至德之和平。誠可以感盪心志，而
> 發洩幽情矣！是故懷戚者聞之，莫不憯懍慘悽，愀愴傷心，含哀懊
> 咿，不能自禁。其康樂者聞之，則欨愉懽釋，抃舞踊溢。留連瀾漫，
> 嗢噱終日。若和平者聽之，則怡養悅愉，淑穆玄真。恬虛樂古，棄
> 事遺身。……同歸殊途，或文或質。總中和以統物，咸日用而不失。
> 其感人動物，蓋亦弘矣！……感天地以致和，況蚑行之眾類。（《嵇
> 康集校注》／105～108）

嵇康在〈琴賦〉中描述了琴聲變化多端之美，稱誦琴聲「嗟姣妙以弘麗，何
變態之無窮」（《嵇康集校注》／101），但在賦文之末，仍將琴聲歸結到音聲
至和之質，故曰：「性絜靜以端理，含至德之和平」，如此至德和平之聲，才
能憾動人的心靈意志，抒發人的幽思情感。因此，聽琴者若鑑賞其音聲變化
多端之處，則琴聲所產生的美感會隨著當時的情感轉變，而有所謂的「憯懍
慘悽」、「愀愴傷心」或者是「欨愉懽釋」、「抃舞踊溢」。讓心志隨著音樂飛揚，
而產生哀樂之美感。但這樣的美感並非嵇康所追求的，他所追求的是以平和
之心去聆聽音樂之和，如此則能怡養悅愉，擺脫事累，恬淡閒適，歸於純樸
的境界。所以，嵇康肯定琴聲有絢彩之美，亦有平淡質樸之美，但不管「或
文或質」，但殊途而同歸，都是受琴聲「中和」之聲所統領，因此在至和之聲
的帶領之下，萬物趨向於和諧，不僅達到「人和」（「感人動物」），亦達到「天
和」（「感天地以致和」）。

　　由以上的論述可知，無論是樂論或樂賦對於音樂都有「以和為美」的追
求。「和」，本是相應、和諧、協調之意，後來漸漸從互相對立因素協調統一
中去認識事物的美，肯定了美好事物必以「和」呈現之，因此，運用在音樂
的審美上，也就以「和」為核心，並且不斷地在音樂以和為美的構成法則上
深入地闡發，而讓音樂的和之美成為社會人文諧和以及天地萬物和諧系統中
的重要環節。因此，當「以和為美」不僅僅是指音樂內部規律的和諧美感，
而是賦予一種理想的實踐時，那音樂也就有別於一般藝術，而有了更崇高的

地位。音樂一旦被提於如此崇高的地位時，它很難降下位階與一般藝術同等看之，故對於音樂的鑑賞，也就不能只是以藝術的角度鑑賞之，它最終必須符於崇高的地位，人對於和諧的想望，因此，至和的美感，成為音樂鑑賞的終極理想。所以我們可以理解，以思辯出發的樂論，在追求主體實踐的理想推至到群體和諧的實現意義上，當然以音樂至和為美；而以文學想像出發的樂賦，雖然企圖提供音聲在藝術技巧上變化多端的審美鑑賞，但面對傳統以來音樂崇高理想的地位，最終還是以音樂至和為審美核心。

第五節　結　語

不同的文體，有不同的語言風格，而其語言風格的存在，正代表著此一文體的審美取向。於是當作家選用某一文體創作時，代表此一作家接受此一文體的語言風格，以及接受語言風格連帶而來的審美意念。於是當魏晉文人將音樂的鑑賞以賦體形式落實於文字時，即代表了賦體文學與音樂美學二者在審美意念上的結合。只是任何一個具有歷史性或傳統性的文體，歷經時世變易後，其文體與語言風格的固定關係必然會逐漸鬆動。但所謂的鬆動，並不表示全然推翻文體最初所代表的審美風格取向，而是隨著當代的書寫環境、審美感觀作必要的調整。因此，本文在對魏晉樂賦進行研究時，先從文體的角度追溯以往，確定賦體文學發源之初即以奠定的語言藝術特徵，然後再根據魏晉當代的審美取向，探求出魏晉樂賦音樂審美之所在。分析的結果發現，魏晉樂賦的審美取向，確實承續了賦體文學傳統以來悲情、綺麗的語言風格，而這樣的語言風格與音樂鑑賞正好有著密切的結合。但魏晉樂賦並非全然接收傳統的審美觀點，進一步將悲情與綺麗昇華。

從文體特徵分析出魏晉樂賦的審美有其特殊之處，就其特殊性與魏晉樂論相比較，突顯了魏晉時期不同的音樂審美觀點，但樂賦與樂論的音樂審美又並非全然不同，兩者仍有相通之處，形成一審美的共同規律。

綜合樂論與樂賦的比較之後，我們可以發現，在相異的觀點上，樂論與樂賦，在悲／樂、麗／雅的音樂審美上有著不同的看法。樂論認為音樂可移風易俗，可導引人心，因此平和喜樂之樂才有帶領人前往社會和諧的可能。樂賦則藉由悲樂進行了一場生命淨化的儀式，生命透過音樂的洗滌之後，讓鬱結的憂思得以發散，讓心靈得到滌蕩，在某種程度上拔除了生命的沉鬱，使人能暫時解脫生命的憂傷。樂論從理性的角度，肯定了音樂的喜樂之美；

樂賦從感性的角度，肯定了音樂的悲悽之美。

至於在麗／雅的審美上，魏晉樂論推崇音樂之雅，魏晉樂賦追求音樂之麗，此兩種美感的對立，是自春秋末期以來雅、淫辯證的縮影。而魏晉人則有著為雅正、淫邪解套的企圖。所以在樂論上，〈聲無哀樂論〉讓音樂從政治教化的附庸地位中獨立出來，化解了鄭聲亡國的說法；魏晉樂賦，則在音樂之麗底下融入尚「清」的審美精神，讓清美的精神將音樂之麗帶離奢淫、糜爛的泥淖。因此無論樂論或樂賦，兩方都在為音樂雅、麗的鑑賞上提供新的審美方式。

在共同的觀點上，樂賦與樂論皆以「自然」、「和」為美。樂論從玄學角度去論證音樂本體與宇宙本體的聯結，然後推論出音樂既然來自於天地自然，故必含自然的本質，而人性亦來自於天地自然，於是音樂與人性有著異質同構的關係，因此唯有當音樂與人性皆順任自然，才能融合而達到和平歡樂的精神境界，於是樂論的玄學家們，將音樂之美歸於自然之美。樂賦從樂器材質生長地之自然，而說音色對自然之體現，因此自然界中的純淨諧和、天然之質帶給音色清朗之美；自然界的紛敷之麗、神麗奇物則帶給音色瑰麗之美。魏晉樂論以玄學角度深化音樂自然的思考，魏晉樂賦則以文學的角度豐富音樂自然的想像。

至於在「和」的審美上，「和」為歷來傳統音樂鑑賞的準則，無論是樂論或樂賦對於音樂都有「以和為美」的追求。「以和為美」不僅僅是指音樂內部規律的和諧美感，而是賦予一種理想的實踐，因此，至和的美感，成為音樂鑑賞的終極理想。於是，以思辨出發的樂論，將音樂與天和、人和的實踐相聯繫，企圖以音樂之和引領人與人、人與天地萬物融為一體之實現，因此以音樂至和為美；而以文學想像出發的樂賦，雖然企圖提供音聲在藝術技巧上變化多端的審美鑑賞，但面對傳統以來音樂崇高理想的地位，最終還是以音樂至和為審美核心。所以從以上的討論可以發現，樂論與樂賦在音樂審美上雖有相殊之處，但在音樂審美的理想上仍以「和」為終極目標，此「和」不僅是音樂內部規律的和諧美感，其最主要意義在於追求人際關係、天人關係的統一，追求人之生命的昇華與和諧。

樂論與樂賦在音樂審美上有相同與相殊之處，但不管同與異，其審美的出發點，莫不以人之生命為考量。於是「以樂為美」者，在安撫人心，以求生命之和諧；「以悲為美」者，強調心靈的洗滌，使生命能獲得淨化。而當〈聲

無哀樂〉將音樂從道德批判中獨立出來，不僅讓音樂回歸到原有的藝術空間，其更大的意義在於肯定審美主體的自由，也就是讓生命有更多的揮灑空間。至於樂賦所追求清麗之美，是從生命的體驗而來，注重精神自由，尊重個體生命，追求形體超越的精神感受，自由翱翔的審美領域。再說「自然」與「和」，本來就是魏晉人所認定的生命最初本質，因此，在音樂鑑賞上安以自然之美與和之美，正代表著生命的回歸。當我們將樂論、樂賦並行討論時，才能突顯音樂審美在魏晉時代存在著矛盾的現象，但這樣的矛盾卻在生命的提昇上得到了消解。魏晉本來就是一個最混亂、最矛盾、最痛苦的時代，面對這樣的混亂、矛盾與痛苦，魏晉人有著共同的嚮往，在矛盾的生命中尋找自由、豐美、和諧、自然的理想。

第五章 結 論

　　歷來對於魏晉音樂美學的研究多鎖定在魏晉樂論的部分，並且獲得一定的成就。但魏晉音樂的探討並非僅僅是樂論部分的研究而已，魏晉時期大量樂賦的寫作，也應該納入魏晉音樂研究的一環。尤其魏晉樂賦的創作，數量遠超過漢代，魏晉樂賦會大量創作的原因，就是因為這一時期音樂藝術迅猛發展的一個突出標誌，而樂賦的寫作往往涉及某些音樂理論的問題，故具有一定的美學意義〔註1〕。但依據學界目前對魏晉樂賦的研究，甚為匱乏〔註2〕，真正鎖定魏晉此一年代，並以音樂美學為切入重點者，僅一本碩士論文〔註3〕。學界對魏晉樂賦研究之忽視，讓魏晉的音樂美學顯示失衡的狀態，故本論文在魏晉音樂的研究上納入樂賦的探討，企圖呈現魏晉音樂更為完整的風貌。

　　「音樂」在中國古老文明史有著獨特地位，它不只是單純的樂音享受或藝術欣賞，它超出以藝術來定義「音樂」的觀念，而涵融了更深廣的生命議題、文化精神、美學風貌……。因此，本論文以樂賦、樂論此兩種不同類型的文體，作為研究魏晉音樂審美的基本素材，進而了解魏晉時代如何藉由音樂的審美來展現魏晉人的生命精神、美學風貌。而筆者將此些研究方向鎖定在魏晉音樂「審美體驗」、「審美理想」兩大主題上，以及依樂賦、樂論的文體特徵，歸納整理兩者在音樂審美上的異同，而得總結述要如下：

〔註1〕 蔡仲德，《中國音樂美學史》（台北：藍燈文化事，1993年），頁622～623。
〔註2〕 見第一章緒論。
〔註3〕 郭慧娟：《魏晉樂賦的音樂美學觀》，私立輔仁大學中國文學研究所碩士論文，1997年。

一、在音樂審美的體驗上

樂賦與樂論在音樂審美體驗上，呈現不同的性質，樂論由超越性出發，樂賦由情感性出發。

魏晉音樂審美體驗從超越性出發者，別於樂賦對於情感性的重視，反而是欲擺脫情感的束縛，轉而以超越性的體驗出發，企圖藉由音樂的審美，以突破個體的有限性和暫時性，超越現實生命也超越了音樂的音響形式，以達生命本眞與音樂本質的融和。於是魏晉所論述的審美體驗，無論是從阮籍以自然無欲、心平氣定、論樂須得性爲體驗原則，或嵇康心在無待的情況下，循性而動以進入音樂自然之和的音樂審美體驗，都是在追求自然人性的復歸，而這樣的復歸有著「同歸老莊」的思想傾向。

從情感性出發者，強調鑑賞主體感興式的體驗，想像力的發揮，使得鑑賞主體在知覺感官、知識材料的基礎上，脫離知覺感官與知識材料的局限，無拘無束地自由馳騁，運用樂賦創作程式的結構象徵，營造出一種神話式的、遊仙式的虛擬空間，以一種神性儀式、遊仙想望造就現實與自我之間的距離，然後脫離理性的現實而進入感性的幻想。以及運用「譬」、「類」取引的想像，讓鑑賞主體將自身的情感移入音樂物件之中，利用旁徵博引，極誇張之鋪陳，句態繁縟豐贍，目不暇給，讓鑑賞者心遊萬仞，流連於萬象萬物中。而這樣感興式的體驗的背後，蘊涵著魏晉特有的文化意義。樂賦所營造出一種神話式的、遊仙式的迷幻想像，其實反應出魏晉人面對政治動亂、鬥爭激烈的改朝之際，對於緊繃、矛盾、衝突的現實環境，爲了尋求平衡，更爲了尋求轉圜喘息的出口，於是轉向藝術，作爲一種相對於現實環境的補償空間的想像，好讓束縛的心獲得暫時的自由。於是我們在樂賦的音樂審美體驗中看到了魏晉人對於生命自由精神的追尋。

從對魏晉樂論與樂賦的音樂審美體驗分析可知，兩者皆強調音樂審美是人的一種自由活動，無論樂論的超越式的體驗或樂賦的情感式的體驗，都可看到鑑賞主體在音樂審美的活動中展現出生命自由的能動力。

二、在音樂審美的理想上

音樂審美以音樂審美體驗爲中心，音樂審美體驗又以音樂審美理想爲實現機制，因此，所有音樂審美體驗莫不以音樂審美理想爲目標。音樂的審美理想，並非僅是追求聽覺上的美、音樂形式本身的美，還包含了人對某

種生存狀態追求的美，是人嚮往的音樂與人與美的最好最高的境界。尤其以中國音樂而言，音樂審美理想的實現不僅僅是追求音樂形式或結構上的完美，往往也與人格理想以及社會理想相結合。於是對於樂賦與樂論的音樂審美理想的研究，必以人格理想、社會理想為研究方向，方可深入其審美理想真意。

就樂論而言，魏晉樂論所追求的審美理想不再只是傳統樂論上「禮樂」所呈現的「人和」之美，而是追求人、樂、天結合的「天和」之美，因此注重主體境界的實踐，也就是人格理想的實踐。阮籍、嵇康援用莊子氣化的觀念，將人之氣與樂之氣透過橫向的感通方式，達到人與樂的結合，也可以透過「氣」的縱向感通，而與「道」冥合。道、氣在統攝、調節陰陽的歷程中產生一種「和」的全體觀照，使得音樂與人因同根、同構的「氣」而交感共鳴，而呈顯「和」之全體觀照的審美理想境界。此時每一個個體生命都以「天和」的主體境界處於人世間，於是群體的集合奠基於每個個體的諧和上，那社會自然而然也就呈現人人相和的景況，「人和」的理想也隨之實現。

就樂賦而言，樂賦以一種文學手法，闢造在現實中不存在的「純境」重建一個自然而然、悠遊自在的理想國度。並且透過對樂器形、神的鑑賞，連結到魏晉對人格美的追求，依此而溝通了樂與人之間同情共感的可能，建立起樂與人之間異質同構的審美感應機制。於是樂賦中理想空間與人格理想的建構，說明了魏晉人企圖藉由音樂進入到一個完滿境界的想望。

魏晉樂論與樂賦在音樂審美理想上，其追求的目標不是音樂形式本身的美，而是人格之美與社會之美，魏晉樂論與樂賦透過樂美、人美、社會美的結合，打造一個完美的理想國度。

三、從文體特徵的比較上

基於魏晉樂論與樂賦在「審美體驗」、「審美理想」兩大主題上的研究，本論文進一步，依樂論、樂賦的文體特徵，歸納整理兩者在音樂審美上的異同。我們可以發現，在相異的觀點上，樂論與樂賦，在樂／悲、雅／麗的音樂審美上有著不同的看法。樂論從理性的角度，肯定了音樂的喜樂之美；樂賦從感性的角度，肯定了音樂的悲愴之美。至於在雅／麗的審美上，魏晉樂論推崇音樂之雅，魏晉樂賦追求音樂之麗，此兩種美感的對立，是自春秋末期以來雅、淫辯證的縮影。而魏晉人則有著為雅正、淫邪解套的企圖。所以

在樂論上，〈聲無哀樂論〉讓音樂從政治教化的附庸地位中獨立出來，化解了鄭聲亡國的說法；魏晉樂賦，則在音樂之麗底下融入尚「清」的審美精神，讓清美的精神將音樂之麗帶離奢淫、糜濫的泥淖。

在共同的觀點上，樂賦與樂論皆以「自然」、「和」為美。樂論從玄學角度去論證音樂本體與宇宙本體的連結，然後推論出音樂既然來自於天地自然，故必含自然的本質，於是樂論的玄學家們，將音樂之美歸於自然之美。樂賦從樂器材質生長地之自然，而說音色對自然之體現，因此自然界中的純淨諧和、天然之質帶給音色清朗之美；自然界的紛敷之麗、神麗奇物則帶給音色瑰麗之美。魏晉樂論以玄學角度深化音樂自然的思考，魏晉樂賦則以文學的角度豐富音樂自然的想像。至於在「和」的審美上，以思辨出發的樂論，將音樂與天和、人和的實踐相聯繫，企圖以音樂之和引領人與人、人與天地萬物融為一體之實現，因此以音樂至和為美；而以文學想像出發的樂賦，雖然企圖提供音聲在藝術技巧上變化多端的審美鑑賞，但面對傳統以來音樂崇高理想的地位，最終還是以音樂至和為審美核心。樂賦與樂論的「以和為美」的「和」不僅是音樂內部規律的和諧美感，其最主要意義在於追求人際關係、天人關係的統一，追求人之生命的昇華與和諧。

四、在審美思想源頭的追溯上一為「莊子」一為「楚辭」

就以上篇章針對魏晉「樂論」與「樂賦」所進行的研討可以發現，魏晉「樂論」與「樂賦」在審美思惟的運籌上，源自於不同的思想。魏晉「樂論」的審美思想顯然源自於「莊子」；而魏晉「樂賦」則源自於「楚辭」。

由於「莊子」與「楚辭」一為哲學；一為文學，故兩者所展現出的審美形態不同。哲學者基於理性，文學者基於感性。基於理性者，以抽象的概念，來表達一種形上的認知；基於感性者，借助具象來表達自身的情感。這樣的思惟方式所展現出的審美形態，一為「明道」（「莊子」）、一為「抒情」（「楚辭」）。所以當魏晉「樂論」與「樂賦」對於「莊子」、「楚辭」的思想有所繼承時，我們亦可看到理性與感性的區分，魏晉「樂論」以理性的角度進行音樂審美的體驗，從超越性出發，追求自然人性的復歸，並以「莊子」的思想作為音樂境界型態式的體驗的根基。故阮籍言「自然一體」、「萬物一體」，而嵇康音樂的審美體驗則直指「莊子」的天籟。魏晉「樂賦」則以感性的角度進行音樂審美的體驗，故以想像的方式來展現自身的情感，而其中神仙國度

的擬造，乃承自於「楚辭」的神話思想。

而魏晉「樂論」與「樂賦」在樂／悲、雅／麗音樂審美上的不同，亦源自「莊子」與「楚辭」審美思想上承載的不同。「莊子」明道，追求生命與道的結合，故求心靈的平淡自然，因此魏晉「樂論」承自「莊子」從理性的角度，肯定了音樂的喜樂之美，以及淡雅之美。「楚辭」多悲音，多訴諸於俳惻纏綿、瑰麗絕豔的風格，因此魏晉「樂賦」承自「楚辭」從感性的角度，肯定了音樂的悲悽之美，與華麗之風。

不管魏晉「樂論」透過人格的修養而達到對世俗的超越，或者魏晉「樂賦」藉由情感的想像以達到對現實的暫時解脫，這都是魏晉人在面對眼前的實際環境時所作的選擇。魏晉時期朝政黑暗、戰爭頻繁，疫癘並生，這樣一個險惡的環境，魏晉人無所遁逃於天地之間，魏晉人企圖尋找不同的途徑讓心靈能解脫於險惡環境之上，於是便跳躍於時代之巔，放眼遼遠的宇宙，把自己的理想移出現實之外，寄托於另一個世界，以求精神上的解放。於是魏晉「樂論」追求「莊子」道的境界，欲使心靈返樸歸真，回歸人性自然之初，身軀既然無法逃脫於現實，然而精神卻可以逍遙於無何有之鄉；魏晉「樂賦」承續「楚辭」神話的精神，擬造一個場面宏偉壯麗、繽紛燦爛的神界仙境，超越了現實空間的限制，滿足魏晉人在精神上對於理想自由的想望。

綜合言之，當本論文將魏晉「樂論」與「樂賦」並列討論後，正可呼應到第一章緒論中所提及的問題，魏晉的音樂審美並非歷來學者所討論的狀況，只呈現一種境界型態的表現，從魏晉樂賦來看，魏晉人的音樂審美有著情感豐沛、富於想像、審美多元的一面。而魏晉「樂論」與「樂賦」確實呈現不同的審美情趣，一從理性出發；一從感性出發，並且由於審美對象的不同，一為「雅樂」；一為「俗樂」，而更加深兩者在審美情趣上的區別。再則由於兩者各自承載的思想不同，也影響到兩者在音樂審美上的差別。而最重要的是，在魏晉時期是一個「雅樂」式微，「俗樂」蓬勃發展的時代，所以雖然有「樂論」者對於「雅樂」的衰落力挽狂瀾，但終究抵擋不住「俗樂」的風行，因此才有「樂賦」的大量寫作，而更勝於「樂論」者，顯然魏晉時期的音樂審美，不僅是一種境界型態審美，恐怕更是以情感式的審美為主流。

參考文獻

一、研究材料的參考文本

1. 戴明揚：《嵇康集校注》，台北：河洛圖書，1978 年 5 月。
2. 陳伯君：《阮籍集校注》，北京：中華書局，1987 年 10 月。
3. 蕭統撰，周啓成、崔富章等注譯：《新譯昭明文選》，台北：三民書局，1997 年。
4. 歐陽詢：《藝文類聚》，上海：上海古籍出版社，1999 年。
5. 徐堅：《初學記》《文津閣四庫全書第二九五冊》，北京：商務印書館，2005 年。

二、古籍原典

1. 《左傳正義》，《十三經注疏・整理本》，台北：台灣古籍出版，2001 年。
2. 《周易正義》，《十三經注疏・整理本》，台北：台灣古籍出版，2001 年。
3. 《周禮注疏》，《十三經注疏・整理本》，台北：台灣古籍出版，2001 年。
4. 《孟子注疏》，《十三經注疏・整理本》，台北：台灣古籍出版，2001 年。
5. 《尚書正義》，《十三經注疏・整理本》，台北：台灣古籍出版，2001 年。
6. 《爾雅注疏》，《十三經注疏・整理本》，台北：台灣古籍出版，2001 年。
7. 《論語注疏》，《十三經注疏・整理本》，台北：台灣古籍出版，2001 年。
8. 《禮記正義》，《十三經注疏・整理本》，台北：台灣古籍出版，2001 年。
9. 《國語》，上海師範大學古籍整理組校點，台北：里仁書局，1981 年 12 月。
10. 《史記》，《二十五史》，上海：上海古籍出版社，1986 年。
11. 《新校本漢書并附編二種》，台北：鼎文書局，1976 年。
12. 《新校本後漢書并附編十三種》，台北：鼎文書局，1978 年。

13. 《晉書》，北京：中華書局，1998 年。

14. 《宋書》，北京：中華書局，1996 年。

15. 《資治通鑑今註（七）》，台北：台灣商務印書館，1975 年。

16. 鄭樵：《通志》，浙江：浙江古籍出版，2000 年 1 月。

17. 李漁叔註譯：《墨子今註今譯》，台北：台灣商務印書館，1976 年 7 月。

18. 邵增樺註譯：《韓非子今註今譯》，台北：台灣商務印書館，1990 年 6 月。

19. 林品石註譯：《呂氏春秋今註今譯》，台北：台灣商務印書館，1990 年 9 月。

20. 郭慶藩：《莊子集釋》，台北：群玉堂出版，1969 年。

21. 陳壽撰，裴松之注：《三國志》，北京：中華書局，1982 年。

22. 王弼、韓康伯注，孔穎達等正義：《周易注疏》，台北：藝文印書館。

23. 王弼：《老子》，台北：金楓出版，1986 年。

24. 樓宇烈：《王弼集校釋》，台北：華正書局，1992 年 12 月。

25. 楊伯峻：《列子集釋》，台北：華正書局，1987 年 9 月。

26. 董仲舒：《春秋繁露》，台北：三民書局，2007 年 2 月。

27. 李滌生：《荀子集釋》，台北：台灣學生書局，1994 年 10 月。

28. 王充，韓復智註譯：《論衡今註今譯》，台北：鼎文書局，2005 年 4 月。

29. 揚雄，李守奎、洪玉琴譯注：《法言》，黑龍江：黑龍江人民出版社，2003 年 1 月。

30. 李昉等：《太平御覽》，台北：國泰文化事業有限公司，1980 年 1 月。

31. 嚴可均校輯：《全上古三代秦漢三國六朝文》，北京：中華書局，1958 年。

32. 劉文典：《淮南鴻烈集解》，台北：文史哲出版社，1992 年 10 月。

33. 高誘註：《呂氏春秋》，台北：藝文印書館，1974 年 1 月。

34. 劉勰，王更生注譯：《文心雕龍讀本》，台北：文史哲出版社，1984 年。

35. 顏之推，李振興等注譯：《顏氏家訓》，台北：三民書局，1893 年。

36. 洪興祖：《楚辭補注》，台北：漢京文化，1973 年 9 月。

37. 許慎，段玉裁注：《段氏說文解字注》，台北：文化圖書，1979 年 5 月。

38. 郭茂倩，聶世美、倉陽卿校點：《樂府詩集》，上海：上海古籍出版，1998 年 11 月。

39. 劉履：《風雅翼》《文津閣四庫全書第四五八冊》，北京：商務印書館，2005 年。

40. 楊勇：《世說新語校箋》，台北：正文書局，1992 年 10 月。

三、當代專論（依作者姓氏筆劃排序）

1. 小野澤精一、福永光司、山井湧編，李慶譯：《氣的思想——中國自然觀和人的觀念的發展》，上海：人民出版社，1999 年 4 月。

2. 孔繁：《魏晉玄談》，遼寧教育出版社，1995 年 6 月。

3. 尤雅姿：《魏晉士人之思想與文化研究》，台北：文史哲出版社，2002 年。

4. 王國維：《人間詞話》，台北：文馨出版社，1975 年。

5. 王仁祥：《先秦兩漢的隱逸》，台北：臺灣大學出版委員會，1995 年 5 月。

6. 王文進：《隱逸與中國文學》，台北：臺灣書店，1999 年 2 月。

7. 王志弘：《流動、空間與社會》，台北：田園城市文化事業，1998 年 11 月。

8. 王邦雄：《中國哲學論集》，台北：學生書局，1990 年 2 月。

9. 王邦雄：《老子的哲學》，台北：東大圖書公司，1990 年 2 月。

10. 王邦雄：《儒道之間》，台北：漢光文化事業公司，1989 年 10 月。

11. 王叔岷：《莊子校詮》，台北：商務印書館，1994 年 4 月。

12. 王叔岷：《郭象莊子注校記》，台北：商務印書館，1993 年 3 月。

13. 王煜：《老莊思想論集》，台北：聯經出版事業公司，1993 年 10 月。

14. 王葆玹：《正始玄學》，山東：齊魯書社，1987 年 9 月。

15. 王葆玹：《玄學通論》，台北：五南圖書出版公司，1996 年 4 月。

16. 王旭曉：《美學原理》，上海：上海人民出版，2000 年 9 月。

17. 王岳川：《藝術本體論》，上海：三聯書店上海分店，1994 年。

18. 王立：《中國古代文學十大主題》，台北：文史哲出版社，1994 年。

19. 田文棠：《魏晉三大思潮論稿》，陝西人民出版社，1988 年 12 月。

20. 任繼愈等：《中國哲學史》，北京：人民出版社，1990 年 3 月。

21. 任繼愈編：《中國哲學發展史‧魏晉南北朝》，北京：人民出版社，1988 年 4 月。

22. 朱光潛：《詩論》，台北：開明書店，1958 年 8 月。

23. 牟宗三：《才性與玄理》，台北：學生書局，1989 年 10 月。

24. 牟宗三：《中西哲學之會通十四講》，台北：學生書局，1990 年 3 月。

25. 牟宗三：《中國哲學十九講》，台北：學生書局，1989 年 2 月。

26. 牟宗三：《心體與性體》（一）（二），台北：正中書局，1989 年 5、6 月。

27. 牟宗三：《名家與荀子》，台北：學生書局，1990 年 3 月。

28. 牟宗三講述，陶國璋整構：《莊子齊物論義理演析》，香港：中華書局，1998 年 10 月。

29. 吉聯抗：《魏晉南北朝音樂史料》，上海：上海文藝出版，1986 年。

30. 何啓民：《竹林七賢研究》，台北：學生書局，1978 年 6 月。

31. 何啓民：《魏晉思想與談風》，台北：學生書局，1990 年 6 月。

32. 何啓民先生：《竹林七賢研究》，台北：學生書局，1987 年。

33. 余英時：《中國知識階層史論・古代篇》，台北：聯經出版事業公司，1993 年 5 月。

34. 余英時：《中國思想傳統的現代詮釋》，台北：聯經出版事業公司，1993 年 9 月。

35. 余英時：《歷史與思想》，台北：聯經出版事業公司，1992 年 4 月。

36. 余敦康：《王弼何晏玄學新探》，山東：齊魯書社，1991 年 7 月。

37. 吳正吉著：《活用修辭》，高雄：復文圖書出版社，2000 年。

38. 呂正惠、蔡英俊主編：《中國文學批評》，台北：臺灣學生書局，1992 年。

39. 李澤厚、劉綱紀：《中國美學史》，台北：谷風出版社，1987 年。

40. 李澤厚、劉綱紀編：《中國美學史》第二卷，台北：谷風出版社，1987 年 12 月。

41. 李澤厚：《華夏美學》，台北：時報文化，1989 年 4 月。

42. 李澤厚：《美學三書》，安徽：安徽文藝出版，1999 年。

43. 李豐楙：《憂與遊：六朝隋唐遊仙詩論集》，台北：台灣學生，1996 年 3 月。

44. 李孝定編述：《甲骨文字集釋・卷六》，台北：中央研究院歷史語言研究所印行，1965 年。

45. 辛旗：《阮籍》，台北：東大圖書公司，1996 年 6 月。

46. 周紹賢：《魏晉清談述論》，台北：商務印書館，1987 年 2 月。

47. 林安梧：《中國宗教與意義治療》，台北：明文書局，1996 年 4 月。

48. 林安梧：《存有・意識與實踐》，台北：東大圖書公司 1993 年 5 月。

49. 林聰舜：《莊子・郭象注導讀》，台北：金楓出版社。

50. 林麗眞：《王弼》，台北：東大圖書公司，1988 年 7 月。

51. 邱明正：《審美心理學》，上海：復旦大學出版社，1993 年 4 月。

52. 邱鎮京：《阮籍詠懷詩研究》，台北：文津出版社，1994 年 1 月。

53. 侯外盧等：《中國思想通史》第三卷，北京：人民出版社，1995 年 10 月。

54. 胡楚生：《老莊研究》，台北：學生書局，1992 年 10 月。

55. 胡曉明：《中國詩學之精神》，江西：江西人民出版社，1990 年。

56. 洪順隆：《六朝詩論》，台北：文津出版，1985 年。

57. 修海林、羅小平：《音樂美學通論》，上海：上海音樂出版，1999 年 4 月。

58. 修海林：《古樂的浮沉》，濟南：山東文藝出版，1989 年。

59. 唐君毅：《中國哲學原論·原性篇》，台北：學生書局，1989 年 11 月。

60. 唐君毅：《中國哲學原論·原道篇》（卷一）（卷二）（卷三），台北：學生書局，1986 年 10 月。

61. 唐君毅：《中國哲學原論·導論篇》，台北：學生書局，1986 年 9 月。

62. 唐長孺：《魏晉南北朝史論叢》，影印自中央研究院傅斯年圖書館。

63. 唐端正：《先秦諸子論叢》（續編），台北：東大圖書公司，1992 年 1 月。

64. 唐端正：《先秦諸子論叢》，台北：東大圖書公司，1990 年 10 月。

65. 唐翼明：《魏晉清談》，台北：東大圖書公司，1992 年 10 月。

66. 孫良水：《阮籍審美思想研究》，台北：文津出版社，1999 年 7 月。

67. 徐復觀：《中國人性論史·先秦篇》，台北：商務印書館，1988 年 11 月。

68. 徐復觀：《中國思想史論集》，台北：學生書局，1988 年 2 月。

69. 徐復觀：《中國藝術精神》，台北：學生書局，1988 年 1 月。

70. 徐復觀：《兩漢思想史》（一）（二）（三），台北：學生書局，1990 年 2 月、1989 年 9 月、1989 年 2 月。

71. 袁保新：《老子哲學之詮釋與重建》，台北：文津出版社，1991 年 9 月。

72. 馬小虎：《魏晉以前個體「自我」的演變》，北京：中國人民大學出版社，2004 年。

73. 高柏園：《莊子內七篇思想研究》，台北：文津出版社，1992 年 4 月。

74. 高峰等：《魏晉玄學十日談》，安徽文藝出版社，1997 年 5 月。

75. 高晨揚：《儒道會通與正始玄學》，山東：齊魯書社，2000 年 1 月。

76. 高晨陽：《阮籍評傳》，南京：南京大學，1994 年。

77. 康中乾：《有無之辨——魏晉玄學本體思想再解讀》，北京：人民出版社，2003 年。

78. 張立文：《中國哲學範疇發展史》（天道篇），台北：五南圖書出版公司，1996 年 7 月。

79. 張立文編：《氣》，北京：中國人民大學出版社，1990 年 12 月。

80. 張光直：《考古學專題六講》，台北：稻鄉出版社，1993 年 10 月。

81. 張志春：《中國服飾文化》，北京：中國紡織出版社，2001 年。

82. 張蓓蓓：《中古學術論略》，台北：大安出版社，1991 年 5 月。

83. 張蕙慧：《嵇康音樂美學思想探究》，台北：文津出版社，1999 年。

84. 莊萬壽：《嵇康年譜》，台北：三民書局，1981 年 3 月。

85. 莊耀郎：《郭象玄學》，台北：里仁書局，1998 年 3 月。

86. 許抗生：《三國兩晉玄佛道簡論》，山東齊魯書社，1991 年 12 月。

87. 許抗生：《魏晉思想史》，台北：桂冠圖書公司，1995 年 1 月。

88. 許抗生等：《魏晉玄學史》，陝西師範大學出版社，1989 年 7 月。

89. 張法：《美學導論》，北京：中國人民大學，1999 年 12 月。

90. 陳仲庚、張雨新編著：《人格心理學》，遼寧：遼寧人民，1987 年。

91. 陳榮捷：《中國哲學文獻選編》，台北：巨流圖書公司，1993 年 6 月。

92. 郭平：《魏晉風度與音樂》，安徽：安徽文藝出版，2000 年 8 月。

93. 傅偉勳：《從西方哲學到禪佛教》，台北：東大圖書公司，1991 年 2 月。

94. 葉朗：《現代美學體系》，台北：書林，1993 年 8 月。

95. 曾春海：《嵇康》，輔仁大學出版社，1994 年。

96. 湯一介：《郭象》，台北：東大圖書公司，1999 年 1 月。

97. 湯一介：《郭象與魏晉玄學》，台北：谷風出版社，1987 年 3 月。

98. 黃慶萱著：《修辭學》，台北：三民書局，1975 年 1 月。

99. 黃錦鋐：《莊子及其文學》，台北：東大圖書公司，1984 年 9 月。

100. 黃錦鋐：《郭象》，台北：商務印書館，1987 年 8 月。

101. 黃應貴：《空間、力與社會》，台北：中央研究院民族學研究所，1995 年 12 月。

102. 葉嘉瑩：《王國維及其文學批評》，台北：源流文化，1982 年。

103. 楊儒賓、黃俊傑編：《中國古代思維方式探索》，台北：正中書局，1996 年。

104. 楊儒賓、黃俊傑編：《中國古代思維方式探索》，台北：正中書局，1996 年；台北：巨流出版社，1993 年。

105. 楊儒賓：《中國古代思想中的氣論及身體觀》，台北：巨流出版社，1993 年。

106. 楊儒賓：《儒家身體觀》，台北：中研院文哲研究所，1996 年 11 月。

107. 楊儒賓：《儒家身體觀》，台北：中研院文哲研究所，1996 年 11 月。

108. 楊蔭瀏：《中國古代音樂史稿》，北京：人民音樂出版社，1980 年。

109. 臧克和：《漢字單位觀念史考述》，上海：學林出版社，1998 年。

110. 萬繩楠：《魏晉南北朝文化史》，台北：雲龍出版社，1995 年 6 月。

111. 萬繩楠：《魏晉南北朝史論稿》，台北：雲龍出版社，1994 年 12 月。

112. 寧稼雨：《魏晉風度——中古士人生活行爲的文化意蘊》，北京：東方出版社，1996 年 12 月。

113. 廖國棟：《建安辭賦之傳承與拓新》，台北：文津出版，2000 年 9 月。

114. 蒙培元：《中國心性論》，台北：學生書局，1996 年 3 月。

115. 蒙培元：《中國哲學主體思維》，北京：東方出版社，1994 年 6 月。

116. 趙書廉：《魏晉玄學探微》，河南人民出版社，1992 年 12 月。

117. 滕守堯：《審美心理描述》，北京：中國社会科学出版社，1985 年 11 月。

118. 蔣培坤：《審美活動論綱》，中國人民大學出版社，1988 年 11 月。

119. 蔡仲德：《〈樂記〉〈聲無哀樂論〉注釋與研究》，江蘇：中國美術學院出版，1997 年 5 月。

120. 蔡仲德：《中國音樂美學史》，台北：藍燈文化，1993 年 2 月。

121. 蔡仲德：《音樂之道的探求——論中國音樂美學史及其他》，上海：上海音樂出版，2003 年 3 月。

122. 蔡英俊：《抒情的境界》，台北：聯經出版事業公司，1987 年。

123. 劉再生：《中國古代音樂史簡述》，北京：人民音樂出版，1989 年 12 月。

124. 鄭毓瑜：《六朝情境美學》，台北：里仁書局，1997 年 12 月。

125. 鄭毓瑜：《文本風景——自我與空間的相互定義》，台北：麥田出版社，2005 年。

126. 鄭毓瑜：《性別與家國——漢晉辭賦的楚騷論述》，台北：里仁書局，2000 年。

127. 盧國龍：《郭象評傳》，廣西教育出版社，1996 年。

128. 蕭公權：《中國政治思想史》，台北：聯經出版事業公司，1993 年 12 月。

129. 蕭興華：《中國音樂史》，台北：文津出版社，1995 年 3 月。

130. 錢穆：《中國文化叢談》，台北：三民書局，1984 年 9 月。

131. 錢穆：《中國思想史》，台北：學生書局，1985 年 11 月。

132. 錢穆：《中國學述思想史論叢》（三），台北：東大圖書公司，1985 年 10 月。

133. 錢穆：《莊老通辨》，台北：三民書局，1973 年 8 月。

134. 戴璉璋：《玄智、玄理與文化發展》，中央研究院中國文哲研究所，2002 年 3 月。

135. 戴燕：《玄意幽遠——魏晉玄學風度》，雲南人民出版社，1997 年 6 月。

136. 謝大寧：《歷史的嵇康與玄學的嵇康》，台北：文史哲出版社，1997 年 12 月。

137. 韓傳達：《阮籍評傳》，北京：北京大學出版社，1997 年 6 月。

138. 韓鍾恩：《音樂美學與審美》，台北：洪葉文化，2002 年。

139. 羅宗強：《玄學與魏晉士人心態》，台北：文史哲出版社，1992 年 11 月。

140. 蘇新鋈：《郭象莊學平議》，台北：學生書局，1980 年 10 月。

141. 饒宗頤：《人間詞話評議》，上海：上海文藝出版社，2002 年。

四、論文部份（依作者姓氏筆劃排序）

（一）學位論文

1. 王岫林：《魏晉士人之身體觀》，國立中山大學中國文學系研究所博士論文，2005 年。

2. 王素娟：《魏晉儒道會通思想研究——以向郭跡冥論爲中心而展開》，中央大學中文研究所碩士論文，1993 年。

3. 江建俊：《魏晉玄理與玄風之研究》，文化大學中文研究所博士論文，1987 年。

4. 吳明：《自然與名教——從儒家名教思想與德國理想主義道德哲學看魏晉玄學之會通孔老》，新亞研究所博士論文，1990 年。

5. 吳冠宏：《魏晉玄論與士風新探——以情爲綰合及詮釋進路》，國立臺灣大學中研所博士論文，1997 年 5 月。

6. 李玲珠：《魏晉「自生」概念研究》，台灣師範大學國文研究所碩士論文，1992 年。

7. 周大興：《王弼玄學與魏晉名教觀念的演變》，文化大學哲學研究所博士論文，1995 年。

8. 周大興：《魏晉玄學中「自然與名教」關係問題研究》，文化大學哲學研究所碩士論文，1990 年。

9. 林朝成：《魏晉玄學的自然觀與自然美學研究》，臺大哲學所博士論文，1992 年 6 月。

10. 林麗眞：《魏晉清談主題之研究》，台灣大學中文研究所博士論文，1978 年。

11. 莊耀郎：《王弼玄學》，台灣師範大學國文研究所博士論文，1991 年。

12. 郭慧娟：《魏晉樂賦的音樂美學觀》，私立輔仁大學中國文學研究所碩士論文，1997 年。

13. 陳昌明：《從形體觀論六朝美學》，臺灣大學中國文學研究所博士論文，1992 年。

14. 陳美朱：《西晉之理想士人論》，成功大學中文研究所碩士論文，1995 年。

15. 陳玉燕：《魏晉音樂史》，國立師範大學音樂研究所碩士論文，1997 年。

16. 楊佩瑩：《從六朝樂賦再探文學抒情傳統》，國立臺灣師範大學國文研究所碩士論文，2004 年。

17. 蔡忠道：《魏晉儒道互補思想之研究》，高雄師範大學國文系博士論文，1998 年 6 月。

18. 盧桂珍：《王弼與郭象之聖人論》，台灣大學中文研究所碩士論文，1992 年。

19. 錢國盈：《魏晉人性論研究》，台灣師範大學國文研究所碩士論文，1991 年。

20. 戴伊澄：《文選音樂類賦篇研究》，國立臺灣師範大學國文研究所碩士論文，2002 年。

21. 顏國明：《魏晉儒道會通思想之研究》，台灣師範大學國文研究所碩士論文，1987 年。

（二）期刊論文

1. 王志成：〈王弼的貴無論及其大成之樂——兼論樂須順性與禮樂〉，《藝術百家》第五期，2006 年。

2. 王秀明：〈"樂"字初義研究述評〉，《黃鐘》第四期，2005 年。

3. 王曉毅：〈西晉玄學與佛教的互動〉，《中國文哲研究集刊》第九期，1996 年 9 月。

4. 伍國棟：〈創樂神話與音樂起源論〉，《文藝研究》第三期，1995 年。

5. 朱明基：〈關於〈聲無哀樂論〉中"聲"的表述方式探討〉，《民族民間音樂・音樂探究》，1994 年 4 月。

6. 江建俊：〈論四玄〉，《成大中文學報》第八期，2000 年 6 月。

7. 沈冬：〈先秦律學考〉，《臺大中文學報》第四期，1991 年 6 月。

8. 李豐楙：〈六朝道教與遊仙詩的發展〉，《中華學苑》第二十八期，1983 年。

9. 余敦康：〈魏晉玄學與儒道會通〉，《宗教哲學季刊》第一卷第一期，1995 年 1 月 1 日。

10. 吳冠宏：〈從余英時〈名教危機與魏晉士風的演變〉一文中「情」之論述及其商榷談玄論與魏晉士風的合理關涉〉，《東華人文學報》第八期，2006 年 1 月。

11. 吳冠宏：〈嵇康〈明膽論〉之明膽關係試探〉，《東華漢學》創刊號，2003 年 2 月。

12. 吳冠宏：〈當代〈聲無哀樂論〉研究的三種論點商榷〉，《東華漢學》第三期，2005 年。

13. 岑溢成：〈嵇康的思維方式與魏晉玄學〉，《鵝湖學誌》第九期，1992 年12 月。

14. 岑溢成：〈魏晉「言意之辨」的兩個層面〉，《鵝湖學誌》第十一期，1993 年12 月。

15. 李建中：〈魏晉詩人的死亡意識與生命悲歌〉，《中南民族學院學報（哲學社會科學版）》第九十六期，1999 年第一期。

16. 周大興：〈王弼「性其情」的人性遠近論〉，《中國文哲研究集刊》第十六期，2003 年3 月。

17. 林顯庭：〈探究天人的魏晉思想〉，《鵝湖月刊》總號第十九期，1977 年1 月。

18. 袁濟喜：〈關於「聲無哀樂論」評價問題——兼論嵇康的音樂美學思想〉，《學術月刊》第十二期，1981 年。

19. 高柏園：〈阮籍〈樂論〉的美學意義〉，《鵝湖月刊》第二○四期。

20. 高柏園：〈《人物志》論性之哲學根據與論性傳統〉，《鵝湖月刊》總號第二八四期，1999 年2 月。

21. 高晨陽：〈論玄學「有」「無」範疇的根本義蘊〉，《中國哲學與哲學史》第四期，1996 年6 月7 日。

22. 張海燕：〈論魏晉玄學的名教思想〉，《孔子研究》總號第十二期，1988 年12 月25 日。

23. 張海燕：〈魏晉玄學與儒學〉，《中國哲學史》第六期，1993 年8 月7 日。

24. 莊耀郎：〈王弼之有無義析論〉，《國文學報》第二十一期，1992 年6 月。

25. 莊耀郎：〈王弼之聖人論〉，《中國學術年刊》第十三期，1992 年4 月。

26. 莊耀郎：〈王弼儒道會通理論的省察〉，《國文學報》第二十三期，1994 年6 月。

27. 莊耀郎：〈言意之辨與玄學〉，《哲學與文化》總號第三四七期，2003 年4 月。

28. 莊耀郎：〈魏晉反玄思想析論〉，《國文學報》第二十四期，1995 年6 月。

29. 莊耀郎：〈魏晉玄學家的聖人觀〉，《國文學報》第二十二期，1993 年6 月。

30. 莊耀郎：〈魏晉玄學釋義及其分期之商榷〉，《鵝湖學誌》第六期，1991 年6 月。

31. 陳來：〈魏晉玄學的「有」「無」範疇新探〉，《哲學研究》第九期，1986 年9 月25 日。

32. 陳明恩：〈氣化自然，無為而成——略論魏晉玄學之宇宙論面向〉，《哲學與文化》總號第三四七期，2003 年4 月。

33. 陳政楊：〈「人籟、地籟、天籟」與「吾喪我」之內在相似性的另類詮釋〉，《鵝湖月刊》總號第二九〇期，1999 年 8 月。

34. 曾春海：〈魏晉玄學導讀〉，《哲學與文化》總號第三四七期，2003 年 4 月。

35. 曾春海：〈「氣」在魏晉玄學與美學中的理論蘊義〉，《哲學與文化》第三十三卷第八期，2006 年 8 月。

36. 楊揮：〈"移風易俗"：中國古代的審美意識形態命題〉，《浙江大學學報（人文社會科學版）》第五期，2004 年。

37. 趙衛民：〈莊子的風神——「逍遙遊」新探〉，《鵝湖月刊》第三一五期，2001 年 9 月。

38. 劉學智：〈魏晉玄學的「天人」新義與人生哲學〉，《哲學與文化》總號第二四〇期，1994 年 5 月。

39. 鄭世根：〈王弼論「理」與「心」〉，《道家文化研究》第十九輯，2002 年 6 月。

40. 蕭振邦：〈嵇康〈聲無哀樂論〉探究——兼解牟宗三疏〉，《鵝湖學誌》第三十一期，2003 年 12 月。

41. 應小敏：〈大美無言，妙道自然——老子大音希聲，大象無形的美學釋意簡述〉，《中共浙江省委黨校學報》第四期，2002 年。

42. 韓鍾恩：〈音樂審美意向——對音樂審美判斷內在依據的構想與描述〉，《人民音樂》，1988 年 10 月。

43. 戴璉璋：〈王弼玄學思想的考察〉，《鵝湖學誌》第十四期，1995 年 6 月。

44. 戴璉璋：〈王弼易學中的玄思〉，《中國文哲研究集刊》創刊號，1991 年 3 月。

45. 戴璉璋：〈阮籍的自然觀〉，《中國文哲研究集刊》第三期，1993 年 3 月。

46. 戴璉璋：〈嵇康思想中的名理與玄理〉，《中國文哲研究集刊》第四期，1994 年 3 月。

47. 馮潔軒：〈"樂"字析疑〉，《音樂研究》第三期，1986 年。

（三）論文集論文

1. 江建俊：〈論嵇康的「出位之思」——從「師心」談起〉，《竹林文化的形成、流播與影響學術研討會》，2007 年 12 月。

2. 沈冬：〈雅俗胡樂之交化論晉室南遷至隋初之音樂發展〉，《陳奇祿院士七秩榮慶論文集》，1992 年 5 月。

3. 周大興：〈阮籍的名教空間與大人先生的神貴空間〉，收於李豐楙、劉苑如主編：《空間、地域與文化——中國文化空間的書寫與闡釋》（上冊）（台北：中央研究院中國文哲研究所，2002 年）。

4. 林聰舜：〈玄學式的體制與反體制論述——魏晉思想的一個思考方〉，《魏晉南北朝文學與思想學術研討會論文集》第三輯（台北：文津出版社，1997 年 9 月）。

5. 林麗真：〈王弼「性其情」說析論〉，《王叔岷先生八十壽慶論文集》（台北：大安出版社，1993 年），頁 603〜604。

6. 林麗真：〈魏晉玄學研究的回顧與展望〉，《第十七次中國學國際學術大會發表論文》（韓國中國學會，1997 年 8 月 22、23 日）。

7. 容肇祖：〈魏晉的自然主義〉，《魏晉思想》（乙編）（台北：里仁書局，1995 年 8 月）。

8. 張蓓蓓：〈「名教」一詞的產生及其相關問題〉，收於《文史論文集》（上）（台北：台灣商務印書館，1985 年）。

9. 莊耀郎：〈魏晉玄學的有無論〉，《含章光化——戴璉璋先生七秩哲誕論文集》（台北：里仁書局，2002 年 12 月）。

10. 湯一介：〈論魏晉玄學中的內在性與超越性的問題〉，《魏晉南北朝文學與思想學術研討會論文集》第一輯（台北：文史哲出版社，1991 年 8 月）。

11. 湯用彤：〈魏晉玄學論稿〉，《魏晉思想》（乙編）（台北：里仁書局，1995 年 8 月）。

12. 賀昌群：〈魏晉清談思想初論〉，《魏晉思想》（甲編）（台北：里仁書局，1995 年 8 月）。

13. 黃錦鋐：〈魏晉玄學的有無之爭〉，《紀念程旨雲先生百年誕辰學術研討會論文集》（台灣師範大學，1983 年 5 月 21 日）。

14. 楊祖漢：〈論嵇康的「越名教而任自然」〉，《魏晉南北朝文學與思想學術研討會論文集》第三輯（台北：文津出版社，1997 年 9 月）。

15. 劉大杰：〈魏晉思想論〉，《魏晉思想》（甲編）（台北：里仁書局，1995 年 8 月）。

16. 鄭毓瑜：〈詮釋的界域——從〈詩大序〉再探「抒情傳統」的建構〉，《中央研究院中國文哲研究集刊》第二十三輯（台北：中央研究院中國文哲研究所，2003 年 9 月）。

17. 謝大寧：〈試論玄學的分期問題〉，《含章光化——戴璉璋先生七秩哲誕論文集》（台北：里仁書局，2002 年 12 月）。

18. 謝大寧：〈美學判斷的超越原則〉，《文學與美學》第四集（淡江大學中國文學研究所主編，文史哲出版社，1993 年 5 月）。